FRÉDÉRIC II

DU MÊME AUTEUR

La Révolution française, Paris, Fayard, 1928.
La France en face de l'Allemagne, Paris, Fayard, 1940.
La France de Louis XIV, Paris, Hachette, 1946.
Naissance de l'Allemagne, Paris, L'Originale, 1948.
Histoire des Français, 2 vol., Paris, Flammarion, 1951.
Thèmes et variations, réédité sous le titre *Aujourd'hui* en 1965, Paris, Fayard, 1957.
Histoire de France, Paris, Hachette, 1960.
Histoire de l'Allemagne, 2 vol., Paris, Flammarion, 1963.
L'Académie française, Paris, Hachette, 1965.
Mon village et moi, Paris, Flammarion, 1968.
Paris au XVIIIe siècle, Paris, Arthaud, 1968.
Molière, fameux comédien, Paris, Fayard, 1971.
Le nouvel ingénu, Paris, Fayard, 1972.
Apogée et chute de la royauté, 3 vol., 1973.
Les autres et moi, Paris, Flammarion, 1975.
Molière, Paris, Flammarion, 1977.
Louis XV, Paris, Flammarion, 1980.
Le Purgatoire, Paris, Fayard, 1982.
Le Siècle de Louis XV, Paris, Fayard, 1997 ; « Texto », 2013.

PIERRE GAXOTTE

de l'Académie française

FRÉDÉRIC II

TEXTO

Le goût de l'histoire

2 rue Rotrou – 75006 Paris
www.tallandier.com

A Madeleine Dumézil

CHAPITRE PREMIER

Le Père et le Fils

Tandis que Louis XIV vieillissait dans la gloire de Versailles, Berlin n'était encore qu'une ville de bois et de brique endormie sur les eaux noires et lentes de la Sprée. Pour l'élever au rang de capitale, il avait fallu jadis réunir les deux bourgades primitives, fondées au XIIIe siècle en pays slave par des colons, des pêcheurs et des mariniers venus de Brandebourg. Une enceinte bastionnée et bordée de fossés enveloppe les vieux quartiers, l'arsenal, la Monnaie, les ponts, le château, la cathédrale, quatre ou cinq églises et la statue toute neuve du Grand Electeur. Au-delà des remparts, la ville pousse ses premiers faubourgs à travers des champs sablonneux, des landes de bruyères et des prairies marécageuses où les pilotis ont peine à trouver le fond solide...

La terre est comme humide encore des glaciers qui l'ont recouverte. En se retirant, ils ont abandonné des boues, des cailloux, des blocs de granit à demi enfoncés dans le sol friable. Cette immensité morne n'a pas d'horizon. Le relief en est médiocre et confus. Les eaux hésitantes se perdent dans des chapelets de lacs aux contours indécis. Quand le vent apporte des senteurs de résine, on devine la forêt toute proche : des bouleaux, des hêtres, des pins surtout, des pins aux troncs rouges et à la verdure sombre. Le soir, même aux plus beaux jours, de froids brouillards traînent sur les terres spongieuses.

Entre deux bras de la Sprée, s'élève le château royal, une grande bâtisse inachevée, de style composite, vaguement hollandaise d'un côté et de l'autre sévèrement classique. Sur la rivière, des tours à clochetons coiffés de cuivre ; sur la place, une façade régulière de belle apparence, deux avant-corps massifs supportant chacun quatre colonnes colossales, trois étages de fenêtres au-dessus du rez-de-chaussée et un toit en terrasse caché par une balustrade rectiligne. Les appartements de parade sont vastes, bien meublés, avec de belles tapisseries, de longues pièces en enfilade, des plafonds peints de mythologies héroïques, des portes sculptées et dorées, des corniches surchargées d'amours, de renommées, de guirlandes et de couronnes. Les visiteurs s'étonnent de la quantité prodigieuse d'argenterie qui s'y trouve. Dans la salle des chevaliers, les flambeaux, les consoles, les lustres, les tables, les sièges, le balcon même, tout est en argent massif. En somme, beaucoup de luxe et de dépense pour un souverain qui ne régnait que sur deux millions de sujets et dont le titre datait de 1701. Mais on eût risqué gros à lui représenter que la majesté royale se mesure au revenu ou à l'ancienneté.

Besogneux et endetté, Frédéric Ier se levait tôt pour goûter plus longtemps le plaisir d'être roi. Rabougri, contrefait, de physionomie commune mais avenante, avec un air de sérieux et de bonté, il soutenait noblement les extérieurs de la souveraineté. Il se chargeait de diamants, mangeait en fanfare, allait se coucher en procession et faisait venir de Paris d'énormes perruques à l'espagnole qui dissimulaient sous une cascade de boucles opulentes une très vilaine grosseur qui lui était venue à la base du cou. Il avait un grand chambellan, un grand maître des armoiries, des gardes suisses, cinquante cuisiniers et une Académie des Sciences. Deux fois veuf, il s'était consolé en ordonnant aux princesses défuntes de pompeuses funérailles et il avait épousé en troisièmes noces Sophie-Dorothée de Mecklembourg qui avait vingt-trois ans et l'esprit un peu dérangé. Il était calviniste. Elle tenait pour le luthérianisme le plus strict : pendant leurs cinq années de ménage, elle le querella sur la grâce efficiente et sur la prédestination. Il la supporta chrétiennement, car il possédait toutes les vertus de patience qui font les bons maris. Néanmoins il avait dû se contraindre et prendre une maîtresse, par point d'honneur professionnel, pour imiter Louis XIV. C'était la comtesse de Wartemberg, femme du grand chambellan. Elle fut imprimée dans l'almanach : les rédacteurs l'inscrivirent au rang honorable qu'exigeait son emploi parmi les cent quarante et une fonctions qui formaient la hiérarchie de la cour.

Deux petits-fils du roi étaient morts en très bas âge. Un troisième naquit le dimanche 24 janvier 1712, entre onze heures et midi. Il voulut qu'on l'appelât Frédéric, comme lui-même, parce que, écrivait-il, « ce nom a toujours porté bonheur à ma maison ». Le baptême eut lieu le 31. Les cloches sonnèrent une heure durant. « L'enfant, vêtu d'une robe tissée d'argent et piquée de diamants, dont la queue était tenue par six comtesses, fut porté à la chapelle du château, sous un ciel que soutenaient une princesse et deux princes. Le roi l'attendait sous un baldaquin dont les quatre bâtons étaient tenus par quatre chambellans et les pendants de soie par quatre chevaliers de l'Aigle noir. » Les parrains et marraines qui s'étaient fait représenter étaient l'empereur Charles VI, le tsar Pierre le Grand, les Etats généraux de Hollande, le canton de Berne et l'Electeur de Hanovre, l'Impératrice douairière, l'Electrice et l'Electrice mère de Hanovre, la duchesse de Brunswick et la duchesse douairière de Mecklembourg. Les canons des remparts tonnèrent à trois reprises, annonçant aux fidèles Berlinois que la famille royale comptait un chrétien de plus.

Fritz avait le désir de vivre. Le grand-père enchanté envoyait de bonnes nouvelles à toute la famille. « Il est gras et rose,... c'est un enfant très sain,... il tète bravement sa nourrice. » Les dents viennent très tôt et sans causer de douleur. « On peut voir là une sorte de prédestination. »

Mais il était écrit que le roi Frédéric n'en connaîtrait pas davantage. Il mourut le 27 février 1713 de quelque chose au poumon.

Son fils, Frédéric-Guillaume, ne lésina pas sur les obsèques. Le défunt n'eût pas fait mieux. Les préparatifs durèrent deux mois. Habillé d'or et d'hermine, le corps resta exposé sept jours sur un lit de parade en velours rouge brodé de perles, la couronne en tête, le sceptre et le glaive sous la main, la poitrine barrée par le collier de l'Aigle noir. En présence de l'armée presque entière, le cercueil fut conduit à l'église. Sur le parcours, les régiments présentaient les armes. Le nouveau roi portait un long manteau de deuil dont le grand écuyer tenait la traîne. La cour suivait en lourdes perruques et en somptueux costumes. Le service divin terminé, Frédéric-Guillaume commanda lui-même les feux de salve puis, silencieux et menaçant, rentra chez lui.

En vérité, il avait fourni une rare preuve de piété filiale, en prolongeant de huit semaines un cérémonial dont il enrageait et qui lui coûtait tant de ducats. Dès le lendemain, les chamarrés décampèrent. Pages, gentilshommes, chambellans, gardes du corps, maîtres des cérémonies, maréchal de la cour, maître des postes, maître de la garde-robe, hérauts et musiciens s'en allèrent au diable ou à l'armée. Seuls demeurèrent un trompette, deux pages et quatre officiers qui, avec une douzaine de valets, de plantons et d'ordonnances, formèrent toute la maison du souverain. Il se réserva pour lui-même un appartement de cinq pièces : une salle des drapeaux où furent déposés les étendards de la garnison, une antichambre, une salle d'audience, qui servait aussi de salle à manger, un cabinet, une chambre à coucher avec une garde-robe. Le rez-de-chaussée du palais, transformé en bureaux, abrita les services des ministères et l'on mit le trésor à la cave : une porte à pousser, un escalier à descendre, Frédéric-Guillaume savait si les gens étaient au travail et l'argent à sa place. La vaisselle plate, les médailles, les vins fins, les diamants, les carrosses superflus et les animaux furent vendus pour payer les créanciers : le roi de Pologne acheta les bêtes féroces, les bourgeois de Francfort les voitures. La juive Liebmann qui avait abusé de la passion de Frédéric pour les bijoux fut mise en prison. Un nouveau règlement fixa l'ordre des dignités. En tête, le militaire, les maréchaux, les lieutenants gouverneurs, les généraux... Derrière, au sixième rang, les ministres.

Frédéric-Guillaume n'a pas congédié les peintres de

la cour. C'est qu'il aime à se faire peindre, lui et sa famille. Mais il se méfie. Les artistes sont des fripons et des fainéants : chacun doit s'engager par contrat à fournir à dates régulières un nombre fixe de toiles. A la veille de la guerre, elles ornaient encore les maisons royales de Berlin, de Potsdam, de Charlottenbourg, de Monbijou, de Wusterhausen.

A son avènement, Frédéric-Guillaume a vingt-cinq ans, la taille un peu au-dessus de la moyenne avec quelque chose d'épais et de robuste, le teint rouge, le menton déjà empâté, la bouche très petite dans le large visage, la lèvre dédaigneuse, le nez trop court, mais droit, de gros yeux sortants, ronds et gris, riants quand il est d'humeur joviale, d'une fixité terrible quand il veut effrayer. Enfant, il ressemblait à un chérubin. Ses cheveux sont restés blonds et fins : il en a honte et il les fait couper ras. Il se couvre le crâne tondu de perruques brunes, nouées à la cavalière, plus tard de perruques blanches, petites et plates. Quand il aura renoncé aux vêtements bourgeois, on ne lui connaîtra que deux costumes : l'habit de chasse, vert à parements noirs, l'uniforme de son régiment, bleu foncé à boutons de cuivre, revers écarlates, gilet et culotte chamois, bottes ou guêtres blanches. Sous la majesté affectée des portraits officiels, on le sent bouillir d'impatience et de colère. Il tient son bâton de commandement comme une trique.

Il est né anxieux, brutal, avare, despote et méticuleux, ne supportant ni retard, ni contradiction, disposé à malmener la vie. Mais la vie lui rendra les tourments au centuple. Fort propre de sa personne, changeant chaque jour de linge, il a pour le reste une hygiène déplorable, mangeant trop et trop vite, presque sans mâcher, abusant de la bière, de l'alcool et du tabac. De bonne heure, il se plaint de maux de tête à devenir fou. Il dort mal, d'un sommeil agité avec des cauchemars qui lui font venir l'écume à la bouche et qui s'apaisent dans l'hébétement. Le jour, il a des somnolences, des assoupissements, et aussi des impulsions subites qui le jettent à cheval et le font galoper au hasard pendant des heures. Les attaques de goutte se succèdent, plus violentes d'année en année. Son visage bouffi se marbre de bleu et de rouge. Il n'entend plus. Ses souffrances sont atroces. Un ambassadeur raconte que, « par moments, la peau de dessous ses cuisses se détachait et ressemblait à une vessie de porc frais ». Chaque automne, à la saison des chasses, il prenait son poids matin et soir, dans l'espérance que l'exercice et la suée l'auraient fait maigrir. Il finit cependant par peser cent vingt-cinq kilos. Les dernières années, gonflé par l'hydropisie, semblable à une barrique, avec des jambes grosses comme un corps, il mesurait 2 m 60 de tour de taille.

Il aimait l'argent bassement, sordidement. « Quiconque dispose de la pécune, disait-il, tient le militaire et le civil, et, par surcroît, gagne le respect et l'admiration du monde. » Il fallait donc exploiter le royaume pour qu'il rendît chaque année davantage. « Produire un plus », « *Ein Plus machen* », tout est là. Avec le plus on arme des soldats ; au besoin on en achète. Et ce sont les soldats qui rendent les rois « formidables ».

— De me procurer la plus belle femme ou fille du monde me serait indifférent, mais les soldats, c'est là pour moi le défaut de la cuirasse et l'on peut avec cela me mener aussi loin qu'on voudra.

Cet homme terrible, ridicule, odieux, a des vertus qui forcent l'estime : la franchise, la probité, l'horreur de la ruse et de la délation, la fidélité à ses devoirs de famille, surtout l'amour du pays, le dévouement à la chose publique. Selon l'heureuse expression de Lavisse, il considérait le roi de Prusse comme un être idéal et perpétuel dont il n'était, lui, que le premier serviteur.

— Je suis, disait-il, le général en chef et le ministre des finances du roi de Prusse.

Toute sa vie, il travailla sous l'œil de ce maître qu'il savait exigeant et redoutable. Pour le satisfaire, il ne ménagea ni sa peine, ni ses forces. Curiosité insatiable, application sans défaut, fatigues incroyables pour se trouver partout à la fois, soins sans nombre, vues en tout, exactitude, rapidité, attention continuelle et à laquelle rien n'échappe : il se tue, mais il faut que tout marche et que tout soit réglé « comme du papier à musique ».

L'esclavage du souverain a pour corollaire naturel

l'obéissance des sujets. Qu'ils exécutent les ordres sans tarder, sans discuter, au besoin sans comprendre. *Nicht raisonnieren !* C'est la devise du règne.

— Nous sommes le seigneur et roi et faisons ce que nous voulons.

Quant aux mal intentionnés, « nous les châtierons exemplairement, à la russe ».

Deux ans après son avènement, il découvre l'insubordination de certains fonctionnaires prussiens. Tout de suite, il s'emporte contre ces « canailles » qui doivent « danser à sa guise », sinon il les fera « prendre et rôtir », il les traitera en rebelles, il agira en « tirang ».

— J'ai le commandement dans mon armée et ne veux pas laisser le commandement à un millier de sales barbouilleurs de papiers ! Je serais un misérable si je tolérais pareille chose.

En 1716, la noblesse manifeste quelque agitation :

— Je vais à mon but, j'établis ma souveraineté, j'asseois la couronne aussi solidement qu'un rocher de bronze et je laisse à messieurs les hobereaux le vent du Landtag. Quand on arrive à ses fins, on laisse le vent aux gens.

★

La bureaucratie et l'armée attendent le prince royal : sa place y est marquée dès le berceau. Comme un « conseiller d'Etat intime et effectif », un commissaire des guerres ou un auditeur à la Chambre des Domaines, il est un rouage de la machine. Qu'il fasse, comme les autres, son office sans broncher !

Comment Frédéric-Guillaume entendait que son fils fût formé à ses devoirs, il l'a exposé tout au long dans l'instruction qu'il remit aux gouverneurs, lorsque Fritz eut sept ans. Cette instruction datait du Grand Electeur. Elle avait servi pour Frédéric Ier et, quelque peu amendée sous l'influence de Leibniz, pour Frédéric-Guillaume lui-même. C'était un code de l'honnête homme, dans le sens où on entendait le mot à Versailles : bon chrétien, cavalier élégant, homme d'honneur, stoïque, courtois, pieux sans bigoterie, jugeant bien les ouvrages de l'esprit, avec les manières, les agréments, l'aisance et la retenue que donne l'usage des bonnes compagnies, mélange rare de vertus sérieuses et de qualités aimables.

Cette instruction, Frédéric-Guillaume la retouche à sa façon. Le chapitre de la vie mondaine est sérieusement écourté. Il suffit que le prince ait « des mœurs et un maintien séants ». Les exercices physiques seront gradués avec soin pour ne jamais excéder les forces de l'enfant. Mais les éducateurs se souviendront qu'il est destiné à une vie rude et ils lui donneront le dégoût de la paresse, « un des plus grands parmi les vices ». Il s'interdira « les opéras, les comédies et autres sottises laïques ». Il s'accoutumera « au ménage, à l'économie et à la modestie ».

Le chapitre de l'éducation intellectuelle est pareillement abrégé. « Pour ce qui est de la langue latine, mon fils ne l'apprendra pas. » Frédéric-Guillaume ne donne pas de raisons, mais comme il prévoit qu'on pourrait lui en demander, il ajoute : « Je défends à qui que ce soit de me faire des observations à ce sujet. » L'histoire sera réduite à une connaissance détaillée de la politique européenne depuis un siècle et demi. Le prince verra comment ont agi ses prédécesseurs. Il réfléchira à leur conduite, pour en discerner le fort et le faible. Il visitera les archives pour s'habituer aux papiers d'Etat et aux rapports. Et aussi pour y découvrir l'histoire réelle, sans rhétorique, ni enjolivement littéraire. Il lira sans en rien passer le *Theatrum Europœum*, énorme et indigeste répertoire, où les batailles, les traités et les changements de souverains sont énumérés année par année depuis 1617, avec cartes, plans et références. Quant à la « vieille histoire », il n'en sera question qu'en passant.

Ne sourions pas trop vite. Au temps de Frédéric-Guillaume, qui est celui de Bayle, l'histoire de l'Antiquité n'est pas faite. Les légendes et les traditions jadis paisiblement acceptées ont été mises en pièces par une génération de douteurs acharnés. Erudits et savants tâtonnent encore à la recherche d'une méthode certaine, appuyée sur des actes authentiques et non sur des phrases. Mais quelle attention mérite donc un ramassis de fables et d'erreurs ? Quelles lumières pourrait en tirer un roi de Prusse ?

Frédéric sera accoutumé à un style élégant et bref, en français comme en allemand. Il saura parler en public et on lui fera débiter devant un enfant de bonne famille qui lui donnera la réplique de petites harangues propres à son état : remerciements, félicitations, exhortations à une troupe avant la bataille... Il étudiera le droit des gens (grande nouveauté), l'économie rurale et il saura assez de mathématiques pour tracer un camp, comprendre « les fortifications et les autres sciences de la guerre ».

Les précepteurs et gouverneurs surveilleront ses fréquentations. Jamais ils ne le laisseront seul, même la nuit. A l'âge de la puberté, ils redoubleront de vigilance. « Sinon, ils en répondront sur leur tête. »

Aidés du prédicateur de la cour, ils feront du prince royal un prince pieux, respectueux des commandements, aimant la vertu et craignant Dieu. Il sera élevé dans l'horreur de l'athéisme, de l'arianisme, du socinianisme et du catholicisme que « l'on peut avec raison mettre dans le même panier », parce qu'il est « artificiel et absurde ». Mais ici se présente une difficulté de dogme. L'Eglise protestante était troublée par les querelles des luthériens et des calvinistes. Ceux-ci enseignaient que, dès le premier jour, Dieu a prédestiné une partie des hommes au salut, l'autre à la damnation ; ceux-là professaient au contraire que la grâce est accessible à tous. Les calvinistes étaient particularistes et les luthériens universalistes. Mais il se trouvait des universalistes parmi le troupeau de Calvin. Frédéric-Guillaume était du nombre. Le dogme de la prédestination lui paraissait dangereux pour l'Etat, parce qu'il supprimait la responsabilité des sujets. Il interdisait aux pasteurs de le prêcher devant les soldats, de peur que se croyant prédestinés à la désertion, ils ne prissent en effet la fuite. Et puis, il ne se souciait pas d'être damné à l'avance. Il souhaitait passionnément l'union des confessions réformées et il s'irritait des obstacles.

— La différence entre nos deux religions évangéliques, écrivait-il un jour au pasteur Roloff, c'est vraiment de la criaillerie de calotins. Car si, extérieurement, il y a une grande différence, quand on examine de près, c'est la même foi en tous points, aussi bien pour la grâce que pour la communion ; mais, en chaire, les uns font une sauce plus aigre que les autres. Que Dieu pardonne à tous les calotins, car ils rendront compte au tribunal de Dieu d'avoir ameuté les rats d'école et jeté le désordre dans l'œuvre de Dieu !

Conclusion : le Christ est mort pour tous les hommes et le prince croira à la grâce universelle. On le conduira aux sermons dans les églises et on contrôlera au retour s'il en a retenu quelque chose.

Reste enfin l'essentiel, l'éducation militaire. « Dès l'enfance », Frédéric sera préparé par les gouverneurs à devenir officier et général. « Ils doivent inculquer à mon fils le véritable amour du métier de soldat, imprimer en lui l'idée que rien dans le monde n'est capable de donner à un prince la gloire comme l'épée ; qu'il serait, sur terre, une créature méprisée s'il ne cherchait en elle et par elle la gloire unique. »

Quand Frédéric eut treize ans, le roi compléta sa première instruction par un emploi du temps minutieux. Les jours de semaine, le lever à six heures. Le prince ne se retournera pas dans son lit. Il se lèvera tout de suite, se mettra à genoux et récitera à haute voix une courte prière : « Seigneur Dieu, Père sacré, je te remercie de tout cœur de m'avoir donné cette nuit par un effet de ta grâce. Au nom de Jésus, mon Sauveur, fais que je sois docile à ta volonté sainte et que je ne commette, ni aujourd'hui ni demain, une action qui me sépare de toi. *Amen.* » La prière dite, Frédéric se chaussera, se lavera sans savon le visage et les mains, s'habillera et se fera peigner, mais non poudrer. Pendant qu'un domestique lui passera ses vêtements, il boira son thé ou son café. A six heures et demie entreront le précepteur et les gens de service. Lecture de la Bible. Grande prière. Cantique. De sept heures à onze heures moins le quart : leçons. Alors le prince « vivement », « au galop », se lave le visage et les mains en se servant de savon pour les mains seulement. Il met son habit, se fait poudrer et à onze heures il est chez le roi pour la conversation et le déjeuner en famille. A deux heures les leçons reprennent jusqu'à cinq ; le prince dispose de son temps jusqu'au coucher pourvu qu'il prenne l'air et « qu'il ne fasse rien qui soit contraire à la volonté de Dieu ». Ayant souhaité le bonsoir à son père, lavé ses mains et son visage, dit sa prière et chanté un cantique, il sera au lit à dix heures et demie. Le gouverneur qui couche dans sa chambre éteindra aussitôt les lumières. Le samedi, révision générale. Le dimanche, Frédéric se lève une heure plus tard et ne travaille pas. La matinée est occupée par les devoirs religieux : lecture et commentaire de l'Evangile, interrogation sur le catéchisme, service à l'église.

Ayant ainsi tout prévu, tout ordonné depuis la façon de croire en Dieu jusqu'à celle de se présenter à table, Frédéric-Guillaume était persuadé que tout irait pour le mieux et que son fils et cher successeur, gagnant un *plus* chaque année, deviendrait rapidement semblable à lui-même. Mais Frédéric-Guillaume qui se méfiait de tout le monde ne se connaissait guère en hommes. Il s'imaginait faussement qu'en parlant haut et levant la canne, on peut en toutes choses se faire obéir à la lettre. La plupart des gens qu'il choisit pour appliquer son programme étaient les moins propres à le contenter : ils le désapprouvaient au fond d'eux-mêmes et, sans mauvaise intention, ils le trahissaient à chaque minute.

Jusqu'à sept ans, Fritz eut une gouvernante, Mme de Rocoules, qui avait déjà élevé le roi. C'était une Française émigrée à la révocation de l'Edit de Nantes, personne sage, discrète, qu'on accusait d'aimer l'intrigue. Elle tournait bien les petits vers, aimait le mot gaillard et tenait salon. Un beau portrait que l'on voyait au château de Potsdam la représente dans son extrême vieillesse, toute ridée, sans dents, encapuchonnée de dentelles, avec beaucoup de bonté dans le visage et de malice dans le regard. Installée en Prusse depuis trente ans, elle ne savait pas une bribe d'allemand : les premiers mots tendres que Frédéric entendit, les seuls peut-être, furent des mots français. Jusqu'à sa mort, Mme de Rocoules resta pour lui « la chère bonne maman ».

Le précepteur fut aussi un Français, Duhan, qui était né à Jandun, en Champagne, l'année de la révocation.

Son père, ancien secrétaire de Turenne et conseiller d'Etat, était sorti de France deux ans plus tard et s'était établi à Berlin où il était devenu secrétaire du Grand Electeur. Frédéric-Guillaume remarqua Duhan au siège de Stralsund dans les endroits où il y avait du danger. Il l'engagea, sur l'heure, dans la tranchée. Mais ce cavalier était surtout un humaniste. Il aimait les lettres avec passion et, à ses yeux, rien n'approchait de l'Antiquité.

Les gouverneurs qui entrèrent en fonction quand Mme de Rocoules se retira étaient de braves militaires. Très honnête homme, universellement estimé pour sa probité, le général comte Albert-Conrad Finck de Finckenstein appartenait à une ancienne famille qui s'était établie en Prusse au temps de l'ordre teutonique. Il avait une grosse tête, un gros nez, de gros traits. Vétéran des guerres européennes, il avait bataillé un peu partout, servi les Pays-Bas contre la France et la France contre l'Espagne. Puis il était rentré dans sa patrie et s'était couvert de gloire à Malplaquet. Au cours de son existence errante, il avait approché Guillaume d'Orange, le prince Eugène, Marlborough, Luxembourg, Louvois, et il avait pensé faire une grande fortune à Versailles : on dirait que la France assiège l'enfance de Frédéric. Le sous-gouverneur, le colonel de Kalkstein, a trente-six ans. Les Jésuites, chez qui il a étudié, lui ont donné des connaissances et de bonnes manières. Mais il ne saura ni se faire aimer, ni prendre de l'ascendant sur l'esprit de son élève. Enfin, brouillant tout, contrariant tout, s'exerçait la surveillance de sa mère, Sophie-Dorothée de Hanovre, Fifi comme l'appelait le roi dans les moments d'effusion, grosse personne sans méchanceté, pas sotte, instruite, ayant du goût, mais vaniteuse, entêtée, dépensière, bavarde et comploteuse, aimant les secrets et les correspondances de contrebande, qui se croyait exilée en Prusse, depuis que son père était devenu roi d'Angleterre. Elle eut quatorze enfants, dont dix survécurent. Mais les grossesses ne l'empêchaient pas de cabaler. Par crainte du roi, elle s'empêtrait dans les cachoteries, ce qui lui valait d'épouvantables scènes, dont elle sortait humiliée, en larmes, mais non guérie. Frédéric a grandi dans les querelles et dans les criailleries, entouré de gens qui tremblaient et de gens qui mentaient.

Il était tranquille, silencieux, souvent malade et n'apprenait pas facilement. Pesne l'a peint âgé de trois ans, avec sa sœur aînée Wilhelmine qui en avait six. Ils sont jolis tous deux. Il a une robe décolletée en velours bleu soutaché d'or, un tambour d'enfant accroché à la ceinture, une toque à grandes plumes sur sa chevelure blonde. Wilhelmine lui retient la main pour l'empêcher de battre la caisse. Elle est vêtue en marquise, avec de longues boucles, une rose dans les cheveux, des fleurs dans un pli de son manteau à traîne. Derrière eux, un nègre porte un parasol sur l'épaule et un perroquet au poing. Pesne a eu beau mettre à Fritz le cordon et la plaque de l'Aigle noir, il reste un gros bébé pataud, endormi, avec de bonnes joues, de grands yeux, le menton plus ferme que sa sœur. Mais s'ils échangeaient leurs costumes, on ne saurait dire qui est le garçon et qui est la fille.

Frédéric-Guillaume aimait son fils et il aurait voulu en être aimé « fraternellement », « en confiance », comme celui qui lui veut le plus de bien en ce monde.

— On lui fera peur de sa mère, avait-il recommandé. Jamais de moi.

Mais il ne trouve pas le chemin de son cœur, ni celui de son esprit. L'idée presque héroïque qu'il a de la monarchie prussienne, il ne sait pas l'exprimer. Il lui arrive même de la rendre grotesque. Ses colères et ses violences avilissent ce qu'il veut de grand. Il rend haïssable l'autorité parce qu'il en fait sentir durement les tracasseries et les rigueurs, jamais la raison ni la noblesse. Les « pieux seigneurs », les « bons maîtres » qui parlent à Frédéric de ses devoirs lui enseignent le métier royal selon une image étriquée et pédante. Ils lui inculquent avec un acharnement monotone la mécanique, les servitudes et les duretés de sa condition. Ils ne lui donnent pas le sens de sa destinée, ni le désir de la bien remplir. Les mots qu'ils lui répètent sans repos, *soldat, honnête homme, général, père du peuple,* tous ces mots arrivent à lui comme des divinités menaçantes et glacées. Ce sont les fétiches d'un culte rébarbatif, dont il ne pénètre pas la signification. Fritz est dressé. Pas formé.

A quatre ans, il commence à apprendre les cinquante-quatre mouvements de l'exercice à la prussienne. Tous ses jouets sont militaires : soldats de plomb, fusils, tambours, tentes, drapeaux, petits canons. On l'oblige à tirer au pistolet pour qu'il s'habitue aux détonations qui l'effraient.

Frédéric-Guillaume avait à Potsdam un régiment de géants, pour lequel il dépensait des sommes fabuleuses. A six ans, Frédéric aura aussi sa compagnie, la *compagnie des cadets du prince royal*, cent trente et un jeunes garçons triés sur le volet, qui renforcés peu à peu, deviendront un bataillon, la meilleure graine, hobereaux et fils de hobereaux, soldats et fils de soldats. « Fritz s'exerça d'abord dans le rang, commandé par l'instructeur Rentzell, un grand qui avait dix-sept ans. Puis il commanda lui-même. Il eut l'honneur d'être passé en revue par le tsar Pierre et par son grand-père, le roi d'Angleterre, qui l'admirèrent fort. En 1721, pour son jour de naissance, le roi lui fit cadeau d'un petit arsenal installé dans une des chambres du château, à Berlin. »

Frédéric subissait le despotisme paternel, mais sa nature tendre, indépendante et mélancolique, souffrait en silence. Accablé de travail, toujours courant, toujours inspectant, Frédéric-Guillaume ne pouvait guère suivre lui-même les études de son fils. Mère et gouverneurs s'ingénient à le rassurer. Ils lui dépeignent un fils à son goût. « Fritz, lui écrit la reine, dit qu'il veut aller avec le grand canon qui est dans l'arsenal trouver papa et l'aider à tuer le roi de Suède (5 juillet 1715)... » « Je fais tirer tous les jours le canon pour Fritz afin de l'y accoutumer... » « J'ai fait tirer Fritz avec un petit pistolet. J'espère quand vous le verrez que vous trouverez qu'il ne sera pas si poltron... » « J'ai vu cet après-dîner Fritz à cheval, ce que je n'avais pas vu de longtemps (10 juin 1718). » « Fritz apprend tout ce qu'il peut du *Theatrum Europœum.* » Le brave enfant ! Quand il est en retard sur le programme, ses professeurs ne manquent pas de l'excuser dans leur bulletin hebdomadaire : « Son Altesse royale apprend difficilement comme tous les esprits qui promettent de devenir profonds et sont doués d'une grande force de jugement. »

Fritz, dans sa petite enfance, a sans doute tâché de contenter ce terrible père que tout le monde craignait, mais qui avait pour lui des accès d'affection bourrue. Nous avons des lettres qu'il lui écrivait alors. Un jour, il lui expédie l'état de sa compagnie et il remercie pour l'envoi d'un nouvel officier. Une autre fois, il annonce qu'il a tué un lièvre. Il apprend sagement le *Theatrum Europœum* sans rien passer. Wilhelmine et lui « pensent nuit et jour à leur cher papa » et attendent son retour avec impatience. Etant allé inspecter sa compagnie à Cöpenik, il n'est pas satisfait du maniement d'armes, « mais elle a si bien tiré que cela ne pouvait pas être mieux ». A une autre visite, il est content de la manœuvre et, pour la peine, il donne à ses cadets un tonneau de bière. Le tonneau de bière devait aller au cœur du roi. Mais on soupçonne le gouverneur d'avoir soufflé l'épisode.

En 1720, Frédéric composa en français un petit morceau intitulé : *Manière de vivre d'un prince de grande naissance*. Sous la plume d'un monsieur de huit ans, ce titre vaniteux est assez ridicule. Mais le texte dut transporter d'aise le cher papa. « Il faut avoir le cœur bien placé, la religion réformée, craindre Dieu d'une manière pas comme les gens qui le font pour de l'argent, non pas pour la terre. Il faut aimer son père et sa mère. Il faut être reconnaissant. Il faut aimer Dieu de tout son cœur, car, quand on l'aime, on fait tout pour lui faire plaisir... Il faut remercier Jésus-Christ de la bonté qu'il a eue de se faire crucifier pour nous, pauvres pécheurs. Il ne faut jamais renoncer à la religion réformée... Il ne faut pas aimer une chose trop, il faut être obligant (*sic*), civil, parler avec tous les gens. Quand on sait bien faire et que l'on ne le fait pas c'est un péché. Il faut faire comme il y a dans les dix commandements, point voler, point se souiller et penser toujours : tout ce que je fais de bien vient de Dieu. Il faut toujours penser à rien de mal, tout ce qu'il vient dans l'esprit de mal, ça vient du diable. Il faut penser à un passage de l'Ecriture qui s'appelle : *Soyez à jeun et veillez, car votre ennemi le diable rôde autour de vous comme un lion rugissant, cherchant quelqu'un à dévorer ; résistez-lui fermement dans la foi.* »

Kalkstein assure qu'il n'a ni ajouté, ni ôté la moindre lettre à la composition de son prince. C'est de la courtisanerie. Il a, au moins, arrangé l'orthographe en laissant quelques fautes pour la vraisemblance. Car bien plus tard encore, Frédéric orthographiait de telle manière qu'il est difficile de comprendre ses phrases à première lecture. Au reste, l'enfant n'a fait que répéter des leçons d'instruction religieuse et probablement mot pour mot : on lui apprenait à lire dans la Bible et on lui en faisait copier des passages jusqu'à ce qu'il pût les réciter par cœur. Un de ces devoirs était conservé au Musée Hohenzollern.

« Cependant, écrit Lavisse, dans les leçons de chaque jour, dans le tête-à-tête avec Duhan, peu à peu, sans que personne s'en aperçût, un travail s'opérait, tout différent de ces exercices du petit soldat et du jeune chrétien. L'éducation du prince débordait le cadre que le roi avait tracé. Duhan ne désobéissait pas de propos délibéré aux instructions qu'il avait reçues ; mais, malgré lui, il conservait, retranchait, ajoutait. Il corrigeait la lettre par l'esprit. » Pour parler net, il trichait. Des faits, tous les faits, avait dit le roi : Duhan élaguait, arrangeait, remplaçait le détail par des idées, des raisonnements, des vues d'ensemble. Beaucoup d'exercices de mémoire, avait dit le roi : Duhan oubliait les récitations et faisait parler librement son élève. Pas d'Antiquité, avait dit le roi : l'Antiquité vint avec Télémaque.

Frédéric-Guillaume n'avait rien à objecter : il avait lu ce livre dans son enfance. Mais Télémaque entraînait Frédéric bien loin de la Sprée, dans un monde de soleil, où il n'y avait ni sablières, ni recrues géantes, ni compagnie de cadets. Il suivait le héros sur la mer violette. Avec lui, il admirait Calypso dans la grotte de rocailles, tapissée de jeune vigne, où les zéphyrs conservent une délicieuse fraîcheur. Il écoutait les fontaines couler avec un doux murmure sur les prés semés d'amarantes. Il s'enfuyait, poursuivi par Vénus fendant les nuées sur un char de roses conduit par deux colombes. Il buvait dans des tasses d'or couronnées de fleurs le vin des nymphes, plus doux que le nectar. Mentor lui enseignait tendrement une vertu aimable, et descendu au royaume des morts il apprenait que les conquérants, les héros, les guerriers n'ont pas droit à la première demeure des Champs-Elysées, car elle est réservée aux princes pacifiques et bienfaisants, qui, délivrés des agitations de la terre, se promènent dans les bocages embaumés, illuminés par les rayons d'une lumière douce qui les environne comme d'un vêtement.

— Idoménée, lui disait Mentor, est sage et éclairé. Mais il s'applique trop au détail et ne médite pas assez le gros de ses affaires pour former des plans. L'habileté d'un roi qui est au-dessus des autres hommes ne consiste pas à tout faire par lui-même : c'est une vanité grossière que d'espérer d'en venir à bout... Le suprême et le parfait gouvernement consiste à gouverner ceux qui gouvernent.

— Heureux, s'écriait Télémaque captif, heureux ceux qui se dégoûtent des plaisirs violents et qui savent se contenter des douceurs d'une vie innocente... Heureux ceux qui se plaisent à cultiver leur esprit... Heureux ceux qui aiment à lire et qui ne sont point, comme moi, privés de la lecture.

Et Télémaque se consolait en jouant de la flûte. Sa voix avait une harmonie divine. Il chantait les grâces dont la nature a orné la campagne et, pour l'entendre, les bergers, oubliant leurs cabanes et leurs troupeaux, se tenaient suspendus et immobiles autour de lui. Il semblait que les déserts n'eussent plus rien de sauvage ; tout y était doux et riant ; la politesse des habitants adoucissait la terre.

Comme on était loin de Potsdam ! Comme on était loin de l'exercice à la prussienne ! Lassé de faire le petit soldat et stimulé par sa sœur Wilhelmine, jeune personne très intelligente qui parlait et se conduisait d'une manière au-dessus de son âge, Frédéric se mit à dévorer des romans qu'il se faisait prêter en secret. Le premier fut *Pierre de Provence*. C'est le récit des amours d'un noble chevalier avec la belle Maguelone, fille du roi de

Naples. Il y a des enlèvements, des tournois, des corsaires, des tempêtes et un mariage.

— On ne voulait point que je le lusse, a-t-il raconté lui-même ; je le cachais. Je couchais entre le général Finck, mon gouverneur, et mon valet de chambre. Quand ils étaient bien endormis, j'enjambais le lit de mon valet, je passais dans une autre chambre où je trouvais une lampe dans la cheminée. Je m'accroupissais là et lisais. Mais, un soir, la toux prend au maréchal. Il ne m'entend pas respirer, tâte, ne me trouve point, crie. Je cours vite. Je dis que j'avais eu quelque besoin. Je cachai mon livre et je ne m'y frottai plus depuis. « Mon prince, prenez garde à vous ! » et je pris garde.

C'est avec sa mère et avec sa sœur que Fritz, loin des parades, passait ses meilleurs moments. Elles l'aimaient toutes deux, Wilhelmine avec une tendresse passionnée, la mère à sa façon, avec une jalousie inquiète et impérieuse. Elle l'aida à ne pas aimer son père, en l'obligeant à choisir entre elle et lui. Elle parlait beaucoup et c'était toujours pour se plaindre. Les ministres étrangers l'attestent, sa conversation est une jérémiade. Elle se plaint de son brutal mari, de la vie médiocre qu'il lui impose, à elle, la fille du roi d'Angleterre. Elle se plaint des ministres qui l'animent contre elle et qui méditent, certainement, d'assassiner le prince royal pour assurer leur domination. Elle connaît toutes les intrigues de la cour et de la ville et les explique par le menu à sa fille, en lui découvrant de vilaines histoires, qu'elle ferait mieux de lui laisser ignorer.

Les deux enfants voient que leurs parents ne s'entendent pas et que leur mère désapprouve ce que le roi lui impose de pénible. Quand le maître du logis est loin, la maîtresse donne un autre ton à la maison. Alors, dans son petit château de Monbijou, cadeau de Frédéric Ier, tout rempli de chinoiseries précieuses, il y a cercle, jeu, concert et bal. Un jour, le roi, rentré à l'improviste, tombe au milieu des danseurs et s'en retourne furieux, sans un mot, laissant l'assistance pétrifiée. Après une de ces humiliations, il arrive à Sophie-Dorothée de faire tout haut des plans pour le cas où le roi viendrait à manquer. Et Fritz sent bien que ce temps serait pour elle celui de la liberté et que, pour lui-même, la vie deviendrait plus douce.

Entre leurs jeux, les enfants bavardent. Le petit frère fait le rapporteur. De son côté, la sœur lui confie ce qu'elle a attrapé : les récriminations de sa mère, les propos de la domesticité, haute et basse. La Letti, sa gouvernante, ronfle comme un gendarme et reçoit des hommes dans sa chambre. Elle a appelé Mme de Kamken la grosse vache, la reine la grande ânesse et dit que la Sonsfeld est une sotte bête. Le ministre Grumbkow, le favori tout-puissant, est un poltron qui, à Malplaquet, a fait le mort dans un fossé pour ne pas monter à l'attaque. Le roi est resté toute la nuit à boire avec ses généraux. La reine a encore pleuré ce matin. Un astrologue a prédit que Frédéric deviendrait un des plus grands princes qui eussent jamais régné. Le roi a dit que perdre une femme c'était comme se faire enlever une dent creuse : on sent la douleur quand on l'arrache, mais on est ravi d'en être délivré le moment d'après.

Frédéric et Wilhelmine font bande à part. Ils se fortifient mutuellement dans leur tendresse et dans leurs haines. Ils s'habituent l'un l'autre à voir les choses laides de la vie et à mépriser ceux qui les entourent. A table, silencieux et renfermés, ils échangent des regards où passent leurs dégoûts et ils se comprennent sans parler. Le roi qui saisit cette désapprobation muette s'en irrite.

Autour du prince royal et de la reine, il se passe des choses qui lui déplaisent et qu'on lui cache. Une fois, il a surpris le précepteur en flagrant délit de désobéissance, apprenant le latin à son fils. On le croyait loin. Il est entré brusquement dans la salle d'études.

— Que faites-vous là ?

— Papa, je décline *mensa, mensœ.*

— Ah ! coquin ! Du latin à mon fils. Ote-toi de ma vue !

Il a poursuivi Duhan à coups de canne et à coups de pied au derrière. Au retour, il a découvert Fritz tapi sous une table et il l'a calotté.

Dans ce « damoiseau » renfermé, secret, fuyant, « poule mouillée », qui n'aime plus les soldats et qui s'intéresse à des fariboles romanesques — « du vent !

du ciel bleu ! » — il ne reconnaît pas son sang. Fritz promène un visage ennuyé et des airs de martyr qui le mettent hors de lui. Il le compare à son frère Guillaume, un bon petit qui regarde droit dans les yeux et qui est content de faire l'exercice. Il pense, à son tour, que si l'aîné venait à manquer, la Prusse tomberait en de bien meilleures mains.

Au mois de mars 1724, chez Grumbkow, le roi dit tout à coup en montrant le prince :

— Je voudrais savoir ce qui se passe dans cette petite tête. Je sais qu'il ne pense pas comme moi. Il y a des gens qui lui donnent d'autres sentiments que les miens et l'excitent à tout blâmer. Ce sont des coquins.

Il répète le mot et s'adressant à son fils :

— Fritz, écoute ce que je te dis. Entretiens toujours une bonne et grande armée ; tu ne peux pas avoir de meilleur ami et sans cet ami tu ne peux pas te soutenir. Nos voisins ne désirent rien tant que de nous faire faire la culbute, je connais leurs intentions. Tu apprendras à les connaître. Crois-moi, ne pense pas à la vanité, attache-toi au réel. Aie une bonne armée et de l'argent. En cela consistent la gloire et la sécurité d'un prince.

Ce disant, il donnait à Fritz de petites tapes sur la joue qui finirent par ressembler à des soufflets.

Chaque jour, le roi pense à son œuvre compromise. Lui mort, que deviendra le royaume ? Et l'armée ? Et le Trésor ? Qu'a-t-il donc fait au Seigneur pour être maudit dans sa postérité ? Pourquoi Fritz résiste-t-il à ses soins ? Il l'aime cependant. Pour le bien élever, il n'a ménagé ni la peine ni l'argent. Mais à ses conseils, comme à ses colères, le damoiseau oppose un visage buté. Il en est certain : sous cape, le vaurien rit de son père.

Frédéric-Guillaume est sorti à cheval tout seul, comme de coutume, quand l'inquiétude de changer de place le tourmente. Il remâche ses griefs. Fritz est paresseux. Il ne travaille pas. Il écrit un allemand exécrable, hérissé de fautes grossières. Il est hautain. Il rêve. Il ne sait pas parler aux officiers. A cheval, il se tient recroquevillé sur la selle comme une loque. Il est malpropre et maniéré. Il ne se débarbouille pas, mais il met des dentelles, il se frise et il aime les colifichets. Il est douillet comme une femmelette. Il porte des gants à la chasse. Il tire mal. Il marche sur la pointe des pieds, comme un petit maître. Il se tortille sur sa chaise. Au lieu de chanter des psaumes à l'orgue, il joue de la flûte et c'est à cela que passent ses heures de loisir. A table, il est toujours le nez dans son assiette et il fait des grimaces imbéciles. Il a prétendu manger avec une fourchette d'argent à trois fourchons, au lieu de se contenter comme son père de la vieille fourchette à deux pointes. Ce jour-là, Frédéric-Guillaume l'a giflé. Mais les coups ne font pas plus que les reproches. Les parents de Londres ont demandé à la reine le portrait de Fritz. « La reine n'a qu'à faire peindre une grande guenon. » Ce sont les coquins de gouverneurs qui ont causé tout le mal par leur sotte indulgence. Ils mériteraient d'être bâtonnés ou mis à Spandau. Mais que faire ? Le mieux serait que Fritz fût toujours auprès de son père. Peut-être pourrait-il encore être redressé...

Nous imaginons sans peine les réflexions de Frédéric-Guillaume. Il n'était pas homme à se taire : il nous suffit de mettre bout à bout les phrases grognonnes qu'il laisse échapper. Entre son fils et lui la mésentente est désormais publique et les ministres étrangers en informent régulièrement leurs cours. Le 1er mai 1725, Frédéric-Guillaume se décide à prendre Frédéric sous sa surveillance personnelle. Il le nomme, à treize ans, capitaine au régiment du roi à Potsdam. Les exercices scolaires sont réduits et remplacés par une instruction militaire plus complète. C'est à l'armée de sauver le prince royal : qu'elle lui inspire le respect de son uniforme et la conscience de ses devoirs.

★

Potsdam était la résidence favorite de Frédéric-Guillaume. Il trouvait Berlin trop « ministérielle », avec trop de conseillers, trop de diplomates, trop de civils. A Potsdam, il n'était que soldat, colonel des grands grenadiers. Tous les jours, il assiste à la parade et aux exercices. Fritz l'accompagnera. Quand les hommes ont bien manœuvré, il les appelle ses *chers enfants bleus* et il écoute leurs plaintes avec douceur. Ils sont sa seconde famille. Un jour de maladie, il en a fait défiler deux cents dans sa chambre pour tromper la souffrance. Il les connaît presque tous par leur nom et il pourrait dire ce que les plus grands lui ont coûté. Par économie, certes, il aurait bien voulu produire à peu de frais des géants sur ses terres. Il mariait d'autorité des géants avec des géantes et quand de ces unions naissait un enfant à grandes mains et à grands pieds, il se faisait expédier d'urgence le bébé et la mère. Mais cet élevage n'a donné que de piètres résultats. Aussi enrôle-t-il à l'étranger, en Suède, en Ukraine, en Irlande, en Hongrie, en Valachie, partout où on lui en donne licence. Quand les recrues arrivent il les passe lui-même sous la toise. Une fois, ses racoleurs lui ont fait la surprise d'un Norvégien qui mesurait 2 m 65. La bonne journée ! Dans la chambre où il couche sont accrochés les portraits en buste de tous les capitaines de son régiment : c'est pour les tenir à l'œil dès le saut du lit. Dans deux autres salles, il a fait mettre les portraits des colonels de son armée, avec, sous chacun d'eux, disposé à l'ordonnance sur une table de bois, le fourniment complet du régiment. Lorsqu'un colonel meurt, on décroche son image, on la range respectueusement dans la chambre des morts et le nouveau promu prend sa place. Dans une dernière galerie enfin, s'alignent les effigies, grandeur nature, des grenadiers géants. Si la goutte empêche le roi de sortir, il se fait voiturer devant cette garde colossale et muette. La bonne vie ! Fritz va apprendre ce qu'est un officier prussien !

Mais la nature du prince ne peut supporter les fatigues que son père lui impose. Le roi le surmène, le harasse, si bien qu'un ambassadeur trouve à l'enfant un air vieillot, une démarche raide et lourde, comme s'il avait déjà fait de nombreuses campagnes. Mauvais soldat, il tombe de cheval devant les généraux et se blesse avec le pommeau de son épée. Mauvais chrétien, il arrive à la confirmation si mal préparé que le pasteur de la cour doit doubler les leçons pour qu'il puisse satisfaire tant bien que mal à l'examen. Chaque année, Fritz à bout de forces est malade. En 1726, d'une fièvre vasculaire qui le laisse « affaibli et maigre comme un échalas » ; en 1727, de la jaunisse. Peu à peu, la vie de famille devient intolérable, « une sorte de terreur plane sur la maison ; la reine pleure tous les jours ; le visage du prince fait peine à voir ». Tout le monde remarque sa mélancolie et on le plaint en secret. « Son père, écrit en français un diplomate saxon, l'a retiré trop tôt de l'éducation. Il faut qu'il le suive partout sans que le père lui communique rien des affaires. Ainsi tout ce qu'il apprend se fait indirectement, sans liaison, ni fondement aucun... Le père le traverse dans ses inclinaisons et ses passions... Il lui suffit de savoir ce qui peut faire plaisir à son fils pour le lui refuser. » Mais ce sont ses plaisirs à lui qu'il entend lui imposer.

A la nuit tombante, il tient la « société du soir ». On se réunit dans la tabagie, autour d'une longue table de bois. Le roi s'assied à un bout, sur un tabouret à quatre pieds, sans dossier, avec des accoudoirs pour soutenir les bras ; les invités et les habitués sur deux bancs, ou sur des chaises à droite et à gauche. Chacun trouvait devant soi une cruche de bière, un verre, une pipe et une corbeille de gros tabac. De la tourbe brûlait dans des vases de cuivre. Après une heure ou deux, on apportait du pain, du beurre, du fromage, du jambon et du veau froid. Le roi faisait lui-même la salade. Quand il y avait un hôte de marque, on buvait du vin de Hongrie. La compagnie était bizarrement composée : des généraux, des ministres, des ambassadeurs étrangers, le vieux Dessau, organisateur de l'armée, l'inséparable Seckendorff, représentant officieux de l'empereur, le président de l'Académie des Sciences, Gundling, qui s'enivre abominablement et qui tient le rôle de bouffon, quelquefois un ou deux pasteurs, à la campagne le maître d'école du village que Frédéric-Guillaume tient en haute estime depuis le jour où, à la sortie de la classe, les élèves ont refusé de crier à son royal commandement : « Notre instituteur est un âne. »

Le roi fumait et buvait sans arrêt. Parfois il se faisait lire une gazette ou un rapport. Il rabâchait ses souvenirs de Malplaquet, contait ses ambitions, portait des santés aux Majestés qui lui avaient plu dans la journée et le verre en main manifestait sans arrêt contre l'un ou contre l'autre. La conversation allait au hasard. On parlait de chasse, de stratégie, de politique, de religion. On tenait des propos de corps de garde, on jurait et on faisait de grasses plaisanteries sur les femmes. Parfois on dansait entre hommes. Il y avait aussi des farces de tradition, comme de faire asseoir le nouveau sur une chaise d'honneur dont les pieds étaient sciés, ou de le mettre subitement en présence d'un ours dressé. Un peintre a représenté les réunions du Tabaks-Collegium. Frédéric y est, à la droite de son père, tout menu et emprunté. Ces séances étaient pour lui d'affreuses corvées. Il y faisait lamentable figure. Le roi le traitait de poule mouillée et lui reprochait de ne pas avoir de goûts virils.

Au mois de mai, Frédéric-Guillaume passe en revue la garnison de Berlin. Chaque régiment a son jour. Après l'exercice, le roi examine les hommes un à un. « Mon fils, demande-t-il, à l'un et à l'autre, reçois-tu exactement ce qui t'est dû ? » Le dernier jour, revue générale. Frédéric doit être à cheval à deux heures du matin et la parade ne se termine qu'à la nuit. Puis le roi part pour les provinces. En 1725, Frédéric l'accompagne à Magdebourg ; en 1726, en Prusse et en Westphalie. On voyage vite, pour tout voir. Pas d'escorte, sauf en bordure de la Pologne. Cinq ou six voitures de poste bien attelées, sans portière quel que soit le temps. Il s'agit de surprendre les colonels, les juges, les receveurs, les fermiers des domaines. Le roi examine les comptes, visite les caisses et pose des questions par centaines. Quand il n'est pas satisfait, ce sont des colères épouvantables et la terrible canne s'abat sur les échines courbées. Une fois, il fait pendre sous ses yeux un conseiller prévaricateur et il oblige ses collègues à venir le regarder accroché à la potence. Il a aussi des moments de gaieté. Il aime la bonne chère, surtout quand d'autres en font les frais. Il s'invite au passage chez celui-ci ou chez celui-là et il s'empiffre. En bon Allemand, il préfère l'oie et le porc, sous toutes leurs formes, mais aussi les délicatesses, les truffes à l'huile et les huîtres, dont il mange sans peine huit douzaines. Quand il découvre un bon plat, comme les tripes aux choux, il descend à la cuisine demander la recette et, par la même occasion, il s'informe des prix.

Bien qu'il ait un penchant pour les mets raffinés — toujours le petit maître — Fritz ne mange pas mal et il commence à s'y entendre en vins. Mais à Magdebourg et à Strassfurt, pour se faire valoir contre son père, il a refusé les ducats que le corps de ville lui offrait en présent de bienvenue et il a ordonné de les distribuer aux pauvres. Refuser des ducats ! A Magdebourg, comme le roi le contraignait à les reprendre, il a eu l'impudence de déclarer qu'il les garderait jusqu'à son avènement et qu'alors il les rendrait aux malheureux habitants, accablés d'impôts. En Westphalie, il a dîné en compagnie du roi chez le général von der Mosel. Après le repas, on devait partir pour la chasse. Mais le vieux général qui a un peu trop bu pour faire honneur à ses hôtes n'arrive pas à se mettre en selle. Le prince lui a joué la mauvaise farce de faire attacher ses étriers trop court. Il regarde la scène et s'en amuse. Or, le roi aimait bien les farces, mais pour les professeurs, et Fritz devait respecter les militaires.

A des incidents de ce genre, on s'aperçoit que la personnalité de Frédéric se durcit à mesure que le roi essaie de la briser. Sous la contrainte, il apprend à mieux se contenir, il cache ses humiliations, il ment, il refoule ses larmes, mais il ne plie pas. « Ferme dans ses résolutions jusqu'à en être opiniâtre », ainsi le définit un diplomate perspicace. Il méprise son père de ne pas pouvoir se dominer. Parfois, il s'étudie à l'exaspérer, tout en jouant l'innocence. Un jour, avec Wilhelmine, il pouffe de rire au milieu d'un sermon et il essuie ensuite les anathèmes de l'Eglise en feignant un air contrit. Surtout, pour ses moments de liberté, il s'arrange une seconde vie que nous connaissons mal, mais qui suppose bien des complicités et bien des absences secrètes. A quinze ans, il avait déjà, chez un banquier de Berlin une dette de sept mille thalers [1]. Il est peu croyable que

1. Les Allemands comptaient par Écus, ou Thalers, ou Reichsthalers que l'on a traduit Rixdales. Les Thalers frappés

cette énorme somme ait été employée tout entière à acheter du papier à musique et à payer des copistes. Il est vrai qu'il possède en ville, dans une maison privée proche du palais, chez le conseiller von Peyne, une bibliothèque clandestine qui, en 1730, comprendra exactement 3 775 volumes, dont le relevé occupe onze grandes pages du livre de Bratuschek : les grands périodiques français et anglais, une encyclopédie anglaise, des dictionnaires et des grammaires de langues française, anglaise, italienne, espagnole, un dictionnaire de rimes françaises, des anas, des traités de poétique, de style et de conversation, la traduction en français des grands écrivains de l'antiquité, une quantité d'histoires, de mémoires et de récits de voyages presque tous en français, un abrégé de l'histoire de Brandebourg en français, des atlas, les grands écrivains français depuis Rabelais, ce qui avait paru de Voltaire, des ouvrages de mathématiques, de sciences physiques et naturelles publiés à Paris et en Hollande, des livres sur les beaux-arts et la musique, des livres de littérature politique, Machiavel, Thomas Morus, Bodin, l'abbé de Saint-Pierre, des traités de morale, les œuvres de Descartes, de Bayle et de Locke. Le prince a copié de sa main le catalogue de sa première bibliothèque. Mais il est évident qu'il n'a pas pu dresser à lui seul le plan d'une collection qui embrassait presque toutes les connaissances humaines. C'est Duhan qui a choisi à sa place et qui a réuni les volumes. Frédéric a dû lire au hasard, par bribes, en grapillant comme on goûte au fruit défendu.

L'argent mystérieusement emprunté lui servait aussi à des dépenses de coquetterie. Il se faisait faire des habits de cour qu'il revêtait en cachette après avoir dépouillé l'uniforme qu'il appelait « son suaire ». Un soir, le roi l'a surpris en robe de chambre de brocart : il la lui a arrachée et l'a jetée au feu. Peut-être s'achetait-il des bijoux, des tabatières, des bagues, dont il eut

en Prusse valaient 3 et 4 livres de France. Le Florin ou Gulden valait entre 2 et 3 livres. Sept mille Thalers représentent approximativement cent mille de nos francs de 1958 dévalués en 1969. Ces équivalences sont toujours imprécises.

un moment la folie. Peut-être achetait-il la complaisance des valets...

En 1727, après la confirmation, le roi, qui savait certaines choses et qui en soupçonnait beaucoup d'autres, renvoya Duhan et il le remplaça par un glorieux invalide, le major Senning, chargé de l'éducation militaire du prince. Quelques mois plus tard, il donna encore à Fritz quatre nouveaux compagnons, de jeunes officiers, qui devaient être aussi des surveillants. Il leur dit que son fils était dans un âge périlleux et sujet à toutes les mauvaises inclinations, qu'ils devaient avoir l'œil sur sa conduite et qu'il les rendait responsables sur leur tête « du moindre excès ou dérèglement dont ils n'auraient pas détourné le prince » ou dont ils ne l'auraient pas averti, lui, le roi.

Frédéric-Guillaume tint ce langage en présence du prince : on ne pouvait imaginer procédé plus humiliant. Mais le roi connaissait bien mal son fils. Frédéric possédait au plus haut degré cet art inconscient des faibles qui est d'exploiter leur faiblesse pour se faire plaindre et pour se faire aimer. On a imprimé une douzaine de lettres écrites par lui en 1727 et en 1728 à l'un des quatre, le lieutenant Frédéric-Louis-Félix de Borcke, fils cadet du président de la Chambre des domaines de Minden. Le surveillant a été conquis ; il est devenu le confident préféré, le compagnon le plus cher, celui à qui le prince demande la douceur d'une amitié passionnée, comme il en est parfois à l'âge où l'amour n'a pas encore pris son visage. Un jour, le roi a parlé de Borcke avec éloges ; Fritz lui en mande aussitôt la nouvelle : « Cela m'a fait un si grand plaisir pour l'amour de vous que je ne le saurais dire. » Quand Borcke est malade, il s'inquiète : « Toutes les fois que je pense à vous, ce qui m'arrive très souvent, je ne saurais m'empêcher de tomber dans une mélancolie dont vous tout seul me pouvez faire sortir... Ne mourez pas, car la mort est la chose du monde que je crains le plus pour mes amis et le moins pour moi-même. » Quand Borcke va mieux, il l'en remercie comme d'un don : « Vous seul étiez capable de m'inspirer une pareille joie et personne d'autre ne peut la sentir que moi tout seul. » Presque humblement, il s'excuse de l'importuner : « J'ai peur de vous ennuyer avec mon incommode amitié qui n'est pas capable de divertir aucun autre que moi-même... Enfin, mon ennuyeuse tendresse s'échappe et vous découvre ces sentiments d'un cœur qui est rempli de vous et qui ne peut apaiser qu'en sachant que vous êtes pleinement persuadé de la tendre amitié avec laquelle il vous adore. »

Cette séduction, Fritz eut bientôt l'occasion de l'exercer dans les circonstances les plus propres à exaspérer son père. Au commencement de 1728, le roi se préparait à partir pour Dresde, où sa visite était attendue. Avec l'Electeur-roi de Pologne, Auguste II le Fort, il entretenait de cordiales relations. Véritable colosse, Auguste II lui tenait tête à la tabagie, le verre en main. A eux deux, ils fondèrent même une société, la société des antisobres et, en gage d'estime, ils échangeaient de vastes chopes que l'honneur commandait de vider d'un seul coup. Ils faisaient aussi du commerce. Auguste II avait acheté à Frédéric-Guillaume la collection d'antiques de son père et la petite histoire assure qu'il l'avait payée de deux régiments de dragons. Mais Dresde était la cour la plus brillante, la plus fastueuse et la plus dissolue de l'Allemagne. Aussi le roi avait-il décidé que Fritz ne l'y suivrait pas et Fritz en avait éprouvé un vif chagrin. Pour le consoler, Wilhelmine intrigua avec tant d'habileté auprès du ministre de Saxe à Berlin, Suhm, que gagné par son manège le roi Auguste réclama lui-même le prince royal et que Frédéric-Guillaume, pressé par son hôte, se résigna à l'appeler auprès de lui. Pour qu'il parût à son avantage, il lui commanda un habit galonné d'or et fit faire une nouvelle livrée à ses gens.

Les voilà donc tous deux au milieu des fêtes, des ballets, des mascarades, dans une société élégante et cultivée, entourés de femmes spirituelles et faciles, dansant, soupant, conversant, écoutant la comédie et l'opéra... Fritz acceptait toutes les invitations. Il découvrait la vie dont il avait rêvé. Il se trouvait à l'aise dans ce grand air et cette magnificence. Il était traité en prince, avec respect. Stimulé par le sentiment orgueilleux qu'il avait de sa propre valeur et que nulle rebuffade n'avait entamé, il s'appliqua à conquérir ceux qui l'approchaient. Il joua de la flûte en public, dans un orchestre de virtuoses. On l'applaudit. Il sut plaire et charmer. Il envoyait à sa sœur des récits enivrés « du grand monde » qu'il signait *Frédéric le filosophe*. Mis en bonne humeur par le vin de Hongrie, Frédéric-Guillaume, de son côté, se donnait du mal pour être aimable. Mais il eut des malheurs entre autres, celui de crever sa culotte de bal. Comme il n'en avait apporté qu'une, il dut en envoyer chercher une autre à Berlin par estafette. Il vit bien que son fils réussissait mieux que lui et comme il en éprouvait une sourde jalousie, il se vengea en le mortifiant.

Encore n'avait-il pas tout vu. Auguste le Fort entretenait une espèce de sérail des plus belles femmes de son pays. Lorsqu'il mourut, on calcula qu'il avait eu trois cent cinquante enfants de ses maîtresses. Il eût volontiers prêté à son hôte quelques-unes de ces dames. Un soir, raconte Wilhelmine, il le conduisit dans une chambre très richement ornée. Soudain une tapisserie se leva, offrant à Frédéric-Guillaume un spectacle des plus nouveaux. « C'était une fille dans l'état de nos premiers pères, nonchalamment couchée sur un lit de repos. Cette créature était plus belle qu'on ne dépeint Vénus et les Grâces ; elle offrait à la vue un corps d'ivoire, plus blanc que la neige et mieux formé que celui de la belle statue de la Vénus de Médicis qui est à Florence. Le cabinet qui renfermait ce trésor était orné de tant de bougies que leur clarté éblouissait et donnait un nouvel éclat à la beauté de cette déesse. Les auteurs de cette comédie ne doutèrent point que cet objet ne fît impression sur le cœur du roi ; il en fut tout autrement. » Frédéric-Guillaume était un mari plus fidèle que tendre. A peine eut-il jeté les yeux sur la belle, qu'il se retira indigné et s'apercevant que Fritz l'avait suivi, il le poussa très rudement hors de la chambre. Mais à Fritz la Vénus n'avait pas inspiré autant d'horreur et Wilhelmine assure encore qu'il obtint du roi Auguste les faveurs de l'éblouissante Formera. « Ce fut, dit-elle, sa première maîtresse. »

Que faut-il penser de ce dénouement ? Les bavardages de cour sont toujours suspects. Wilhelmine elle-même est trop méchante langue pour être crue sur parole. Fritz, de son côté, était fort capable de lui raconter des débauches imaginaires, par pure forfanterie, pour se poser en garçon à la mode. Si secret que soit ce domaine, on peut tenir pour plus vraisemblable que Frédéric s'éveilla tard aux plaisirs de l'amour et qu'il n'en fut jamais obsédé.

En rentrant à Berlin, il tomba malade d'une espèce de fièvre lente qui, lui ôtant l'appétit, le faisait maigrir à vue d'œil. Maladie, expliquera-t-on plus tard, qui, mal soignée, le rendit pour toujours impuissant : rien n'autorise à accepter cette affirmation sans preuve. Désespoir de ne plus pouvoir se livrer à la débauche, écrit intrépidement Wilhelmine. Poussée de tuberculose, dirent les médecins qui avaient sans doute raison. Mais aussi, sous la férule retrouvée, découragement, ennui, fatigue de la vie. Le roi le crut en danger ; il s'affligea. « Quand les enfants sont bien portants, écrit-il au prince d'Anhalt-Dessau, on ne sait pas qu'on les aime. » « Mon fils aîné est malade de consomption. Vous pouvez vous représenter comme cela me fait de la peine. Je vais attendre jusqu'à lundi : si cela ne va pas mieux, je réunirai un concile de tous les docteurs, car ils ne peuvent pas dire où cela le tient. Il devient maigre comme une ombre et cependant il ne tousse pas. » Frédéric-Guillaume entendit avec patience les reproches de la reine ; il eut même du remords de ses rigueurs passées et il essaya de les faire oublier par des caresses.

Mais dans ces journées de réconciliation, il était seul sincère. Avec la complicité du médecin qui appartenait « au bon parti », Fritz exagérait son mal pour avoir quelque repos et Sophie-Dorothée pour la satisfaction de quereller son mari. Quand le roi de Pologne vint à Berlin rendre la visite qu'il avait reçue l'année précédente, Frédéric affecta d'abord de ne pas paraître aux repas. Ce n'était pas par fatigue, mais par vanité, pour ne pas céder la place au prince électoral. Il assista aux fêtes et aux illuminations. On raconte aussi qu'il retrouvait en cachette une comtesse polonaise qui s'habillait en homme et qui avait des bontés pour lui. C'est l'épilogue du roman de Dresde : il n'inspire pas plus de confiance.

Les lampions éteints, le roi partit en tournée d'inspection, sans emmener Fritz qui était toujours maigre et pâlot. En l'absence de l'incommode tyran, ce fut une débauche de musique. Auguste II avait prêté à la reine son orchestre de chambre. Chaque jour, il y avait concert à Monbijou. Frédéric et Wilhelmine faisaient des duos. Par affection, Wilhelmine appelait sont luth *Principe* et Fritz, sa flûte, *Principessa.*

A l'automne le roi revint et, comme chaque année, il fallut le suivre à Wusterhausen pour les chasses. Wilhelmine a décrit avec « une malice enragée » cette résidence si chère à Frédéric-Guillaume, « ce château enchanté, ce soi-disant palais... qui ne consistait qu'en un corps de logis dont la beauté était relevée par une tour antique, qui contenait un escalier de bois en escargot. Le corps de logis était entouré d'une terrasse, autour de laquelle on avait creusé un fossé, dont l'eau noire et croupissante ressemblait à celle du Styx et répandait une odeur affreuse capable de suffoquer. Trois ponts, placés à chaque façade de la maison, faisaient la communication de la cour, d'un jardin et d'un moulin qui était vis-à-vis. Cette cour était formée de deux côtés par deux ailes où logeaient les messieurs de la suite du roi. Elle était bornée par une palissade, à l'entrée de laquelle on avait attaché deux aigles blancs, deux aigles noirs et deux ours en guise de garde, très méchants animaux, pour le dire en passant, qui attaquaient tout le monde. Au milieu de cette cour s'élevait un puits, dont, avec beaucoup d'art, on avait fait une fontaine pour l'usage de la cuisine. Ce groupe magnifique était environné de gradins et d'un treillis de fer en dehors et c'était l'endroit agréable que le roi avait choisi pour fumer, le soir. »

Le château existe encore. Quand on découvre entre les arbres, le clocheton, les toits raides, les hauts pignons et les murs couverts de lierre, l'apparence n'est pas morose. C'est un logis de hobereau élevé sur une ancienne maison forte. Les murs du rez-de-chaussée sont d'une épaisseur à soutenir un siège. La tour divise la façade en deux parties inégales, trois fenêtres à droite, une ou deux à gauche. Les pièces se répartissent de la même façon, de part et d'autre d'un large corridor qui s'ouvre derrière l'escalier. Le rez-de-chaussée est partout voûté. Le roi couchait dans une pièce d'angle, fort étroite, qui conserve dans l'épaisseur du mur l'évier profond où il se débarbouillait. La reine avait une chambre vaste, mais comme les autres, simplement blanchie à la chaux, avec un plancher fort grossier et des chaises de bois, car on n'aurait pas trouvé un siège rembourré dans toute la maison. Au premier étage : la tabagie, une petite salle de jeu et six ou sept chambres où s'entassaient enfants, dames d'honneur et officiers.

La décoration a été refaite, mais elle devait se composer comme aujourd'hui de bois de cerfs, de têtes de sangliers, d'armes de chasse, d'épieux, d'accessoires de vénerie et de bras de lumière en cuivre. Par les temps gris de septembre et d'octobre, les petites fenêtres enfoncées ne laissent passer qu'un jour pauvre et triste. La nuit tombe tôt et les soirées sont froides. Comme il n'y avait que trois cheminées pour tout chauffer, Fritz se couchait souvent dans un lit humide. Le grand supplice de la demeure, c'était de vivre les uns sur les autres, en état d'espionnage perpétuel. Si la compagnie se trouvait nombreuse, on mangeait dehors sous la tente, les pieds dans l'eau quand il avait plu. La chère était mauvaise parce qu'on ne savait jamais quand rentrait le roi et qu'il exigeait qu'on se mît à table vingt minutes après son arrivée. Bougonnante et renfrognée, la reine l'attendait des heures en jouant au tocadille avec trois dames, ses filles enfermées auprès d'elle « sans oser respirer l'air, ni aller au jardin, parce qu'elle ne le voulait pas ».

En Prusse et en Poméranie, Frédéric-Guillaume chassait l'ours et l'auroch. A Wusterhausen, le cerf, le sanglier, le faisan, le héron, le lièvre et la perdrix. Il mettait dans ce divertissement une vraie fureur, tirant en un jour jusqu'à 600 coups de fusil et demeurant en campagne douze heures de suite. Ses livres portent que de 1717 à 1738 il a tué à Wusterhausen 1 455 faisans, 1 145 lièvres et 25 066 perdrix. Mais le grand plaisir était de forcer le cerf, trois fois par semaine au moins. Le roi et ses invités étaient voiturés au rendez-vous, assis dos à dos sur un long char à bancs, ou pour mieux dire sur une poutre à roues, sans ridelles, ni toit. Mais la meute était nombreuse, recrutée avec soin ; les valets avaient bon air en habits d'ordonnance et, à l'hallali, le chef piqueur présentait au roi le pied de la bête sur un plat d'argent. On ramenait le cerf sur un chariot orné de feuillage et après qu'un officier avait levé les morceaux de la cour, la curée avait lieu devant le château, en présence des dames. Frédéric-Guillaume voulait que tout se fît royalement. Là seulement, il aimait le luxe et l'étiquette : sa correspondance avec le prince d'Anhalt-Dessau est remplie de relations de chasse et de consultations sur les bons usages. On croirait lire du Fouilloux.

Fritz haïssait cette vie. Il lui arrivait de fausser compagnie à l'équipage, il s'asseyait sous un arbre et il se mettait à jouer de la flûte comme Télémaque, par défi. Le soir, à table, il ne desserrait pas les dents. « Mon cher Borcke, écrit-il à son ami..., nous avons ici le plus sot assemblage d'une compagnie fort bigarrée et fort mal choisie, car les humeurs, ni les âges, ni les inclinaisons de ceux qui la composent ne s'accordent... Je saurais bien vous dire encore autre chose, mais je me suis levé à cinq heures du matin et il en est à présent minuit... Je suis si las de ce que je vois que je le voudrais effacer de ma mémoire, comme si cela n'y avait jamais été. Pourtant je peux bien vous dire que mon plaisir à la tabagie, c'est d'ouvrir des noix, plaisir fort digne du lieu que nous occupons. »

Deux pasteurs, qui ont passé plusieurs jours à Wusterhausen en 1727, le jeune Francke et son beau-frère Freylinghausen, ont rédigé l'un et l'autre un journal qui nous fait pénétrer dans l'intimité du roi. Ils l'approchent surtout aux repas qui durent deux heures. Le prince Guillaume dit la prière et Frédéric découpe les viandes. C'est à Guillaume que le père réserve ses caresses. Une fois, il lui prend la main et levant un grand couteau fait semblant de vouloir lui couper les doigts. « Le prince pâlit un peu, mais aussitôt avec une mine assurée : « O papa, dit-il, vous m'aimez trop pour faire cela. » Et le père de l'embrasser. Un dimanche, il lui demande à brûle-pourpoint : « Guillaume, qu'as-tu retenu du sermon de M. Freylinghausen ? » Sans se démonter le petit riposte : « Et toi, papa ? » Là-dessus le roi se met à rire de bon cœur et tout le monde avec lui.

Frédéric-Guillaume qui a été malade profite de la présence de deux théologiens pour les harceler de questions sur le ciel, les prophètes, les plaisirs permis, les conditions du salut, les dangers de la comédie, la division des Eglises protestantes, la résignation chrétienne, et aussi sur les dépenses de l'orphelinat de Halle qu'ils dirigent.

— Oui, disait-il au pasteur Francke, il est bien difficile d'arriver au ciel.

— Ce qui est impossible aux hommes est possible à Dieu, répliquait Francke.

— Oui, je connais mon mal aussi bien qu'un autre, continuait le roi. Je suis un méchant homme, et si un jour je suis bon, je redeviens méchant ensuite. Je le sais bien, mais je ne puis être autrement.

Et, en pleine table :

— Il se peut que je vive encore un certain temps et que je perfectionne ma religion (que Dieu me l'accorde !) ou qu'elle devienne plus mauvaise. Mais si je dois devenir pire, je tiendrai tous les prêtres qui le voient et qui ne me le disent pas pour de fieffés fripons.

Sur quoi, il se lève et distribue des livres de piété aux dames de la reine. Au milieu d'une de ces édifiantes conversations, Gundling est arrivé ivre. Il fait des gestes étonnants, se lève de table, va tomber parmi les pages, revient, hurle et s'en va encore.

Les deux professeurs demandent à s'entretenir avec le prince royal que Freylinghausen, d'ordre du roi, a dû interroger en public sur l'Ecriture. A l'un, Frédéric fait répondre qu'il est pris toute la journée, à l'autre, il accorde, le cinquième jour, huit paroles prononcées de mauvaise grâce. Avant de quitter Wusterhausen, le malheureux apprend que le prince l'a traité de pharisien et qu'il se moque de lui avec sa sœur, à cause de sa croyance aux revenants.

Les colères de Frédéric-Guillaume deviennent chaque jour plus affreuses. Presque dans chaque lettre, Frédéric se plaint à Borcke. Le roi continue à être de mauvaise humeur ; le roi gronde tout le monde ; le roi est terriblement fâché : « Nous avons tous les jours des maudites scènes ici, j'en suis si las que je voudrais plutôt mendier mon pain que de vivre plus longtemps sur le pied où je suis. » Il n'espère même plus un raccommodement, mais seulement « une suspension d'invectives ».

Au milieu de septembre, il fit une tentative pour obtenir cette trêve. N'osant parler au roi, il lui écrivit. Il s'excuse d'abord de ne pas aller trouver son cher papa, parce qu'il craint d'être plus mal reçu qu'à l'ordinaire. C'est par lettre qu'il supplie le cher papa d'être plus gracieux à son égard. Il l'assure qu'après avoir longuement interrogé sa conscience, il ne trouve rien à se reprocher. Mais si, sans le savoir et contre son gré, il a fait quelque chose qui ait offensé son cher papa, il implore humblement son pardon et il espère que son cher papa renoncera à la haine cruelle qu'il lui fait sentir par toute sa manière d'être. Il ne peut pas, lui Frédéric, s'habituer à l'idée qu'après avoir toujours cru posséder un père bienveillant, il doit désormais penser le contraire. Il a donc la confiance et l'espoir que son cher papa réfléchira à tout cela et qu'il redeviendra gracieux. En tout cas, il l'assure qu'il ne commettra pas de faute volontairement et que, même dans la disgrâce, il est avec un respect très humble et très fidèle, de son cher papa, le très humble et très fidèle fils et serviteur.

Cette lettre doucereuse et servile, remplie de « cher papa » et de circonlocutions embarrassées, irrita davantage le roi qui répondit par un billet méprisant, écrit à la troisième personne : « Il a une tête volontaire et méchante qui n'aime pas son père. Quand on aime son père, on fait ce qu'il veut, non seulement quand il est là, mais même quand il ne peut pas tout regarder. Secondement, il sait bien que je ne peux pas souffrir un garçon efféminé, qui n'a aucune inclination virile, qui a honte, qui ne sait pas monter à cheval, ni tirer, qui, par-dessus le marché, est malpropre sur son corps, qui se frise les cheveux comme un fou et qui ne les coupe pas. Et tout cela je le lui ai reproché mille fois, et cela n'a servi à rien. En outre, il est fier, vaniteux. Il ne parle à personne, à part quelques-uns. Il n'est pas populaire. Il n'est pas affable. Il grimace comme un fou et il ne fait ma volonté que contraint et forcé. Il ne fait rien par amour filial ; il n'a d'autre plaisir que de suivre sa tête ; il n'est bon à rien. Voilà ma réponse. »

Non, Fritz n'était pas la créature malléable, la pâte docile qu'avec une obstination de bête, Frédéric-Guillaume voulait qu'il fût. Mais tout ce qu'il y avait dans le père de despotisme, de violence, de folie même, s'exaspérait à l'idée que ce corps chétif abritait une âme rebelle, que depuis des années ce damoiseau maigrichon, cette femmelette, ce joueur de flûte, n'avait cessé de braver ses ordres et de narguer ses colères, qu'il avait, lui, le roi, trouvé sous sa main, dans sa chair, la seule créature qui osât le défier. A ces moments, il ne se possédait plus. Il battait son fils, par jalousie, par haine, par rage de se sentir méprisé, pour l'humilier et pour jouir de sa honte.

Six semaines passèrent, effroyables. Alors Frédéric essaya ce que Lavisse appelle un moyen héroïque. C'était à la fête de Saint-Hubert, au dîner. Il était assis en face de son père, à côté du ministre de Saxe, Suhm, qui a rapporté la scène. Il se mit à boire beaucoup, contre son habitude. « Je serai pour sûr malade demain, dit-il à Suhm. » Bientôt le vin lui montant à la tête, il se plaint à son voisin de sa vie d'esclave. Il parle si haut qu'on l'entend de l'autre côté de la table et que la reine inquiète fait signe à Suhm de le calmer. Mais Frédéric ne s'arrête pas dans ses douloureuses confidences, et à chaque instant, il interrompt son récit pour montrer le roi en disant : « Pourtant, je l'aime ! »

— Qu'est-ce qu'il dit ? demande le roi.

Suhm répond que le prince est ivre et n'est pas responsable de ses paroles.

— Bah ! réplique le roi, il fait semblant, mais qu'est-ce qu'il dit ?

— Le prince dit que, bien que le roi le force à trop boire, il l'aime beaucoup.

— Il fait semblant, répète le roi.

La reine, visiblement au supplice, s'est levée et chacun a fait mine de la suivre. Sur un signe du roi, les hommes se sont rassis. Suhm s'offre à reconduire le prince qui ne tient plus debout, mais Fritz déclare qu'il ne s'en ira pas avant d'avoir embrassé la main de son père. Le roi qui prend goût à la scène, lui tend en riant une main. Frédéric réclame l'autre et les couvre toutes les deux de baisers, puis il attire son père vérs lui ; toute l'assistance éclate en applaudissements, et crie « Vive le prince royal ! » Alors Fritz fait le tour de la table, se jette aux pieds du roi, lui embrasse les genoux, lui répète avec des protestations sans fin qu'il l'aime de tout son cœur, qu'il a été calomnié, que des gens veulent les brouiller, mais que toute sa vie il l'aimera et servira avec passion.

— Bon, bon, disait le roi. Qu'il soit seulement honnête homme.

Le soir, à la tabagie, Frédéric-Guillaume était fort gai.

L'éclaircie dura peu parce qu'on persuada le père que Fritz lui avait joué la comédie, ce qui est possible, probable même. Mais peu importe à l'histoire : des serments d'ivrogne n'auraient pu contrarier la rigueur du destin.

CHAPITRE II

Le déserteur

Dans le drame qui vient, il faut faire sa part à la politique : elle est grande, presque décisive, car si la politique n'a pas créé la mésintelligence du père et du fils, elle va l'envenimer et la pousser aux dernières conséquences.

Les choses remontaient loin. La reine Sophie-Dorothée était la fille du roi d'Angleterre, George Ier. Depuis longtemps, les familles de Hanovre-Angleterre et de Brandebourg-Prusse s'étaient promis de « perpétuer par de nouvelles alliances leur étroite parenté ». Il avait été convenu que Wilhelmine épouserait son cousin germain le duc de Glocester, fils du prince de Galles, petit-fils de George Ier, et que Frédéric épouserait la princesse Amélie, sœur du duc de Glocester. « Les deux mères s'entretenaient de ces projets dans leur correspondance ; les enfants même échangeaient des lettres et de petits cadeaux. »

C'était pour Sophie-Dorothée un article de foi que sa fille régnerait à Londres. Elle y trouvait la consolation de ses dégoûts. Elle se disait qu'elle serait un jour la mère d'un roi de Prusse et d'une reine d'Angleterre, qu'elle serait honorée par deux royaumes et qu'elle ferait grande figure dans le monde. Mais le double mariage n'était pas une simple affaire de famille. C'était une affaire d'Etat qui allait lier pour longtemps la

Prusse aux puissances maritimes, c'est-à-dire la faire entrer dans un des systèmes qui se partageaient l'Europe. Elle la mettait du côté de la France et de l'Angleterre, contre l'Empereur et contre l'Espagne. Aux négociations matrimoniales se mêlèrent tout de suite les marchandages diplomatiques : pour les chancelleries qui se battaient en ligues et en contre-ligues, la famille de Prusse devint un champ de bataille.

Le caractère même du roi va compliquer encore l'intrigue, la faisant aller par bonds, sans système et sans plan, d'une extrémité à l'autre. Frédéric-Guillaume a pour les richesses du Royaume-Uni la plus grande considération, mais il en a fort peu pour la maison de Hanovre, qu'en dépit d'une proverbiale hauteur, il a connue assez besogneuse et qui ne s'est hissée au trône britannique que par le hasard d'une parenté lointaine, parce que le Parlement a écarté, pour crime de papisme, le véritable héritier Jacques Stuart.

Quand George Ier meurt, c'est bien pis. Frédéric-Guillaume a joué avec George II au temps où il n'était que prince allemand. Il l'a même battu. Il ne peut souffrir que son ancien camarade fasse aujourd'hui l'important. Aussi l'a-t-il surnommé le *comédien*, le *petit maître*, le *chou rouge*, et quand il est en colère tout ce qui approche son beau-frère devient la *canaille anglaise*. A bien compter, d'ailleurs, que gagnera-t-il à cette union ? L'héritage de Juliers et de Berg qu'il convoite ? Jamais la Hollande ne voudra à ses portes d'un voisin si bien armé. La France ne se souciera pas de courir des risques pour installer la Prusse à Dusseldorf. Le chou rouge ambitionne de jouer un trop grand rôle en Allemagne pour travailler de bon cœur à l'accroissement d'un électorat rival. Dans l'autre camp, l'Empire est sacré, l'Empereur est redoutable. Le souci de sa propre succession qui doit aller à une fille le rendra, sans nul doute, plus accommodant que l'Anglais. Que faire ? De quel côté sera le profit ?

Lavisse l'a dit dans une excellente formule, Frédéric-Guillaume ne veut pas agir seul et il se déplaît dans toutes les compagnies. Il redoute l'isolement, mais il n'est pas plus tôt entré dans une coalition qu'il aspire à en sortir. Il raille les grandes puissances qu'il appelle les quadrilleurs. Il voudrait bien pourtant danser avec elles, mais il craint de n'être pas traité en égal. Il craint surtout de n'être pas payé comptant « en bonnes pelletées de sable », en « un bon morceau de terre bien peuplée ». Point de pays, point de Prussien ! C'est une de ses maximes. Quand il se sent démasqué, il enrage, il s'éloigne, il revient, il se trouble, il se reprend. Alors il est la risée de l'Europe. On se moque de ses grenadiers si propres qu'il ne les enverra jamais à la guerre par peur de les salir. On se moque de ses finances si ordonnées qu'il n'ose pas faire marcher un régiment par peur de déranger la comptabilité. On se moque de ses airs de matamore et de ses contradictions perpétuelles. « Il aime bien pêcher, disait de lui Pierre le Grand, mais sans se mouiller les pieds. » Et un ministre anglais : « Le roi de Prusse n'est loup que dans sa bergerie. »

Quand la Prusse eut adhéré à l'alliance de Hanovre en 1725, les projets de mariage se précisèrent. En quittant Herrenhausen où il s'était rencontré avec son beau-père, Frédéric-Guillaume y laissa la reine pour négocier la date des fiançailles. Alléguant la nécessité d'en référer à son Parlement, le roi George se déroba. Comme Frédéric-Guillaume feignait de ne pas comprendre les raisons de ce retard, on lui fit dire de Londres qu' « il ne fallait pas commencer le roman par la queue » et qu'avant de penser au trousseau, il fallait régler les affaires. Mais, à ce moment, plein de remords et d'inquiétudes, le roi infidèle à la Ligue de Hanovre avait déjà signé un traité de neutralité avec la Russie et un accord secret avec l'Empereur.

Ce retournement était l'œuvre du général comte de Seckendorff que Charles VI et le prince Eugène avaient eu l'habileté d'envoyer à Berlin. Frédéric-Guillaume l'avait connu autrefois, aux Pays-Bas, pendant la guerre contre la France et il avait pour lui une vive amitié. Avec l'encolure et les manières d'un bon fermier, Seckendorff était intelligent, retors, causeur infatigable, bon militaire, protestant dévot. Assidu à la tabagie, buvant et fumant sans demander grâce, il pouvait donner la réplique au roi sur tous les sujets, citer l'Ecriture avec

Francke et vanter la supériorité de la baïonnette à douille avec le soudard Dessau, la « vieille barbe ». Il étudia son Frédéric-Guillaume et, en peu de mois, laissant passer ses colères, flattant ses manies et caressant ses défiances, il posséda l'art de le conduire sans qu'il s'en aperçût.

Au surplus, à la cour de Prusse, tout le monde était à vendre. Seckendorff s'informa des prix pratiqués par la France et surenchérit. Il s'assura la complicité du principal ministre, Grumbkow, qui avait le détail de la guerre. « M. de Grumbkow, écrit Wilhelmine, est un homme très poli, d'une conversation aisée et spirituelle. Avec un esprit cultivé, souple et insinuant, il plaît surtout par le talent de satiriser impitoyablement, faculté fort en vogue dans le siècle où nous sommes. Il sait joindre le sérieux à l'agréable. Tous ces beaux dehors renferment un cœur fourbe, intéressé et traître. Sa conduite est des plus déréglées ; tout son caractère n'est qu'un tissu de vices. » « Il est farci de malice, de calomnie, de lâcheté, de mensonge et d'impertinence », disait de lui un envoyé saxon. A la vérité, Grumbkow était très entendu en affaires de toutes sortes. Filleul du grand Electeur, fils de ministre, général à trente et un ans, ministre lui-même à trente-cinq, il avait des connaissances, du liant, l'usage du monde, une capacité de travail peu commune. Mais c'était un des hommes les plus fourbes et les plus malhonnêtes qu'il y eût dans les cabinets européens. A son lit de mort, Frédéric Ier l'avait traité de grand coquin. « Amendez-vous, lui avait-il dit, sinon vous n'arriverez jamais au séjour des bienheureux où je vais entrer. » Grumbkow ne s'était pas amendé. Contre argent, il livrait à Seckendorff les secrets du ménage royal et jusqu'aux correspondances diplomatiques. Il l'avertissait des démarches à faire au moment propice ; il lui soufflait l'art de présenter les choses à Jupiter (c'était le roi) « de façon à les lui rendre savoureuses », de façon aussi à renverser les batteries d'Olympia (c'était la reine). Seckendorff ne négligea rien. Il acheta même Gundling qui, dans les moments d'ivresse, pouvait dire des choses fortes, et le concierge du château

Eversmann, bon espion, à qui Frédéric-Guillaume confiait volontiers ses soucis.

Le plus extraordinaire, c'est que le roi qui connaissait à peu près les trahisons dont il était enveloppé ne s'en indignait pas. Souvent, il a écrit en travers d'un rapport ministériel : « Vous aimez trop les louis », ou bien : « Vous aimez trop les guinées », mais il n'a pas renvoyé le ministre. Persuadé que personne ne parviendrait jamais à le déterminer, il trouve plaisant que les puissances étrangères servent des rentes à ses conseillers : ces générosités lui permettent de les payer moins et elles font entrer du numéraire dans le royaume.

Au fond, il souhaite passionnément le mariage de sa fille. Mais il se croit plus adroit en n'en parlant pas le premier et en faisant le dédaigneux. « La demoiselle vaut le monsieur », dit-il. « Je ne veux pas me donner pour des poires et des pommes. » Quand les nouvelles de Londres sont bonnes, il élève ses prétentions. La demoiselle n'aura pas de dot, tout au plus « quelque peu de pierreries, de vaisselle et d'argent ». Si le prince de Galles ne se décide pas, les prétendants seront nombreux. Après tout, il lui est très indifférent que Wilhelmine soit reine ou qu'elle ne le soit pas : la maison de Brandebourg est assez illustre pour se passer d'une nouvelle couronne.

Quand les rapports sont mauvais, quand ses roueries n'ont pas réussi, il tempête. La canaille anglaise veut le brouiller avec l'Empereur pour le « déshonorer », pour le « ruiner de fond en comble ». Mais il ne se laissera pas traiter comme un gredin et il passe son humeur sur ses proches : sur la reine à qui il ne parle de quinze jours parce qu'elle n'a pas su faire valoir ses enfants, sur sa fille qui est une catin, une prostituée, que pas un honnête homme ne voudra jamais prendre pour femme, sur son fils qui lui vaut l'affront d'être lanterné par le chou rouge.

La négociation en effet accrochait à son propos. George II insistait pour que le mariage de Frédéric et celui de Wilhelmine fussent conclus en même temps. Il avait peur que Frédéric-Guillaume, sa propre fille casée, ne voulût plus accepter la sienne pour bru. Ce n'était pas mal raisonné, car le roi de Prusse ne se souciait pas d'accueillir une princesse grande dame, élevée dans le luxe, qui apporterait à Berlin des habitudes de dépenses. Et puis, il trouvait Fritz bien jeune et il avait peur de lui faire plaisir en l'émancipant.

— Je ne veux point, disait-il un jour à la reine, je ne veux point d'une belle-fille qui se donne des airs et qui remplisse ma cour d'intrigues comme vous le faites. Votre fils n'est qu'un morveux, à qui je ferai donner les étrivières plutôt que de le marier. Il m'est en horreur, mais je saurai le ranger (c'était son expression ordinaire). Le diable m'emporte, s'il ne change pas à son avantage, je le traiterai d'une façon à laquelle il ne s'attend pas.

Pendant l'année 1729 la négociation traîna, la reine suppliant tour à tour son frère et son mari, George II tenant bon sur le principe de la double alliance, Frédéric-Guillaume demandant une déclaration pour Wilhelmine seule, Grumbkow et Seckendorff aigrissant les humeurs.

— Quand toi et ta famille anglaise seraient à l'extrémité, criait-il alors à sa femme, je ne te prêterais seulement pas mon médecin.

Mais lorsque Wilhelmine, fatiguée, semblait prête à accepter un autre fiancé de la main paternelle, c'était au tour de sa mère de la maudire : « Je t'étranglerais plutôt de mes propres mains » ; au tour de Fritz de l'exciter à la résistance : « Il vaut mieux tout endurer que de tomber au pouvoir de nos ennemis ; nous n'avons d'autre soutien que l'Angleterre et si votre mariage se rompt avec le prince de Galles nous serons tous abîmés. » Les scènes devinrent si fréquentes et si pénibles que les gouverneurs Finckenstein et Kalkstein n'en pouvant plus supporter la vue demandèrent leur congé. Le roi attacha deux nouveaux officiers à la personne de son fils, le colonel von Rochow à cause de son caractère sérieux, le lieutenant von Keyserlingk parce qu'il était alerte et bon cavalier.

Frédéric-Guillaume aimait barbouiller du papier. Il remet donc à Rochow une nouvelle instruction, dans laquelle il répète que le prince est une loque, qu'il aime les occupations et les plaisirs de paresseux. Le colonel lui représentera que « toutes les occupations efféminées, lascives et féminines, sont hautement inconvenantes pour un homme ; elles sont bonnes pour des fats et des damoiseaux, mais un damoiseau est un chiffon, un maraud, une tête à gifles ». Il lui apprendra aussi à se tenir à cheval, à regarder les gens dans les yeux, à ne plus sautiller en marchant, à ne pas grimacer quand il parle ou quand il rit. Il l'empêchera de porter un bonnet de nuit, lui inspirera une humeur sincère et ouverte, l'amènera à interroger tout le monde, grands et petits, « car c'est la façon de tout apprendre et de se rendre malin ».

Frédéric-Guillaume ressassait une fois de plus ses griefs d'éducateur bafoué. Récriminations inutiles. A dix-sept ans, Fritz est fermé pour toujours aux influences qu'il n'aura pas librement sollicitées. Le conflit a changé de nature. Depuis deux années déjà, le prince royal, poussé par sa mère et sa sœur, est entré à fond dans l'intrigue diplomatique. En tant qu'héritier de la couronne, il s'est fait l'instrument du parti anglo-français contre le parti autrichien.

Assurément Wilhelmine et lui avaient le droit de se défendre contre la cour de Vienne ; ils avaient le droit de mépriser et de haïr Seckendorff et Grumbkow. Mais ils s'engageaient sur un terrain scabreux. L'affaire étant politique, il fallait prendre garde d'empiéter sur les droits de la Majesté royale et de glisser dans la trahison. Malheureusement, leur mère n'était point femme à conserver la mesure. Lorsque la vanité la poussait, cette grosse personne ne connaissait pas de retenue : elle allait irrésistiblement aux démarches périlleuses.

Tout de suite, elle se met sur un pied d'intimité avec les envoyés d'Angleterre et de France, MM. du Bourguay et de Rottenbourg. Elle les consulte sur tout, elle leur montre les lettres qu'elle envoie en Angleterre, elle leur demande des courriers pour les soustraire à la police. Comme elle payait des espions autour du roi, elle leur communique les rapports qu'ils lui font. Ils lui disent en retour ce qu'ils apprennent de Knyphausen, le ministre que la France a acheté.

A son instigation, Frédéric interroge Rottenbourg sur les moyens de se rendre populaire et Rottenbourg lui conseille de montrer autant de bonté que son père montre de rigueur. Encouragé, Fritz rend compte au Français des conversations de la tabagie, des manœuvres des impérialistes, de tout ce qu'il attrape des projets de son père. Il le charge d'amitiés, l'assure de son dévouement, lui prend la main en public et le supplie en toutes occasions « de continuer ses soins pour la bonne cause ». Après l'avoir rappelé plusieurs fois à la discrétion et à la prudence, Rottenbourg, devant tant d'insistances, finit par écrire à Versailles : « Le roi est universellement haï par tous les ordres du royaume. Il faudrait pour désarmer le père former un parti au prince royal et lui attacher nombre d'officiers... je crois que cette vue réussirait. » *Un parti.* Pourquoi faire ? La reine s'était habituée à l'idée que Frédéric-Guillaume ne vivrait plus longtemps ; dans ses moments de lassitude, le roi lui-même parlait d'abdiquer et de se retirer pour toujours à Wusterhausen avec dix mille thalers de pension. Mais il n'était pas besoin d'un parti pour que la couronne revînt régulièrement à l'héritier légitime. Alors ?

Il y a eu des complots contre le roi. Une fois, quarante des grands grenadiers, exaspérés par les mauvais traitements, ont projeté de mettre le feu à Potsdam et de l'y griller tout vif. Aux exercices, il a entendu parfois siffler des balles sans savoir de quel fusil elles partaient. La mère et le fils ont-ils pensé, eux, à quelque révolution de palais ? Ont-ils pensé à un internement après déclaration de folie ? Dans les conciliabules que Fritz a tenus avec les ambassadeurs et que Rottenbourg n'a même pas osé confier au papier, il se glissait, sans doute, d'étranges, de criminels sous-entendus. Mais il n'y a pas le moindre indice que les choses aient été poussées plus loin que les paroles. Certes, Frédéric haïssait son père souverainement et il souhaitait sa mort. Lors du voyage en Saxe, la maison où était logé Frédéric-Guillaume prit feu ; « l'embrasement fut si subit et si violent qu'on eut toutes les peines du monde à sauver ce prince ». On courut réveiller Fritz qui habitait chez le comte de Flemming, afin qu'il se rendît auprès du roi : « Pourquoi ? demanda-t-il. Je ne peux pas éteindre l'incendie. » Et il se rendormit. Dans une lettre à Borcke, il raconte aussi d'une manière singulièrement désinvolte un accident où son père a failli mourir : c'était au retour de la chasse : « Un des chevaux qui étaient devant la carriole s'ombragea et poussa la carriole si près du fossé... » qu'il s'en fallut d'un pouce « pour noyer le roi avec tout le bagage ! » Mais, en dépit de sa haine et de sa précoce dissimulation, Frédéric était trop futile et trop novice pour faire un bon conspirateur. Sa mère était plus maladroite encore. Impulsive, crédule, tantôt geignarde et tantôt arrogante, prompte à se fâcher et prompte à blesser, elle rebutait par son orgueil les gens qui lui étaient le plus attachés et désespérait ses complices en plaçant mal ses confidences. Sa femme de chambre et favorite, la Ramen, à qui elle communiquait tous les soirs « ses plus secrètes pensées », était vendue à Seckendorff et espionnait également pour le compte du roi. Quant à Frédéric et à Wilhelmine, ils avaient affublé leurs ennemis de surnoms empruntés au *Roman comique* de Scarron. Grumbkow était la Rancune, Seckendorff la Rapinière et le roi Ragotin. Il y a, dans tout cela, beaucoup d'enfantillage et de littérature. Si Fritz a comploté, c'est un complot de correspondances inutiles et de conférences qui n'aboutissaient à rien.

Il écrivait trop. Un incident de frontière avait éclaté entre la Prusse et le Hanovre : des recruteurs prussiens ayant enlevé par force des paysans hanovriens, la cour d'Angleterre avait fait arrêter et garder en otages des soldats prussiens, munis d'un passeport régulier. Frédéric-Guillaume était chatouilleux sur ce chapitre. Il mobilisa quarante-quatre mille hommes ; on crut la guerre toute proche. C'est le moment que choisit Frédéric pour faire passer « des assurances très secrètes de son amitié au roi d'Angleterre et au prince de Galles, leur disant qu'il est bien persuadé de la justice que l'on rendra toujours à ses sentiments, malgré les conjonctures présentes ». Belle manifestation de politique personnelle ! Par ailleurs, il se flatte de concilier les dispositions de son père et de son oncle. L'Angleterre veut le double mariage, la Prusse le mariage simple. Que l'Angleterre se contente pour le moment du mariage de Wilhelmine, en échange de quoi il donne et réitère par écrit sa parole d'honneur de n'épouser jamais que la princesse Amélie.

Frédéric-Guillaume ne connaissait pas le détail de tout, mais instruit par Grumbkow et par son envoyé à Londres Reichenbach qui était, lui aussi, pensionné par l'Autriche, il en savait assez pour ne pas décolérer. Wilhelmine raconte des scènes terribles ou burlesques. Un jour, elle se trouvait avec son frère dans la chambre de la reine, où le roi leur avait défendu de pénétrer. La négligence des gens qui faisaient le guet fut cause que Frédéric-Guillaume faillit les surprendre. La chambre n'avait qu'une issue : Fritz se cacha dans le placard de la chaise percée, Wilhelmine se mit à plat ventre sous le lit. Le roi qui avait chassé s'assit dans un fauteuil et s'assoupit. Frédéric étouffait dans sa niche ; Wilhelmine, de temps à autre, montrait la tête pour respirer. Le supplice dura deux heures. Le roi enfin s'en alla.

A table, comme une de ses filles s'est plainte de ne pas manger à sa faim, il se met en fureur, mais toute sa colère tombe sur les aînés. Il jette une assiette à la tête de Fritz qui esquive le coup et une autre à la tête de Wilhelmine qui l'évite pareillement. Une grêle d'injures suit ces premières hostilités. Puis il se met à moraliser et s'adressant au prince :

— Vous devriez maudire votre mère, lui dit-il, c'est elle qui est cause que vous êtes un mal gouverné. J'avais un précepteur qui était un honnête homme ; je me souviens toujours d'une histoire qu'il m'a contée dans ma jeunesse. Il y avait un homme à Carthage qui avait été condamné à mort pour plusieurs crimes qu'il avait commis. Il demanda à parler à sa mère dans le temps qu'on le menait au supplice. On la fit venir. Il s'approcha d'elle comme pour lui parler bas et lui emporta un morceau de l'oreille avec ses dents. « Je vous traite ainsi, dit-il à sa mère, pour vous faire servir d'exemple à tous les parents qui n'ont pas soin d'élever leurs enfants dans la pratique de la vertu. » Faites-en l'application.

Comme personne ne répond, il recommence à invectiver contre son fils jusqu'à être hors d'état de parler davantage. Enfin on se lève de table. Frédéric-Guillaume, qui souffre de la goutte, est assis dans une petite voiture. Au passage, il décharge à Wilhelmine un grand coup de béquille « que, dit-elle, j'évitai heureusement, sans quoi il m'aurait assommée ». Il la poursuivit encore quelque temps dans son char, mais ceux qui le traînaient s'arrangèrent pour la laisser s'évader...

Dans ses mémoires, Wilhelmine affirme que le roi crachait dans les plats avant de les servir, elle et Frédéric, et qu'il les forçait tous deux de manger et de boire des choses pour lesquelles ils avaient de l'aversion, « ce qui les obligeait quelquefois de rendre en sa présence tout ce qu'ils avaient dans le corps ». Cela est peu croyable. Par contre, les rapports des ambassadeurs contiennent des détails qui sont pires. Depuis longtemps le roi battait Frédéric, mais les coups apparaissent plus odieux, à mesure que l'âge vient. Un jour — c'était en décembre 1729 —, comme le prince entrait dans sa chambre, il lui donna des coups de canne, le prit à la gorge, le jeta à terre, l'obligea à lui baiser les pieds et à lui demander pardon. Cette scène atroce se renouvela. Le roi étalait l'humiliation de son fils. Il le narguait en public et le menaçait de peines inédites. « Vous savez, ajoutait-il, que je tiens parole. »

Dans cet enfer, la reine et Wilhelmine qui avaient si souvent feint la maladie faillirent mourir pour tout de bon, la reine d'une grossesse difficile, Wilhelmine d'une petite vérole que le roi soignait en lui faisant boire du vin du Rhin extrêmement fort. Quant à Fritz, il trouvait sa consolation dans l'amitié qu'il avait vouée à un page, nommé Keith. Il l'aimait passionnément et il lui donnait son entière confiance. Wilhelmine reprochait à son frère d'avoir avec Keith des familiarités. Mais il s'excusait toujours en disant que ce garçon était son rapporteur, qu'il avait sujet de le ménager et qu'il s'épargnait beaucoup de chagrin par les avis qu'il en recevait.

★

Au mois de mars 1730, le différend des recruteurs s'accommoda soudain par un arbitrage et sur les instances de Sophie-Dorothée, la cour de Saint-James annonça l'envoi d'un ambassadeur extraordinaire, sir Charles Hotham. Frédéric-Guillaume était toujours flatté des attentions qu'on lui témoignait. Sir Charles était un homme considérable, de très ancienne noblesse et, pour comble de bonheur, colonel des grenadiers à cheval de Sa Majesté britannique. Du coup, Frédéric-Guillaume changea de camp et d'humeur. Il invita du Bourguay à la tabagie, but à la santé du roi George, oublia celle de l'Empereur et se moqua lourdement de la gueuserie de ce pauvre Charles VI qu'il appelait Charles le Barbouillé.

Hotham avait pour mission de conclure les deux mariages. En dernière retraite, il était autorisé à ajourner celui de la princesse Amélie, pourvu que les fiançailles fussent déclarées publiquement et confirmées par traité. En cours de négociation, on lui permit en outre de garantir pour Amélie cent mille livres sterling de dot et le gouvernement du Hanovre, jusqu'à l'avènement de Frédéric à la couronne prussienne. De son côté, Frédéric-Guillaume avait son plan, toujours le même, qui consistait à brusquer l'établissement de Wilhelmine, sans rien décider pour Frédéric.

Ce fut l'occasion d'une extraordinaire comédie. Charles Hotham arriva le 2 avril. Le 4, il fut prié à dîner à Charlottenbourg. Comme la conversation roulait sur la princesse Frédérique qui venait d'épouser le margrave d'Ansbach, le roi se mit à crier : « Il faut marier les filles ! A la santé de Wilhelmine et du prince de Galles ! » Et tout le monde de se lever, d'applaudir et de faire chorus, Grumbkow comme les autres, mais vert de peur. Hotham était le premier surpris. Frédéric-Guillaume qui buvait beaucoup lui disait que Wilhelmine était laide et couperosée, mais que cette légère disgrâce ne l'empêchait pas d'être honnête, qu'elle serait fidèle et qu'elle satisferait son mari, qu'au surplus s'il l'avait prise trois ans plus tôt, il l'aurait eue en meilleur état. A la fin, empoignant son voisin, il se mit à danser.

Sir Charles, abasourdi, se retira d'autant plus inquiet

qu'il avait surpris un bout de dialogue entre Grumbkow et le roi.

— Faut-il vous féliciter ? avait dit Grumbkow.

— Oui.

— Faut-il redoubler, avait repris Grumbkow à mi-voix.

Et la réponse avait été :

— Non.

Aussi à la conférence du lendemain, l'Anglais s'appliqua-t-il à remettre les affaires en place. Frédéric-Guillaume ne montrait pas de mauvaises dispositions. Hotham avait le sentiment qu'il faisait le difficile pour tirer de Londres quelque bon morceau en échange de Frédéric. « S'ils veulent le double mariage et me séparer de l'Empereur, qu'ils me proposent quelque chose pour Juliers et Berg. » Et encore : « Je hais mon fils et mon fils me hait. Ce sera très bien que nous nous séparions. Ils peuvent le nommer gouverneur du Hanovre avec sa princesse. » Or le roi George est le plus conciliant des hommes : il propose même de prendre Wilhelmine sans dot. Sans dot ! Frédéric-Guillaume n'a plus de raison pour se dérober. Pourtant, il tergiverse encore. Son esprit irrésolu n'arrive pas à se fixer. Il est dévoré d'inquiétude, il tient conseil sur conseil. Les ministres pèsent et repèsent le pour et le contre, le contre surtout, car les impérialistes ont repris courage et abattent leurs cartes maîtresses. Seckendorff a joué une grande scène pathétique. Stylé par Grumbkow, Reichenbach envoie de Londres les nouvelles les plus propres à fâcher et à retourner le roi. Les Anglais, assure-t-il, se flattent de le conduire par le bout du nez, après avoir éloigné de lui ses plus fidèles serviteurs ; Amélie est une intrigante qui veut faire la loi à Berlin ; le roi George ne consent à tout que par espérance de tout reprendre ; au reste, il n'est pas si solide sur son trône, la dynastie hanovrienne est impopulaire, une restauration des Stuarts n'est pas impossible... Enfin, terrible argument, Reichenbach révèle l'engagement pris par Frédéric de n'épouser jamais que la princesse Amélie.

Cela suffit pour tout renverser. Frédéric, qui suivait avec angoisse le débat où se jouaient son sort et sa liberté, devina le malheur en voyant Seckendorff triompher à nouveau. A deux reprises, il écrivit à Hotham pour le supplier de consentir présentement au seul mariage du prince de Galles. Quant au mien, ajoute-t-il, « la vraie raison que le roi a de ne pas vouloir y donner la main est qu'il veut me toujours tenir un bas pied et me faire enrager toute ma vie, quand l'envie lui en prend. » Il s'attend pour lui-même à de « terribles choses », mais il demeurera fidèle à sa parole.

La négociation acheva de se rompre à Mühlberg, en Saxe, où la cour de Prusse s'était transportée pour assister aux fêtes que le roi de Pologne célébrait. Revues, manœuvres, beuveries, parades, se succédèrent dans un grand tumulte. Il y eut, pour l'armée, un repas de trente mille couverts. Les rois passèrent à cheval entre les tables ; au dessert, on découvrit un gâteau qui avait absorbé six cents œufs, trois tonnes de lait et une tonne de beurre. Soixante pièces d'artillerie accompagnèrent les santés que les rois se portaient. Entre-temps, Hotham et Frédéric-Guillaume échangeaient des mémoires, mais le roi de Prusse était buté et il n'y avait plus espérance d'accommodement. Fidèle à son habitude de se venger sur les siens, il donna en spectacle l'abaissement de son fils. Un jour, il le roua de coups en public, le jeta à terre, le traîna par les cheveux et l'emmena à la parade les vêtements souillés. « Si j'avais été traité ainsi par mon père, lui criait-il, je me serais tué, mais toi cela t'est bien égal ; tu t'arranges de tout. » Paroles effrayantes qui font penser que Frédéric-Guillaume a voulu conduire son fils au suicide, ou tout au moins l'acculer à un acte de désespoir qui le perdrait.

Sir Charles n'avait plus rien à faire à Berlin. Le nouveau ministre, Guy Dickens, était rentré et c'était à lui de continuer les pourparlers. Toutefois, pour terminer sa mission, Hotham résolut de frapper un grand coup. La poste anglaise avait intercepté plusieurs lettres de Grumbkow à Reichenbach, et Guy Dickens en avait précisément apporté une. La pièce était décisive : elle prouvait que Frédéric-Guillaume avait été joué par les deux coquins et de quelle manière. Charles Hotham et Guy Dickens furent reçus le 10 juillet à midi. Après la présentation du nouveau ministre, on parla de choses et d'autres. Le roi était de bonne humeur, Hotham, redevenant sérieux, lui rappela les soupçons dont il lui avait déjà fait part. Comme le général Grumbkow a toujours nié, conclut-il, « j'ai ordre du roi mon maître de remettre aux mains de Votre Majesté une lettre originale du général ». Il tendit la lettre, le roi la prit, y jeta un coup d'œil, reconnut l'écriture de Grumbkow et, rouge de fureur, la jeta à terre en criant : « Messieurs, j'en ai assez de ces affaires-là. » Puis il sortit en claquant la porte.

Ces façons avaient cours en Prusse. Elles n'étaient pas de mise avec un gentilhomme anglais. Hotham avait agi au nom et par les ordres du roi son maître. L'affront s'adressait donc à George II. Il était impossible à l'ambassadeur de demeurer plus longtemps. Mais Frédéric-Guillaume était au regret : « C'est ma rate, disait-il. Quand je suis de mauvaise humeur, il faut que je me soulage. » Il ne comprenait pas la susceptibilité d'Hotham. Quel bruit pour une lettre froissée ! Si encore c'eût été une lettre du roi d'Angleterre, mais une lettre de ce faquin de Grumbkow ! Deux fois, il envoya le ministre Borcke à Hotham pour lui présenter des excuses et l'inviter à dîner. Les deux fois, la réponse fut la même : Hotham ne pouvait reparaître à la cour. Il partit le 12 au matin.

Fritz était désormais résolu à fuir.

★

Depuis deux ans, au moins, il songeait à se réfugier hors de Prusse, à la fois pour se soustraire aux mauvais traitements et pour voir d'autres cieux. Peut-être même est-ce son père qui lui avait mis cette idée en tête, en disant un jour de bonne humeur « qu'il voulait être le gouverneur de Fritz et le conduire dans les pays étrangers ». A l'été de 1729, le bruit avait couru que le roi allait envoyer le prince royal parfaire son éducation en Italie, en France, ou en Angleterre. Au surplus, la rivalité entre père et fils était presque une règle dans la famille Hohenzollern et toujours la séparation avait paru le moyen le plus discret d'assoupir les querelles. Le Grand Electeur avait passé quatre années entières en Hollande et n'en était revenu que contraint, avec une répugnance affichée. Son fils, le futur Frédéric Iᵉʳ, s'était retiré en Hanovre avec sa jeune femme, et Frédéric-Guillaume lui-même avait été heureux de visiter les Pays-Bas aux côtés du prince d'Orange. Mais il ne voulait pas se séparer de son propre fils : d'abord il avait peur qu'il ne revînt pas ; ensuite, il avait trop de plaisir à le tourmenter.

Les premiers projets positifs de fuite datent de novembre ou de décembre 1729. Frédéric s'en ouvrit à Keith, ce page que Wilhelmine détestait, mais le complot se borna à la commande de deux malles et d'une voiture par l'intermédiaire du lieutenant von Spaen. Keith fut presque aussitôt envoyé en garnison à Clèves, au régiment de Mosel, et Fritz demeura seul. Pas longtemps, car le hasard bientôt lui donna un nouveau confident. Un soir qu'il se rendait en bateau à Potsdam avec sa mère, il avait entendu s'élever dans la nuit le chant d'une flûte. Il s'était approché doucement du musicien et lui avait parlé. C'était un officier de vingt-cinq ans, le lieutenant Jean-Hermann von Katte. Fils de général, petit-fils de maréchal, voué par tradition au service des Hohenzollern, il semblait né pour être le compagnon du prince héritier. Fritz avait d'abord eu quelques préventions, mais elles étaient tombées après le départ de Keith et il fit de lui son ami.

Katte n'était pas beau : très basané, marqué par la petite vérole, avec de gros sourcils et un regard que Wilhelmine trouvait funeste. Mais il avait beaucoup pour plaire : il était grand liseur, spirituel, élégant, avec de bonnes manières, la repartie facile et brillante ; il jouait de la flûte et du clavecin, savait dessiner et peindre. Il écrivait bien le français, aimait la liberté, parlait, riait de toutes choses sans contrainte et entourait son ami d'une tendresse inquiète et aveugle. Ils étaient ainsi quelques-uns parmi les jeunes officiers à ne jurer que par le prince. Spaen dit un jour qu'il lui portait un tel amour qu'il éprouvait une véritable douleur à être séparé de lui. Katte ajouta qu'il était trop attendri par ses malheurs pour pouvoir rien lui refuser.

C'est le 31 mai 1730, pendant le voyage de Saxe, que Frédéric dévoila ses intentions à Katte qui en fut d'abord effrayé. Au camp de Muhlberg, il revint par deux fois à la charge. Le temps pressait, il voulait partir tout de suite, en profitant de la confusion. Un jour, il demanda au comte Hoym, ministre saxon, de lui procurer des chevaux de poste pour deux officiers qui désiraient faire *incognito* un voyage à Leipzig. Hoym devina facilement quels étaient les officiers et refusa les chevaux. Katte l'avait prié lui-même de faire des difficultés, mais pour tromper l'impatience du prince il acheta pour lui diverses cartes. Le 16 juin, après un long conciliabule sous la tente, l'envoyé anglais, Guy Dickens, quitta le camp avec un message secret de Fritz. Le prince expliquait à son oncle qu'il ne pouvait plus supporter la façon indigne dont il était traité. La cour de Prusse devait se rendre bientôt à Ansbach, chez le margrave Charles-Guillaume qui avait épousé la seconde fille du roi, puis à Stuttgart et à Clèves. Il s'échapperait au cours du voyage et gagnerait Strasbourg. Il demeurerait six semaines ou deux mois en France et de là passerait à Londres. Il exprimait l'espoir que l'Angleterre prendrait des dispositions pour qu'il n'arrivât aucun mal à sa sœur et pour que lui-même fût bien accueilli en France.

Katte mis au courant par le prince s'offrit à l'accompagner, au besoin même à le suivre d'étape en étape déguisé en postillon jusqu'à l'instant favorable : c'était d'une imprudence folle. Mais la décision de Frédéric était encore si inconsistante que, douze jours plus tard, au cours d'une chasse, il supplia Auguste II de demander pour lui au roi la permission de voyager.

La réponse de Londres arriva à Berlin le 9 juillet ; à dix heures du soir, Frédéric eut une entrevue avec Guy Dickens, sous un portail du château, tandis que Katte faisait le guet. Par une note rédigée en forme officielle, le roi George donnait à son neveu les assurances les plus fortes de sa compassion, mais il lui conseillait de ne rien tenter en ce moment. Il le priait surtout de réfléchir au caractère politique de sa fuite et aux suites internationales qu'elle ne manquerait pas de comporter. Fritz ne saisit pas l'importance de l'objection. Par contre, comme George II s'offrait à payer ses dettes, il en déclara hardiment le double, quinze mille thalers. Dans la nuit du 14 au 15, il eut un dernier entretien avec Katte, dans le parc de Potsdam. Cachés dans les buissons, ils parlèrent deux heures tendrement, fiévreusement. Fritz venait encore d'être battu et il craignait désormais pour sa vie. Il demanda secours à son ami. Après avoir essayé à nouveau de le retenir, Katte, vaincu, lui jura de ne pas l'abandonner. Mais comme il n'était pas du voyage d'Ansbach, il devait demander un congé à son colonel. S'il l'obtenait, il pensait retrouver Fritz non pas à Stuttgart, mais à Wesel et au lieu de fuir par Strasbourg, ils gagneraient tous deux la Hollande. Ils convinrent encore de correspondre par l'intermédiaire d'un cousin de Katte, le rittmeister von Katte, qui était en tournée de recrutement en Franconie. Puis ils se quittèrent. Il était plus de minuit ; Katte rentra à Berlin à cheval. Le lendemain, il reçut de son ami un billet précisant le lieu du rendez-vous et quelques menus objets qu'il voulait retrouver en exil. Déjà, pour se procurer de l'argent, ils avaient vendu les brillants qui ornaient les décorations de Fritz, et Katte s'était endetté auprès de ses camarades. Leur trésor se montait environ à trois mille thalers.

Entourés de pièges, les malheureux garçons n'étaient pas maîtres de leur secret. Les bruits de fuite se colportaient d'ambassade en ambassade. Le compatissant Rochow s'attendait à un coup de tête du prince et faisait bonne garde. Un soir qu'après une scène du roi il l'avait vu revenir complètement hors de lui-même, il l'avait supplié en termes amicaux de ne jamais rien entreprendre sous l'effet de la colère, de crainte de devoir s'en repentir tôt ou tard. Après beaucoup d'hésitations, Frédéric-Guillaume ne s'était lui-même résigné à emmener son fils que pour mieux le surveiller. Par surcroît de méfiance, il prescrivit que le colonel von Rochow, le général von Buddenbrock et le colonel von Waldow voyageraient dans la même voiture et ne le quitteraient pas des yeux.

Le 15, au petit jour, la caravane se mit en route.

Avant de partir, le roi embrassa affectueusement sa femme et il lui exprima le regret d'avoir commis une sottise en rabrouant Hotham.

— Vous commencez à parler avec un peu plus de raison, répondit la reine ; mais sitôt que vous aurez vu seulement le clocher de la terre de M. de Seckendorff où vous allez d'abord, vous penserez tout différemment, et au retour de vos voyages vous reviendrez faire enrager votre famille et moi aussi, et nous faire souffrir comme à l'ordinaire.

— Non, non répliqua le roi. Je te le promets. Je t'aime trop, ma chère femme. Embrasse-moi.

En dépit d'un orage épouvantable qui avait rompu les chemins, on atteignit le premier soir Meuselwitz. Le 18, le roi continua sa route, emmenant Seckendorff. Le 20, il était chez son gendre où il demeura une semaine. Fritz qui s'inquiétait d'être sans nouvelles de Katte et qui avait déjà interrogé en vain le rittmeister reçoit enfin des mains de celui-ci une lettre de son second : la permission est refusée, Katte ne viendra pas. Fritz brûle la lettre aussitôt et répond dans le quart d'heure, par la même voie, que Katte doit se tenir tranquille jusqu'à l'arrivée de nouveaux ordres. Mais voulant à tout prix s'assurer un complice, le prince demande à brûle-pourpoint au rittmeister de l'accompagner en voyage. Le cousin feint d'abord de croire à une plaisanterie, puis comme Frédéric lui donne force détails sur la route, le presse même de chercher des chevaux et lui tend une lettre de change de deux mille thalers à négocier au plus vite à Nuremberg, il se retranche derrière son serment d'officier, adjure le prince de réfléchir et se retire très troublé (23 juillet). Sans rien dévoiler de précis, il conseille à Rochow, « en bon ami », de ne pas perdre de vue « son haut subordonné » et il ajoute qu'au surplus il s'en remet à la volonté divine pour écarter tout malheur.

A qui donc s'adresser ? Parmi les pages du roi se trouvait un frère cadet de Keith, aussi sot que l'aîné l'était peu. A une halte, Frédéric l'appelle et lui parle à la dérobée :

— Est-ce qu'on peut trouver partout des chevaux ?

— En certains endroits, répond Keith, il en reste, en d'autres pas.

— Est-ce que tu es toujours obligé de rester auprès de la voiture du roi ? Peux-tu être une demi-heure devant, ou une demi-heure derrière ?

— Je dois toujours rester auprès de la voiture, car le roi, lorsqu'il descend, demande après tous ceux qui sont attachés à la voiture.

— Commande-moi des chevaux.

— Où Son Altesse veut-Elle aller ?

— Où crois-tu que j'irai ?

— Je ne sais pas.

— Si une fois je m'en vais, je ne reviendrai pas.

Se croyant pourvu, Frédéric écrit le 29 à Katte de se rendre à La Haye où il se cachera lui-même sous le nom de comte d'Alberville. Il lui envoie, pour l'instruction du public, une sorte de manifeste par lequel il justifie sa conduite et, le même jour, il ordonne à Keith, l'ami de Wesel, d'abandonner son régiment et de passer au plus vite en Hollande.

Le 31 juillet, la caravane atteignit Augsbourg : il allait de soi que l'on visiterait en passant les champs de bataille où s'étaient illustrés le prince Eugène et Marlborough. Puis on se dirigea vers le Wurtemberg. La cour ducale attendait à Ludwigsburg. Frédéric, qui allait à la désertion comme au bal, profita de l'arrêt pour se faire faire un manteau rouge. Il put encore communiquer avec le jeune Keith. Peut-être lui parla-t-il ; peut-être lui glissa-t-il un billet. A Heilbronn, les voitures quittèrent la vallée du Neckar pour se diriger vers le Rhin. Fritz avait résolu de s'enfuir le lendemain 5 août à deux heures et demie du matin. Keith, prévenu, se procurerait les chevaux à l'étape.

Frédéric pensait que ce serait Sinsheim, mais à l'improviste le roi décida de s'arrêter deux lieues plus tôt et de coucher à Steinsfurt. Comme à l'ordinaire, le cortège se dispersa pour passer la nuit dans les granges. « Nous ne sommes plus loin de Mannheim, dit le roi. En partant d'ici à cinq heures, nous aurons mille fois le temps d'arriver. »

Vers deux heures et quart, Fritz se lève, prend son

argent, met son manteau rouge et sort sans bruit, pensant trouver Keith et les chevaux. Mais Keith est en retard. Pendant une demi-heure, il le guette devant la porte. Le valet de chambre, Gummersbach, l'a entendu se lever et lui a demandé où il allait si bonne heure.

— Chez le roi, a répondu Fritz.

Gummersbach a trouvé la réponse louche. Il envoie un chasseur réveiller le colonel de Rochow qui s'est couché tout habillé et qui accourt. Il trouve le prince debout auprès de sa voiture, comme s'il attendait le départ du cortège. On échange le bonjour. Fritz comprenant que le coup est manqué rentre dans la grange. Rochow et Gummersbach montent la garde devant la porte. C'est alors qu'arrive Keith.

— Bonjour ! crie Rochow. Quels sont ces chevaux ?

— Ce sont ceux des pages, répond Keith.

— Allez-vous-en au diable avec vos chevaux !

Il commençait à faire jour. Seckendorff, Buddenbrock et Waldow se montrent à leur tour. Le bruit fait sortir le prince :

— Excellence, demande Rochow à l'Autrichien, comment trouvez-vous l'accoutrement de Son Altesse ?

Désespéré, le prince ôte son manteau et pour rattraper ce qu'il a dit à Gummersbach, il entre en effet chez son père qui lui prescrit de partir en avant, parce que sa voiture est très lourde. Fritz va boire son thé, se cache, traîne autant qu'il peut et arrive à Mannheim avec deux heures de retard sur le roi. Mais il a pu joindre Keith et, encore une fois, il lui a donné l'ordre d'amener les chevaux au petit jour.

Keith a eu trop peur pour récidiver. Le dimanche 6 août, à la sortie de l'office divin, il se jette aux pieds du roi et il lui livre son trop lourd secret. Comme on devait passer à table sans tarder, le roi se contient. Au passage, dans l'antichambre, il aperçoit Rochow, l'appelle près d'une fenêtre : « Fritz a voulu déserter, lui dit-il rapidement. Je m'étonne qu'on ne m'en ait rien dit. Vous, Rochow, vous serez responsable sur votre tête, votre cou et votre collet, si vous ne me le livrez à Wesel, vivant ou mort. Je n'ai pas le temps d'en dire plus long ici. Et comme il se peut que je ne trouve pas le moyen de parler seul avec Buddenbrock et avec Waldow, vous leur direz cela en mon nom et leur commanderez qu'ils soient responsables envers moi. » Rochow se contente de répondre : « Il ne peut nous échapper ; il ne nous aurait pas échappé. J'avais pris mes précautions. Le valet de chambre du prince est sûr : on peut compter sur lui et sur les laquais. »

Fritz désormais est gardé à vue. Mais le voyage se poursuit comme si de rien n'était. Darmstadt, Francfort, Mayence, Bonn, Cologne : pendant six mortelles journées la cour se traîne de principicule en principicule. Remuant dans sa grosse tête échauffée des pensées tumultueuses, le roi, de crainte d'offenser ses hôtes, n'a pas voulu modifier le programme de visites arrêté à l'avance ; il fait l'effort de violenter sa nature, mais il étouffe. Le 6, à Mannheim, apercevant le gouverneur et les officiers de Spandau venus de France lui présenter leurs hommages, il s'imagine qu'ils attendent le prince pour assurer sa fuite et, le soir, il ne peut s'empêcher de jeter à son fils : « Cela m'étonne de vous voir ici. Je vous croyais déjà à Paris. » Frédéric qui ne se sait pas encore trahi, mais qui commence à s'inquiéter, répond hardiment : « A Paris ? J'y serais si je l'avais voulu », et il glisse un dernier billet à Keith : « Cela prend mauvaise tournure. Fais que nous puissions nous en aller. » Le 8, le cortège arrive à Francfort, la ville où se faisaient les empereurs. Le roi descend de sa voiture à sept heures du matin. Il ordonne de conduire Frédéric à bord du bateau qui doit les porter à Wesel. De son côté, il se rend à l'hôtel de ville, au Römer, où il reçoit les compliments des bourgeois et où il se fait montrer la bulle d'or. A neuf heures, il s'embarque à son tour.

Le 10, on est à Bonn où l'électeur-archevêque de Cologne attend son puissant voisin. Le prince héritier ne pouvait manquer la réception. Au moment de descendre, Frédéric-Guillaume commande très haut à Rochow et aux officiers de ne pas le quitter une seconde et de le ramener mort ou vif. Fritz qui a tout entendu ne sourcille pas, mais à mesure qu'il se sent plus étroitement surveillé son angoisse augmente. Pressentant que Seckendorff sait déjà la vérité, il le tire à part et il lui joue une comédie. Il se confie à lui comme à un adversaire généreux et à un homme d'honneur. Mêlant la vérité et le mensonge, il lui raconte qu'il a voulu se sauver, qu'il a été retenu par la pensée de sa mère et de sa sœur, qu'il ne craint pas pour sa vie, mais qu'il est tourmenté pour Katte et pour ses amis. « Si le roi veut bien me promettre le pardon pour eux, je déclarerai tout clairement. Sinon, on peut me faire couper la tête, je ne trahirai personne. » Il termine en suppliant Seckendorff de le tirer de « ce labyrinthe » et en l'assurant d'une reconnaissance éternelle. L'Autrichien répond par quelques vagues paroles de compassion. Le 11, le roi apprend la fuite de Keith et une première enquête lui révèle que Fritz a reçu à Ansbach une lettre de Berlin. Ne maîtrisant plus son impatience, il fait partir son fils en avant pour Wesel. Le 12 au soir, il arrive lui-même en territoire prussien et à huit heures et demie il mande le prince à la forteresse.

Il le somme devant Dieu, sur son devoir et sur sa conscience, de dire toute la vérité et d'avouer toutes les circonstances de la désertion projetée. Puis c'est la redoutable question :

— Pourquoi ?

Frédéric répond :

— Pourquoi ? Parce que vous me devenez chaque jour plus hostile, parce que vous me donnez sans cesse des preuves sensibles de votre haine. C'est le désespoir où vous m'avez réduit qui m'a inspiré la pensée de fuir.

Frédéric-Guillaume se sent au bord de la folie. Il croit que son fils a voulu le faire assassiner et bribe à bribe il lui arrache les premiers détails : l'achat de la voiture par Spaen, la vente des décorations, le rendez-vous fixé à Katte, les ordres donnés au jeune Keith, l'achat du manteau rouge... Enfin Frédéric est enfermé dans une chambre gardée toute la nuit par des sentinelles en armes.

Le lendemain, second interrogatoire par le colonel von Derschau sur des questions préparées par le roi. A quel moment Katte a-t-il appris le projet de fuite ? Y avait-il des tiers ? Combien le prince a-t-il tiré de la vente des diamants ? Combien avait-il d'argent ? Qu'est devenu cet argent ? A qui en a-t-il distribué ? A la question « si quelqu'un lui a recommandé Katte », Fritz répond qu'il l'a choisi de son propre mouvement, parce qu'il le tenait pour un « étourdi » et que ces sortes de gens sont les plus propres à risquer un coup dangereux. Dès ces premiers interrogatoires, il apparaît tel qu'il sera jusqu'au bout de l'instruction : sec, rusé, toujours maître de ses nerfs, insolent quand il le peut, sans manifester jamais ni un remords, ni un mouvement de vraie sensibilité. Le 19 août, il écrit à son père : « Mon cher papa, je prends encore une fois la liberté d'écrire à mon cher papa, pour lui demander en toute soumission de lever mon arrêt, assurant que tout ce que j'ai dit ou fait dire à mon cher papa est vrai. Quant aux soupçons qui sont contre moi, le temps montrera qu'ils ne sont pas fondés et j'assure que je n'ai pas eu la mauvaise intention que l'on pense. J'implore de mon cher papa la grâce et je demeure ma vie durant, avec le respect le plus soumis, son fils très dévoué. » Pour toute réponse, Frédéric-Guillaume, qui se débat dans les ténèbres, le remet le même jour à Buddenbrock, avec ordre de le conduire à la forteresse de Custrin où l'on prépare pour lui deux chambres communiquantes, bien gardées, avec « de bonnes portes ».

Selon l'usage, Buddenbrock est muni d'une instruction minutieuse, en quatorze points. Frédéric qui est appelé désormais le fils du roi ou le détenu, l'*Arrestant*, sera dans une voiture avec Buddenbrock, Waldow et Rochow. A petite distance suivra une seconde chaise, où prendront place un major et trois capitaines. Ils devront avoir de bons pistolets et des épées. Les voitures partiront de très bonne heure, en secret, avec des provisions et du vin pour tout le voyage. Elles éviteront les territoires de Hesse et de Hanovre où le prince trouverait peut-être des complices. Jusque Halle, où elles rencontreront la première garnison prussienne, elles rouleront jour et nuit, tout le monde mangeant, buvant et dormant sur les banquettes. « Au cours du voyage, le général Buddenbrock prendra toutes les précautions humainement possibles pour que le prisonnier ne s'échappe pas. Il ne le laissera pas descendre de voiture pour entrer dans une maison. S'il a un besoin à satisfaire, cela se fera en pleine campagne, là où l'on peut voir loin autour de soi et où il n'y a pas de haies ni de buissons. » Buddenbrock devra amener le prince à Custrin « vivant ou mort ». Si les voitures sont attaquées en route par une bande trop nombreuse, il fera en sorte que les autres ne reçoivent qu'un cadavre.

Le roi partit un peu plus tard, mais il mit une semaine pour regagner Berlin : cette lenteur est la preuve de son trouble et de ses perplexités.

★

A son habitude, Sophie-Dorothée avait profité de l'absence du roi pour se donner quelques journées agréables à Monbijou. Il y eut souper, bal et concert. Katte joua de la flûte accompagné par Wilhelmine au clavecin. Il était gai et tranquille, persuadé que sans lui et sans le trésor, Frédéric n'essaierait pas de s'enfuir. Le 15 août, il demanda une permission pour passer une journée à la campagne. Il fut arrêté le lendemain matin, entre six et sept. Le même jour arrivèrent deux lettres du roi : l'une, qui est perdue, pour la reine, l'autre pour la grande maîtresse : « Ma chère madame de Kamken, écrivait-il, j'ai malheureusement le malheur que mon fils a voulu déserter avec le page Keith. Je l'ai fait arrêter. J'ai écrit à ma femme. C'est à vous de faire que bien qu'elle se désole une paire de jours, elle ne tombe pas malade. Je suis votre ami dévoué. »

La reine et Wilhelmine passèrent des journées terribles en attendant le retour du maître. Elles tremblaient pour Frédéric, mais aussi pour elles-mêmes. Dans leur agitation, elles eurent toutefois la présence d'esprit de détruire certains papiers compromettants. L'arrivée fut ce qu'on peut penser. « Nous accourûmes tous pour lui baiser la main, raconte Wilhelmine, mais à peine m'eut-il envisagée que la colère et la rage s'emparèrent de son cœur. Il devint tout noir, ses yeux étincelaient de fureur et l'écume lui sortait de la bouche. Infâme canaille, me dit-il, oses-tu te montrer devant moi ? Va tenir compagnie à ton coquin de frère ! En proférant ces paroles, il me saisit d'une main, m'appliquant plusieurs coups de poing au visage, dont l'un me frappa si violemment à la tempe que je tombai à la renverse... Le roi, ne se possédant plus, voulut redoubler ses coups et me fouler aux pieds. La reine, mes frères et sœurs et ceux qui étaient présents l'en empêchèrent. Ils se rangèrent tous autour de moi... Il est impossible de décrire la funeste situation où nous étions. La reine poussait des cris aigus ; elle se tordait les mains et courait éperdue par la chambre. La rage défigurait si fort le visage du roi qu'il faisait peur à voir. Mes frères et sœurs, dont le plus jeune n'avait que quatre ans, étaient à ses genoux et tâchaient de l'attendrir par leurs larmes. Mme de Sonsfeld soutenait ma tête toute meurtrie et enflée des coups que j'avais reçus. Peut-on imaginer un tableau plus touchant ? »

Sur l'heure, Frédéric-Guillaume fit amener Katte au château. Il n'avait pas cru le saisir. Privé de Keith, heureusement réfugié en Angleterre, il s'acharna contre lui. Sans Grumbkow, il l'aurait mis à la torture avec Frédéric pour leur faire avouer des forfaits imaginaires. A toutes les questions, Katte répondit avec une entière franchise. Il rédigea même de sa main une longue confession, racontant ce qui s'était passé depuis les incidents de Saxe et se contentant d'alléguer pour sa défense qu'en toute occasion il avait fait l'impossible pour retenir le prince, qu'au surplus, ayant conservé l'argent par devers soi, il se croyait assuré du retour de Frédéric. Ils n'avaient jamais formé le moindre dessein, ni contre l'Etat, ni contre le roi, leur désir n'avait été que de soustraire Fritz à son courroux. Au dernier interrogatoire, le 20 septembre, à la demande : « Convient-il que s'il l'avait pu il se serait échappé ? » il répondit : « Si le prince était parti, je l'aurais suivi, mais j'ai toujours cru qu'il ne partirait pas. »

Fritz était en prison, au secret, sans plume, ni encre, n'ayant pour toute compagnie qu'une Bible et un recueil de psaumes. Chaque matin, à huit heures, la porte de sa chambre s'ouvrait et deux officiers entraient pour vérifier que tout était en ordre. En leur présence, un soldat apportait au prince de l'eau pour sa toilette, un bassin et quelque chose à manger. L'ordonnance enlevait les malpropretés et emportait la vaisselle de la veille. Tout cela ne devait pas prendre plus d'un demi-quart d'heure. Les officiers se retiraient, fermaient la porte à clef, tiraient les deux verrous et ne revenaient qu'à midi, tandis que l'ordonnance déposait le déjeuner sur la table et reprenait le plateau du matin. Le roi avait interdit fourchettes et couteaux. On découpait la viande à l'avance et Fritz mangeait avec une cuiller. A six heures, même consigne pour le dîner. « Ainsi, avait précisé Frédéric-Guillaume, trois fois par jour la porte sera ouverte et chaque fois, elle ne restera pas ouverte plus de quatre minutes, et chaque fois, deux capitaines assisteront à l'ouverture et à la fermeture. En ce qui concerne les sentinelles, vous en mettrez autant qu'il sera nécessaire, car de cela vous êtes responsable. Les deux capitaines qui feront ouvrir et fermer les portes ne devront pas, sous peine de la plus grande disgrâce, parler au prisonnier. S'il leur demande quelque chose, ce qui se passe ici et là, ce qu'il y a de nouveau dans le monde, ils ne lui répondront rien et ceci est mon ordre strict et ils doivent s'y conformer et être responsables sur leur tête. »

Fritz ne craignait pas encore pour sa vie, mais il était dans une inquiétude mortelle pour Katte et pour ses amis. Il restait au lit presque toute la journée, s'efforçant de somnoler et n'ayant même plus le courage de mettre ses vêtements. La solitude et le silence lui étaient horribles. Il essaya de parler à ses geôliers. Pour voir des figures nouvelles, pour entendre une voix humaine, il demanda à faire des révélations, même à communier, ce qui lui fut refusé avec des sous-entendus qui font peur : « Il n'est pas encore temps ; il faut d'abord que le conseil de guerre ait fini ; après, il sera temps. »

Le roi avait nommé une commission d'instruction composée de Grumbkow, d'un autre général, d'un colonel, des auditeurs Mylius et Gerbett. La commission fit arrêter le lieutenant von Spaen qui avait acheté la voiture à Leipzig et le lieutenant von Ingersleben qui avait tenu le cheval de Katte lors de la conversation nocturne dans le jardin de Potsdam. Elle interrogea les quatre prisonniers, les domestiques de Katte, Rochow, le rittmeister, le valet de chambre Gummersbach. Le roi dicta lui-même pour les enquêteurs une relation de ce qu'il avait vu et su au cours du voyage. Ils reconstituèrent sans grand-peine toute l'aventure. Seuls les comptes de Frédéric demeurent assez embrouillés.

Le grand interrogatoire eut lieu le 16 septembre. On posa à Frédéric 185 questions que le roi avait soigneusement revues ou rédigées.

— Qui est son père ?

— Qui est son seigneur ?

— Qui est son chef de guerre ?

— Se rappelle-t-il que, durant sa jeunesse, Sa Majesté Royale, comme père et souverain, lui a manifesté toute son affection ?

Le questionnaire suit de très près la marche des événements, mais il est rédigé de façon à faire répéter au prince à vingt reprises qu'il est lui-même responsable de son enfance malheureuse pour avoir repoussé méchamment l'aide, l'amitié et les conseils de son père.

Chemin faisant, le roi se représente en posture d'homme généreux :

— N'a-t-il pas dit un jour qu'il paierait avec plaisir les dettes de son fils, car l'argent ne lui manquait pas, pourvu que Frédéric ait une autre conduite et un cœur honnête ?

La réponse est : oui. Ce qui introduit bientôt cet autre reproche, étonnante manifestation d'orgueilleuse avarice :

— En mendiant de l'argent aux puissances étrangères, le fils ne leur donnait-il pas à penser que son père n'en avait pas ?

Quelquefois Frédéric se tait ; le plus souvent il répond par un simple *oui*, comme s'il approuvait un récit qu'on lui fait. Il ne s'étend un peu que pour plaider la circonstance atténuante de la jeunesse. A la question 178 : « A-t-il quelque chose à ajouter pour sa défense ? » il répond qu'il n'a rien de plus à dire et qu'il se reconnaît coupable. Viennent alors sept questions, si inusitées en justice, que l'auditeur général Mylius n'a consenti à les poser que sur l'ordre écrit du roi :

179. — Que mérite-t-il et à quelle peine s'attend-il ?

— Je me soumets à la grâce et à la volonté du roi.

180. — Que mérite un homme qui brise son honneur et complote une désertion ?

— Je ne crois pas avoir manqué à l'honneur !

181. — N'a-t-il pas eu assez de bons exemples sous les yeux dans son régiment ?

— Si.

182. — Mérite-t-il encore de passer ses jours en compagnie d'hommes d'honneur ?

— Je regrette ce que j'ai fait, mais je n'ai pas envisagé les choses de cette façon.

183. — Mérite-t-il de devenir roi ?

— Je ne puis être mon propre juge.

184. — Veut-il qu'on lui fasse cadeau de la vie ou non ?

— Je me soumets à la grâce du roi et à sa volonté.

185. — Comme il s'est rendu incapable par le bris de son honneur de succéder au trône, veut-il, pour conserver sa vie, abdiquer sa succession et y renoncer de façon que cette renonciation soit confirmée par tout l'empire romain ?

— Je ne tiens pas tant à la vie, mais Sa Majesté Royale n'usera pas de tant de rigueur avec moi.

A ce moment, Frédéric devait être à bout de forces. Mais lorsqu'il entendit les dernières questions, il comprit que son père avait compté sur cette extrême lassitude pour lui arracher une abdication. Ses réponses sont extraordinaires de dignité, de mesure et de précision. Troublé toutefois par la menace de mort, il fit ajouter au protocole la déclaration suivante : « Il reconnaissait qu'en tout, pour tout, sur tous les points, il avait eu tort ; que ce qui lui faisait le plus de peine, c'était le chagrin de sa Majesté ; qu'il priait sa Majesté de croire que son intention n'avait jamais été criminelle ; qu'il n'avait pas cherché à faire le moindre mal à Sa Majesté Royale ; qu'il se soumettait en tout à la volonté et grâce du roi ; que Sa Majesté pourrait faire de lui ce qui lui semblerait bon et qu'il lui demandait pardon. »

Lorsqu'on remit le protocole à Frédéric-Guillaume, il déchira la page où était la demande de grâce. Pendant tout le mois de septembre, il roula dans sa tête des projets affreux. Après une soirée à la tabagie, le ministre de Hollande écrivait qu'il n'aurait pas cru possible qu'un homme pût former « des desseins aussi exécrables et aussi impies ». « Si le roi de Prusse persiste dans ses sentiments, ajoute-t-il, nous verrons les scènes les plus sanglantes qui se soient passées depuis le commencement du monde. » L'enquête a révélé une petite intrigue amoureuse de Frédéric avec la fille d'un recteur de Potsdam, Dorothée-Elisabeth Ritter. Il l'avait aperçue un soir qu'il flânait dans les rues avec le lieutenant d'Ingersleben. Il lui a parlé sur le seuil de la porte et plusieurs fois il est allé chez elle, en l'absence des parents. Ils ont fait de la musique ensemble. Il lui a donné un peignoir à fleurs, une robe d'intérieur « bleu mourant » en soie de Tours, deux bracelets et quelques aunes de ruban. Dès qu'il apprend cette histoire, le roi envoie chez Elisabeth Ritter un chirurgien et une sage-femme qui la reconnaissent innocente. Il n'en signe pas moins cet ordre sauvage : « Sa Majesté ordonne au conseiller de cour Klinte de faire fouetter demain la fille du *Cantor* qui est ici en état d'arrestation... Elle sera d'abord fouettée devant la maison de ville, ensuite devant la maison de son père, puis dans tous les coins de la ville. » Après quoi, elle sera mise aux travaux forcés à la prison de Spandau « pour l'éternité ». Elle était âgée de seize ans et demi.

Avec une rage puérile, Frédéric-Guillaume s'en prend à tout ce qui touche à son fils. Un interrogatoire de Katte a permis de découvrir la bibliothèque arrangée par Duhan. Les livres sont saisis, mis dans des tonneaux et envoyés à Hambourg pour y être vendus. Le roi convoque le gardien, l'interroge lui-même une heure et demie et finit par lui demander combien il est payé. « Vingt heller par semaine », répond le pauvre homme (la valeur d'un pourboire). « Ce n'est pourtant pas trop », s'écrie le roi qui a un moment de satisfaction. Le bibliothécaire est exilé à Memel et Duhan avec lui. En même temps, sont congédiés les domestiques de Frédéric, ses chevaux vendus, le régiment dont il est colonel donné à son frère Guillaume : on dirait que sa succession est ouverte.

Frédéric-Guillaume a certainement pensé à faire mourir son fils. Dans ses nuits peuplées de fantômes, il a vu et revu les cadavres du tsarevitch Alexis et de l'infant don Carlos. Mais il a reculé devant l'horreur du crime. Déjà, au nom de la religion protestante, les Pays-Bas, la Suède, l'Angleterre ont écrit des lettres d'intercession en faveur du prince. L'électeur de Saxe, roi de Pologne a écrit aussi. L'Empereur se prépare à parler comme chef suprême de la communauté germanique. D'autres prières viendront de Pétersbourg. Il a pensé alors et plus longuement à la déchéance. Mais si Fritz est prêt, en effet, à renoncer à la couronne, sa renonciation ne sera pas sincère. A la mort du père, il se hâtera de réclamer ses droits et le royaume sera déchiré par les troubles. Et puis Frédéric-Guillaume n'est pas seulement roi en Prusse, il est encore électeur de Brandebourg et membre du Saint-Empire. L'abdication de Frédéric ne sera valable qu'après la consécration de la Diète. C'est une procédure à suivre, longue, scandaleuse, qui mettra sous les yeux des princes les ressorts cachés du drame, les brutalités, les scènes, les trahisons. Frédéric-Guillaume prévoit que c'est lui et non son fils qui sera jugé.

A mesure que l'instruction avance, il sent mieux encore l'exagération de ses premiers soupçons. Les enquêteurs ne découvrent ni projets d'assassinat, ni complot militaire, ni encouragements de l'étranger. Frédéric-Guillaume a beau s'irriter contre le *vaurien*, la *canaille*, le *coquin* qui se défend avec tant d'impudence, il a beau répéter que son fils est pour lui « un rival redoutable », le procès tourne si bien en vengeance de famille qu'il songe à publier un manifeste aux souverains pour établir le bien-fondé de ses griefs. Le 11 septembre, il écrit au prince d'Anhalt : « En ce qui concerne l'enquête, elle se poursuit. Pour Katte, c'est terminé. Quand à celle du méchant Frédéric, on doit encore aller l'interroger à Custrin, avant d'en pouvoir parler. Toutefois, il est certain que l'Angleterre a tout su, mais qu'elle a déconseillé la désertion. Le méchant a écrit au roi d'Angleterre, il s'est plaint que je le traitais mal... Le roi lui a déconseillé de déserter... Dieu protège les honnêtes gens d'avoir des enfants dénaturés ! C'est un grand chagrin. Cependant, j'ai devant Dieu et devant les hommes une conscience pure. Avertissements, châtiments, bonté, grâce : rien n'y a fait. J'ai plus de cent témoins et ma seule consolation est que vous, mon cher, soyez parmi eux... » Il y a dans ces dernières phrases comme un besoin de se justifier qui se manifeste encore davantage dans les recommandations à Mylius. Le magistrat doit faire ressortir avec force que « Sa Majesté n'a pas fait sans cause ce qu'elle a fait. Autrement, pour dix qui donneraient raison au roi, il y en aurait dix qui donneraient raison au prince ». Les gens ne doivent pas croire « que le roi a refusé du pain à son fils et que le prince a été contraint par la nécessité de faire ce qu'il a fait, tandis que le roi a eu ses motifs pour ne rien laisser à la disposition du prince au-delà de ses besoins ». Il se met presque en position d'accusé ; on a le sentiment qu'il ne sait plus ce qu'il veut.

Il fallait pourtant en finir avec ce « procès de sorcières ». Dès le début le roi avait qualifié de désertion l'acte de son fils. C'est sous l'inculpation de désertion et de complicité qu'il se décide, le 21 septembre, à renvoyer devant le conseil de guerre le colonel Frédéric et ses quatre complices les lieutenants von Keith, en fuite, von Katte, von Spaen et von Ingersleben. Le conseil sera composé de trois généraux-majors, de trois colonels, de trois majors et de trois capitaines. Il sera présidé par le lieutenant-général von Schulenburg et siégera à partir du 25 octobre à Köpenick. Chaque groupe d'officiers aura une voix et le président une qui, en cas de partage égal, sera prépondérante.

Le 25 et le 26, le conseil prêta serment et entendit la lecture des pièces de l'instruction. Le 27, les juges se séparèrent pour délibérer, chaque grade à part. En ce qui concerne Keith, ils sont unanimes. Keith a quitté honteusement son drapeau. Il sera cité par l'appel du tambour. S'il ne répond pas son épée sera brisée et son effigie pendue au gibet. En ce qui concerne Ingersleben, les capitaines, les majors et les généraux retiennent l'accusation d'avoir fait à la fille du cantor de Potsdam des commissions désagréables à Sa Majesté. Les lieutenants-colonels et les colonels rappellent que le lieutenant à fait venir Katte à Potsdam, d'ordre du prince, mais qu'il n'a rien su de ses projets. Châtiment proposé : de deux à six mois de forteresse. En ce qui concerne Spaen, les membres du conseil sont unanimes sur l'achat de la voiture à Leipzig. Les capitaines, les majors et les lieutenants-colonels ajoutent que pendant le voyage d'Ansbach, Spaen a lu une lettre écrite par le prince à Katte, qu'il a donc connu les préparatifs de fuite et qu'il a manqué à son devoir en ne les dénonçant pas. Châtiment proposé : cassation, deux ans à six ans de forteresse.

En ce qui concerne Katte, l'avis le plus détaillé et le plus précis est celui des majors. Ils articulent et numérotent onze chefs d'accusation : préparatifs de désertion (le mot y est), rapports avec les ministres étrangers, correspondances secrètes. Au paragraphe 9, ils reprochent à Katte d'avoir invoqué pour sa défense les mauvais traitements infligés au prince par le roi, car il n'appartenait pas à Katte, comme officier et comme vassal, de s'immiscer si peu que ce soit « entre le père et le fils, entre son roi et le successeur de son roi ». Katte a mérité la mort. Les colonels et les lieutenants-colonels opinent aussi pour la mort. Considérant toutefois que l'accusé n'a pas exécuté son méchant dessein, que de cette entreprise si bien méditée, il n'est résulté aucun effet, que l'accusé témoigne d'un sincère repentir et que s'il est décapité jamais le prince royal ne pourra, de la vie, retrouver la paix de l'âme, ils supplient le roi de diminuer la peine. Les capitaines et les généraux rappellent que Katte a essayé à plusieurs reprises de retenir le prince, qu'en Saxe il a même réussi à empêcher son départ. Ils se prononcent donc pour la prison à perpétuité.

En ce qui concerne Frédéric, capitaines, majors, lieutenants-colonels, colonels, généraux reconnaissent qu'il a été mal conseillé et qu'il a eu de mauvaises intentions. Mais, sans le dire, ils se refusent à distinguer entre le colonel Frédéric et le kronprinz, entre l'officier coupable et le fils outragé par son père. Ils laissent entendre que leur fidélité est due non seulement au roi régnant, à titre personnel, mais à toute sa maison. Ils déclarent qu'ils ne peuvent, en qualité de vassaux et de sujets, prononcer sur le fils et sur la famille de leur roi. Ils remettent le prince à la très haute et paternelle grâce de Sa Majesté.

Restait le *votum* du président qui tenait la vie de Katte entre ses mains. Il se rallie à la peine de mort pour Keith, à l'incompétence en ce qui regarde le prince, à six mois de forteresse pour Ingersleben, déduction faite de la détention déjà subie ; à la cassation pour Spaen et à trois ans de forteresse. Pour Katte, il expose que si le lieutenant a promis d'aider Frédéric, il n'y a eu ni lieu, ni jour fixés et qu'il convient toujours de distinguer entre l'intention et le fait. En conséquence, il ne peut se résoudre à voter pour la peine de mort et il se prononce pour la prison perpétuelle. Au reçu du jugement, le roi écrivit à Schulenburg ce billet où il y a deux mots presque illisibles. « *Votum Regiis* (sic). — Ils doivent rendre la justice et non pas passer dessus avec leur plumeau, et comme Katte a [réellement agi], le conseil de guerre devra se réunir à nouveau et juger autrement. »

Quelques jours plus tard, à table, devant Seckendorff qui l'a rapporté, il accusait les juges « d'intentions viles » :

— Je croyais avoir choisi des gens d'honneur qui n'oublieraient pas leur devoir, qui n'adoreraient pas le soleil levant et ne consulteraient que leur conscience et l'honneur de leur roi.

Première cause de colère : le roi comptait sur les juges pour le tirer d'embarras, mais ils s'étaient dérobés en refusant de prendre sur eux-mêmes les responsabilités du père. En second lieu, tout en reconnaissant que Frédéric avait voulu s'enfuir à l'étranger, ils avaient continué à lui donner ses titres de prince et d'Altesse, en employant pour désigner son crime des mots qui le rapetissaient : *Retirade, Echapade, Absentirung.* Ils avaient insinué qu'il y avait dans tout cela beaucoup d'irréflexion, beaucoup de jeunesse :

— Ils ont voulu faire passer le projet du prince et de ses courtisans pour un jeu d'enfant qui ne méritait pas une telle punition.

Les membres du conseil de guerre se réunirent encore

une fois le 31 octobre, mais unanimement ils refusèrent de se contredire. Il n'était pas en leur pouvoir de revenir sur ce qu'ils avaient voté selon leur meilleure science et conscience et selon leur serment solennel. Le lendemain, le roi jugea à son tour. Il se déclara satisfait en ce qui concernait Keith, Spaen et Ingersleben et il ordonna même de relâcher celui-ci sur-le-champ. « A l'égard du lieutenant Katte, de son crime et de la sentence portée par le conseil de guerre, Sa Majesté Royale, il est vrai, n'est pas habituée à aggraver les arrêts des conseils de guerre ; bien plutôt les adoucit-elle à l'ordinaire, quand cela est possible. Mais ce Katte n'est pas seulement officier à mon service dans l'armée, il est des gendarmes de la garde. Et si dans toute l'armée, tous mes officiers doivent m'être fidèles et dévoués, à plus forte raison doit-il en être ainsi des officiers de régiments comme ceux-là qui ont ce privilège d'être attachés immédiatement à la très haute personne de Sa Royale Majesté et à sa royale maison... Comme donc ce Katte a comploté une désertion avec le soleil de demain et qu'il a intrigué avec des ministres et des envoyés étrangers... Sa Royale Majesté ne sait pas quelles mauvaises raisons ont empêché le conseil de guerre de le condamner à mort. De cette façon, Sa Royale Majesté ne pourra plus se fier à aucun officier ni serviteur qui sont en serment et devoir, car les choses qui sont arrivées une fois dans le monde peuvent encore arriver souvent et ceux qui feraient la même chose, prenant prétexte de ce qui s'est passé pour Katte, qui se serait tiré d'affaire si facilement et si bien, croiraient qu'il en adviendrait de même pour eux. Sa Royale Majesté qui est allée aussi à l'école dans sa jeunesse, y a appris le dicton latin : *Fiat justicia et pereat mundus*. Elle veut donc, de par le droit, que le Katte, quoiqu'il ait mérité conformément aux lois, à cause du crime commis de lèse-majesté, d'être tenaillé avec des pinces ardentes et pendu, soit, en considération de sa famille, porté de vie à trépas par l'épée. En annonçant la sentence à Katte, le conseil de guerre lui dira que cela fait de la peine à Sa Royale Majesté, mais qu'il vaut mieux qu'il meure et que la justice ne s'en aille pas du monde. »

Il y a dans cette lettre une vertu, une grandeur familière qui ne sont pas feintes. Frédéric-Guillaume s'est représenté sa vie si dure, si appliquée. Il a pensé à la Prusse et à l'avenir. Mais est-il descendu au fond de son âme ? S'est-il avoué qu'il voulait que Katte mourût parce que le châtiment suprême serait sa propre justification ? Pardonner, c'eût été avouer qu'il n'avait pas la conscience tranquille. Il a parlé de *soleil levant* parce qu'il s'est vu couché dans la tombe et qu'il s'est représenté Fritz, à peine roi, courant ouvrir les portes de la prison à son ami, le serrant dans ses bras et le ramenant à Berlin à ses côtés.

Les jours qui viennent sont affreux. Le 2 novembre, Katte fut conduit devant le conseil de guerre pour entendre la lecture de l'arrêt.

— Je me résigne, dit-il, à la volonté de la Providence et du roi. Je n'ai commis aucune mauvaise action et si je meurs, c'est pour une bonne cause.

Il essaya pourtant de sauver sa tête. Une première fois déjà, le 5 septembre, son père, le lieutenant-général von Katte, avait demandé grâce pour lui, mais il ne s'était attiré que cette réponse du roi : « Son fils est une canaille, le mien aussi. Qu'est-ce que les pères y peuvent ? » Katte pria son grand-père, le vieux maréchal d'Alvensleben, de faire parvenir à Sa Majesté une supplique toute brûlante de la passion de vivre : « L'erreur de ma jeunesse, ma faiblesse, mon étourderie, mon esprit qui ne songeait pas à mal, mon cœur rempli d'amour et de pitié, la vaine illusion de ma jeunesse qui ne cachait pas de mauvais desseins, demandent en toute humilité grâce, miséricorde, compassion, pitié, clémence. » A ce cri désespéré, le maréchal joignait « les larmes et les prières d'un très vieil homme ». Il avait voué son existence à la patrie et son fils après lui. Tous deux, ils avaient offert leur sang pour le service de Sa Royale Majesté. En toute soumission et confiance, il se jetait aux pieds de son maître : « Votre Majesté ne voudra pas que je porte ma tête grise dans la tombe avec un pareil chagrin. » Le roi répondit qu'il n'était pas en état de pardonner, qu'en épargnant au condamné la torture et la pendaison, il avait fait toute la grâce possible, qu'un exemple était nécessaire et, qu'au surplus, il défendait à quiconque de lui parler désormais de cette affaire. En même temps, il ordonnait à son ambassadeur à Londres de déclarer bien haut à la cour que même s'il y avait cent mille Katte, ils seraient décapités tous à la fois. « Aussi longtemps que Dieu me donnera la vie, je me soutiendrai comme seigneur despotique (*als Herr despotique*), même si je devais encore faire tomber les mille plus nobles têtes, car les Anglais devraient savoir que je ne souffrirai jamais un co-régent à mes côtés. »

Le 3 novembre, Frédéric-Guillaume informa le général von Lepel que Katte allait être transféré à Custrin pour y être décapité. L'exécution aura lieu le 6. « A sept heures du matin, vous commanderez cent cinquante hommes de la garnison qui formeront le cercle sous les fenêtres du prince royal. S'il n'y a pas là une place suffisante, vous en choisirez une autre de façon que le prince puisse bien voir. » Quand le cercle sera formé, Katte, accompagné d'un pasteur, sera amené sous l'escorte de trente gendarmes. Il lui sera donné lecture de la sentence de mort et après une prière « le bourreau lui tranchera la tête ». Le corps, gardé par des sentinelles, restera exposé sur place jusqu'à deux heures après-midi. Ensuite, il sera mis en bière et porté silencieusement à la fosse.

Il fallait deux jours et demi pour aller de Berlin à Custrin. Le 3, le major Schack se présenta dans la chambre de Katte :

— J'ai ordre de Sa Majesté, lui dit-il, d'être présent à votre exécution. Deux fois j'ai voulu refuser, mais il me faut obéir. Dieu sait ce qu'il m'en coûte. Fasse le ciel que le cœur du roi change et qu'au dernier moment j'aie la joie de vous annoncer votre grâce !

— Vous êtes trop bon, répondit Katte. Je suis content de mon sort. Je meurs pour un seigneur que j'aime et j'ai la consolation de lui donner par ma mort la plus grande preuve de dévouement.

Le soir, à l'étape, il demanda à écrire à son père. Mais il était si troublé qu'il n'arrivait pas à trouver les premiers mots. Enfin, après avoir longtemps marché de long en large, il écrivit : « Je voudrais fondre en larmes, quand je pense, mon père, que cette lettre va vous causer la plus grande douleur qu'un cœur paternel puisse ressentir. » Il rappelait toute la peine que son père s'était donnée pour lui, avec l'espérance que ses succès en ce monde seraient la consolation de sa vieillesse. « Comme je croyais à mon bonheur, à ma fortune ! Comme j'étais rempli de la certitude de ma grandeur ! Vain espoir ! Quel néant que les pensées des hommes ! Comme tout s'effondre en un jour ! Comme elle finit tristement la scène de ma vie ! Comme je suis loin de mes rêves ! Je dois, au lieu du chemin de l'honneur et de la gloire, suivre celui de la honte et d'une mort infamante. Mais, ô Seigneur, tes voies sont imprévisibles et tes volontés sont impénétrables ! Les chemins de Dieu ne sont pas les chemins des hommes et les chemins des hommes ne sont pas ceux de Dieu. » Il s'en remet à la volonté du Seigneur sans qui rien n'arrive sur cette terre. « Plus le genre de ma mort est amer et rude, plus douce et plus agréable est l'espérance et la certitude du salut éternel... Consolez-vous, mon père. Dieu vous a donné d'autres fils à qui il accordera peut-être plus de bonheur sur cette terre et qui vous donneront, mon père, la joie que vous avez vainement espérée de moi... je vous remercie avec un filial respect du fidèle amour paternel que vous m'avez témoigné depuis mon enfance, jusqu'à ce jour. Que Dieu tout-puissant vous rende au centuple cet amour que vous m'avez donné... » Il ajouta quelques mots pour la seconde femme de son père qu'il avait aimée comme sa véritable mère et pour ses frères et sœurs auprès de qui il s'excuse de ne pas exprimer tout son cœur : « Je suis aux portes de la mort. Je dois penser à y entrer avec une âme purifiée et sanctifiée. Je n'ai pas de temps à perdre. » Ce jour-là et le lendemain il dormit d'un sommeil calme. En route, il s'entretint avec le pasteur Muller et se défendit d'avoir jamais nié Dieu, autrement que par boutade, pour briller en compagnie. Sa piété s'exaltait et il se persuadait qu'il marchait au supplice avec joie.

On arriva en vue de Custrin le 5 vers midi. Presque aussitôt, il apprit que l'exécution était pour le lendemain. « Tant mieux, dit-il, plus vite ce sera, plus je serai content. » L'entretien pieux recommença avec le pasteur Muller et l'aumônier de la garnison. A la nuit, on apporta un repas ; le président de la Chambre des domaines, Munchow, avait envoyé du vin de Hongrie. Puis vinrent Schack et d'autres officiers qui prièrent avec le condamné. C'est le même soir qu'il écrivit un billet au prince, dont le résumé nous est connu par un rapport du pasteur. Il suppliait Frédéric de se soumettre à la volonté de Dieu et du roi. Schack qui ne pouvait dormir lui-même resta auprès de Katte jusqu'à trois heures du matin. Ensemble, ils prièrent encore, demandant à Dieu le courage de bien mourir. Katte était pâle. Il sentait sa chair et son sang se rebeller contre la mort. Il s'endormit enfin, mais à cinq heures, il se réveilla au bruit des sentinelles qu'on relevait. Au même moment, le colonel von Reichmann entrait dans la chambre de Frédéric.

★

Le prince qui ne savait rien des derniers jours reposait tranquillement. Sa prison s'était beaucoup adoucie. Avec la complicité des gardiens, le président von Munchow lui a procuré couteaux, fourchettes et bougies. Malgré les défenses paternelles, il a aussi des livres, des crayons, du papier et son ordinaire s'améliore des viandes froides, des fruits et des friandises que le fils de Munchow lui apporte. Il communique avec l'extérieur et il s'est remis à dire des impertinences. Le jour où on lui annonce que sa dépense journalière va être réduite par le roi à huit groschen, il répond :

— Affamé pour affamé, j'aime autant l'être à Custrin qu'à Potsdam.

Naturellement, il est contraint à beaucoup de prudence. A plusieurs reprises, il recommande à Wilhelmine d'utiliser l'encre sympathique : « Il n'y a donc plus de citrons à Berlin ? » Mais il parle aussi de lui envoyer son portrait. Confiant dans l'issue de l'aventure, il s'attend tout au plus à être privé de son grade et à passer quelques mois dans la solitude d'une prison habitable. Au cours des interrogatoires, il a bien senti que Grumbkow ne poussait pas les choses au pire, mais qu'ayant gagné la partie, il souhaitait au contraire se ménager une réconciliation. Peut-être ont-ils eu un entretien confidentiel. En tout cas, ils se sont compris. En septembre, Frédéric écrit à sa sœur : « On a reçu, rendu et brûlé toute la littérature. L'on répond et souhaite que l'on en fasse autant. Je vis, je me porte bien et je me divertis tant mal que je le peux. » Puis après beaucoup de tendresse : « La Rancune (Grumbkow) fait mine de rompre avec moi. Si cela est, mes actions baissent beaucoup. Si vous en apprenez quelque chose, je vous prie que cela transpire par nos murs jusqu'à moi. » Quelques semaines après, il n'admet plus le pire : « J'ai bien bu à votre santé. Faites-moi savoir, je vous prie, sur quel pied vous êtes. Si vous pouvez, insinuez auprès de la reine qu'elle ménage Grumbkow, car il est capable de raccommoder tout et il en agit fort honnêtement envers moi. Que la reine lui fasse ses confidences !... Je ne sais du tout comme mon sort sera déterminé, mais j'aime mieux pourrir à Custrin que d'être sur le pied où j'ai été. J'ai appris à l'heure à grand regret qu'un père ennemi est le plus terrible qu'on puisse avoir... Je vis en incertitude de tout, ici, hors votre amitié dont je suis pleinement persuadé... Aimez-moi toujours et soyez persuadée que ni arrêt, ni liberté, ni principauté, ni trônes, ni mort, ni vie me feront changer des sentiments de respect et d'amitié que j'ai toujours et garderai toujours. »

Quelques jours avant le conseil de guerre, enfin, il envoie à sa sœur une lettre maniérée, où il ne cache pas son espérance de sanctions bénignes :

« Ma très chère sœur, l'on va m'hérétiser après le conseil de guerre qui va se tenir à présent ; car il n'en faut pas davantage pour passer pour hérésiarque que de n'être pas conforme en toutes choses au sentiment du maître. Vous pouvez donc juger sans peine de la jolie façon dont on m'accommodera. Pour moi, je ne m'embarrasse guère des anathèmes qui seront prononcés contre moi, pourvu que je sache que mon aimable sœur s'inscrive en faux là-contre. Quel plaisir pour moi que ni verrous, ni grilles ne peuvent m'empêcher de vous témoigner ma parfaite amitié ! Oui, ma chère sœur, il se trouve encore d'honnêtes gens, dans ce siècle quasi entièrement corrompu, qui me prêtent les moyens nécessaires pour vous témoigner mes soumissions. Oui, ma chère sœur, pourvu que je sache que vous soyez heureuse, la prison me deviendra un séjour de félicité et de contentement. *Chi ha tempo ha vita* : consolons-nous avec cela. Je souhaiterais du fond de mon cœur n'avoir pas besoin d'interprète pour vous parler et que nous revissions ces heureux jours où votre *principe* et ma *principessa* se baiseront. Ou pour parler plus net, où j'aurai le plaisir de vous entretenir moi-même et de vous assurer que rien du monde ne peut diminuer mon amitié pour vous. Adieu. Le Prisonnier. » Comme il était loin de la réalité !

Lorsqu'il apprit en deux phrases que Katte, emprisonné à quelques pas de lui, allait mourir sous ses yeux, il poussa un cri terrible : « Seigneur Jésus, prenez-moi plutôt la vie ! » Pendant deux heures, il gémit et il pleura. Il courait dans sa cellule, se tordait les mains et demandait pardon à l'ami qui ne l'entendait pas. Que le roi le déshérite, qu'il le tue, qu'il le laisse pourrir en prison, mais que Katte soit sauvé ! Que son ami vive !

A sept heures, les troupes ayant pris place, la porte de la citadelle s'ouvrit. Deux officiers menèrent Frédéric à la fenêtre. Katte qui avait communié avec ferveur marchait librement entre les deux prêtres qui priaient. Il était très calme, sans aucune affectation, le chapeau sous le bras. Il contourna le bâtiment pour se rendre au lieu d'exécution, sur le terre-plein qui domine l'Oder. Alors il leva la tête et dans le matin triste chercha des yeux le cachot du prince. Dès que Fritz l'aperçut, il lui cria en français :

— Mon cher Katte, je vous demande mille pardons. Au nom de Dieu, pardon, pardon !

Et il lui envoya un baiser.

Katte salua et répondit aussi haut :

— Point de pardon, mon prince, je meurs avec mille plaisirs pour vous.

Mais les assistants étaient si troublés qu'ils rapportèrent la phrase de trois ou quatre manières différentes : « Monseigneur, vous n'avez rien à me demander », ou encore : « Monseigneur, il n'y a pas de quoi ! »

Katte écouta sans émotion la lecture de la sentence. Il dit adieu aux officiers et à tous ceux qui l'avaient assisté. Il tendit sa perruque à l'ordonnance de Schack, se couvrit la tête d'un bonnet blanc, enleva son habit, ouvrit largement le col de sa chemise et s'agenouilla sur le tas de sable qui avait été préparé. « Seigneur Jésus... » commença-t-il. Mais il s'interrompit pour écarter le bourreau qui voulait lui bander les yeux : « Seigneur Jésus... » La tête se détacha au premier coup.

A la fenêtre, Fritz tombait, sans connaissance, dans les bras de ses gardiens.

CHAPITRE III

Années d'apprentissage

Quand Frédéric revint à lui, il s'assit près de la fenêtre, prostré, le visage tendu, ne pouvant détacher les yeux du drap noir qui recouvrait le corps de son ami. Il refusa de prendre la moindre nourriture et demeura abîmé dans sa douleur jusqu'au soir. Il vit enlever le cadavre et il supplia le gouverneur qu'on emportât aussi le sable maculé de sang.

Le pasteur Muller était monté auprès de lui tout de suite après l'exécution. Mais le voyant « si faible et dans l'épouvante », il le laissa. Il revint à la nuit et, une seconde fois, à sept heures. Le roi avait voulu ce désespoir et pour le provoquer il avait réglé le drame dans l'extrême détail, comme on règle une scène de théâtre. Il s'était représenté le prêtre « entrant dans la cellule avant que le bourreau eût achevé d'essuyer son épée » et il avait vu Frédéric chancelant, glacé d'horreur et de crainte. « Mon fils a été sacrifié », écrivait le père de Katte dans une lettre déchirante. Oui, Katte a été sacrifié pour briser le cœur du prince et pour rendre son esprit docile.

Muller avait reçu lui-même une instruction minutieuse : « Je ne vous connais pas, mais j'ai entendu beaucoup de bien de vous, que vous êtes un pieux et probe ministre et serviteur de la parole de Dieu. Comme vous allez à Custrin à l'occasion de l'exécution du lieutenant Katte, je vous ordonne de monter chez le prince, aussitôt après l'exécution, de raisonner avec lui... Qu'il rentre en lui-même ; qu'il demande pardon à Dieu de tout cœur pour le grave péché qu'il a commis et pour avoir séduit des hommes, dont un l'a dû payer de son corps et de sa vie. Si vous trouvez le prince abattu, vous devez l'amener à tomber à genoux avec vous et aussi les officiers qui sont avec lui, et à demander pardon à Dieu avec des cœurs pleurant. Mais vous devez agir de la bonne manière et avec prudence, car c'est une tête pleine de ruses et vous prendrez bien garde si tout se passe avec un vrai repentir et un cœur brisé. Comme donc j'espère que la circonstance présente et l'exécution toute fraîche dans son esprit lui auront touché et amolli le cœur, je vous fais une affaire de conscience » d'éprouver son repentir et de le convaincre. « Si vous ne trouvez pas d'accès, vous vous en irez et vous m'écrirez et, si je vais à Berlin, vous viendrez me parler. Mais si vous trouvez un cœur brisé, vous devez me l'écrire et rester là. »

Le pasteur resta. A ses deux premières visites, il avait trouvé Frédéric sanglotant, parlant sans cesse de son ami, s'accusant de l'avoir tué. Muller lui remit le testament de Katte et à la lecture il eut une nouvelle crise de larmes. Il délira toute la nuit. Le pasteur, un officier et un valet de chambre se relayèrent pour le veiller. Au matin, il dit : « Le roi s'imagine m'avoir pris Katte, mais je l'ai toujours devant les yeux. » Cependant il fit venir un médecin, et comme pour se réconcilier avec la vie il lui demanda certaine poudre qu'il avait l'habitude de prendre.

Il y a dans notre âme des détours si secrets et si contraires qu'à peine peut-on exprimer ce qui s'y passe par des mots qui se détruisent. Tandis que Fritz s'abandonnait à un profond désarroi intérieur, tandis que sa pensée semblait se dénouer et se dissoudre, il appelait l'oubli et la délivrance, de tout son être, de toute l'impétuosité de ses dix-huit ans. Deux fois douze heures, il avait gémi dans un désert affreux, plein de dégoûts, d'appels sans réponse, de cauchemars épuisants, d'exaltations imaginaires et de rechutes humiliées. Les paupières douloureuses, il sortait du sommeil comme d'une tombe, avec le sentiment de son courage, l'orgueil de ne pas être semblable aux autres, la volonté de vaincre en s'abandonnant au hasard des dérives pour être un jour le maître et lui-même. Mais, dans son cachot, que pouvait-il faire pour apaiser le roi et l'incliner au pardon ?

Frédéric-Guillaume avait traité les négociations de son fils avec l'Angleterre comme une tentative de politique personnelle et même comme une espèce de révolte : « Il avait fallu, écrit le plus récent biographe de Frédéric, M. Gerhard Ritter, il avait fallu le poing dur du roi pour écraser cet enchevêtrement d'intrigues, pour mettre la souveraineté royale à l'abri des factions de cour, pour préserver le trop jeune homme du danger de la haute trahison caractérisée. Sous cet angle, la terrible tempête de sa colère apparaît presque comme une manifestation réfléchie de la raison d'Etat. » Cependant — et sur ce point M. Arnold Berney a raison —, Frédéric n'a pas senti l'importance politique de sa tentative. Exaspéré par les mauvais traitements, il a voulu se mettre à l'abri des coups et il a cru que le mariage anglais imaginé par sa mère lui donnerait à la fois l'argent, les plaisirs et la liberté. Toujours, il a parlé de sa prétendue désertion comme d'une étourderie, d'une fugue juvénile, d'un coup de tête. Jamais il n'a consenti à y voir un acte grave de rébellion. Jamais il ne s'est repenti autrement que du bout des lèvres.

Si, d'autre part, il a trouvé à l'armée et dans la noblesse des sympathies et des amitiés, ce n'est point par l'effet d'une conjuration, c'est parce que dans une monarchie absolue les mécontents et les rêveurs tournent naturellement leurs espérances vers le prince héritier. Il en résulte comme une opposition latente, conséquence forcée de la succession des âges. Mais ce que pouvait supporter sans inconvénient une vieille monarchie comme la France mettait en danger l'existence même de la Prusse, pays tout neuf, inachevé, formé de fragments épars réunis sous le même sceptre par l'effet de quelques mariages et le hasard de quelques morts, Etat sans frontières, sans lien géographique, sans tradition, sans souvenirs communs, peuplé de sujets qui, d'une province à l'autre, se considéraient comme des étrangers et pour qui le seul principe d'unité était la personne et l'action du souverain. Même impuissantes, même obscures, les intrigues de la reine et de Frédéric détruisaient la Prusse, parce qu'elles détruisaient le principe de soumission, en quoi consistait justement toute la Prusse.

La conviction profonde de Frédéric-Guillaume, c'est que même le kronprinz n'a pas droit à une personnalité contraire à la nature du royaume. En voulant satisfaire à ses propres désirs, en prétendant à des jouissances spirituelles, à une culture désintéressée, il s'insurge contre les nécessités de l'Etat prussien, parce que ni la lecture, ni l'art, ni la musique, ni le luxe, ni l'élégance, ni les plaisirs de l'esprit, ni le raffinement des mœurs n'entrent dans la définition, dans *l'être* de la Prusse : tout ce qu'il se donne à lui-même est donc volé à l'Etat ; tous les soins qu'il met à se développer sont une atteinte à la conservation et au développement de la Prusse.

Pendant des années, Frédéric-Guillaume a vu grandir à ses côtés un roi de Prusse qui ne serait pas un Prussien et il s'en est d'autant plus irrité que tout ce qu'il a refusé à son fils, il l'a possédé dans sa jeunesse et rejeté avec haine à son avènement. Il a connu une cour brillante et fastueuse, française de goûts, de manières et de langage. Il a vu sa mère présider un cercle de savants, d'écrivains, de musiciens et d'artistes. Il l'a entendue parler de Bayle et de Fénelon, philosopher avec Leibniz et le lasser de ses *pourquoi*. Mais il a mesuré aussi la détresse qui se cachait sous ces dehors éclatants. Les dettes, le délabrement des finances, la ruine de l'agriculture, la misère des campagnes, tel est à ses yeux le prix des fêtes et du bel esprit. La Prusse ne peut accepter un souverain qui ne soit pas à son image, rude comme elle, soldat comme elle, paysan, fruste, pieux, aimant le réel, croyant en la force et méprisant tout le reste. Quand, le 7 novembre 1730, le prince royal appelle son médecin, le proche avenir est déjà fixé. Ce que Frédéric-Guillaume attend de l'exécution de Katte, c'est que lavé par le sang du supplicié, Fritz devienne un Prussien, à la façon de son père. Ce que Fritz a tiré de l'épreuve, c'est que pour sauver sa vie et garder la couronne, il doit désormais s'habiller des goûts paternels et les porter en tous lieux comme une livrée.

★

Aux yeux du roi, la première tâche était de ramener Frédéric à la vraie religion, car par une inconséquence qui lui était habituelle, pour enseigner à son fils la liberté humaine à laquelle il croyait, il avait choisi un pasteur qui n'y croyait pas et Frédéric était resté fidèle à la doctrine de la prédestination comme à une théorie commode pour expliquer l'ordre des choses. Quand il vit revenir Muller, il était bien loin de penser que le pasteur allait l'entreprendre sur la prévoyance divine, la grâce et la fatalité. Sans trop comprendre, il se prêta cependant au débat théologique. Mais chaque fois que Muller parlait de la grâce de Dieu, il répondait par la grâce du roi. A la fin, n'y tenant plus, il risque : « Ne dois-je pas conclure de votre visite que vous voulez me préparer à la mort, moi aussi ? » Muller se récrie. Il n'est pas question de cela ! Il s'agit seulement d'instruire le prince de sa faute et de l'amener au repentir ! Frédéric comprend : on veut lui faire dire que sa fuite n'était pas inscrite de toute éternité dans la volonté divine et qu'il est pleinement coupable. N'est-ce que cela ? Il est prêt à abandonner la prédestination, mais il a l'habileté de ne pas se rendre trop tôt. Il argumente de façon à faire croire à sa sincérité. A la fin, il s'avoue vaincu :

— Il n'y a donc pas de fatalité et seul je suis cause de la mort de Katte et de mon malheur.

Le soir même, le pasteur mande au roi la bonne nouvelle : Fritz n'est plus hérétique. Le lendemain, il s'installe au château dans un appartement situé de telle façon que Frédéric n'a qu'à frapper au mur pour qu'il vienne. Dans ses rapports, il affirme qu'il n'a pas découvert dans l'âme du prisonnier la plus petite trace de fausseté, mais seulement un repentir sincère. Il supplie son maître de « faire bientôt briller un regard de sa grâce royale », de crainte que « par l'effet d'une tristesse persistante et croissante » le prince ne tombe dans une dangereuse maladie d'esprit.

La réponse vint le 9 novembre : « Vous m'avez sur votre conscience et devant Dieu assuré que le prince, à Custrin, s'est converti à Dieu, que mille et mille fois il demande pardon à son roi, seigneur et père, de tout ce qu'il a fait, et qu'il a souffert de cœur de ne s'être pas soumis de bon gré à la volonté de son père. Si donc vous trouvez le prince disposé à promettre cela fermement devant Dieu, s'il est vrai que son cœur souffre de ses péchés, si c'est sa vraie intention de s'améliorer et de la façon que je viens de dire, vous pourrez lui signifier en mon nom qu'à la vérité je ne puis encore lui pardonner tout à fait, mais que cependant, par une grâce qu'il ne mérite pas, je lèverai son arrêt et je lui donnerai de nouveau des gens qui veilleront sur sa conduite. C'est toute la ville qui sera sa prison. Il n'en pourra sortir. Je lui donnerai, du matin jusqu'au soir, des occupations auprès de la Chambre de guerre et des domaines et du gouvernement. Il travaillera dans les choses économiques, recevra les comptes, lira les actes et fera des extraits. Mais, avant que cela n'arrive, je lui ferai faire le serment d'agir en toute obéissance, conformément à ma volonté et de faire en toute chose ce qui convient et appartient à un fidèle serviteur, sujet et fils. Mais s'il résiste et se cabre à nouveau, il perdra la succession à la couronne et à l'électorat, et même, selon les circonstances, la vie... »

Le serment, Fritz devra le prêter à haute voix et claire, sans réserve mentale, ni simagrée d'aucune sorte. Qu'il y pense bien, car il s'agit d'une chose grave. Frédéric-Guillaume terminait : « Que Dieu le Très-Haut donne sa bénédiction ! Et, comme souvent, par des conduites merveilleuses, des chemins miraculeux, des pas amers, il conduit les hommes dans le royaume du Christ, qu'il ramène à sa communion ce fils inconsidéré ! qu'il prosterne son cœur impie ! qu'il l'amollisse et le change ! qu'il l'arrache des griffes de Satan ! qu'ainsi le veuille le Tout-Puissant Dieu et Père, en considération de Notre-Seigneur Jésus-Christ, de ses souffrances et de sa mort. *Amen.* »

Dès qu'il eut reçu cette lettre, Muller se rendit chez le prince qui, ne s'attendant à rien, l'accueillit par une tirade sur les mérites de Jésus-Christ, notre Sauveur. Le révérend le laissa dire, puis parlant au nom du roi, il lui donna lecture de la grâce et du prêche qui l'accompagnait.

— Est-ce possible ? s'écria Frédéric en pleurant.

Mais comme une acceptation trop prompte n'eût pas inspiré confiance, il répondit qu'un serment devait être réfléchi, qu'il prenait le sien au sérieux, qu'il voulait s'engager à fond, qu'il priait donc le roi de lui communiquer la formule à l'avance, afin qu'il pût s'en pénétrer et se préparer en conscience à le bien observer.

L'idée de laisser Frédéric à Custrin avait été soufflée à Frédéric-Guillaume par Grumbkow et par Seckendorff qui, depuis l'arrestation, manœuvraient pour sauver « le colonel déserteur » afin de s'acquérir la reconnaissance du « soleil de demain ». Les mariages rompus, la faction anglaise écrasée, Knyphausen disgrâcié et remplacé par le gendre de Grumbkow, Podewils : leur triomphe était complet. Mais le roi pouvait mourir à l'improviste. En gagnant l'amitié de son successeur, ils affermissaient leur crédit et leur politique. Au surplus, le parti qu'ils avaient imaginé était le seul qui fût raisonnable. On ne pouvait ramener Frédéric à Berlin sans provoquer de nouveaux orages. Puisque le père et le fils ne s'entendaient pas, il était indiqué de les séparer et d'instruire le fils loin du père. Sur la demande de Frédéric-Guillaume, Seckendorff régla par écrit tout le détail de la libération. Il essaya même de se faire envoyer à Custrin avec les commissaires désignés pour recevoir le serment. Mais Frédéric-Guillaume ne voulut pas qu'un étranger parût intervenir comme arbitre dans une aussi grande affaire. C'est Grumbkow qu'il choisit avec cinq autres généraux et un conseiller. Ils arrivèrent le 17 novembre. Le 18 après-midi, Grumbkow eut un long entretien avec Frédéric. Que se sont-ils dit ? Nous n'en savons rien. Mais, en dépit de la différence d'âge, ils étaient gens à s'entendre à demi-mot. En gage de paix et d'alliance, Frédéric, sans honte, fit don à Grumbkow du testament de Katte : manière théâtrale de se débarrasser d'un souvenir qui peut-être commençait à lui peser.

Le lendemain dimanche, Frédéric prêta le serment « d'obéir strictement aux ordres du roi, de faire en toutes choses ce qui appartient et convient à un fidèle serviteur, sujet et fils ». Le général-gouverneur lui rendit alors son épée, mais sans le porte-épée d'officier, car il ne faisait plus partie de l'armée. Les postes ne devaient pas sortir pour lui présenter les armes, ni les militaires le saluer. Très sensible à cette humiliation, Frédéric pria le roi de lui rendre sa qualité de soldat. La réponse adressée au kronprinz de Prusse disait qu'un déserteur avait perdu le droit de porter l'uniforme. « Au surplus, il n'est pas nécessaire que tous les hommes fassent le même métier ; tel doit travailler à devenir soldat ; tel autre s'appliquer à l'érudition et autres choses semblables. » Puis venaient, selon l'expression de Koser, des paroles vraiment royales. Il fallait maintenant que le prince « apprît, en mettant la main aux affaires, qu'aucun Etat ne peut subsister sans économie et sans une bonne organisation. Le bien du pays exige sans conteste que le souverain soit lui-même instruit de tout, qu'il soit ménager et économe : autrement, le pays demeure à la disposition des favorites et des premiers ministres qui en tirent leur profit et qui mettent tout en confusion... »

Frédéric-Guillaume mandait aussi à son ami le prince d'Anhalt : « Je n'ai pas pu vous écrire plus tôt, mon cher, car j'ai dû régler ces malheureuses affaires de Custrin. Je place Wolden et deux gentilshommes près de lui. Il doit aller toute la journée à la Chambre de guerre et des domaines où on l'informera de tout. S'il ne veut pas apprendre de lui-même, on lui rabâchera mille fois et il faudra bien qu'il retienne. S'il devient un honnête homme, ce dont je doute fort, ce sera heureux pour lui. S'il y a la guerre, il devra sauter hors de la tranchée avec les premiers sous-officiers grenadiers pour faire des reconnaissances, creuser les sapes et les galeries. S'il le fait de bonne grâce et qu'il persévère, le pardon sera total. »

Le lundi 20 novembre 1730, Frédéric, prince royal de Prusse, prit son service à la Chambre des domaines, au dernier rang, tout au bout de la table, avec défense de signer les pièces sur la même ligne que les conseillers.

★

Les Chambres de guerre et des domaines *(Kriegs und Domainen Kammern)* avaient été instituées sept ans plus tôt par Frédéric-Guillaume, pour mettre de l'ordre et de l'unité dans une administration provinciale jusqu'alors effroyablement compliquée et divisée en collèges rivaux qui se disputaient les revenus. Devant les Chambres des domaines arrivaient donc au jour le jour les affaires économiques et fiscales : fermages, contribution, accise, manufactures, eaux et forêts, péages, moulins, brasseries, marchés, douanes intérieures, tout ce qui fait la puissance financière d'un Etat, condition de sa puissance militaire. Frédéric allait à la Chambre matin et soir. Il écoutait les discussions, copiait des lettres, classait les rapports, apprenait comment on dresse un bail et comment on fait la levée des impôts.

Jusqu'alors, il avait vécu sans guide, ni principe, dans une solitude intérieure presque totale, orgueilleusement convaincu qu'il était promis à une vie glorieuse, mais ne manifestant encore aucune disposition particulière, ni pour la politique, ni pour les lettres. Le plus remarquable en lui était cette force de caractère, cette volonté têtue de libération personnelle, qu'il avait misérablement dissipée en cachotteries et en intrigues, dans le seul dessein de se procurer les paresseux plaisirs d'un garçon frivole et ennuyé. L'exécution de Katte l'a mûri. En attendant l'heure de la domination, il a refoulé au fond de son cœur les désirs de vengeance. Déjà il savait mentir : désormais il saura tout à la fois être un autre et rester lui-même, il saura feindre sans défaillance, longuement, par silences et par sourires, aussi loin de la soumission sincère que du petit mensonge bavard.

Une autre transformation s'opère en son esprit. En même temps qu'il s'éloigne de son adolescence blessée, il découvre la monarchie prussienne et sa propre place dans la monarchie. Assurément, cette initiation se fait sans grandeur, sans plan, sans vue d'ensemble, au hasard de la besogne quotidienne, par la connaissance pratique des formes subalternes de l'administration territoriale. Mais au ras du sol, la monarchie prussienne est plus imposante qu'à Potsdam. Là-bas, c'étaient les coups, les cris, les cabales. Dans l'humble chef-lieu de la Nouvelle-

Marche, c'est le travail muet, ordonné et productif, la lutte tenace pour peupler les étendues désertes, pour vaincre la nature, pour faire rendre à la terre le *plus* sur lequel s'édifie, année par année, la puissance des Hohenzollern.

Après la prison, le premier mois de travail parut à Frédéric un enchantement. « Son Altesse Royale est gaie comme un pinson », écrit un témoin. Mais Frédéric ne peut se donner à moitié ; sans qu'il s'en rende bien compte son intelligence le porte à dominer les détails, à remonter aux principes, à voir les choses de haut dans leur enchaînement et dans leur unité. C'est justement ce que le roi ne veut pas. Le prince n'est pas à Custrin pour réfléchir mais pour savoir combien un paysan a de peine à gagner un thaler. Défense de posséder d'autres livres que la Bible, les psaumes et le *Vrai Christianisme* d'Arndt. Pas d'ouvrages de jurisprudence ou d'administration. Pas d'histoire. Pas de romans. Pas de poésie. Pas d'antiquité. « Les livres, ça n'apprend rien. Ce qu'il faut, c'est pratiquer. » Défense de faire des théories. Défense de faire des plans. Défense de parler politique. Défense de faire venir des huîtres de Hambourg. Défense de raisonner. Défense de danser. Défense d'avoir des idées générales. Défense d'acheter des vêtements d'été. Défense d'entendre de la musique. Défense d'avoir de la lumière après neuf heures du soir. Défense de dîner en ville. Défense d'avoir des invités. Le prince est condamné à la compagnie de son mentor-maréchal du palais, von Wolden, et à celle de jeunes nobles attachés à la Chambre, von Natzmer et von Rohwedell. Avec les « trois messieurs », la conversation roulera sur la constitution du pays, les manufactures, la police, les fermes, la comptabilité et la parole de Dieu. Si Frédéric s'avise de parler de guerre, de paix ou d'autres sujets réservés à la Majesté Royale, les messieurs lui fermeront la bouche.

En réalité, avec Natzmer surtout, Frédéric abordait les matières défendues. Mais le profit était mince, car, avec beaucoup de brillant et d'imagination, son interlocuteur n'avait pas grand-chose à lui enseigner. Leurs entretiens ne servaient qu'à flatter la vanité de Fritz qui, pour une soirée, se donnait la joie de discourir en prince héritier. D'une bien meilleure ressource était le président de la Chambre, Munchow, plus encore, le directeur Hille. Dans une lettre, Frédéric a tracé de celui-ci un portrait élogieux. Il lui reconnaît une intelligence subtile, des idées nettes et bien raisonnées, un génie particulier pour les affaires du négoce, une vie sobre, des mœurs austères, de « belles » connaissances et le talent d'écrire « joliment » en français et en allemand. Toutefois il lui reproche de ne point « fréquenter la Sainte Cène », d'être orgueilleux, satirique et d'aimer les applaudissements. Dans ces derniers mots perce un peu de rancune. En effet, si Hille devinait le tempérament de Frédéric et s'il le sentait porté au grand, il était stupéfait de son ignorance : « Le prince, écrivait-il, connaît sur le bout du doigt la poétique d'Aristote, mais il ne sait pas si ses ancêtres ont gagné Magdebourg aux cartes ou autrement. » Avec esprit, M. le directeur donna quelques vertes leçons à son éminent subordonné. Mais aussi, sans trop forcer ses instructions, il commença à lui expliquer le rôle de sa maison en Allemagne.

Un jour, à la fin d'un exposé, il lui retrace, à grandes lignes, l'histoire commerciale du Brandebourg. Il lui dit comment la découverte de la route des Indes par le Cap a déplacé le trafic, comment la Méditerranée a perdu sa prépondérance, comment les marchandises d'Orient sont désormais introduites en Allemagne par la Baltique et comment Francfort-sur-l'Oder qui les recevait de Venise par Augsbourg a cessé d'en être l'entrepôt. Mais la conquête de la Poméranie suédoise a rendu à Francfort la prospérité. Malheureusement l'Oder supérieur coule en Silésie sous les lois de l'Autriche. Le roi Frédéric-Guillaume, en abaissant les douanes de cette frontière par déférence envers l'Empereur, permet aux marchands autrichiens de faire concurrence à ses propres sujets. « Il n'y a point à espérer un bon commerce pour le Brandebourg, conclut Hille, tant que les Silésiens ne seront pas débusqués de leur commerce immédiat. Comment cela se fera-t-il ? C'est ce que nous laissons décider à de plus hauts et de plus habiles que nous ! » Ainsi pratiquée, la pédagogie de Custrin eût transformé

Frédéric. Mais Hille ne se risque pas souvent hors des limites permises. De loin, Frédéric-Guillaume le rappelle à l'ordre. Comme il a transmis au roi un mémoire composé par son élève sur le relèvement de l'industrie linière, il s'attire un blâme furibond : « Vous vous imaginez que je vais croire que le prince est l'auteur d'un pareil projet ? Je sais très bien ce qu'il en est. D'ailleurs, cela ne me plaît pas du tout qu'il commence par faire des projets. Je vous ai dit que vous deviez l'instruire dans le solide. Je ne veux pas entendre parler de choses en l'air. Pour fabriquer du vent, on n'a pas besoin de maître. »

Soumis quelques heures à des besognes qu'il prend en dégoût, inoccupé le reste du temps, condamné à bâiller sa jeunesse avec des gens glacés par la contrainte, Frédéric bientôt s'ennuie à mourir. A quatre, dans leur petite maison de bourgeois, ils ne savent plus quoi dire et les repas se passent à chercher des sujets de conversation ou à se regarder manger en silence. Quand la Chambre est fermée, ils vont voir couler l'Oder, et ils s'en reviennent par les mêmes rues, retrouvant aux mêmes places les mêmes visages endormis ou figés. Avant de se coucher, Frédéric vérifie les livres du ménage et compte les groschen avec le cuisinier. Dans la même grisaille les jours se traînent, sans couleur, aussi lents, aussi mornes. « Nous autres du couvent, écrit Wolden, nous crèverons tous, si ce train de vie continue. »

Le grand maréchal est tenu d'envoyer de fréquents rapports au roi. Au début, il a essayé d'être sincère. Entre autres détails, il a eu l'imprudence d'écrire que Frédéric croyait encore à la prédestination. Et, en effet, pour Frédéric qui sera toute sa vie tourmenté par le problème de la liberté humaine, croire à la prédestination c'était une manière de croire à son étoile. Mais le roi entre en furie. Comment ? « Le scélérat ne veut pas démordre de sa fausse prédestination. S'il veut aller en enfer, qu'il y aille ! Je n'ai rien à me reprocher ! » Pourtant, c'est aux trois messieurs à le convaincre de son erreur et à lui commenter l'Ecriture. « Vous apprendrez à connaître le saint de mieux en mieux. Vous verrez qu'il n'y a rien de bon en lui ; mais la langue est bonne. Oh ! pour la langue, il n'y a rien à redire. »

Comment le coquin a-t-il été entraîné dans l'hérésie ? Par des lectures ? « Les livres n'ont ni pieds, ni ailes. Quelqu'un les a apportés. Qui ? Qui ? » On prétend que le prince est malade. La belle affaire ! « Il est prédestiné ! tout ira. S'il y avait en lui quelque chose de bon, il mourrait ; mais il n'y a pas de danger qu'il meure. Mauvaise herbe pousse toujours. » En hâte, Frédéric abjure une seconde fois et Wolden ne sachant à qui se confier recommande « toute la boutique » à la protection de Grumbkow qui lui assure un hiver paisible. Les prisonniers n'ont plus qu'une idée : « sortir de la galère », mais à tous les prétextes de voyage, le roi répond par des refus : « Si j'avais fait ce qu'il a fait, je serais honteux jusqu'à la mort et je ne me laisserais voir personne. » Puis, tout à coup, à l'été de 1731, il annonce sa visite pour le 15 août : « Dès que je l'aurai regardé dans le blanc des yeux, je saurai s'il est amélioré ou non. »

Accompagné de Grumbkow et de Derschau, Frédéric-Guillaume arriva au jour fixé. Suivi d'un grand concours de peuple, il se rendit à l'hôtel du gouverneur, où il fit amener son fils et les trois messieurs. Frédéric se jeta aux pieds du roi qui lui ordonna de se relever et, avec une mine fort sérieuse, lui adressa un discours :

« Vous saurez vous souvenir de ce qui s'est passé, de la façon scandaleuse dont vous vous êtes conduit et du projet impie que vous avez formé. Comme je vous ai eu auprès de moi dès votre jeunesse, et que j'ai pu bien vous connaître, j'ai tout essayé au monde, bonté, dureté, pour faire de vous un honnête homme. Comme je soupçonnais déjà votre méchante entreprise, au camp saxon, je vous ai traité le plus rudement et le plus durement dans l'espoir que vous alliez rentrer en vous-même et prendre une autre conduite, m'avouer vos fautes et me demander pardon. Mais tout a été vain et vous êtes devenu toujours plus entêté. Quand un jeune homme fait des sottises, comme de courtiser les dames, de courir les filles, de casser les vitres et autres dérèglements, on peut lui pardonner ces fautes de jeunesse. Mais commettre délibérément une pareille lâcheté, faire avec préméditation des choses impies, cela est impardonnable... Vous avez cru à force d'entêtement en faire à votre tête. Mais écoute, mon gaillard, quand même tu aurais soixante ans, soixante-dix ans, tu n'as pas d'ordre à me donner. Je me suis jusqu'à présent soutenu contre tout le monde et je saurai bien te mettre à la raison. »

Changeant de ton, il lui reproche d'avoir fait des dettes et de s'être laissé voler par les usuriers. Puis : « Vous n'avez pas eu confiance en moi, en moi qui fais tout pour l'agrandissement de la maison, de l'armée et des finances, et qui travaille pour vous ; car ce sera pour vous tout cela, si vous vous en montrez digne. » Et pourquoi a-t-il repoussé l'amitié de son père ? A ces mots, Frédéric tombe à genoux en pleurant.

— Voyons, c'est en Angleterre que vous vouliez aller ?

— Oui.

— Eh bien ! Ecoutez les suites. Votre mère serait tombée dans le plus grand des malheurs, car je l'aurais soupçonnée d'être votre complice. Votre sœur, je l'aurais mise, pour sa vie durant, dans un lieu où elle n'aurait vu ni le soleil, ni la lune. Je serais entré en Hanovre avec mon armée, et j'aurais fait flamber le pays, eussé-je dû sacrifier ma vie, mon pays et mes gens... Aujourd'hui je voudrais vous confier des emplois militaires et civils. Mais comment oserais-je, après une telle action, vous présenter à mes officiers et serviteurs ? Vous n'avez qu'un moyen de vous relever, c'est de chercher à réparer votre faute au prix de votre sang.

Fritz s'agenouilla à nouveau :

— Est-ce toi qui as corrompu Katte, ou bien Katte qui t'a corrompu ?

— Je l'ai corrompu.

— Enfin ! Cela me fait plaisir que vous disiez une fois la vérité.

Est-ce que Fritz s'amuse à Custrin ? Est-ce que Wusterhausen lui paraît toujours aussi horrible ? Appelle-t-il toujours son ancien uniforme un suaire ? Ah ! il n'aime ni les manières, ni les compagnons de son père. Il veut jouer au petit maître, dire des bons mots et se coiffer à la française ? Grand bien lui fasse, mais personne, ni en Prusse, ni à Berlin, ne s'occupe de lui. On ne sait même plus s'il est vivant ou mort. Croit-il toujours à la prédestination ? Non ? C'est bien, mais qu'il se méfie des impies, qu'il prie Dieu de le délivrer des mauvaises pensées et Jésus-Christ qui veut que tous les hommes soient sauvés l'exaucera. Enfin :

— Je pardonne tout le passé, dans l'espoir d'une meilleure conduite.

Sur quoi, Frédéric à genoux et se courbant baisa les pieds de son père.

On passa dans une autre chambre. C'était l'anniversaire de Frédéric-Guillaume, mais Fritz n'osa pas lui faire son compliment. Le roi partit après quelques moments d'entretien. Devant la foule assemblée, Fritz, une fois encore, lui baisa les pieds. Le roi le releva, le serra dans ses bras, lui dit qu'il croyait désormais à sa sincérité et qu'il veillerait sur lui comme autrefois. Puis la voiture s'éloigna.

— Je n'avais jamais pensé jusqu'à présent, dit le prince à Hille, que mon père eût pour moi le moindre sentiment d'amour. J'en suis convaincu à l'heure qu'il est...

★

Quelques jours plus tard. Frédéric-Guillaume fit sentir l'effet de son pardon en adoucissant le régime de l'exilé. Désormais, il n'ira plus à la Chambre que trois matinées par semaine et il siègera tout en haut, à côté du président. Il est autorisé à sortir de la ville à condition d'avertir le gouverneur et pour visiter des domaines dont la liste est donnée. Ces courses le mèneront jusqu'aux frontières de la Pologne et de la Saxe. Quelqu'un de la Chambre l'accompagnera pour tout lui expliquer, la fumure, l'étable, la brasserie, les semences, les récoltes. Wolden incitera le prince à interroger les gens, à s'informer lui-même et à fond. Les livres laïques, la musique, le jeu et la danse demeurent interdits. Frédéric ne pourra parler à personne en particulier et les trois messieurs se relaieront de manière à ne jamais le laisser seul, ni la nuit, ni le jour. Par contre, il pourra dîner en ville deux fois par semaine et inviter deux hommes chez lui à chaque repas, mais jamais de femme, Wolden lui offrira de temps en temps une chasse ou une promenade sur l'eau. Matin et soir, le couvent remerciera Dieu, priera, chantera des psaumes et lira la Bible avec dévotion.

Pour la seconde fois, Frédéric avait demandé à son père de redevenir soldat, non par flatterie, disait-il, mais du fond du cœur : « Faites de moi tout ce que vous voudrez au monde ; je serai content de tout, je serai ravi, pourvu que je sois soldat. » Ce désir n'était pas feint. A vivre lui-même l'existence fastidieuse, rabougrie et désœuvrée des bourgeois de Custrin, Fritz sentait bien que dans leur monotonie mécanique les fatigues et les travaux de l'officier restent colorés d'un reflet d'honneur, empreints d'une abnégation réfléchie, d'une attente continuelle et indifférente de la mort qui en rendent la servitude plus vertueuse. Mais la prière venait trop tôt. Le prince n'était pas de taille à mener sans guide l'entreprise difficile de sa propre réhabilitation. Il lui fallait recourir une fois encore au seul homme en situation de l'aider, à Grumbkow. Il le haïssait ; dans ses lettres à Wilhelmine, il le traitait de fou, de possédé et l'accusait des plus noirs desseins. Mais il avait besoin de lui. De « monsieur » tout sec, Grumbkow va devenir bientôt « mon cher ami », « mon cher général », « mon très cher général et cher ami », et c'est lui qui donna en effet les meilleurs conseils, tout au moins les plus utiles, sous forme d'une véritable instruction rédigée en un français caillouteux (26 août) :

« Comme j'espère et que je souhaite ardemment de revoir bientôt son Altesse Royale entièrement remise dans les bonnes grâces et la confiance du Roi son père, j'ai cru ne pouvoir mieux employer mon loisir de campagne que de coucher par écrit ce que je crois pouvoir le plus cimenter cette heureuse union et confiance : quelque peu d'expérience m'ayant acquis... une idée exacte du caractère d'une cour où le terrain est glissant et scabreux au possible. Sachant les sentiments pieux du prince royal, je n'ai pas besoin de recourir à ce que nous devons au premier être et à la religion, puisque c'est la source dont tout le bonheur de la vie et notre tranquillité intérieure dépend. Par rapport à la conduite que le prince royal doit tenir avec le Roi, je crois que, plus qu'elle sera unie, naturelle et respectueuse, plus qu'elle plaira au Roi. » Le prince aura le visage serein, le port assuré et point embarrassé. Il appellera son père *Majesté*, il répondra précisément à ses questions sans varier.

Il faut éviter avec le Roi « tout esprit railleur et expressions badines... mais d'un autre côté se défaire de tout air austère, réservé et sombre dont le Roi s'est si souvent plaint. On peut être gai sans railler et un air riant, quand cela vient à propos, plaît infiniment au Roi. Pour les affaires soit politiques, militaires et domestiques, il ne s'en faut mêler en aucune manière, ni directement, ni indirectement, ni témoigner la moindre curiosité... Si le prince royal parle à quelqu'un et que le Roi survient, il ne faut pas, comme jadis, se séparer de lui, mais être toujours prêt à répondre quand le Roi demande : *Was saget er ?* Du reste, dans tout ce que le prince royal fera en présence du Roi, il faudra toujours qu'il affecte d'y prendre plaisir quand même cela ne lui en ferait pas. »

On affectera de l'égalité entre tous les serviteurs de la couronne. « Comme cependant le siècle est tout militaire, je crois que le prince royal fera bien de paraître prendre plus de plaisir dans la compagnie des généraux et officiers qu'en celle des autres ; une petite mine gracieuse et un sourire obligeant réparera cette distinction des militaires envers les civilistes. » La droite raison veut que le prince ait ou fasse semblant d'avoir un peu plus de ménagement pour ceux que le Roi distingue. « Pour ceux qui ont le malheur de déplaire au Roi, sans renchérir sur leur malheur, je crois qu'on peut les éviter et ne pas témoigner trop de compassion. » Le prince n'aura que des relations de politesse avec les ministres étrangers et il se plaira en compagnie des gens rassis, expérimentés et d'un certain âge. Il témoignera à ses frères une amitié tendre et naturelle :

« Pour Sa Majesté la Reine, je crois que la tendresse et le profond respect que le prince royal a naturellement pour cette digne princesse n'a pas besoin d'entrer ici en forme de règle. Comme cependant tout doit se faire avec beaucoup de discernement, il n'est pas nécessaire de recommander de ne témoigner aucune préférence là-dedans à ce qu'on doit au Roi, et l'expérience passée doit avoir appris à Son Altesse Royale que les soupçons qu'on a eus sur cette préférence ont causé bien des chagrins à l'illustre mère et au bien-aimé fils. Quelque tendresse, confiance et amitié que l'incomparable princesse royale ait droit de prétendre et qui lui sont dues par mille endroits remarquables, je crois pourtant que dans le commencement, il y faudra mettre de certaines bornes... Au reste, le prince royal est doué de tant d'esprit et de discernement qu'il suppléera aisément à tout ce qui pourrait manquer ici... Pour le reste, je ne mets ma confiance qu'en Dieu. *In te, Domine, speravi, non confundar in œternum.* »

Frédéric avait en effet assez d'esprit pour goûter dans toutes ses parties ce manuel du parfait courtisan. Le plan était judicieux et il s'y conforma avec une entière docilité. Sa demande de réintégration dans l'armée lui avait valu une nouvelle avalanche de reproches : « Tu as eu une compagnie de cadets qui était une belle, bonne et solide compagnie, mais tu ne t'en es pas occupé du tout. C'est pourquoi je pense que si je te faisais soldat de nouveau, cela ne te viendrait pas du cœur. Mais à quoi bon ? Si je te caressais vraiment le cœur, si je faisais venir de Paris un maître de flûte avec une douzaine d'instruments et de livres de musique, une troupe entière de comédiens et un grand orchestre, si j'appelais uniquement des Français et des Françaises, deux douzaines de maîtres de danse, une douzaine de petits maîtres et si je te faisais bâtir un grand théâtre, cela te plairait plus qu'une compagnie de grenadiers, car, à tes yeux, les grenadiers sont de la canaille, mais un petit maître, un Fransquillon, un bon mot, une musiquette, un cabotin, voilà qui est noble, voilà qui est royal, qui est digne d'un prince ! » Frédéric n'insista pas : avant d'être soldat, il doit être un administrateur. Désormais le roi ne recevra plus de lui que des lettres selon son cœur et voici ce que nous y lisons, de semaine en semaine :

Frédéric a visité le domaine de Wollup qui ne rapportait que 1 600 thalers et qui en rapporte aujourd'hui 2 000. Pourtant, il est encore possible d'y faire des tas d'améliorations. La plus indiquée serait de curer et de nettoyer les marécages qui ne rapportent rien à personne et qui feraient une bonne terre à blé. L'intendant a construit une nouvelle grange et reconstitué son cheptel. A Carzig la terre est loin d'être aussi fertile. Il y a beaucoup de sable et par endroits de la chaux. Au lieudit le Brand, la forêt a brûlé. Si on laisse repousser le bois, on n'en tirera aucun revenu avant vingt-cinq ou trente ans. L'intendant est d'avis d'y installer une métairie : c'est assurément le meilleur parti. A Quartschen, la bergerie et la brasserie font bonne impression. A Golzow, la terre est bonne ; à Lebus, exceptionnellement belle, mais on ne pouvait rien distinguer, car il avait beaucoup plu. Les bâtiments paraissent vieux et délabrés. Le prince a reçu à sa table le major Rœder qui conduisait à Potsdam un superbe gaillard destiné au régiment de son très gracieux père. Il n'a pu le regarder sans un déchirement de cœur.

Le plan, le devis et le contrat de la nouvelle métairie de Carzig sont prêts. On y récoltera du seigle, du froment et du fourrage. Tout cela rapportera du 10 pour 100. A Himmelstadt, les bâtiments tombent en ruine. La brasserie est si branlante que les gens n'osent plus y entrer, de crainte de recevoir le toit sur la tête. Tout à côté, se trouve une église abandonnée : on pourrait la transformer en brasserie, à peu de frais. Les étables sont aussi misérables. De plus, elles sont situées à trois cents pas du domaine. C'est trop loin : l'intendant ne peut y avoir l'œil comme il le voudrait. Puisque les étables devront être reconstruites de toutes façons, on en profitera pour les rapprocher. Frédéric s'est étonné que les ensemencements ne fussent pas faits : c'est à cause des gelées de printemps. Il a tiré un cerf à huit cors et aperçu dans la lande un véritable troupeau de chevreuils. A Marienwald, le nouveau bail comportera un *plus* de 640 et quelques thalers, et si l'on défriche un bois inutile, le très gracieux père recevra un nouveau *plus* de 200 thalers. Frédéric a constaté une erreur d'arpentage et fait recommencer l'opération. Il a remarqué que les paysans fournissent chaque jour une corvée avec un cheval, ce qui est une ruine pour eux. Ne vaudrait-il pas mieux qu'ils fassent leur service trois fois par semaine seulement, mais avec deux chevaux ? Tout le monde y gagnerait. Les paysans seraient entièrement libres un jour sur deux et l'intendant du domaine qui n'a pas besoin de leur présence quotidienne préfère la corvée à deux chevaux. L'intendant veut aussi acheter 40 bœufs. Il a raison, car il y a assez de pâturages pour les nourrir. A Marienwald, les deux verreries devraient rapporter davantage et le très gracieux père peut en espérer un *plus* de 857 thalers, 21 groschen et 3 pfennigs. Au parc à sangliers de Neumuhle, Frédéric a tué 8 sangliers à défenses, 2 femelles et plusieurs marcassins. A Tornow, la verrerie donne un *plus* de 204 thalers 10 groschen. Il y a une propriété à vendre. Le domaine espérait l'avoir pour 6 000 thalers. On en demande 10 000 : c'est trop cher.

A travers ces rapports en langue précise, courent des compliments, des flatteries, des protestations de respect, de reconnaissance et d'amour, des soumissions très humbles. Certes, le fils rebelle s'est trop longtemps entêté dans le mal, mais il persévérera dans le bien avec plus d'acharnement encore : « Je m'appuie sur vous seul et ne désire d'autre bonheur, d'autre honneur que ceux que je reçois de vous. » On a tué le cochon à Wollup. Aussitôt qu'il l'a su, Fritz a envoyé chercher un bon rôti bien gras et comme il sait que son père aime ce morceau, il prend la liberté de le lui envoyer. Pour son compte, il a renoncé au champagne (ce n'est pas vrai) et aux plaisirs de petit maître (ce n'est pas vrai non plus). Il aime la bière et il va voir les marionnettes. Mais le roi lui ferait un plaisir immense en lui communiquant le nouveau règlement de l'infanterie. « *Comme le siècle est tout militaire...* » avait dit Grumbkow.

Frédéric-Guillaume n'était pas dupe de ce zèle. Il croyait ce qu'il voulait. Quand il reçoit de son fils un projet très fouillé sur le commerce avec la Silésie, il sait très bien qu'on l'a aidé. Mais enfin Frédéric travaille. D'une façon ou d'une autre, il apprend les choses et il les retient. Il aimait l'argent pour en dépenser. Il prend goût maintenant à en gagner. Et puis Frédéric-Guillaume souhaite de tout son cœur la conversion de son fils. Il bougonne, mais il s'attendrit. Frédéric a-t-il bien soin de son ménage ? Le cuisinier est-il bon ? Est-il *ménageux ?* Ne gâche-t-il pas le beurre ? Au début Frédéric vérifiait les factures une à une, mais comme il ne pouvait pas faire lui-même son marché, il était volé au détail sur les prix et sur les quantités. Alors, il a traité à tant par repas et par convive. Mais pour le roi, cela ne vaut guère mieux. Aussi envoie-t-il à son fils des menus, un plan, un budget, sur lesquels il pourra se régler.

Après la proposition relative aux corvées, Frédéric-Guillaume est ravi, *sehr content.* « Si vous avez trouvé cela à vous tout seul, vous êtes déjà bien avancé en économie. C'est un point très utile que les corvées soient conduites comme vous me l'avez proposé et je l'approuve complètement. » Il approuve aussi la reconstruction d'Himmelstadt et il ouvre un crédit de 3 592 thalers. Il promet des cadeaux : d'abord un cheval, un *tout à fait bon cheval,* puis trois, une voiture, un équipage, un service en argent. « Je fais ajouter des couteaux, des cuillers, des fourchettes, des plats et aussi des flambeaux, de façon que tout tienne dans une caisse et puisse être portée par un âne. » Il ajoute même : « Si vous avez besoin de quelque chose, écrivez-moi. »

Pour les exilés de Custrin, la vie devenait donc très supportable. Quelques jours après la visite de son père, Frédéric avait dîné pour la première fois, à Tamsel, tout près de la ville, chez le colonel de Wreech. L'endroit est fort agréable. C'est un paysage hollandais, en eau et ciel. Le château avait bon air, avec ses boiseries, ses hautes fenêtres, son escalier lambrissé. La colonelle surtout était charmante, beaucoup plus jeune que son mari, avec de l'esprit, un teint éblouissant, de la gaieté, une pointe de coquetterie. Ses vingt-trois ans s'accordèrent très vite avec les dix-huit ans de Frédéric. Après quelques jours, il eut la permission de l'appeler ma cousine et celle de lui envoyer des vers français. Ernest Lavisse a parlé très joliment de cet amour. A la première déclaration poétique, la colonelle a répondu de la même façon, mais avec une malice à la fin :

C'est toute ma maison qui y a concouru...

Toute la maison, c'est-à-dire le colonel lui-même. Rien ne prouve que Mme de Wreech ait eu quelque chose de caché pour son vieux mari. Elle a pris plaisir à ce badinage, sans plus. Les grâces de Frédéric sont encore bien scolaires. « Madame, les sauterelles qui désolèrent ce pays ont toujours eu assez d'égards pour vous qu'elles ont ménagé vos terres. Un nombre innombrable d'insectes plus vilains et plus dangereux que ceux ci-devant nommés vont se rendre chez vous, madame... On les appelle vers ; ils ont quatre pieds, des dents aiguës, un corps fort long et une certaine cadence fait leur premier principe et leur donne la vie... » Et l'ode commence. On ne peut rien imaginer de plus mauvais :

Permettez-moi, madame, en vous offrant ces lignes,
Que je vous fasse part de cette vérité ;
Depuis que je vous vis, j'ai été agité,
Vous êtes un objet qui en êtes bien digne.

Cependant Fritz a pour la cousine du respect, de la tendresse. Il l'admire. Il passe auprès d'elle de douces journées et il lui doit quelques impressions délicates, les seules qu'il goûtera de sa vie auprès d'une femme.

A vivre au grand air, à courir chaque jour la campagne, il se transforme physiquement. Quand il est arrivé à Custrin, c'était un adolescent fluet, pâle et mélancolique, aux épaules étroites, avec un regard de biche traquée. Il a maintenant le visage plein et coloré, une carrure plus solide, une manière assurée de se tenir et de parler. Il se vante d'être poète, musicien, moraliste et physicien, mais Hille qui le voit vivre, écrit à Grumbkow : « On ne se contentera pas de tourner des rimes, dès qu'on pourra faire autre chose. » Schulenburg qui va le visiter et qui le suit à une chasse remarque qu'il a reçu ses hôtes comme un roi : « Il est certain qu'il sent ce qu'il est. »

Par beaucoup de côtés toutefois, il est encore enfant. Un jour que Hille lui demande comment il arrangerait sa vie s'il était le maître : « Je vous assure, répond-il, mais n'en dites rien, que le plus cher de mes plaisirs est la lecture. J'aime la musique, mais beaucoup plus la danse. Je hais la chasse, mais j'aime fort courir à cheval. Si j'étais le maître, je ferais tout cela comme l'envie m'en prendrait ; mais j'emploierais une grande partie de mon temps à mes affaires. » Il aurait bonne table, concert et petits soupers. Pour s'habiller il porterait toujours l'uniforme, mais avec des surtouts très magnifiques. Politiquement, il en est resté à *Télémaque*. Il tâchera d'avoir de bons ministres et les laissera faire sans descendre lui-même au détail : « Là-dessus, je me fierai à vous autres. » Le programme est bien imprécis. Il a réfléchi davantage aux nécessités géographiques de l'Etat prussien. A en juger par une lettre à Natzmer (février 1731), il a bien vu que les territoires de sa domination sont éparpillés du Rhin à la Vistule et qu'ils peuvent être attaqués de plusieurs parts. En revanche cette dispersion lui permet de convoiter et de s'étendre à tous les coins de l'horizon, sans que son imagination conquérante soit retenue par quelque frontière naturelle. Pour coudre ensemble les parcelles éparses, il dresse, ou plutôt il rêve, un plan d'acquisitions indéfinies. Mais il s'ébroue dans le vide, comme si les autres Etats n'existaient pas. Il en ignore les forces ; il n'est pas capable d'en calculer les résistances. A plus forte raison, ne pense-t-il pas à les diviser.

★

Fritz avait repris sa correspondance avec Wilhelmine la *carissima sorella* qui l'entretenait d'événements peu gais car, tandis qu'il aimait Mme de Wreech et qu'il visitait les étables, se déroulaient à Berlin vingt scènes toutes semblables à celles que nous avons déjà décrites. La reine reparle du mariage anglais et s'acharne dans ses espérances. Le roi, furieux, veut en finir ; Wilhelmine, excédée, se résigne à accepter le prince héréditaire de Bayreuth, de la branche franconienne des

Hohenzollern, homme aimable, bien fait, d'excellentes manières et de physionomie avenante. Mais à peine les promesses sont-elles déclarées que le roi regrette de n'avoir pas découvert un gendre plus cossu et c'est sur le malheureux fiancé qu'il abat sa mauvaise humeur, tandis que la reine se venge en lui faisant aussi mille avanies.

Les noces étaient fixées au 20 novembre 1731. La veille, Sophie-Dorothée prit sa fille à part : « Promettez-moi, lui dit-elle, de n'avoir aucune familiarité avec le prince et de vivre avec lui comme frère et sœur, puisque ce sera le seul moyen de dissoudre votre mariage qui sera nul, s'il n'est consommé. » Car elle espérait toujours un courrier d'Angleterre. Mais Wilhelmine était trop lasse pour lutter encore. Elle réclama son frère, dont le roi lui avait promis la grâce.

De loin, Frédéric a souffert de la médiocrité de son futur parent. Mais il savait l'inutilité de la résistance et ses lettres sont très réservées. Il conseille à Wilhelmine d'obéir à son cœur. Il regrette qu'elle n'ait pas en Europe la place que lui promettaient ses grandes qualités. Mais si le prince héréditaire est aussi joli qu'elle le dit, peut-être pourront-ils vivre plus heureux à Bayreuth que surveillés par un fier et prétentieux Parlement.

Les fêtes durèrent plusieurs jours, mais Frédéric n'eut la permission de venir à Berlin que pour le troisième. Il arriva à l'improviste, pendant le bal, sans que personne eût été averti de son voyage. Il était en vêtements civils, habillé comme un fonctionnaire de province égaré dans le grand monde. Wilhelmine ne le vit pas entrer. Elle aimait la danse et elle s'en donnait à cœur joie. Sept cents couples marchaient et tournaient derrière elle, comme s'il n'y avait jamais eu de prince royal. Grumbkow l'interrompit au milieu d'un menuet : « Eh ! mon Dieu, Madame, lui dit-il, il semble que vous soyez piquée de la tarentule. Ne voyez-vous pas ces étrangers qui viennent d'arriver ? » Elle s'arrêta court et vit un jeune homme en gris, qui lui était inconnu. « Allez donc embrasser le prince royal, dit encore Grumbkow, il est devant vous. » Elle hésitait, il fallut la conduire à l'étranger. Elle trouva son frère « prodigieusement engraissé ; il avait pris le cou fort court, son visage était aussi fort changé et n'était plus si beau qu'il l'avait été ». Elle l'embrassa, lui fit mille caresses, proférant des propos sans suite, riant et pleurant comme une personne hors de sens. Frédéric, gêné, répondit sans chaleur (*...il faudra mettre de certaines bornes,* avait écrit Grumbkow). Il parla peu, regarda tout le monde de haut en bas, fit à quelques-uns des politesses assez froides. Le lendemain, il eut avec sa sœur une entrevue plus longue et plus tendre. Ils se racontèrent leurs malheurs et se consolèrent l'un l'autre. Enfin, il salua son beau-frère et se retira. Dès qu'il eut regagné Custrin, la correspondance entre Wilhelmine et lui reprit sur le même ton excessif : « Je ne vous ai pas pu témoigner alors mon amitié comme je l'avais souhaité, il me fallait trop garder de ménagements avec le roi... A présent, si j'ai la satisfaction de vous revoir, vous trouverez un frère qui vous ose montrer sa tendre amitié dans son naturel et vous verrez alors si je ne suis pas toujours le même... » « Jamais frère au monde n'aima avec autant de tendresse une sœur si charmante que la mienne. » « Pensez à un frère qui ne vit que pour vous. » « Adieu, cher, incomparable frère. » « Mon cœur est tout rempli de vous. » « Je vous aime plus que la vie. » « Je ne pense qu'à vous. » « Je préfère le bonheur d'être aimé de vous à des empires et à des couronnes et après que je serai pourri, je ne demande d'autre épitaphe, sinon que l'on grave sur mon tombeau : *ma sœur m'avait aimé.* »

A Berlin, Frédéric avait eu les meilleures raisons d'être inquiet pour lui-même. Seckendorff, en effet, s'était remis au travail. C'était pour lui et pour le prince Eugène un premier succès que d'avoir rompu le mariage d'Angleterre. Il fallait désormais rendre la rupture irrémédiable en unissant Frédéric à quelque princesse docile, choisie parmi la clientèle de l'Autriche. Le prince Eugène a déjà jeté son dévolu sur la propre nièce de l'impératrice, Elisabeth de Brunswick-Bevern. A la fin d'avril, le roi, bien endoctriné, a fait savoir à son fils par Wolden qu'il devait être prêt à se marier au commandement : « Je lui laisserai le choix entre quelques-unes. » Wolden a répondu que le prince prenait la chose avec une entière résignation à la Providence et une soumission aveugle aux ordres de Sa Majesté. Au milieu de juin, Grumbkow a apporté la liste. Il ne s'y trouvait que trois noms : Saxe-Gotha, Eisenach, Bevern. Frédéric eût préféré la princesse d'Eisenach qui avait du moins la réputation d'être très belle. Mais c'était la carte forcée. Il se déclara pour la Bevern si le roi le voulait et à la condition qu'elle ne fût ni sotte, ni dégoûtante. Mais à tous ceux qui l'approchent, il crie désormais son horreur du mariage. Le vieux Schulenbourg en est scandalisé.

— Si le roi veut absolument que je me marie lui dit-il, j'obéirai : après cela, je planterai là ma femme et je vivrai à ma manière.

Schulenbourg proteste au nom de Dieu et de l'honnêteté :

— Mais, réplique le prince, je laisserai à ma femme la même liberté.

Puis il chicane sur la qualité de la future. Elle est de petite maison. Il préférerait une archiduchesse avec des terres, ou encore la grande-duchesse Anna Ivanovna avec deux ou trois millions de roubles. Mais surtout, écrit-il à Grumbkow, « tant que l'on voudra me laisser garçon, je remercierai Dieu de l'être et, si je me marie, certainement je serai un fort mauvais mari, car je ne me sens ni assez de constance ni assez d'attachement pour le sexe..., la seule pensée de ma femme m'est une chose si odieuse que je n'y puis penser sans aversion. »

Pendant son séjour à la cour, Frédéric a fait de grands progrès dans l'esprit de son père. Frédéric-Guillaume lui a permis d'assister à une parade et la foule accourue pour le voir, l'a acclamé. Trois jours après, sur une démarche des généraux conduits par le prince d'Anhalt, le roi l'a réintégré dans l'armée et lui a promis un régiment. Mais le régiment allait avec les fiançailles : Frédéric se sent pris d'amour subit pour Custrin, les fermes et les verreries. Dans l'espoir de ne pas quitter sa retraite, il parle d'entamer « quelque projet économique qui demande essentiellement sa présence ». Il se plaint de sa santé, de son estomac qui se brouille, de sa tête qui le fait souffrir. Mais ces défenses étaient bien puériles. Le roi recommençait à grogner. En janvier 1732,

Wolden reçoit de lui une très mauvaise lettre, toute remplie de menaces obscures. Fritz qui travaillait à un concerto pour flûte et hautbois s'alarme à nouveau et supplie Grumbkow de raccommoder ses affaires délabrées. Puis viennent les cadeaux d'argenterie, les promesses d'établissement, les assurances d'amitié. Ces gracieusetés l'inquiètent plus encore que les menaces, car elles sont le signe que le dénouement approche. Toutefois, il essaie une dernière échappatoire : « Pour ce qui regarde la princesse de Bevern, l'on peut compter que si on me la force de prendre, qu'elle sera répudiée, dès que je serai maître... Personne ne pourra désapprouver mon procédé à cause que j'ai été forcé à une chose pour laquelle je n'avais aucune inclination. » Mais il se sent perdu.

Le 4 février, il est réveillé à minuit par une estafette qui apporte une lettre du roi. A pareille heure, il ne peut s'agir que d'une grave nouvelle :

« Mon cher fils Fritz,

« Je me réjouis beaucoup que vous n'ayez plus besoin de médecine. Il faut vous méfier du froid encore pendant quelques jours, car moi et tout le monde ici nous sommes terriblement incommodés de rhumatismes. Ainsi tenez-vous bien en garde. Vous savez, mon cher fils, que quand mes enfants sont obéissants, je les aime beaucoup. Ainsi, quand vous étiez à Berlin, je vous ai pardonné de tout cœur, et depuis ce temps que je ne vous ai vu, je n'ai pensé à rien d'autre que votre bien-être et à vous établir, aussi bien à l'armée qu'avec une belle fille comme il faut et à vous marier encore de mon vivant. Vous pouvez être persuadé que j'ai fait examiner par des tiers les princesses du pays, autant que cela est possible, par rapport à leur conduite et à leur éducation. La princesse de Bevern, l'aînée, a été trouvée bien élevée, modeste et sage, comme doivent être les femmes. Vous devez m'écrire tout de suite votre sentiment. J'ai acheté la maison de Katsch qui sera pour le feld-maréchal gouverneur ; je ferai rebâtir la maison du gouverneur et tout meubler et je vous donnerai assez pour que vous puissiez tenir votre ménage tout seul. Je vous donnerai un commandement à l'armée en avril. La princesse n'est pas laide, pas belle non plus. Vous ne parlerez de cela à personne, mais vous écrirez à votre maman que je vous ai écrit et quand vous aurez un fils, je vous laisserai voyager. La noce ne se fera pas avant l'hiver qui vient. En attendant, je chercherai des occasions de vous mettre quelquefois en plein honneur et je pourrai ainsi apprendre à vous connaître. Elle est une créature qui craint Dieu et cela est tout. Elle sera *comportable* aussi bien pour vous que pour ses beaux-parents. Que Dieu donne sa bénédiction à cela ! Qu'il vous bénisse, vous et vos successeurs ! Qu'il te conserve bon chrétien ! Aie toujours Dieu devant les yeux et ne crois pas à la damnable foi particulariste et sois obéissant et fidèle, alors tout ira bien pour toi dans ce monde et dans l'éternité. Et que celui qui désire cela de tout son cœur dise : *Amen.* Ton père fidèle jusqu'à la mort.

« FR.-WILHELM.

P.-S. — Si le duc de Lorraine vient, je te ferai venir. Je crois que ta fiancée viendra ici. Adieu. Dieu soit avec vous. »

En lisant cette lettre, bizarrement contournée, comme pour le séduire et pour le convaindre, par étapes, Frédéric comprit que tout était déjà public et que ce serait folie de vouloir nager contre le torrent. Il répondit donc à son père « en toute soumission » qu'il ne « manquerait pas d'obéir à ses ordres ». Mais comme la cérémonie était renvoyée à l'hiver, il avait sept ou huit mois pour réfléchir et pour pester. D'abord, il est pris d'une véritable fureur épistolaire. Ce sont des pages et des pages contre le mariage et contre les dévotes. La princesse de Brunswick y est délicatement appelée l'*engeance, le corps du délit, la marchandise* ou encore l'*abominable objet de mes désirs.* « J'ai toujours voulu me distinguer par l'épée et n'obtenir du roi aucune grâce que par ce moyen, et à présent j'en aurai obligation au f... Je plains cette pauvre personne, car ce sera une princesse de plus malheureuse dans le monde... » — « Si je pouvais me marier par procuration, et que ce procureur restât mari, je me trouverais heureux ! » — « J'aime mieux être cocu... que d'avoir une bête qui me fera enrager par des sottises et que j'aurai honte de produire... j'aimerais mieux la plus grande putain de Berlin qu'une dévote qui aura une demi-douzaine de cagots à ses trousses. »

Une quinzaine plus tard les Bevern arrivèrent à la cour. Dès que le roi eut vu la fiancée, il en fut « coiffé » et il écrivit à son fils pour lui vanter la jeune fille et se porter garant qu'elle lui plairait. Frédéric répondit qu'il était ravi, mais que de toutes façons il se rendrait à la volonté paternelle. Le roi fut si content de cette soumission qu'il fit lire le billet à Grumbkow.

— Eh bien, Sire, que dites-vous de ce fils obéissant ? Que pouvez-vous souhaiter davantage ?

— C'est le jour le plus heureux de ma vie, répliqua le roi en larmoyant. Et il attira le duc de Bevern dans la pièce voisine pour l'embrasser tout à son aise.

Mais, deux jours plus tard, Grumbkow recevait de Custrin une lettre d'une autre encre : « Je ne la prendrai jamais... Arrive ce qui veut, je n'ai rien à me reprocher ; j'ai assez subi pour un crime exagéré et je ne veux pas m'engager à étendre mes chagrins jusqu'aux temps futurs. J'ai encore des ressources, et un coup de pistolet peut me délivrer de mes chagrins et de ma vie. Je crois que le bon Dieu ne me damnerait pas pour cela et, ayant pitié de moi, en échange d'une vie misérable m'accorderait le salut. Voilà à quoi le désespoir peut porter une jeune personne dont le sang n'est pas si rassis que celui d'un septuagénaire. »

Grumbkow tombant des nues sentit le péril du double jeu qu'il jouait et il répondit le jour même : « En m'éveillant, je reçois la belle lettre de Votre Altesse royale qui me met hors de moi-même. Comment ! pendant que Votre Altesse royale accorde tout au roi, elle parle en désespéré et veut que je me fourre dans des affaires qui me pourraient coûter la tête ? Non, Monseigneur, la chemise m'est plus près que le juste-au-corps et puisque vous voulez faire le don Carlos, je ne veux pas faire le comte de Grammont... Je ne suis pas obligé à me perdre et ma pauvre famille, pour l'amour de Votre Altesse royale qui n'est pas mon maître et lequel je vois qu'il court à sa perte... Je comprends qu'après tout ce que j'écris, je perdrai les bonnes grâces de Votre Altesse royale, mais j'y suis tout préparé. Elle me permettra que je me retire entièrement de ses affaires. » Il est possible que Frédéric ait essayé de jouer un mauvais tour à son ancien ennemi. Mais les deux complices s'étaient trop compromis pour se séparer et bientôt ils recommencèrent à échanger des compliments et des bouteilles de vin.

François de Lorraine était arrivé à Berlin le 23 février. Frédéric fut mandé le 26, et à cette occasion il fit connaissance avec sa fiancée et avec ses beaux-parents. Le duc de Bevern lui sembla un brave homme, la duchesse « une grosse tripière » et la fille un animal sans attrait. Il la décrit dans deux lettres à sa sœur, ni belle, ni laide, blonde, avec un teint frais, une gorge aimable, des yeux enfoncés, une vilaine bouche, riant sans esprit en montrant des dents noires, mal habillée, sans manières, n'osant pas lever les yeux, marchant comme un canard, le ventre en avant, embarrassée dans la conversation et presque toujours muette. « On peut prévoir que ce sera une très mauvaise union. » La princesse Elisabeth méritait mieux que ce portrait. Elle avait des yeux pervenche, des cheveux cendrés, une bouche mignonne et un charme enfantin qui était prêt à s'épanouir. Mais elle avait été élevée rigidement par des parents sévères qui l'effrayaient. Lorsqu'elle se sentait à l'aise, elle s'exprimait avec esprit et avec gaieté. Hélas ! Elle ne rencontrait à la cour de Prusse que de la haine. Un jour, à table, devant les domestiques, la reine dit à Wilhelmine :

— Votre frère est au désespoir de l'épouser et il n'a pas tort. C'est une vraie bête : elle répond à tout ce qu'on lui dit par un oui ou par un non, accompagné d'un rire niais qui fait mal au cœur...

Sur quoi la princesse Charlotte, qui avait seize ans, une mine d'ange et des yeux célestes renchérit :

— Oh ! Votre Majesté ne connaît pas encore tout son mérite ! J'ai été un matin à sa toilette. J'ai cru y suffoquer. Elle pue comme une charogne. Je crois qu'elle a pour le moins dix ou douze fistules, car cela n'est pas naturel. J'ai remarqué aussi qu'elle est contrefaite. Son corps de jupe est rembourré d'un côté et elle a une hanche plus haute que l'autre.

On comprend que la pauvre fille ait été intimidée par tant de hargne.

Les fiançailles furent célébrées le 10 mars 1732. Le prince reçut les félicitations accoutumées, puis il tourna le dos à Elisabeth et se mit à parler aux uns et aux autres sans la regarder. Le 4 avril, il partait pour Nauen prendre le commandement de son régiment.

★

Quinze mois passèrent encore avant que le mariage fût célébré. Le prince Eugène et Seckendorff trouvaient qu'on s'y était mal pris, qu'on avait été trop vite et que l'affaire pouvait encore manquer au dernier moment faute d'avoir été mûrie. Il fallait former la princesse, l'instruire, lui donner des leçons du grand monde, maintenir le roi dans ses bons sentiments, apaiser le prince et lui enlever la tentation d'un coup de tête. Et puis, quel profit l'empereur retirait-il de cette union, si la future reine était condamnée à n'avoir jamais aucune influence sur son mari ?

De sa garnison, Fritz continue à bouder et à menacer. Le roi se plaint qu'il n'écrive pas assez souvent à sa Dulcinée : c'est qu'il manque de matière et qu'il ne sait avec quoi remplir la page : « On veut me rendre amoureux à coups de bâton, mais, par malheur, n'ayant pas le naturel des ânes, je crains fort que l'on n'y pourra réussir... Je suis le souverain dans ma maison et ma femme n'a rien à y ordonner... Je crois un homme qui se laisse gouverner par des femmes le plus grand coïon du monde et indigne de porter le digne nom d'homme. » Mais de crainte que ces répugnances ne soient malignement interprétées, il ajoute une profession de libertinage : « J'aime le sexe, mais je l'aime d'un amour bien volage, je n'en veux qu'à la jouissance et après je le méprise. Ainsi jugez si je suis du bois dont on fait les bons maris. »

Tout cela n'était pas rassurant. Seckendorff, à qui le prince Eugène avait ouvert un nouveau crédit pour couronner l'entreprise, songea à pensionner Frédéric lui-même. C'était une façon élégante de bien le disposer pour Sa Majesté Impériale. A la longue même, grâce à ces cordiales relations, l'officieux ambassadeur se flattait de redresser les mauvaises idées que des pervers avaient mises dans l'esprit du prince. Mais il fallait prendre de grandes précautions, car tout l'entourage, valets de chambre, laquais et marmitons espionnait au compte du roi. « Comme on craint, écrivait Seckendorff à Frédéric, que pendant son séjour à Custrin on n'aura pu s'empêcher de faire quelques dettes, il sera absolument nécessaire de les payer sans que cela vienne encore à la connaissance du roi... Mais comme on sera surpris si les dettes se paient tout d'un coup, il sera de la prudence d'en payer une partie tous les mois » en faisant accroire à ses amis les plus intimes qu'il s'agit d'économies sur sa pension. Frédéric fut enchanté du procédé. Comme il recevait l'argent par l'intermédiaire d'un valet de Grumbkow qui, à l'ordinaire, lui apportait des livres, il parle avec ravissement de ce nouvel ouvrage qu'il demande sans cesse à relire. « Le livre que vous avez eu la bonté de m'envoyer est charmant et je vous envoie dans un couvert la chanson que vous m'avez demandée. » La chanson, c'est-à-dire le reçu. Seckendorff mettait beaucoup de formes à ses libéralités. Frédéric, qui n'a pas peur des mots, répond crûment qu'il est « à sec ». Mais, en même temps, il assure l'ambassadeur qu'il se fera une loi de témoigner en toutes les occasions « l'attachement et la haute vénération » qu'il a pour la personne de l'Empereur.

Il sollicite pour lui-même, pour ses amis, pour sa sœur. Le roi a tiré de Spandau la fille du *cantor* de Potsdam, mais Duhan moisit encore à Memel : Seckendorff intervient, enlève la grâce de haute lutte et donne un peu d'argent. Wilhelmine, elle, est dans le dénuement. Son beau-père l'a mal reçue, mal logée, mal traitée. Après être accouchée d'une fille, elle est revenue à Berlin « se consoler chez la mangeoire du papa ». En vain Frédéric lui a-t-il fait la leçon : qu'elle n'ait qu'une domesticité modeste, qu'elle joue la bonne ménagère et surtout qu'elle apporte l'enfant pour attendrir le roi ! La margrave a suivi le programme, mais Frédéric-Guillaume n'a pas ouvert sa bourse. Pour comble de disgrâce, il a pris en grippe le pauvre mari et il le traite publiquement de sot, d'âne et de niais. Frédéric supplie : « Ces deux malheureux courent le pays sans avoir ni feu, ni lieu... Je ne conçois pas comment il est possible de refuser l'assistance à de pauvres infortunés qui sont innocents de leur malheur... » Seckendorff comprend. Il fera tout au monde pour la consolation de la digne princesse royale, mais en échange des écus impériaux, Wilhelmine vantera les qualités de la Bevern et s'appliquera à faire naître une bonne harmonie entre les futurs époux, de façon à resserrer l'amitié et la parfaite intelligence qui unissent les maisons d'Autriche et de Brandebourg.

A l'été, Frédéric s'installe à Ruppin où était logé le second bataillon de son régiment, à quinze lieues au nord-ouest de Berlin, dans un pays d'eau et de sable, de rivières languissantes, de vents aigres, de tourbières, de dunes et de bois. Petite ville silencieuse, sans autre bruit que la pluie tombant sur les toits et les pas des soldats défilant dans la rue, ville d'ennui, de retraite, mais aussi pour Fritz, ville de liberté, de travail, de recueillement et de rêve. Il avait repris l'épée et l'uniforme. « Ici, disait-il, je me sens plus honoré qu'ailleurs. » Et il se plaisait à être honoré.

Dans sa correspondance, il tourne en dérision ses nouvelles fonctions militaires : « Je viens de l'exercice, j'exerce, j'exercerai, voilà tout ce que je puis dire de nouveau. » Sur le terrain, il ne rit pas. Il remplit avec zèle les devoirs de son commandement. Sans le dire, il aime à se trouver au milieu de ces grands garçons, primitifs et sains, qui seront l'instrument de son âme ambitieuse et compliquée. Il aime les voir, massifs et bien sanglés, se raidir sous son regard. Il aime le régiment avec sa force copieuse, sa discipline, sa puissante bestialité, son fatalisme simple et sobre. Il est la volonté de ces corps dociles. La tête pleine de vers inachevés, il respire avec un plaisir âcre l'odeur forte des ceinturons de cuir et de l'humanité tassée. Et puis, il rentre chez lui, s'enveloppe d'une pelisse, prend sa flûte ou lit : « Nous sommes ici dans une paix profonde et je souhaiterais de n'être toute ma vie plus heureux, ni moins... Le trop de grandeur est à charge et fatigue infiniment ; l'indigence rabaisse trop une certaine noblesse qui se trouve d'ordinaire pour base de nos caractères... Je ne bouge quasi pas de chez moi, je me divertis avec les morts et ma conversation muette m'est plus utile que toute celle que je peux avoir avec les vivants. » Il barbouille aussi beaucoup de papier, mais il a le bon goût de jeter ses poésies au feu : c'est ce qu'il appelle offrir à Vulcain les productions d'Apollon. La parade est tardive, car parfois il travaille toute la nuit et ne se lève alors qu'à neuf ou dix heures. Quand la poste de Hambourg a apporté des huîtres d'Angleterre et des chapons gras, il réunit à souper quelques officiers, trois ou quatre, car ses finances ne lui permettent pas de nourrir de denrées si chères une plus nombreuse compagnie. De temps en temps, une promenade sur l'eau, une partie de cartes, un modeste feu d'artifice dans le jardin qui est devant la ville ; en hiver une course en traîneau sur la glace. Le jour des Rois, Frédéric tire la fève, donne une tombola et deux bals, l'un costumé où il paraît en Scaramouche, l'autre masqué et costumé, où il est vêtu en dame et « même en veuve ».

A chaque courrier, Frédéric interroge ses correspondants sur l'humeur du roi. Lorsqu'il est instruit par Grumbkow de ce qui s'est dit à la tabagie et à la cour, il s'empresse de faire tenir à son père des justifications minutieuses : il n'est pas athée ; il n'a pas quitté sa garnison en cachette ; il n'a pas été l'amant de Mme de Wreech ; il n'a pas de mépris pour sa fiancée ; il n'a pas revu Natzmer depuis que le roi l'a éloigné ; il n'a pas fait de farce au pasteur de Nauen ; il n'a pas tenu de discours impies ; il n'a pas lu Spinoza ; il n'a jamais eu l'idée d'empiéter sur l'autorité de Sa Majesté ; il veut mourir sur l'heure s'il s'est formé un plan pour l'avenir ; il ne souhaite qu'une chose : ne pas retrouver l'épineux

Berlin et vivre *incognito* dans sa garnison chérie. Mais il a beau combiner l'enlèvement d'un berger géant sur le territoire de Mecklenbourg, il n'est jamais très rassuré. Un jour, le roi lui expédie un mentor militaire, le colonel von Bredow, dont le rôle officiel est de veiller sur la tenue de la maison et d'imposer le respect aux jeunes officiers. En réalité, c'est un surveillant. D'autres fois arrivent de Potsdam des questionnaires, des commissions économiques, et même l'ordre de dresser seul et sans aucun secours l'état général des domaines du bailliage de Ruppin, avec l'obligation de trouver un *plus* sur les fermages. C'est un travail de quatre mois que le maître a eu la malice de rendre encore plus difficile en retirant des archives les anciens inventaires. Par bonheur, le cher Grumbkow facilite la besogne et, grâce au ministre, le prince se tire sans trop de mal de ce mauvais pas : « Entre nous, lui écrit-il, ce ne sera jamais mon métier que les caméralités ; j'en sais autant que j'ai besoin d'en savoir, mais pour faire le prix et les taxes soi-même, l'on n'a qu'à y renoncer. Suffit que l'on s'en informe, qu'on dirige la masse entière et que le commerce ne soit pas oublié. »

A l'automne, Seckendorff est allé visiter Frédéric pour sonder ses dispositions. Il l'a trouvé calme et parlant peu. A toutes les insinuations politiques, il n'a répondu que par des phrases vagues ou par le silence. Pas un mot de l'argent avancé, pas un mot de la Dulcinée. Beaucoup de politesses. Rien de précis. Seckendorff revint assez perplexe. Frédéric cependant était résigné. Il ne se débattait plus, se contentant de faire sur sa fiancée des plaisanteries sans esprit : « Ma princesse m'a envoyé une tabatière de porcelaine que j'ai trouvé cassée dans sa boîte. Je ne sais si c'était pour marquer la fragilité de son pucelage, de sa vertu, ou bien de toute la figure humaine. »

Mais cette histoire devait être fertile en rebondissements imprévus. A la fin de 1731, l'Empereur s'était rapproché des puissances maritimes. Comme le prince Eugène se croyait assuré pour toujours de la docilité de Frédéric-Guillaume, il imagina un plan nouveau qui consistait à bouleverser les mariages de Prusse et de

Brunswick pour les mettre en harmonie avec les nouvelles alliances autrichiennes. Puisque Wilhelmine était casée, sa sœur Charlotte destinée au prince de Bevern épouserait le prince de Galles et le prince de Bevern aurait en échange la princesse Anne d'Angleterre. Au besoin même, Charlotte gardant Bevern, Frédéric pourrait reprendre son ancienne promise Amélie et la malheureuse Elisabeth, laissée pour compte, recevrait un mari ailleurs. On croirait une intrigue de vaudeville. Quand Grumbkow en fut informé par Seckendorff, il poussa les hauts cris. Comment caresser une chimère semblable ? Après ce qui s'est passé ! Après que le roi a juré qu'il ne mêlerait pas son sang avec celui de l'Angleterre ! Il n'est ni aussi sot ni aussi malléable qu'on le croit à Vienne. « Il verra bien vite où on vise et que le tout ne va que pour affermir l'amitié de l'Empereur et de l'Angleterre, et pour l'avantage de la maison de Bevern... Tout ce que je peux promettre, c'est que, si le roi m'en parle, je ne serai ni pour ni contre ; mais de m'en mêler, Dieu m'en garde. » La promesse d'une terre de quarante mille écus ne parvint pas à l'ébranler.

Grumbkow avait raison. Le roi prit d'autant plus mal la chose qu'il était mécontent de l'Empereur avec qui il avait eu une entrevue en Bohême (juin 1732). Il était arrivé au château de Kladrup plein d'une déférence superstitieuse pour la Majesté Impériale, pour le chef auguste de la nation germanique. Il avait été reçu avec une amabilité qui commença par le ravir. Puis il s'aperçut qu'on l'entretenait de futilités et que les égards servaient à lui faire oublier le solide. Il revint désenchanté et inquiet. Seckendorff eut beau présenter la chose en badinant, laisser entendre que le mariage de Charlotte pourrait réserver du profit à la Prusse, le roi entra dans une colère folle, puis il tomba dans le désespoir. A Potsdam où il s'était réfugié, il ne parlait plus que de mourir et chacun s'attendait à voir Seckendorff et Grumbkow chassés de la cour. A plusieurs reprises, la margrave annonça à son frère qu'ils étaient en pleine disgrâce. Après quelques scènes à la tabagie, l'humeur du roi finit cependant par s'apaiser et sur la demande du duc de Bevern, il décida que la cérémonie aurait lieu le 12 juin 1733, au domicile de la fiancée, à Salzdahlum, en Hanovre. Frédéric voyait approcher sans plaisir ce qu'il appelait l'événement le plus fâcheux de sa vie. Mais il était décidé à tenir son rôle avec obéissance : « Je jouerai la comédie [de façon] qu'il n'y manquera rien. »

La veille encore, Seckendorff tenta une suprême démarche. Le roi de Pologne était mort. L'Autriche avait besoin de l'Angleterre pour empêcher l'élection du candidat français, Stanislas. Il fallait, ultime projet, qu'Amélie devînt reine de Prusse. Frédéric-Guillaume, qui était couché, écouta Seckendorff avec patience.

— Si je ne vous connaissais, lui dit-il, si je ne savais que vous êtes un honnête homme, je croirais rêver. Si vous m'aviez tenu ce langage, il y a trois mois, je ne sais pas ce que j'aurais fait par affection pour Sa Majesté Impériale, quoiqu'il soit contre son intérêt et contre le mien que mon fils aîné épouse une princesse anglaise. Mais maintenant ! Je suis ici avec la reine. Toute l'Europe sait que le mariage est pour demain ! Voyez-vous c'est encore là une finesse anglaise pour me faire passer, aux yeux du monde, comme un homme sans honneur, ni parole.

Seckendorff répondit qu'en effet les préparatifs de la cérémonie étaient publics, mais que sans rien y changer on pouvait, à la place de Frédéric, marier sa sœur Charlotte avec le prince de Bevern. Quant au mariage de Frédéric avec Amélie, on le célébrerait plus tard et ailleurs. Toute cette effronterie était noyée dans un flux de paroles, de respects et de protestations amicales. Toujours maître de lui, Frédéric-Guillaume laissa son interlocuteur s'épuiser en phrases tortueuses. Il affirma en retour qu'il souhaitait se remettre en bonne intelligence avec l'Angleterre, qu'il avait d'autres fils et d'autres filles, que de nombreuses unions étaient possibles, mais qu'il ne manquerait pas à la parole donnée. Quand on lui apporta les lettres à signer, il laissa éclater la colère qu'il avait contenue. Il accusa sa femme et son fils de complicité. Mais Fritz se défendit bien et le père se reprit assez vite. La journée se passa tranquillement.

Le soir, il y eut à la cour une bergerie. Le prince royal y jouait le rôle d'un paysan amoureux ; Apollon survenait et lui donnait le prix. Le lendemain, 12 juin, le mariage fut célébré.

CHAPITRE IV

La république de Rheinsberg

Le 27 juin 1733, le prince royal et la princesse firent leur entrée solennelle à Berlin. A la porte de Kœpenick, ils passèrent en revue quatre régiments de cavalerie, onze régiments d'infanterie et le corps des hussards. Ensuite le cortège composé de soixante voitures à six chevaux entra dans la ville. Quelques semaines plus tard, Frédéric retourna seul à Ruppin.

Il se faisait arranger sur les anciens remparts un parc ombragé avec des satyres porte-corbeilles, de grands arbres, une grotte et un petit temple orné de peintures, où il donnait à souper par les beaux jours. Mais les deux maisons qu'on lui avait accommodées en ville étaient trop exiguës pour accueillir la princesse et ses dames. Par ailleurs, le roi ne voulait pas que son fils fût distrait longtemps de son apprentissage militaire et Frédéric lui-même aspirait à retrouver la studieuse solitude de la garnison chérie. Il y vivait à l'aise loin de Jupiter, loin de la cour, loin des yeux qui l'espionnaient et aussi désormais loin d'Elisabeth. « Pour me mettre en heureux oubli, écrivait-il, le régiment est la situation la plus convenable. »

Il avait lu le *Charles XII* de Voltaire que Grumbkow lui avait prêté peu de mois après sa publication et il le relisait souvent. Voltaire a traité son personnage en prince de tragédie, éclairé d'une lumière de théâtre. Mais précisément rien n'était plus propre à enflammer l'imagination de Frédéric en lui inspirant l'ambition du danger et des actions épiques qui restent dans la mémoire des hommes. A vivre avec son héros, il sentait mieux encore la nullité de ses occupations présentes. Alors il rêvait de guerre : « La guerre, écrivait-il dans ces moments-là, corrige la luxure et le faste ; elle apprend la sobriété et l'abstinence ; elle déracine tout ce qui est efféminé. » Et il soupirait : « Un métier tel que celui de la guerre mérite plus que les applications de la vieillesse. »

Cependant, les sujets de querelle ne manquaient pas en Europe. Presque chaque année, on reparlait des duchés de Juliers et de Berg sur lesquels le roi de Prusse avait des droits qu'il rappelait en toute occasion. Ces duchés étaient les débris d'une grande puissance allemande qui faute d'héritiers a disparu peu à peu de l'histoire, après avoir dominé pendant plus d'un siècle toute la région rhénane, de part et d'autre du fleuve, d'Aix-la-Chapelle à la Ruhr et de Cologne aux Pays-Bas. A la première crise, celle de la guerre de Trente Ans, les deux principaux héritiers, Brandebourg et Palatinat, s'étaient partagé l'héritage, le Brandebourg prenant les territoires du Nord, Clèves, la Mark et Ravensberg ; le Palatinat, les territoires du Sud, Berg et Juliers. Mais en dépit de trois mariages, l'électeur régnant Charles III-Philippe n'avait pas d'héritier mâle et Frédéric-Guillaume guettait sa mort pour recueillir les dernières bribes de la succession.

En 1732 justement, Charles-Philippe tombe malade et l'ordre vient à Ruppin de se préparer. Frédéric l'accueille avec une joie extraordinaire. Il regarde le régiment en remue-ménage et la ville en révolution. « Chacun court comme un perdu ; les soldats prennent congé de leurs hôtes, les officiers de leurs maîtresses, les vivandiers de leurs familles. » Pour lui, il exécute « avec toute la justesse imaginable » les instructions qu'il a reçues. Il fait tendre ses tentes et ne néglige aucun préparatif. Il va donc enfin « voir agir la belle armée du roi » et s'initier au métier de soldat, « à l'abri de ses armes victorieuses ». Déjà, son imagination le transporte dans les plaines de Westphalie et, aux portes des villes prises, elle lui montre les nouveaux sujets prosternés aux pieds de leur nouveau maître.

L'électeur ne mourut point ; les tentes furent repliées et les officiers reprirent leurs maîtresses. Mais l'Europe de ce temps-là ne demeurait jamais longtemps en repos. A défaut de la succession de Berg, elle eut celle de Pologne. A l'automne de 1733, les Français passèrent le Rhin et s'emparèrent de Kehl, pour opérer une diversion au profit de Stanislas Leczinski, le roi élu contre qui s'étaient coalisées la Russie, la Saxe et l'Autriche. Kehl était ville impériale : avec sa lenteur coutumière, l'Empire prit les armes et le roi de Prusse se mit en devoir de fournir à Charles VI le contingent de dix mille hommes qu'il lui avait promis. Frédéric comptait bien en être. « Je prétends faire la guerre, écrivait-il à sa sœur, et montrer à Messieurs les Français qu'il y a au fond de l'Allemagne de jeunes aigrefins assez insolents qui se présenteront devant la face de toutes leurs armées sans trembler. » C'était bien de la hâte car les soldats chômaient en hiver. Frédéric dut passer toute la mauvaise saison à Ruppin, dans son trou de souris, pestant contre la cour de Vienne et contre l'inertie de ses généraux. Il avait fait venir le célèbre chanteur-compositeur Graun ; il travaillait sous sa direction et composait des solos de flûte. En novembre, il reçut la visite du roi qui était de gracieuse humeur et qui lui fit présent d'une terre de sept mille écus. Enfin, le 1er juillet 1734, après avoir occupé la nuit à danser chez la reine à Monbijou, il se mit en route, accompagné du général von Schulenburg, du général von Kleist et du colonel von Bredow qui était porteur d'une instruction en bonne et due forme où le roi avait, une fois encore, transcrit avec minutie le désordre habituel de ses pensées.

Frédéric se conduira comme il convient à un prince du vieux sang de Brandebourg, à un brave et honnête soldat. Il craindra Dieu et gardera dans son cœur le Seigneur Jésus sans l'aide duquel l'homme n'est qu'un airain qui vibre et une cloche qui sonne. Il apprendra tout ce qui concerne le service, non seulement les grandes choses, mais aussi le détail, par exemple comment sont faits les souliers des mousquetaires et combien ils durent en campagne. Il s'élèvera ensuite du petit au grand, jusqu'aux *dispositiones generalissimi.* Il devra regarder, observer, interroger, demander les raisons de tout et raisonner sur ces raisons. Dans une armée se trouvent des gens de toutes sortes, fils de princes, jeunes comtes et autres fils de famille ; la plupart ne valent pas grand-chose : il sera poli avec ces messieurs, mais il se contentera de leur souhaiter le bonjour. Au contraire, il cherchera la compagnie et la conversation des hommes expérimentés, des vieux généraux, surtout du général en chef, le prince Eugène, qu'il suivra toujours en reconnaissance ou à l'approche d'une bataille.

Il prendra son campement dans le corps prussien. Le général von Rœder qui commande les dix mille hommes du roi le tiendra au courant et lui communiquera les ordres. C'est avec les officiers prussiens que le prince vivra de préférence ; ils lui apprendront la subordination, vertu principale de l'état militaire. Jusqu'aux enseignes, il devra les connaître tous et les appeler par leur nom. Les jours de combat, il demeurera auprès du prince Eugène jusqu'au milieu de l'action, mais il achèvera la journée dans les rangs prussiens. Il ne quittera jamais l'uniforme ; il ne tolèrera aucune parole contre Dieu, ni contre l'Ecriture. Il s'abstiendra des filles, du vin, du jeu. Si, par malheur, il tombe dans le péché, Schulenburg et Kleist avertiront le roi par estafette. Si des officiers de l'armée se battent au pistolet avec des officiers ennemis, Sa Majesté Royale désire que Sa Dilection le kronprinz ne s'en mêle pas et ne tire pas inutilement. Bien entendu, Frédéric sera ménageux. Quand on l'invitera à dîner, il emmènera ses officiers avec lui de façon qu'on n'allume pas le feu à sa cuisine. Le nombre des plats est réglé pour l'ordinaire, mais s'il invite des généraux, il aura droit à deux plats de plus et à six pour lc prince Eugène. Le soir, un rôti suffira. La dépense de table n'excédera pas 4 400 thalers pour toute la campagne.

Frédéric était agacé par cet excès de recommandations, mais il avait mis de l'argent en réserve et la joie de partir l'emportait sur le reste. Le 7 juillet, il se présentait devant Eugène, au camp de Wiesenthal, près de Philippsbourg, que les Français assiégeaient et que les Impériaux voulaient délivrer. Il fit très bien son compliment : « Je suis venu voir comment un héros acquiert des lauriers. » Mais Eugène vieilli ne cueillit pas de lauriers cette année-là. Il laissa les Français prendre Philippsbourg sans bataille et de son expédition Frédéric ne rapporta pas grand-chose. Des fatigues, le souvenir de mauvais chemins, quelques beuveries, de nombreuses voitures versées et cassées, quelques chansons de route apprises au passage, le spectacle des lenteurs autrichiennes, des marches inutiles, des escarmouches sans conséquence : c'est ce que, dans ses notes, il appelle la confusion ordinaire. Le roi arriva lui-même une semaine après son fils. En raison des circonstances, il s'appliqua à être dix fois plus insupportable que d'habitude. « Nous avons ici un virtuose qui joue d'un instrument qui fait enrager tout le camp, écrivait le prince à sa sœur. De grâce, ajoutez vos prières aux nôtres pour que nous en soyons bientôt délivrés. S'il reste encore longtemps ici, je vous supplierai de faire bâtir une petite maison et de m'y préparer une chambre, car je viendrai à la suite de bien d'autres qui commencent comme moi de perdre la raison. » Heureusement Frédéric-Guillaume, qui ne se portait pas bien, s'en alla au début d'août. « Notre gros piffre partira en huit », manda Frédéric à Wilhelmine. En vérité, le respect ne l'étouffait pas.

Ce fut cependant pour le prince une joie immense de voir la guerre autrement que dans les livres. Il s'est éprouvé lui-même sous le feu et il a fait bonne contenance, ni troublé, ni emballé, calme et gai sans affectation. Des officiers autrichiens ont loué sa tranquillité dans le danger. Interrogeant toujours, il a appris à regarder, à saisir d'un coup d'œil les particularités d'une manœuvre ou d'une position. Il aurait même souhaité passer quelque temps chez les Français, en observateur et en ami. « Je puis vous assurer, disait-il plus tard à l'ambassadeur La Chetardie, que si mon corps se trouve chez les Impériaux, mon cœur sera toujours de votre côté et qu'il fera des vœux pour vous. » Mais on le détourna de son chimérique projet. Il se rattrapa en observant de près les faiblesses des Autrichiens.

A chaque reconnaissance, il bourre ses carnets de croquis et régulièrement il envoie à son père des rapports d'une grande précision. Le prince Eugène le déçoit. Il voit bien que la vieillesse l'a rendu timoré, que ses opérations manquent d'envergure et qu'il a laissé passer l'occasion d'attaquer l'ennemi.

A la fin de septembre, l'armée commença à se disloquer pour prendre ses quartiers d'hiver et Frédéric se prépara à regagner Berlin. Le roi était gravement malade. Il s'était beaucoup fatigué au camp en voulant vivre en soldat et sur la route du retour ses souffrances s'étaient aggravées. A la mi-septembre, on le croyait perdu. Il était constamment oppressé, se plaignait d'étouffements, de douleurs au côté et ne mangeait presque plus. Pour se donner l'odeur du tabac, il faisait fumer les généraux autour de lui. Par moments, il suffoquait et son visage devenait noir. On ouvrait les fenêtres au large et ses gens le roulaient vers la croisée, tandis qu'il râlait : « De l'air ! De l'air ! » Son corps était enflé jusqu'au-dessus du nombril et quand on le remuait, on entendait un bruit d'eau. Les moments d'accalmie étaient rares. Dès qu'il se sentait mieux, il querellait les docteurs et menaçait de les mettre en prison s'ils ne le guérissaient pas à date convenue. Il fulminait contre son fils, puis aussitôt parlait de lui avec tendresse en l'appelant *Fritzchen*, petit Fritz. D'autres fois, il annonçait sa mort prochaine, se faisait suer devant la cheminée et tout d'un coup, ordonnait au nègre qui le servait : « Prie ferme ! Je ne mourrai pas. »

Dès qu'il avait su par sa mère la gravité du mal, Frédéric s'était abandonné à la Providence avec une résignation très édifiante. Il disait à chacun sa soumission au bon Dieu qui dirige tout dans le monde, sans que le chrétien puisse s'insurger contre ses décrets. « Les nouvelles que nous avons du roi, écrivait-il d'Heidelberg à sa sœur, sont fort mauvaises ; il est dans une triste situation et l'on ne lui pronostique pas une longue vie. Enfin, j'ai pris le parti de me consoler de tout ce qui arrivera ;

car au bout du compte, je suis fort persuadé que, pendant qu'il vivra, je n'aurai guère de bon temps... Ce qui vous attendrit envers lui, c'est que vous ne l'avez pas vu depuis longtemps ; mais si vous le revoyiez, je crois que vous le laisseriez bien reposer en paix, sans vous chagriner. » Et quelques jours plus tard : « Le roi touche à sa fin ; il ne pourra guère passer la fin de cette année... Il faut s'y préparer, ma très chère sœur, et quoique mon cœur pâtisse d'une certaine façon, en revanche je suis bien aise de me trouver *alors* dans un état à pouvoir vous servir... »

Le prince arriva à Potsdam le 12 après midi. Il trouva le roi dans un état pitoyable, les bras et le visage d'une maigreur effrayante, le teint cireux, des taches bleues aux joues, le souffle court, le ventre gonflé et pendant, les jambes énormes et pleines de pus. Frédéric-Guillaume le reçut avec une tendresse qui lui fit verser des larmes.

— Je n'ai que quarante-six ans, disait le roi. J'ai tout ce que je puis désirer sur terre et le bon Dieu avait fait de moi un heureux monarque. Me voilà dans les plus cruelles douleurs du monde, mais je veux tout supporter avec patience. Mon Sauveur a souffert bien davantage pour moi et pour mes péchés. J'ai mérité la punition de Dieu. Que sa volonté soit faite ! Qu'il dispose de moi selon sa sainte volonté ! Toujours je louerai et je bénirai son nom, car après cette épreuve qu'il m'envoie, je suis sûr que l'heure de ma mort sera heureuse et qu'il me donnera l'inexprimable félicité qu'aucune mort ne peut ravir.

Chaque jour, le père appelait son fils auprès de lui. Il lui ouvrait son cœur et il lui faisait des confidences politiques. Il maudissait son chien de ministère qui l'avait si mal conseillé. Il se plaignit de l'Empereur qui le traitait, lui, un vieil ami, comme un chiffon et il énumérait les profits qu'il aurait tirés d'une bonne alliance avec la France. Il conseillait à Fritz d'exiler celui-ci, de faire pendre celui-là. Parfois les vieilles rancunes remontaient : « Si tu ne t'y prends pas bien et que tout aille sens dessus dessous, je rirai de toi dans le tombeau. » Frédéric s'empressait autour du malade et s'ingéniait à le soulager. Deux fois par semaine, cinq membres du Directoire général venaient l'instruire des affaires et son père lui laissait signer à sa place les pièces de moindre importance.

Le prince rédige alors des projets nuit et jour. Les ambassadeurs s'empressent auprès de lui et il confie à son ami Alexandre de Wartensleben qu'il a déjà arrêté par le menu tout ce qu'il fera dès la mort du roi : en quel endroit il se rendra d'abord ; comment il recevra l'hommage ; s'il sera couronné ; comment il portera le deuil ; de quelle façon il traitera les ministres et les envoyés étrangers ; s'il gardera les favoris de son père ; s'il dînera seul les jours de cérémonie ; s'il conservera le régiment des colosses ; s'il continuera les levées dans les pays étrangers ; en quel endroit sera logée la reine et quelle pension elle recevra ; quels règlements nouveaux il promulguera pour l'armée et pour l'administration : « Oui, mon cher petit comte, j'aurai beaucoup de travail un jour, mais j'espère de le surmonter et il y a assez de plaisir d'être l'unique roi de Prusse. » Il considère si bien le royaume comme à lui qu'il ordonne à Grumbkow de suspendre toutes les négociations en cours.

Cependant le roi ne mourait pas. Tandis que Wilhelmine pensait déjà à se mettre en route pour assister aux derniers moments, il envoyait Frédéric en inspection à Ruppin. Au retour, le prince le trouvait soulagé, respirant plus librement, la canne à la main et battant les domestiques qui passaient à portée de son fauteuil. L'eau lui coulait des jambes et des pieds par des crevasses, mais les médecins ne pouvaient croire à un mieux durable. « Il ne passera pas le 1er janvier », se répétait Frédéric qui, pendant des semaines, va tenir pour sa sœur le bulletin de la maladie, le journal de la cour et la gazette de ses propres sentiments. A feuilleter cette correspondance, on revit le drame. Tout d'abord, l'amélioration ne se maintient pas : le roi est saisi d'une mauvaise fièvre ; il a, au mollet gauche, une tumeur qui se videra dans un jour ou deux. Les médecins attendent l'ouverture pour se prononcer. Si le pus est d'une certaine couleur, le roi mourra dans la semaine ; sinon, il pourra vivre encore un mois ; de toute façon, il ne s'en relèvera pas. Puis viennent, mêlées à une pitié de commande, des notations médicales et psychologiques. La reine est charmante et toute consolée. L'eau s'est mise dans le bras droit. Le roi est d'une humeur exécrable. La fin sera rapide, car la gangrène est certaine. Il est douloureux de voir souffrir son père. On a incisé la jambe gauche, mais sur le moment il n'est sorti qu'un peu de sang et d'eau. Le ventre est gonflé ; la fièvre ne le quitte plus ; il pourra traîner jusqu'à la fin de l'année. Les médecins ne désespérant pas tout à fait, les ennemis de Frédéric relèvent la tête ; si le fatal événement ne se produit pas, il faut s'attendre à de terribles vengeances. « La guérison du roi serait ma perte. » On a marié la princesse Sophie au margrave de Schwedt ; en raison des circonstances, les cérémonies ont été modestes. Les plus intelligents et les meilleurs médecins tiennent le roi pour perdu ; ceux qui parlent de rétablissement ont certainement reçu les ordres des ministres. Le roi va mieux, mais ce doit être le mieux de la fin. Non. C'est un changement de maladie ; il était hydropique, il devient phtisique. Une fièvre pernicieuse le ronge ; les organes du ventre ne fonctionnent plus ; le foie est atteint de pourriture ; il est impossible qu'il guérisse.

De son côté, Wilhelmine consulte les médecins de Bayreuth. Ils lui ont cité quelques personnes qui allaient plus mal que le roi et qui ont traîné encore longtemps. Mais ces personnes se ménageaient beaucoup, ce que le roi ne fera jamais. Elle a aussi des espérances. Son vieux margrave est souffrant, mais d'un mal reconnu qui ne pardonne pas. De frère à sœur, il y a une sympathie dans les destins. Ils sont passés par les mêmes traverses : ils recevront la couronne le même jour. Si le roi a l'air d'aller mieux, c'est pour mourir à l'improviste d'une rechute, quand le margrave sera à toute extrémité : « Un peu de patience, mon cher frère, et ma prophétie s'accomplira. » Et Frédéric répond poliment : « Je suis charmé de la constance avec laquelle la mort poursuit le vieux margrave... J'espère apprendre l'heureuse nouvelle de la reddition. » Après s'être bien débattu, le margrave s'éteignit en mai 1735, et Frédéric envoya à sa sœur l'expression « de sa joie la plus vive » ; mais bien que le terme ultime fût atteint et dépassé, le roi, lui, survécut. Frédéric qui faisait la navette entre Potsdam et Ruppin (où il venait d'installer un orchestre de chambre) eut la surprise un jour de le voir sur pied, et dégonflé : « Pour ce qui concerne le roi, écrit-il à sa sœur, le 10 janvier, il faut que je vous marque avec le plus grand étonnement du monde qu'il se remet entièrement, qu'il commence à marcher, et qu'il se porte mieux que moi. J'ai dîné avec lui et je puis vous assurer qu'il mange et qu'il boit comme quatre. Il ira dans huit jours à Berlin et je crois pour sûr que dans quinze il sera à cheval. C'est un miracle aussi extraordinaire qu'il y en a eu... il faut croire que le bon Dieu a de très bonnes raisons de lui rendre la vie. » Quelques jours plus tard, Frédéric écrit encore : « Notre miracle va son grand chemin ici ! » et comme Wilhelmine, en été, parle d'une rechute sympathique : « La maladie du roi n'est que politique ; il se porte bien dès qu'il en a envie et se rend plus malade lorsqu'il le trouve à propos. J'y ai été trompé dans le commencement, mais à présent je m'aperçois du mystère. Vous pouvez compter, ma très chère sœur, que grâce à Dieu, il a la nature d'un Turc et qu'il survivra à la postérité future, pour peu qu'il en ait envie. »

Fritz tombait de haut. En bon fils, il devait manifester sa joie et remercier Dieu. Mais on l'avait vu impatient, fébrile, avançant la main pour saisir la couronne. Il n'était plus rien, qu'un héritier hâtif, moqué par le sort. Il avait trop parlé, trop écrit. Une fois encore, il s'était conduit comme un jeune homme, sans que la lecture, la réflexion, l'expérience, la retraite lui eussent servi à rien. Peut-être, en regardant ses papiers inutiles, a-t-il pleuré de colère et de honte. Après avoir cru tout posséder, il se retrouvait chancelant, perdu, n'ayant même plus la force d'espérer car le roi pouvait régner encore un quart de siècle. « Mon Dieu, écrivait-il à sa sœur à propos d'un deuil, je suis charmé de la conduite du duc de Brunswick ; il a eu la politesse de mourir en galant homme pour faire plaisir à son fils. Je trouve qu'il n'a pas abusé des grandeurs de ce monde. » Frédéric-

Guillaume avait l'orgueil de sa force : rendu à la vie, on eût dit qu'il voulait se venger sur son fils d'avoir été faible et d'avoir eu peur. Il s'appliqua à lui faire sentir plus durement son esclavage. Aussi, dans son désarroi, Frédéric aurait-il souhaité fuir la cour. Il sollicita l'honneur de repartir pour l'armée du Rhin : le roi lui refusa cette grâce parce qu'il lui répugnait de se compromettre une année de plus avec l'Autriche, mais aussi parce qu'il tenait à garder le prince royal sous la main. Privé de cette diversion, Frédéric dut chercher en lui-même le courage d'endurer et d'attendre.

La crise de 1734 a marqué dans sa vie autant que la mort de Katte. Davantage même au jugement de M. G.-B. Volz, car s'il a réagi contre les impressions funèbres de Custrin avec toute la facilité d'oubli que donne la jeunesse, la maladie et la guérison du roi ont changé durablement le cours de ses pensées et de ses études. Ses lettres sont écrites sur un ton nouveau d'amertume et de sérieux : « Dégoûté du monde de tous les côtés comme je le suis, je donne extrêmement dans les réflexions qui me font connaître de plus en plus qu'il n'y a aucun bonheur stable et permanent à trouver ici-bas... plus l'on connaît le monde et plus l'on s'en dégoûte, y trouvant plus de chagrin et de malheur que de sujets de joie et de bonheur. » Retourné à Ruppin, il n'a pas renoncé à ses plaisirs ordinaires. « Pour calmer corps et esprit » il lit et écrit « comme un forçat ». Il a musique « pour quatre » et il se vante d'avoir « avancé dans la composition jusqu'à faire une symphonie ». Mais il dit souvent qu'étant à peu près certain de mourir avant le roi il doit chercher, dans sa raison et dans sa conscience, la félicité et le repos que les vicissitudes de la vie lui ont refusés. Ce qu'il lit en forçat, ce sont les philosophes, les moralistes, tous ceux qui se sont penchés sur les énigmes de l'homme et de la création.

Le roi néanmoins ne devait pas abandonner le prince à ses méditations. Au début de septembre, à la place de la campagne, il lui proposa un voyage d'agrément, ou qu'il croyait tel : « J'ai à vous demander s'il vous plairait de faire en Prusse un voyage d'agrément de cinq ou six semaines pour examiner et pour apprendre l'économie et la façon de ce pays-là, pour voir ce qui y manque encore et pourquoi cela ne veut pas encore bien marcher là-bas. Cela peut vous être très utile de bien regarder ce qui se passe là-bas, aussi bien dans les villes que dans les campagnes et dans les administrations, puisque vous devez gouverner un jour ces pays et vous ne vous trouveriez pas bien d'être obligé de croire les rapports spécieux de gens pour la plupart intéressés. Je n'ai que trop éprouvé cela et quoique ce pays soit un de mes plus beaux, je dois pourtant avouer qu'il est encore dans un méchant et misérable désordre. Si donc vous avez plaisir à aller là-bas, je vous donnerai une instruction complète, où vous verrez sur quelles parties vous devez proprement porter votre attention, comment j'ai ordonné l'administration et ce qui laisse encore à désirer. Vous serez autorisé à vous informer exactement de toutes les circonstances auprès de la Chambre de guerre et des domaines et partout où cela sera nécessaire. Les régiments qui sont en Prusse, vous verrez, par la même occasion, s'ils sont dans l'ordre que je veux et vous pourrez redresser tout ce qui ne sera pas en ordre. J'attends votre opinion là-dessus. » Frédéric répondit que se sachant né pour l'obéissance, il se soumettait de bon cœur à la volonté de son père, mais il écrivit à sa sœur : « Il veut m'envoyer faire un voyage en Prusse ; c'est un peu plus honnête qu'en Sibérie, mais pas beaucoup. »

La Prusse était située hors d'Allemagne, hors de l'Empire, en pleine terre slave, enclavée dans les territoires polonais. C'est là seulement que Frédéric-Guillaume était roi. A Berlin, il était électeur de Brandebourg, ailleurs prince, comte, duc ou margrave. Le titre royal ne s'appliquait qu'à cette province lointaine, où se trouvait la capitale du sacre, Kœnigsberg. Demeuré presque sauvage, le pays avait été horriblement dévasté pendant la guerre de Trente Ans. A ses premiers voyages, Frédéric-Guillaume n'y avait vu que des villages abandonnés, des maisons en ruine, des champs en friche, une population misérable et des troupeaux de loups. Pour combler les espaces déserts dont la vue lui faisait mal, il organisa une véritable colonisation en faveur de laquelle il prodigua son or, sa peine, son génie du détail pratique et ses dons prodigieux de recruteur. Une année, il eut l'aubaine de quinze mille protestants salzbourgeois chassés par leur évêque et il en remercia Dieu. Mais son œuvre propre a été héroïque. Il l'a poursuivie sans arrêt, en dépit des déboires, des accidents, des difficultés toujours renaissantes. En montrant à son fils cette province qu'il aimait comme sa création et pour laquelle il avait tant besogné, peut-être voulait-il forcer son estime ? Toutefois, il écrit qu'elle est encore méchante et misérable, comme s'il mettait une sorte de pudeur à cacher son mérite. Frédéric a-t-il senti ce qu'il y avait de respectable dans cette modestie de bon ouvrier ? En tout cas, il fit admirablement ce qu'il avait à faire.

Naturellement, il se moquait de lui-même et de sa mission. Dans une lettre à Grumbkow, il se compare à un fantôme revêtu de la pourpre qu'on promènerait dans les campagnes pour annoncer que le seigneur est vivant et qu'il va venir foudroyer ou absoudre. Mais il suivit point par point l'instruction du roi. Il inspecta les régiments, les regarda manœuvrer, examina les hommes et les chevaux. Il visita les domaines et les villages, goûta le pain, compara les redevances et les cultures. Il se fit remettre des rapports et les annota à la façon paternelle. A l'aller et au retour il traversa la Prusse polonaise qui lui sembla un désert. Il vit des Polonais « crasseux et salopes à faire peur » ; près de Kœnigsberg, il croisa le cortège du roi Stanislas réfugié et il se procura, à deux ou trois reprises, l'occasion de dîner avec le souverain errant qui lui fit l'effet d'un grand homme, aussi roi dans l'adversité qu'il l'eût été sur le plus glorieux des trônes. Frédéric-Guillaume était ravi : « Il m'est particulièrement agréable que vous alliez ainsi dans le détail et que vous vous efforciez de pénétrer au fond des choses : cela, c'est le principal. » Mais l'œil du fils était plus dur que l'œil du père. De Kœnigsberg, Frédéric envoya un rapport sévère dont il s'effrayait : « Pour ce qui regarde mon voyage, écrit-il à Grumbkow, je vous dirai en peu de mots que je viens de parcourir toute la Prusse ; j'ai vu son bon et d'un autre côté sa misère toute nue. Si le roi ne se résout pas à ouvrir les magasins vers le nouvel an, vous pouvez compter que la moitié de ce peuple mourra de faim, tant la récolte des dernières années a été mauvaise. Dans mes premières lettres au roi, je n'ai fait qu'une relation superficielle, mais après avoir fini le voyage et avoir fait le tour, je lui ai écrit mes sentiments naturellement et comme je les dirais à la face de Dieu. L'on me charge d'une commission, l'on veut que j'examine des choses, que j'en fasse un rapport ; eh bien ! ne trahirais-je pas le roi, le pays, ma conscience et mon honneur, si je ne déchargeais mon cœur et [ne] disais toutes les choses telles qu'elles m'ont paru ? » Le roi expédia les ordres conformes aux propositions de son fils. Il lui en voulut même si peu qu'il pressa l'installation commencée par lui en octobre 1733 et pour laquelle il avait déjà dépensé plus de cent mille thalers.

★

A une vingtaine de kilomètres au nord de Ruppin se trouve le domaine de Rheinsberg. On y arrive à travers bois et champs par une route silencieuse, où l'on ne rencontre guère que des voitures chargées de rondins, de fagots ou de tourbe. La ville est toute petite. Elle n'était guère habitée que par des Français. Après un incendie, on l'a rebâtie en style de résidence et les maisons semblent écrasées par la majesté des rues vides. Le parc et le château sont un peu à l'écart, au bas d'une place immense, plantée de tilleuls. Après avoir franchi une grille, passé un pont et traversé une cour, on arrive au bord d'un lac, le Grinericksee, et l'on découvre la contrée où Frédéric vécut ses jours les plus heureux : une immense étendue aquatique, grise et verte, doucement brumeuse, du sable mou qui fond sous le pied, de grandes herbes jaunes et tranchantes comme des sabres, des bouleaux argentés, des hêtres, des pins, verts et noirs, stoïques dans les automnes chargés de bourrasques, des étangs ramifiés à l'infini communiquant par de minces canaux engorgés de plantes aquatiques, un pays de dunes, d'îles herbues, de forêts, de rivières et d'eaux croupissantes, fait à la fois de pureté et de pourriture que l'arrière-saison noie dans les brouillards et les averses, comme si l'eau du sol rejoignait l'eau du ciel. L'hiver est venteux, glacé, hostile. Après un printemps rapide, tout bruissant de vie pressée, les mois chauds s'enveloppent de clartés laiteuses, de transparences mouillées, et, à la fin du jour, quand le bas de l'horizon se cuivre, les eaux deviennent mauves et le sommet des arbres se colore de reflets enflammés.

Il y avait là un vieux manoir seigneurial que le roi laissa Frédéric transformer à son gré. Son architecte, Georges-Venceslas de Knobelsdorff jeta presque tout en bas et, remaniant le reste, bâtit dans le goût français un petit château symétrique, de proportions élégantes. Knobelsdorff avait treize ans de plus que le prince. Il avait servi comme capitaine dans l'armée prussienne, pratiqué la peinture, beaucoup étudié l'architecture antique et celle de Versailles. En 1736, Frédéric le fit voyager en Italie pour compléter son éducation. Il en revint plus classique encore. Il aimait les lignes simples, les façades régulières, les masses bien équilibrées. Rheinsberg se compose de trois corps de bâtiments, réunis à angle droit autour d'une cour carrée. Le quatrième côté, sur le lac, est fermé par une double colonnade supportant une terrasse à hauteur de l'étage. Une dizaine de marches conduisent à l'embarcadère. De part et d'autre de la colonnade, deux ailes se terminent par des tours identiques, coiffées d'une balustrade et dominant de quelques pieds l'édifice principal. Les façades sont très simples. Regardant la ville, un attique et une corniche supportent quatre statues de dieux et on lit au portail l'inscription : *Frederico tranquillitatem colenti.* Sur le pont, des statues en bois portent des lanternes. Ailleurs, des frontons courbés au-dessus des fenêtres, des appuis de croisée en fer forgé où sont dessinées des lyres, quelques balcons et quelques vases composent tout l'ornement.

Une grande salle blanc et or occupe l'étage de l'aile droite ; le reste est aménagé en petits appartements pour la vie intime : sept pièces pour le prince, cinq pour la princesse. En corrigeant les plans de sa maison, Frédéric s'est souvenu de Dresde et il a rêvé de Versailles, du Versailles prestigieux, dont il a vu tant d'images et entendu tant de descriptions émerveillées. Dans la Marche sablonneuse, il a voulu transporter un coin de France, un morceau de Trianon, avec son décor de fête, ses plafonds peints, ses marbres, ses figures de pierre, ses mythologies aériennes, ses rondes de génies joufflus. Les murs de sa chambre sont tapissés de soie verte tissée de perroquets jaunes et blancs. Il dort dans un lit à baldaquin entre des colonnes corinthiennes et au plafond de sa bibliothèque, dans la vieille tour de gauche, Minerve entourée d'amours voltigeant tient un livre ouvert sur les pages duquel on lit ces seuls noms : Horace, Voltaire. Au-dessus des portes et des fenêtres sont sculptés dans le bois, des livres, des mappemondes, des compas, des lyres et des équerres. La chambre de la princesse est en satin bleu et argent ; dans les autres pièces les rideaux, les fauteuils et les canapés sont couleur gris de lin, bleu céladon, violet, rose, rouge cramoisi, avec presque partout des galons et des cadres en argent.

Les travaux durèrent des années. Quand Frédéric emménagea à l'été de 1736, avec Elisabeth et sa suite, rien n'était encore terminé. La grande salle de musique ne fut jamais prête ; on ne commença les jardins qu'en 1737 et ce n'est qu'en novembre 1739 que Frédéric put écrire à sa sœur : « Tout est meublé ; il y a deux chambres pleines de tableaux ; les autres sont en trumeaux de glace et en boiserie dorée ou argentée. La plupart de mes tableaux sont de Watteau ou de Lancret, tous deux peintres de l'école de Brabant. » Ces tableaux de genre, au nombre de vingt-deux, on les retrouve à l'inventaire après les portraits et les fleurs sous la rubrique *peintures hollandaises,* sans aucune indication de sujet. C'étaient sans doute les déjeuners sur l'herbe, les leçons d'amour, les sérénades dans un parc, qui se trouvent aujourd'hui à Berlin et à Potsdam. Ils mettaient sur les murs comme un rêve de printemps et de jeunesse.

A la vérité, les Watteau étaient le trésor de Rheinsberg. Eux disparus, on s'aperçoit bien vite qu'on n'est pas à Trianon. Faute d'argent, Knobelsdorff a triché sur les matériaux. En 1739, il faut refaire la cuisine qui se lézarde et changer les poutres qui pourrissent. Les lambris sont en stuc, ce marbre des princes pauvres, et les parquets sont en sapin, de vrais planchers de cabaret. La décoration intérieure a quelque chose d'inachevé, de campagnard, de malhabile et aussi de trop appuyé. Elle sent à la fois l'ostentation et l'économie. Pesne qui est un bon portraitiste a été embarrassé par ce travail nouveau pour lui, et son beau-frère Dubuisson n'a pas été plus heureux. Peintres et sculpteurs ont abusé des allégories parlantes. Apollon paraissant sur son char, l'Aurore ouvrant les nues, les Renommées annonçant l'avenir, le Soleil levant chassant les démons de la nuit : sur les murs et sur les balustrades, tout l'Olympe appelait la mort du roi. Mais les dieux qui sont immortels auraient pu mettre à leurs vœux quelque discrétion.

La compagnie de Rheinsberg était nombreuse. La princesse Elisabeth, d'abord, embellie, transformée, toujours d'humeur égale, toujours en admiration devant son prince qui la fit peindre, vêtue en cavalier ; Mme de Katsch, la grande maîtresse (soixante ans, de la dignité, du maintien et une façon à elle de faire de profondes révérences quand les convenances étaient en péril) ; les deux demoiselles d'honneur, Mlle de Schack qui n'était point belle mais qui avait un joli pied et Mlle de Walmoden qui était blonde et qu'on appelait Iris ; l'aumônier enfin, le pasteur Augustin Deschamps, fils d'un réfugié français, grand lecteur, logicien, homme instruit et homme habile.

Du côté du prince, trois personnages que nous sommes habitués à voir auprès de lui : ce brave radoteur de von Wolden, grand maréchal à Rheinsberg comme à Custrin ; l'incommode von Bredow surnommé le *gazetier* ou l'*Argus* et le vieux Senning, l'invalide à la jambe de bois. Mais aux compagnons que lui avait donnés son père, Frédéric voulut joindre des amis qui fussent vraiment à lui : le sage et carré Knobelsdorff, très Allemand, mais ne jurant que par la Grèce ; le Parisien Antoine Pesne, presque sexagénaire avec une nichée de filles, de beaux-frères et de belles-sœurs, tous peintres ; les deux frères Graun, ténors, compositeurs, violonistes, professeurs d'harmonie et maîtres de chapelle ; Benda, le premier violon, Quantz, le flûtiste ; le major Stille, placide, savant, dévot, polyglotte et musicien ; le baron de La Motte-Fouqué, un protestant fils d'émigrés français, né à La Haye, devenu page du vieux Dessau, brave et savant officier ; le benjamin Chasot, Isaac-François-Edmond de Chasot, âgé de dix-neuf ou vingt ans, Normand transplanté en Bourgogne : Frédéric l'avait connu sur le Rhin, comme Fouqué, mais Fouqué servait du côté prussien et Chasot du côté français. Il avait dû s'expatrier à la suite d'un duel. Frédéric, au courant de l'aventure, l'avait invité au passage, puis retrouvé en Mecklembourg et gardé. Il avait le nez retroussé, les yeux malins ; il jouait de la flûte, copiait les manuscrits de Frédéric et riait facilement.

Plus avant dans l'amitié du maître se plaçait Charles-Etienne Jordan, fils de Français émigrés, né à Berlin en 1700, étudiant à Genève et à Lausanne, pasteur à vingt-cinq ans. Quand il fut présenté à Frédéric et fait citoyen de Rheinsberg, il venait de parcourir la France, l'Allemagne, l'Angleterre et la Hollande, sans regarder la nature, mais sans oublier un cabinet de curiosités. Dès Strasbourg, il avait été ravi de revoir sa patrie. A Paris les convulsionnaires l'ont scandalisé et il a trouvé que les coquettes mettaient trop de rouge. Mais il a admiré tout le reste : la ville bruyante et animée, le peuple bon, officieux, honnête envers les étrangers, les marchandes obligeantes et polies, les comédiens qui sont les meilleurs du monde. Dans le petit livre où il a consigné ses impressions, il s'émerveille de voir des femmes si élégantes, des bibliothèques si riches, des écrivains si spirituels, si courtois et si savants, M. de Fontenelle, M. l'abbé de Saint-Pierre, M. l'abbé Dubos, M. Rollin, le Père Montfaucon qui sait tant de grec, et aussi M. de Voltaire, « un jeune homme maigre, qui semble attaqué de consomption et dévoré d'un feu aveugle ». Jordan était petit, bien bâti, brun de peau, avec de gros sourcils et des cheveux très noirs. C'était au hasard des jours le doux, le bénin, le pacifique, le théologique, l'impeccable, le très érudit, le très profond Jordan, celui à qui Frédéric écrivait : *Ami Jordan, Doctissime doctor, Dive Jordane,* en lui répétant qu'il se mettait « à l'ombre de sa science, comme la timide tourterelle qui se cache au creux des chênes ». Bref, l'homme qu'il fallait pour servir de dictionnaire à son insatiable curiosité.

Enfin, Keyserlingk, le tourbillonnant, l'énigmatique baron Dietrich de Keyserlingk. Sa correspondance est perdue : c'est dommage, car il était de tous le plus aimé. Avant la fuite il avait été attaché à la personne du prince, mais après la catastrophe il était retourné à son régiment. Frédéric aurait désiré l'avoir auprès de lui à Ruppin, mais le roi l'avait défendu. Il permit enfin de l'appeler à Rheinsberg où son arrivée fut saluée « comme le lever d'un soleil perçant les ténèbres d'une nuit d'hiver ». Il était né en 1698, en Courlande. C'était un homme d'une autre race, presque jaune, avec le nez épaté, de petits yeux, une large face et une taille brève. Il avait étudié trois ans à l'Université de Kœnigsberg, où il avait laissé le souvenir d'un écolier prodige, pour avoir soutenu ses thèses en allemand, en français, en latin et en grec. Il avait vécu deux ans à Paris ; il buvait beaucoup, s'habillait comme un berger d'opérette et ne pouvait rester en place. Quand Bielfeld, qui a laissé sur tout ce monde de savoureux commérages, le vit pour la première fois, il revenait de la chasse en faisant beaucoup de bruit : « Je fus assez surpris, continue le narrateur, de le trouver en robe de chambre, le fusil pendu à l'épaule. Il m'aborda d'un air fort aisé et ses premières paroles pensèrent me persuader que j'avais depuis longtemps l'honneur d'être son ami intime. Il me prit par le bras et m'enleva dans sa chambre. Pendant qu'il s'habillait, il me récita des morceaux de la *Henriade*, des tirades de poèmes allemands, me parla chevaux et chasse, fit quelques entrechats et quelques pas de rigaudon et m'entretint de politique, de mathématiques, de peinture, d'architecture et du militaire. » C'était ainsi tout le jour. Keyserlingk adorait son prince, parlait de lui à tout le monde et voulait que tout le monde l'aimât. Frédéric l'avait nommé Césarion et l'appelait *son meilleur ami, son tout*.

La république recevait aussi des visites : la respectable Mme de Kannenberg ; le baron de Morrien, grand maréchal de la reine, un bon crétin jovial ; sa jeune femme, la charmante et vive Dorothée de Marwitz, surnommée *madame Tourbillon* ; l'exquise Louise de Brandt, *la Belle,* qui inspira à Frédéric un tendre sentiment et qui portait sans paraître y songer la plus mauvaise réputation de la cour ; sa sœur qui tirait les cartes et qu'on appelait *la fée Carabosse* ; son mari qui organisait les représentations théâtrales, l'envoyé danois Prætorius et le ministre de France, La Chetardie, *le divin marquis,* dont Frédéric dégustait les propos : « C'est du bonbon pour nous. »

Le « couvent » écrivait beaucoup. Pour sa part, Frédéric avait quatre ou cinq correspondants ordinaires et il essayait sans cesse d'élargir son cercle. Le major, puis colonel de Camas, d'une famille de réfugiés français, était un homme très cultivé, bon géomètre, pas du tout courtisan. Frédéric s'entretenait avec lui à cœur ouvert. Suhm, ministre de Saxe à Berlin, avait, de son mieux, assisté le prince au temps de ses malheurs. Tendre, mélancolique et fragile, il était le confident rêvé, le *cher Phénix,* le *cher Diaphane.* Lorsqu'il fut désigné pour l'ambassade de Saint-Pétersbourg, Frédéric lui écrivit : « Il faut à cette cour barbare de ces hommes qui sachent bien boire et qui f... vigoureusement. Je ne crois pas que vous vous reconnaissiez à ces traits. Votre corps délicat est le dépositaire d'une âme fine, spirituelle et déliée... Mon cher Diaphane, n'allez pas commettre un meurtre en votre propre personne. Que me servira votre âme immortelle après votre mort ? Les précieux débris d'un corps si chéri ne me seront d'aucune utilité. » Manteuffel, Prussien passé au service de la Saxe, puis retraité à Berlin après une longue carrière politique, présidait une société d'aléthophiles, adonnés à la recherche de la vérité. Il était bon philosophe, bon écrivain, très répandu dans le monde, très érudit et un petit peu espion. Il posait à la modestie et s'appelait *Quinze-Vingts,* du nom de l'hôpital fondé par saint Louis pour les aveugles. Pendant toute une saison, Frédéric et lui argumentèrent par jeu pour et contre la morale chrétienne.

La colonie de Rheinsberg était toute française. On n'y parlait point d'autre langue que le français et Frédéric souhaitait passionnément installer auprès de lui un écrivain célèbre qui aurait apporté l'air de Paris. Par La

Chetardie, il fit pressentir Gresset, lui promettant cinq cents écus par an, le vivre et le couvert, l'argent du voyage et le rétablissement en Prusse d'un évêché catholique au temps « où il serait à portée de disposer de toutes choses ». Gresset ébloui se préparait à partir, quand le roi fut averti de sa venue par les nouvelles à la main lues à la tabagie. Il fallut ajourner le voyage ; Gresset qui connaissait la brutalité de Frédéric-Guillaume finit par reprendre sa liberté.

Frédéric n'habitait pas Rheinsberg toute l'année. Il allait à Berlin pour les grandes revues ; il y retournait en novembre ou en décembre, pour les fêtes de la cour ; en été, il accompagnait presque toujours le roi dans une inspection ; à Pâques enfin il se rendit à Potsdam pour s'acquitter en famille de ses devoirs religieux. Cette cérémonie lui paraissait particulièrement comique. « Je ne sais pas ce qu'ils ont fait, écrivait-il, mais ils me disent qu'ils veulent se repentir dimanche... Pour moi qui suis assez bon garçon, je consens tout, quoique je ne me sente guère contrit. » Le roi de Prusse occupait son esprit bien plus que le roi du ciel. Au fond de lui-même, il n'était jamais tout à fait tranquille. Il avait beau célébrer en prose et en vers les délices de la retraite et la paix des champs, il devait sans cesse regarder vers Berlin et s'inquiéter de l'humeur paternelle. « Je ne dois jamais m'attendre à pouvoir vivre en paix avec un père facile à irriter... écrivait-il encore à Camas en janvier 1739. Il faut que je l'envisage comme mon plus cruel ennemi qui m'épie sans cesse pour trouver le moment où il croit pouvoir me donner le coup de jarnac. Il faut être sur ses gardes sans se relâcher ; le moindre faux-pas, la moindre imprudence, une bagatelle, un rien grossi et amplifié, suffiront pour ma condamnation. » Mais tandis que le roi s'acharnait à le décrier publiquement, il savait admirablement se dominer et conserver en toute occasion une impassibilité stoïque. Il semblait ne rien comprendre, écoutait les sarcasmes les plus amers, les allusions les plus offensantes sans changer de visage et à la suite des pires injures commençait un discours où il ne paraissait seulement pas qu'il eût pu les entendre.

Pour sa défense, il avait aussi d'autres armes : ses talents de colonel, l'excellence de son régiment et la taille de ses recrues : « J'ai reçu ordre d'entrer jeudi à Berlin ; mon régiment est muni d'arguments, à six pieds que c'est une bénédiction, si par une rigide observance de la loi, on est sauvé, nous le serons ; si par un exercice correct, on fait la cour au roi, nous la ferons ; si par l'intercession de colosses on peut faire fortune à Berlin, je puis faire fonds sur la mienne. » (A Camas, décembre 1739.) Pour flatter la manie de son père, il explorait l'Europe. La margrave, Suhm, Seckendorff, tous ses amis étaient mis à contribution. Grâce à eux, il réunit une collection prodigieuse de phénomènes en uniforme, une vraie ménagerie : non seulement des Allemands, mais des Lorrains, des Polonais, des Lithuaniens, des Tartares, des Courlandais, des Bosniaques et un jeune Turc de vingt ans très bien fait. Une fois, un de ses correspondants lui dénicha un Hollandais de six pieds quatre pouces que, « par la force d'une attraction de six mille écus », il fit graviter vers Ruppin, où il brilla avec autant d'éclat « qu'une comète chevelue ».

Vingt ou vingt-quatre personnes à table, un orchestre, une nombreuse domesticité, de la bâtisse, des recrues à six mille écus : tout cela coûtait très cher. Frédéric-Guillaume eut beau augmenter les revenus de son fils en lui donnant une fois le domaine de Zernikov et une autre les haras de la Prusse orientale qui rapportaient douze mille thalers, Frédéric n'en était pas moins toujours à court d'argent. Suhm qui négociait ses emprunts recevait des appels pathétiques : « Je suis pressé de tous côtés par mes créanciers. Ayez la bonté de me tirer d'affaire, sans quoi je ferai du très mauvais coton. » Le principal prêteur était le favori de la tsarine Anna Ivanovna, le palefrenier Biren, qu'elle avait fait duc de Courlande. Mais Biren lui-même était couvert de dettes et les deux amis étaient obligés de recourir à des combinaisons assez louches. Frédéric essaya, par exemple, de faire acheter à son père un bailliage qui appartenait à Biren et qu'il aurait cédé pour 130 000 écus, dont 30 000 auraient été secrètement ristournés à Frédéric qui lui-même avait promis à Suhm une commission de 3 000. L'affaire manqua parce que Frédéric-Guillaume voulait obtenir en outre le droit d'enrôler en Russie et que l'impératrice le lui refusa.

Quand Frédéric pouvait écrire en chiffres ou par une voie secrète, il ne se gênait pas. Quand il était tenu à la prudence il recourait au vocabulaire conventionnel dont il s'était servi avec Seckendorff. On voit reparaître pour désigner l'argent cette *Histoire du prince Eugène*, que dix ou douze personnes se disputent toujours avec tant de voracité qu'elle disparaît à peine annoncée et que la bibliothèque de Rheinsberg ne la voit seulement pas. Quand il s'agissait de Biren, on parlait aussi de pelleteries, de pelisses et de peaux de martre. Un jour, arrivent les mémoires de l'Académie en trois volumes reliés à l'anglaise. « J'en ai trouvé, répond Frédéric, la lecture très instructive et les vérités qu'elles contiennent d'une application admirable à la pratique. » Il s'agissait de trois mille écus. Le prince savait envelopper de tendresse mythologique les corvées d'argent qu'il imposait à Suhm : « Cher Phénix de ce siècle, faites revivre les temps sacrés d'Oreste et de Pylade, du bon Pirithoüs, du tendre Nisus et du sage Achate. Que les hommes voient de nos jours les heureux effets d'une amitié réciproque ! » Mais il usait aussi d'un langage plus réaliste : « Le roi est très mal. Que cela vous serve d'argument, qu'on m'avance une bonne somme l'été prochain, car assurément, si l'on veut m'obliger, il faudra se presser. »

Le roi ne vint que deux fois à Rheinsberg, une fois quand Frédéric venait de s'y installer, pour voir la maison, et une autre. Il y eut pêche, chasse à courre, tabagie, tir aux pigeons, promenade en bateau et banquet. On but beaucoup et le roi se retira assez content.

Ce joug que l'on nomme devoir
M'apprend comme il faut recevoir
Celui que trois fois je révère
Comme souverain, maître et père.

La princesse royale et les dames arrivèrent en août 1736. Frédéric les accueillit avec plaisir : « A présent que le sexe est arrivé ici, il semble que l'endroit en reçoive un nouveau lustre ; la conversation n'en est que plus animée et le plaisir en est plus brillant. » Et Manteuffel d'approuver : « Il est certain qu'un peu de beau sexe fait un effet excellent à la campagne. » Toutes les chancelleries du monde s'intéressaient aux rapports conjugaux de Frédéric et le roi lui-même ne cessait de l'animer à la procréation *animirt zum kindermachen.* Pour exciter son zèle, il lui promit même de le laisser voyager à l'étranger dès qu'il aurait un héritier et il lui fit faire un lit magnifique. Frédéric avait beau affirmer en vers :

Et la nuit, nous payons nos tributs à Vénus,

les méchants continuaient à chuchoter que la princesse et lui vivaient en frère et sœur. Cependant les observateurs appointés par les Cours pour découvrir les secrets de l'alcôve assuraient le contraire avec énergie et avec précision. Frédéric lui-même vantait à ses amis les agréments d'Elisabeth : « Elle a, disait-il, un beau corps et un beau... » Il est impossible de recopier le mot. Mais il avouait qu'il ne mettait pas de passion à son devoir. Manteuffel lui fit un petit cours sur cette matière délicate.

— Il est une chose à laquelle Votre Altesse Royale devrait donner plus d'attention, c'est à avoir des enfants. Votre situation en serait plus favorable et, à l'avenir, vous vous épargneriez bien des chagrins... La passion n'est pas toujours nécessaire : combien d'enfants viennent au monde dont les père et mère ne s'aimaient pas !

A ce moment, Frédéric vivait encore à Ruppin, tandis que sa femme demeurait à Berlin :

— Votre Altesse arrive ici avec le courrier et repart de même. Mais Votre Altesse devrait prendre le temps nécessaire et faire comme les paysans qui couchent des nuits entières avec leurs femmes.

— Quand je suis à Berlin, répondit le prince, je suis toujours inquiet et craintif, parce qu'on me fait des reproches et qu'on me regarde d'un mauvais œil. A Rheinsberg, je serai tranquille... et je vous promets de songer alors à ce que vous m'avez dit.

Le déménagement accompli, Manteuffel revint à la

charge : « Je suis persuadé que Votre Altesse Royale saura conduire cela à merveille... Rien n'accommoderait mieux les intérêts présents de Votre Altesse Royale que quelque héritier de sa façon. Les sentiments de tous vos bons serviteurs sont unanimes là-dessus. Peut-être la tranquille commodité avec laquelle Votre Altesse Royale pourra y travailler à Rheinsberg sera-t-elle de meilleur effet que toutes ces visites passagères et hâtives qu'elle venait rendre ci-devant à Berlin... »

Le 23 septembre, Frédéric écrit triomphalement : « J'ai la même destinée que les cerfs qui sont actuellement en rut ; dans neuf mois d'ici pourrait arriver ce que vous souhaitez. » Et Manteuffel répond : « Dieu veuille qu'après neuf mois l'air de la campagne opère ! » Et Grumbkow en écho : « Il faut tâcher de faire son devoir partout... Dieu veuille qu'après neuf mois l'air de campagne opère. » L'air de campagne n'opéra pas et Frédéric se lassa sans doute de l'aider.

★

Malgré tout, il était heureux, l'esprit moins tendu, l'âme moins agitée. Parmi les vingt façons dont s'écrivait Rheinsberg, un professeur de Rostock avait retenu la forme Remsberg, dont il avait donné l'étymologie *Remi mons*, la montagne de Remus. L'histoire avait donc menti : Romulus n'avait pas tué son frère et Remus échappant à la mort s'était réfugié dans l'île du Grinericksee où se trouvait justement un tombeau. Voilà Rheinsberg devenu Remusberg et Frédéric rattaché directement à la louve qui avait nourri les jumeaux. Quel présage ! La princesse aussi était heureuse. Dans une lettre à sa mère, elle a fait une charmante description de la vie du couvent : « Si l'on veut chercher l'art, la vraie et juste philosophie, l'esprit, c'est ici qu'il faut venir : on trouve tout en perfection, notre maître ici étant à la tête. Je n'ai jamais vu s'appliquer comme il le fait : depuis six heures le matin jusqu'à une heure, il s'applique à la lecture, à la philosophie et toutes les belles choses. Puis on dîne à une heure et demie jusqu'à trois. Après, nous buvons le café jusqu'à quatre et il recommence à s'appliquer jusqu'à sept heures du soir. Ensuite la musique commence qui dure jusqu'à neuf heures. Alors il écrit, vient au jeu et on soupe ordinairement à dix heures et demie ou à onze heures... On peut bien dire avec vérité que c'est le plus grand prince de notre temps. » Il est savant ; il a tant d'esprit qu'on n'en peut avoir davantage ; il est juste, charitable, généreux, tempérant. En bref « c'est le Phénix et je suis toute glorieuse d'être la femme d'un aussi grand prince qui a tant de bonnes qualités. Il faut qu'on l'aime quand on le connaît... »

En vérité, la vie n'était pas toujours aussi réglée, ni aussi sobre. Une année, Frédéric fit venir d'un seul coup huit cents bouteilles de Champagne, cent de Volnay et cent de Pommard. On s'enivrait parfois et on cassait la vaisselle. Il fallait appeler les valets pour guider la marche chancelante des convives vers leurs chambres. Une fois, Bielfeld allant se coucher roula dans l'escalier et failli se rompre le cou. Il en fut quitte pour quinze jours de lit. Il y avait aussi des bals, des mascarades et des parties que l'on appelait des « parties de chauve-souris ». Elles donnaient lieu, de la part de l'envoyé saxon, à des comptes rendus si scabreux que l'archiviste de Dresde a reculé devant la publication. En revanche, Frédéric fonda pour ses amis un ordre de chevalerie, l'ordre de Bayard, dont les membres s'écrivaient en vieux français des lettres d'une solennité comique. Parfois, on se rendait en bande dans quelque château. Le prince avait beau fuir les importuns, il ne pouvait se dispenser d'entretenir des relations de bon voisinage avec le prince de Mirow, frère du duc régnant de Mecklembourg-Strelitz. Mirow habitait un manoir délabré, orné d'une tour en ruine. Il manquait d'argent, mais savait par le menu les parentés de toute l'Allemagne. Il se serait volontiers invité souvent à Rheinsberg parce qu'il était certain d'y boire à sa soif. Frédéric se débarrassa de lui en le menant chasser sous la pluie un jour qu'il avait mis son plus bel habit.

On jouait aussi la tragédie : Racine et Voltaire. Frédéric tint le rôle de Mithridate et celui de Philoctète dans *Œdipe*. Mais le grand plaisir de la république était la conversation, une conversation à la française, où chacun mettait le meilleur de lui-même : Jordan l'érudition, Keyserlingk la fougue, Chasot la repartie bouffonne, Senning l'expérience des hommes. Frédéric tirait de chacun ce qu'il pouvait de science, d'esprit et de gaieté.

Il aurait voulu employer à son instruction les meilleurs écrivains de la France. De temps en temps il envoyait des lettres admiratives à Fontenelle et à Rollin. Mais l'historien et le patriarche se contentaient de le payer en remerciements si respectueux qu'ils décourageaient l'insistance. D'ailleurs, c'est au plus illustre et au plus turbulent qu'il tenait : à Voltaire. Le 8 août 1736, il lui écrivit sa première lettre. Elle lui avait donné bien du mal mais Jordan l'avait corrigée et polie. Elle commençait :

« Monsieur, quoique je n'aie pas la satisfaction de vous connaître personnellement, vous ne m'en êtes pas moins connu par vos ouvrages. Ce sont des trésors d'esprit, si l'on peut s'exprimer ainsi, et des pièces travaillées avec tant de goût, de délicatesse et d'art, que les beautés en paraissent nouvelles chaque fois qu'on les relit. Je crois y avoir reconnu le caractère de leur ingénieux auteur qui fait honneur à notre siècle et à l'esprit humain. » Suivaient quelques pages de flatteries distribuées d'une main assez lourde : « Sans vous prodiguer un encens indigne de vous être offert, je peux vous dire que je trouve des beautés sans nombre dans vos ouvrages. Votre *Henriade* me charme... *César* nous fait voir des caractères soutenus ; les sentiments y sont tous grands et magnifiques... Corneille, le grand Corneille, lui qui s'attirait l'admiration de tout son siècle, s'il ressuscitait de nos jours, il verrait avec étonnement et peut-être avec envie que la tragique déesse vous prodigue avec profusion les faveurs dont elle était chiche envers lui... Je me croirai plus riche en possédant vos ouvrages que je ne le serai par la possession de tous les biens passagers et méprisables de la fortune, qu'un même hasard fait acquérir et perdre... Vos poésies ont des qualités qui les rendent respectables et dignes de l'application et de l'étude des honnêtes gens. Elles sont un cours de morale où l'on apprend à penser et à agir... » Il n'y a d'autre gloire que la gloire de Voltaire et la naissance n'est rien qu'une fumée illusoire. Frédéric espérait donc que l'admirable Voltaire ne se refuserait pas à entretenir avec lui un commerce de lettres « qui ne peut être que profitable à tout être pensant » et il terminait : « Je suis avec toute l'estime et la considération dues à ceux qui suivant pour guide le flambeau de la vérité, consacrent leurs travaux au bien du public, monsieur, votre très affectionné ami. »

Voltaire fut ravi. Il avait quarante-deux ans. Il vivait à Cirey avec Mme du Châtelet. Il avait fait *Zaïre, Œdipe, La Henriade, Charles XII,* le *Temple du goût, Le Mondain* et les *Lettres philosophiques.* Il avait des admirateurs fervents et bon nombre d'ennemis. Il avait été mis à la Bastille et les *Lettres philosophiques* avaient été brûlées de la main du bourreau. Sa fortune était grande, sa célébrité assise. Un prince, en termes très humbles, recherchait son amitié. Il était vaniteux, il aimait le bruit : il se lança à corps perdu dans l'aventure: « Monseigneur, il faudrait être insensible pour n'être pas infiniment touché de la lettre dont Votre Altesse Royale a daigné m'honorer. Mon amour-propre en a été trop flatté ; mais l'amour du genre humain que j'ai toujours dans le cœur et qui, j'ose dire, fait mon caractère m'a donné un plaisir mille fois plus pur, quand j'ai vu qu'il y a dans le monde un prince qui pense en homme, un prince philosophe qui rendra les hommes heureux... » En même temps, par Thierot et Berger, ses correspondants ordinaires, Voltaire se hâtait de répandre dans Paris la lettre de Frédéric, tandis que le prince, de son côté, laissait dire un peu partout qu'il était en commerce familier avec le plus illustre écrivain du temps. Ainsi chacun y trouvait son compte.

Jamais on n'échangea en prose et en vers pareille quantité de douceurs. Pour Voltaire, Frédéric est Marc-Aurèle, Titus, Antonin, César, Julien, Alcibiade, le Salomon du Nord, un esprit sublime, un corps aimable, une âme héroïque et tendre. Il pense comme Trajan et il écrit comme Pline. Le ciel l'a mis sur la terre pour fouler aux pieds la superstition, abattre le fanatisme, restaurer la vertu et donner des leçons aux rois.

Les lauriers d'Apollon se fanaient sur la terre,
Les beaux arts languissaient ainsi que les vertus ;
La Fraude aux yeux menteurs et l'aveugle Plutus
Entre les mains des rois gouvernaient le tonnerre.
La Nature indignée élève alors sa voix :
Je veux former, dit-elle, un règne heureux et juste,
Je veux qu'un héros naisse et qu'il joigne à la fois
Les talents de Virgile et les vertus d'Auguste,
Pour l'ornement du monde et l'exemple des rois.
Elle dit ; et du ciel les Vertus descendirent,
Tout le Nord tressaillit, tout l'Olympe accourut ;
L'olive, les lauriers, les myrtes reverdirent,
Et Frédéric parut.

Avec quelles délices Frédéric devait respirer cet encens, accueillir ces flatteries si ingénieusement habillées ! Quelle revanche ! Quel baume sur les anciennes blessures ! Maltraité à Berlin, espionné à Ruppin, soumis à mille servitudes, contraint de dévorer en silence les dégoûts et les chagrins, il connaissait enfin l'orgueil royal d'être loué par le plus grand poète du siècle, par un homme dont les écrits dispensaient la gloire et qui, au moindre mouvement, mettait en émoi Rome, Paris et Versailles : « Le sujet le plus stérile devient fécond entre vos mains. Vous parlez de moi et je ne me reconnais plus ; tout ce que vous touchez se convertit en or... »

« De tes vers immortels un pied, un hémistiche,
Où tu places mon nom comme un saint dans sa niche,
Me fait participer à l'immortalité
Que le nom de Voltaire avait seul mérité. »

Remusberg attend les lettres de Cirey avec une impatience d'amoureux. Les jours de poste tous les domestiques se mettent en campagne pour chercher le paquet : « Bientôt l'impatience me prend moi-même, je cours à la fenêtre... Si j'entends du bruit dans l'antichambre, m'y voilà. Eh bien, qu'est-ce ? qu'on me donne des lettres : point de nouvelles ? Mon imagination devance de beaucoup le courrier... Enfin, voilà mes lettres qui arrivent ; moi à les décacheter ; je cherche votre écriture ; et lorsque je l'aperçois, alors mon empressement m'empêche d'ouvrir le cachet ; je lis, mais si vite que je suis obligé d'en revenir quelquefois jusqu'à la troisième lecture, avant que mes esprits calmés me permettent de comprendre ce que j'ai lu et il arrive même que je n'y réussisse que le lendemain. » Aussi en réponse n'est-il pas avare de cajoleries. Sous sa plume, Voltaire devient tour à tour Cicéron, Démosthène, Socrate, Platon, Virgile, Aristote, Anacréon, Thucydide, Térence, Quintillien, Salluste, à l'occasion Apollon et Jupiter. Devant lui, ni Corneille, ni Racine ne sauraient se soutenir. Il les dépasse de cent coudées. Ses épîtres sont des ouvrages tissés par la main des grâces. « Vos lettres ne respirent que la vertu et l'honnêteté. » « Plus je vous connais et plus je trouve que vous êtes un homme unique. Votre mérite vous suffit pour être estimé, pour être envié et pour vous attirer des admirations. Pour moi, il me faut des titres, des armoiries et des revenus... Ah ! mon cher ami, que vous avez raison d'être satisfait de votre sort. Je me lasse horriblement de ne vous connaître que par les yeux de la foi. Je voudrais bien que ceux de la chair eussent aussi leur tour. Si jamais on vous enlève, songez seulement que ce sera moi qui ferai le rôle de Pâris... J'ai une idée plus avantageuse de la perfection des hommes en vous considérant... Il n'y a qu'un Dieu ou quelque chose de divin qui puisse rassembler dans une même personne toutes les perfections que vous possédez. »

Tandis que Voltaire se déclare le sujet de *Divus Fredericus* parce que dans sa géographie sentimentale « le marquisat de Cirey est une ancienne dépendance du Brandebourg », Frédéric se proclame le disciple de Voltaire : « Soyez mon censeur vigoureux, comme vous êtes déjà mon exemple... je vois bien que je n'aurai jamais d'autre précepteur que M. de Voltaire. »

Il y a dans tout cela beaucoup d'emphase, beaucoup de coquetteries et beaucoup d'apprêts, mais aussi les éléments d'une véritable amitié. A l'origine, les deux hommes s'admiraient l'un et l'autre avec un enthousiasme égal et ils s'admiraient sincèrement pour des raisons très légitimes. Frédéric admirait Voltaire avec toute la force d'un jeune homme introduit dans la familiarité d'un écrivain, encore près de lui par l'âge, mais déjà auréolé d'une gloire européenne, habile à donner une forme éclatante à des idées qui lui étaient chères et qu'il faisait siennes, en croyant les avoir lui-même inventées. De son côté, Voltaire admirait Frédéric avec toute la force reconnaissante qu'un homme de plume peut éprouver à l'égard du prince, qui imposera sa pensée au monde réel des événements et qui par son zèle, par ses succès, par son destin exceptionnel, en démontrera l'excellence.

Mais aussi, ils avaient tous deux intérêt à cette union. Le poète était charmé d'avoir un disciple appelé à régner et il comptait bien se servir de lui comme d'un bouclier. Par ailleurs, en faisant sonner très haut l'amitié du kronprinz il se donnait l'aigre satisfaction de prendre une revanche sur sa propre patrie. C'est pourquoi ses lettres ont parfois quelque chose de rampant. Il se plaît trop à rabaisser la France devant la Prusse et à dénigrer Louis XIV pour grandir à ses dépens l'écolier Frédéric. Il insiste même tant que l'élève inflige à son maître la petite humiliation de le rappeler à la pudeur : « Louis XIV était un prince grand par une infinité d'endroits ; un solécisme, une faute d'orthographe ne pouvaient ternir en rien l'éclat d'une réputation établie par tant d'actions qui l'ont immortalisée... »

Frédéric, pour sa part, attendait plus encore de Voltaire: « Nous autres princes, lui écrivait-il sans détour, nous avons tous l'âme intéressée et nous ne faisons jamais de connaissances que nous n'ayons quelques vues particulières en même temps et qui regardent directement notre profit. » Dévoré du besoin de lire, il avait parfaitement compris quels services peuvent tirer les grands de ces distributeurs de renommée que sont les écrivains. Louis XIV n'a-t-il pas établi la sienne en protégeant ceux dont il attendait l'immortalité ? « Qui saurait qu'Alexandre le Grand exista jadis, si Quinte-Curce et quelques fameux historiens n'eussent pris soin de nous transmettre l'histoire de sa vie ? » Voltaire, que le roi de France n'a pas su garder, sera donc le héraut de Frédéric. Il disposera les esprits en sa faveur. Pour être bien sûr de le conserver, le kronprinz a soin de l'animer contre ses compatriotes : « Quoi ! ce même Voltaire à qui nos mains érigeraient des autels et des statues est négligé dans sa patrie et vit en solitaire au fond de la Champagne ! C'est un paradoxe, une énigme... » Et quand paraît un libelle contre Voltaire, d'une main experte il réveille ses rancunes : « Votre nation est bien ingrate et bien légère de souffrir que quelque médisant, que quelque plume inconnue ose entreprendre de flétrir vos lauriers. » Ou bien : « Je suis indigné contre votre nation et contre ceux qui en sont les chefs, de ce qu'ils ne répriment point l'acharnement cruel de vos envieux. La France se flétrit en vous flétrissant et il y a de la lâcheté en elle de souffrir cette impunité... »

Frédéric fait imprimer sur des caractères d'argent une nouvelle édition de *La Henriade*, ornée d'une préface de sa main. Il tremble pour la santé de son illustre ami ; il le supplie de ne pas se livrer à des expériences de chimie ; il assemble les médecins pour décider de ses maladies ; il l'accable de cadeaux généralement sans valeur, mais qui sont prétexte à effusions : une canne dont le pommeau représente la tête de Socrate, des boîtes, des plumes, une écritoire, un petit tonneau de Tokay, une fois une bague avec une émeraude et deux brillants et enfin, après s'être bien fait prier, son portrait par Knobelsdorff. En juillet 1737, porteur de la précieuse effigie, arrive, en ambassade à Cirey, le pétulant Keyserlingk qui est reçu comme l'ange du Seigneur. Le feu d'artifice tiré en son honneur fait éclater en lettres de feu le nom du prince royal, avec la devise : *A l'espérance du genre humain*. Keyserlingk repart chargé de la toison d'or, c'est-à-dire des œuvres inédites de Voltaire : les premiers chapitres du *Siècle de Louis XIV*, la *Philosophie de Newton* et quelques poésies. Mais il a fallu toute la prudence de la marquise pour soustraire *la Pucelle* à l'avidité du messager. Par ailleurs, Frédéric met Suhm en campagne pour réunir des mémoires en vue d'une édition corrigée de *Charles XII* et quand elle paraît il a coup sur coup, en remerciement, la primeur de *Mérope*, de *Mahomet* et de *La Dévote*.

Frédéric a pressenti, par Voltaire, l'importance politique des écrivains. En devenant philosophes, ils ont cessé d'être de purs artistes pour exercer une action grandissante sur l'opinion, sur l'Etat et sur la société. « Les auteurs, écrit-il, sont, en un certain sens, des hommes publics ; leurs écrits se répandent dans toutes les parties du monde et, connus de tout l'univers, manifestent aux lecteurs les idées dont ils sont empreints. Vous publiez vos sentiments ; leur beauté, les charmes de la diction et de l'éloquence, en un mot tout ce que le feu des pensées et la force de l'élocution peuvent produire d'achevé, frappe vos lecteurs ; ils en sont touchés et bientôt par votre heureuse impulsion tout un monde respire cet amour du genre humain. Vous formez de bons citoyens, des amis fidèles, des sujets qui, abhorrant la rébellion, sont zélés pour le bien public. Que ne vous doit-on pas ! » (A Voltaire, 4 novembre 1736.) Entre la philosophie et Frédéric s'établit donc comme l'alliance de deux ambitions. Au futur roi de Prusse, les philosophes apportent l'appui de leurs écrits. Ils orchestrent sa renommée, préparent son règne et bâtissent son prestige. En retour, ils comptent sur lui pour fonder leur gouvernement et les assister contre l'Eglise. Le pacte est confirmé le 14 août 1738, à Brunswick, par la réception de Frédéric dans la maçonnerie.

Après la visite de Keyserlingk qui l'a complètement éclairé sur l'évolution philosophique du prince, Voltaire a écrit à Remusberg : « Vous ne sauriez croire, Monseigneur, quelle consolation c'est pour Mme du Châtelet et pour moi de voir combien vous pensez en philosophe et combien votre vertu déteste la superstition. Si la plupart des rois ont encouragé le fanatisme dans leurs Etats, c'est qu'ils étaient ignorants, c'est qu'ils ne savaient pas que les prêtres sont leurs plus grands ennemis... Je suis persuadé qu'il ne tient à présent qu'à un souverain d'étouffer chez lui toutes semences de fureur religieuse et de discorde ecclésiastique... Sous un roi dévot, il n'y a que des hypocrites ; un roi honnête homme forme des hommes comme lui. » Unis par la même haine, soulevés par la même passion, soldats de la même cause, le Français et le Prussien daubent ensemble sur les jésuites, sur la prêtraille, sur les vieux juifs prophétiques dont les rêveries enfantines ont remué le monde. Comme Voltaire paraît croire que les ministres protestants valent mieux que les catholiques, Frédéric proteste. Ils sont tous les mêmes ! Condamnée à Rome, la liberté est maudite à Genève. Sans doute, les princes du Nord ont de grandes obligations envers Luther et Calvin, qui les ont affranchis du joug des prêtres et qui ont considérablement augmenté leurs revenus par la sécularisation des biens ecclésiastiques, mais la religion réformée a, comme la religion romaine, ses bigots, ses cafards, ses béats, fanatiques entêtés et d'autant plus malfaisants que « leur stupide ignorance leur interdit l'usage du raisonnement ». Et il prononce une malédiction solennelle : « Que les moines, obscurément encloîtrés, ensevelissent dans leur crasseuse bassesse leur misérable façon de penser ; que nos descendants ignorent à jamais les puérilités et les sottises de la foi, du culte et des cérémonies des prêtres et des religieux ! » Quelle recrue ! Voltaire ne pouvait s'empêcher de crier sa joie à tous ses amis : « C'est un prince philosophe ; c'est un homme... Il méprise le trône et ses plaisirs ; il n'aime que la science et la vertu !... »

Mais tandis que Frédéric décachetait les lettres où Voltaire le comparait à Trajan, il en recevait d'autres où Grumbkow le comparait à Arminius. De la même plume qui rimait

> Le trône n'est pour moi qu'une image illusoire,
> Qu'un fantôme trompeur d'une frivole gloire...

il écrivait à son très gracieux roi et père : « Au régiment, tout est à peu près en ordre sauf un complot qui a été découvert à Nauen. L'instigateur est de la compagnie du major Quadt... Aussitôt que le second bataillon sera rentré ici, je ferai tenir le conseil de guerre et comme le cas du gaillard est grave, je pense qu'ils le condamneront à mort. Cet exemple ne sera pas inutile et j'espère qu'il servira pour l'avenir à retenir les malintentionnés... »

En dépit du candide Voltaire, Frédéric se préparait à être autre chose que le bras séculier de la secte encyclopédique.

CHAPITRE V

Le triomphe de la volonté

Frédéric était homme de lettres et Français. Toute sa vie, il fut tourmenté par le démon d'écrire ; toute sa vie, il trompa l'inquiétude en rimant. Il avait l'ambition de léguer à la postérité une grande œuvre poétique à la façon de Voltaire, une tragédie comme *Œdipe* ou une épopée comme *La Henriade*. En 1738, il commença une pièce en trois actes et en vers, dont l'action tirée de l'*Enéide* devait représenter « l'amitié tendre et constante de Nisus et d'Euryale », mais ne se sentant pas sûr de ses forces, il l'abandonna pour une réfutation de Machiavel. Poliment, il répète que l'on ne peut imiter Voltaire à moins d'être Voltaire lui-même ; il s'excuse, « humble grenouille du sacré vallon », d'oser coasser en présence du dieu. Mais à l'Apollon de Cirey, il ne demande pas seulement des leçons de français, il essaie de lui prendre les secrets de l'art et une parcelle de génie. Il a bien à Rheinsberg un correcteur en titre, Jordan :

Jordan, mon critique et copiste,
Vous qui poursuivez à la piste
Mes fautes en digne limier,
De grâces, daignez corriger,
Raturer, effacer, transcrire...

Mais Jordan ne lui suffit pas. Dans presque toutes ses lettres à Voltaire, il réclame des critiques et des avis.

Voltaire aimerait mieux ne donner que des compliments, car le prince l'intéresse, plus que l'écolier. Pourquoi ne pas admettre une bonne fois, que Frédéric a eu Mme de Sévigné pour nourrice et Bossuet pour précepteur, qu'il parle très bien le français et qu'il fait à notre langue un grand honneur en l'employant ? Mais le prince insiste et, de temps à autre, le maître s'exécute : « Je ne trouve aucune faute contre la langue dans l'*Epître à Pesne* et tout y respire le bon goût. C'est le peintre de la raison qui écrit au peintre ordinaire. Je peux vous assurer, monseigneur, que les six derniers vers, par exemple, sont un chef-d'œuvre :

Abandonne tes saints entourés de rayons,
Sur des sujets brillants exerce tes crayons ;
Peins-nous d'Amaryllis les grâces ingénues,
Les nymphes des forêts, les Grâces demi-nues,
Et souviens-toi toujours que c'est au seul amour
Que ton art si charmant doit son être et le jour.

C'est ainsi que Despréaux les eût faits. Vous allez prendre cela pour une flatterie. Vous êtes tout propre, monseigneur, à ignorer ce que vous valez.

« *L'Epître à M. Duhan* est bien digne de vous ; elle est d'un esprit sublime et d'un cœur reconnaissant... Je m'aperçois en lisant tout ce que vous avez daigné m'envoyer qu'il n'y a pas une seule pensée fausse. Je vois, de temps en temps, de petits défauts de langue impossibles à éviter : car, par exemple, comment auriez-vous deviné que *nourricier* est de trois syllabes et non de quatre ? que *aient* est d'une syllabe et non pas de deux ? L'*Epître* que vous daignez m'adresser, monseigneur, est une bien belle justification de la poésie et un grand encouragement pour moi... Si j'osais éplucher cette *Epître* (et il le faut bien, car je vous dois la vérité), je vous dirais, monseigneur, que *trompette* ne rime pas avec *tête*, parce que *tête* est long, et que *pette* est bref et que la rime est pour l'oreille et non pour les yeux. *Défaites* par la même raison, ne rime point avec *conquêtes* ; *quêtes* est long, *faites* est bref. Si quelqu'un voyait mes lettres, il dirait : voilà un franc pédant qui s'en va parler de longues et de brèves à un prince plein de génie. Mais le prince daigne descendre à tout. Quand ce prince fait la revue de son régiment, il examine le fourniment du soldat. Le grand homme ne néglige rien, il gagnera des batailles dans l'occasion, il signera le bonheur de ses sujets de la même main dont il rime les vérités. » Comment faire la leçon avec plus de grâce ?

Pour inciter Frédéric à resserrer son style, le précepteur trouve une expression charmante : « Cet or en filière devenu plus compact, en aura plus de poids et de brillant. » Pour lui apprendre ce qu'est une image poétique, il s'amuse à transposer en vers une phrase de simple prose et c'est encore une flatterie : « Il y a dans le monde un jeune prince vertueux et plein de talents qui déteste l'envie et le fanatisme. » Une autre fois, il récrit une des odes qu'il a reçues, en suivant absolument les pensées, mais en les présentant sous d'autres expressions.

En dépit de tant de soins, Frédéric n'est jamais rassasié. Il se compare lui-même à ces gens à qui l'on fait la charité et qui demandent toujours davantage. Ce que Voltaire ne lui dit pas, il le découvrira donc tout seul par l'étude attentive des grands écrivains. Il apprend par cœur Boileau et Racine ; quand paraît une nouvelle édition de *La Henriade,* il compare les deux textes et s'efforce de pénétrer la raison de chaque suppression. Enfin, il se risque à proposer à son maître des réflexions sur la propriété des mots et le maître lui répond qu'il a corrigé sur ses avis le quatrième et le cinquième acte de *Mérope.* Quelle victoire !

Avant de connaître Voltaire, Frédéric écrivait un français embarrassé, raboteux et lent. Les réfugiés qui l'entouraient avaient apporté le parler d'une certaine date : privé de la continuelle impulsion de la vie, ce parler conservait des façons de dire tombées en désuétude, il lui manquait par contre celles que l'usage établit insensiblement et par lesquelles s'exprime le génie de la langue. Enfin, à force de prêcher devant des auditoires mélangés, les pasteurs l'avaient alourdi de germanismes qui allaient au rebours du mouvement naturel et qui dénotaient la secte, le conventicule. A force de travail,

Frédéric apprit le français de France et le français de son siècle, courant, délié, précis, admirablement propre à l'analyse et au jeu des idées. Assurément, les vers de Frédéric ne sont pas bons ; il en est même d'exécrables. De toute manière, ce qui leur manque le plus, c'est la poésie. Mais sa prose est excellente et le moment vient vite où il la possède et manie de façon à tenir vraiment tête à Voltaire. Et puis, à la longue, il finira par rimer convenablement. Les grandes effusions lyriques ne seront jamais son fait. Il lui arrive de chercher l'esprit et d'être insipide, de faire le galant et d'être grossier. Mais il a aussi des trouvailles heureuses, des strophes qui se logent toutes seules dans la mémoire. Le poème didactique, la parodie, la rhétorique élégante, le badinage épistolaire, voilà des genres qui conviennent à son talent. Hélas ! « il n'y a rien qui puisse retenir un poète en fureur ». Parfois, il a honte d'envoyer à Cirey une si grande quantité d'alexandrins bouffis. « C'est l'invasion des Goths ! » s'écrie-t-il avec une frayeur comique. Puis, un peu triste, relisant ses vers, il soupire :

> Ce sont les bons qui me sont difficiles,
> Pour les mauvais, ils ne me coûtent rien.

Il n'est pas indifférent que jusqu'à sa mort Frédéric ait pensé en français. Car pour prendre encore une de ses expressions, la langue règle l'essor de l'esprit comme les canaux forment des jets d'eau. Aux démarches de l'intelligence, elle impose sa propre logique, sa construction, ses règles, son vocabulaire. A vingt-cinq ans, Frédéric sait à peine l'allemand. Un patois de cocher. Il ne le parle presque jamais et ne l'écrit que pour correspondre avec son père ou donner des ordres à son valet de chambre. Ses connaissances en langues anciennes se résument à quelques citations. C'est en traduction qu'il lit Homère, Démosthène, Platon, les grands tragiques, Thucydide, Cicéron, César, Tite-Live, Virgile, Horace, Tacite, Marc-Aurèle et aussi l'Arioste, Le Tasse, Swift et Cervantès. Dans sa philosophie de l'histoire, il va tout droit de Rome à Paris. « Nous avons l'obligation aux Français d'avoir fait revivre les sciences chez eux, écrit-il à Voltaire. Après que des guerres cruelles, l'établissement du christianisme et les fréquentes invasions des barbares eurent porté un coup mortel aux arts réfugiés de Grèce, en Italie, quelques siècles d'ignorance s'écoulèrent, quand enfin, ce flambeau se ralluma chez vous. Les Français ont écarté les ronces et les épines qui avaient entièrement interdit aux hommes le chemin de la gloire qu'on peut acquérir dans les Belles-Lettres. » C'est pourquoi les autres nations leur gardent une reconnaissance filiale. Quant aux Allemands, ils ont reçu le bon sens en partage. Ils sont laborieux et profonds. Lorsqu'ils se sont emparés d'une matière, ils pèsent dessus. Mais « leurs livres sont d'un diffus assommant ». Et puis « il y a une difficulté qui empêchera toujours que nous ayons de bons livres en notre langue ; elle consiste en ce qu'on n'a pas fixé l'usage des mots... Il ne reste donc plus d'autre ressource à nos savants que d'écrire en des langues étrangères ; et comme il est très difficile de les posséder à fond, il est fort à craindre que notre littérature ne fasse jamais de fort grands progrès. » Une année, il se passionna pour la philosophie de Wolff, un continuateur de Leibniz, mais il ne voulut connaître son grand homme qu'en français. Comme le traducteur insinue timidement qu'il ferait mieux de lire l'œuvre dans l'original parce que la langue allemande est plus propre aux raisonnements métaphysiques que la française, le prince répond qu'il a eu la curiosité de comparer les deux textes et qu'il ne voit pas que la pensée ait rien perdu en passant de l'un à l'autre.

Jusqu'alors, Frédéric a beaucoup lu, mais au hasard, par simple délassement ; il veut désormais que tout lui profite. On a le catalogue de sa bibliothèque, le relevé de ses lectures et même les notes qu'il a mises en marge d'un Montesquieu. Dans tout ceci, l'art de la guerre tient peu de place. Le métier militaire, il l'apprend au jour le jour, par le service et par la visite des champs de bataille. Comme il assimile tout, il profite aussi de cet enseignement-là. Mais sa curiosité va à la philosophie, à l'étude des hommes, des pays, des sociétés, des gouvernements et des lois. Elle cherche d'instinct ce qui est général et ce qui est grand. Aussi s'applique-t-il moins à rassembler des connaissances positives, qu'à se former un corps de doctrine et un idéal de vie. Il a de l'aversion pour le raisonnement géométrique qui est abstrait et qui « sèche l'esprit ». Il est absolument rebelle aux mathématiques. Comme Voltaire essaie de lui faire comprendre l'usage de l'infini dans une équation, il lui répond sur un ton de triomphe qu'il n'y a que deux sortes de nombres, les pairs et les impairs et que l'infini n'étant ni l'un ni l'autre, il n'est donc rien. Un moment, sur les instances de Mme du Châtelet, il voulut approfondir la physique. Il se fit même aménager un laboratoire ; on répéta sous ses yeux « toutes les expériences de la pompe pneumatique » ; pendant quelques semaines, il argumenta sur le vide et sur la nature de la lumière. Puis il n'y pensa plus. Par docilité à Voltaire, il range encore Newton parmi les génies qui honorent notre pauvre espèce. Mais plus tard, il ne se gênera pas pour le traiter de rêve-creux et mettre Descartes bien au-dessous des grands raisonneurs, Bayle et Gassendi.

Il ne faut pas être dupe de sa correspondance. Il lui arrivait de soutenir un parti par pure virtuosité, « pour voir jusqu'où l'on peut pousser le raisonnement et de quel côté se trouve le plus d'absurdités ». Mais il était sincère avec lui-même. Lorsqu'il s'installa à Rheinsberg — après la crise de désespoir qui avait suivi les événements de 1734, il a perdu la foi pour toujours. Il rejette la religion, il la méprise, il la hait. Contre la « séquelle sacerdotale », contre « l'engeance théologique » il n'est jamais à court d'injures. Sous sa plume, le pape devient un charlatan, un danseur de corde, un vendeur d'orviétan, un vieux druide décati. Les moines sont des scélérats, les prophètes des imposteurs, Luther et Calvin de pauvres gens, la Bible un ramassis de fables inintelligibles. Au surplus, réformés ou papistes, l'esprit de domination et d'intolérance est le même chez tous ceux qui se disent les ambassadeurs de Dieu pour exploiter la crédulité des princes et des nations. Ils enseignent des absurdités enfantines, mais au nom de ces absurdités, ils ont rempli le monde de guerres et de crimes, persécuté la raison, perverti les mœurs en remplaçant la vertu par de vaines mômeries...

Pourtant Frédéric croit à un Etre Suprême, parce que le monde suppose un principe d'action et de vie, comme l'horloge suppose un horloger. Il y a dans la nature un ordre si évident qu'il faut bien convenir qu'une intelligence préside à cet univers pour maintenir l'arrangement général de la machine. Mais ce Dieu est impersonnel, incompréhensible, étranger à l'humanité. De lui découlent les lois de la nature, et il assiste imperturbable aux révolutions qu'elles produisent, parce qu'il n'est pas en son pouvoir de les altérer ni d'en suspendre les effets. Mais si la science nous découvre peu à peu les phénomènes de l'optique, la forme de la terre et les mouvements des corps, pouvons-nous pénétrer plus loin et connaître la structure même des choses ?

La *Logique* de Wolff avait inspiré à Frédéric une immense confiance dans les forces de l'esprit humain. Wolff était obscur et lent, mais il avait le mérite d'avoir été chassé de l'Université de Halle par Frédéric-Guillaume, et dans toute l'Allemagne sa renommée était immense. Il donnait à la philosophie de Leibniz la rigueur d'un enchaînement mathématique ; il voulait que toutes les propositions de son système fussent déduites les unes des autres avec une évidence démonstrative. Frédéric eut beaucoup de mal à le comprendre. Assisté de Suhm et de Manteuffel, il le lisait et le relisait, sans rien passer, craignant toujours de perdre le fil et d'oublier en route une de ces définitions auxquelles Wolff attachait une importance primordiale. Enfin, il crut l'avoir saisi, et il se félicita d'être parvenu à un havre sûr. A n'en point douter, la matière, en dernière analyse, se compose *d'êtres simples,* d'atomes, de « je ne sais quoi », qui n'ont ni figure, ni grandeur et qui ne peuvent remplir d'espace, parce que s'ils étaient étendus, ils pourraient être divisés. Ces hautes spéculations remplissaient Frédéric de vertige et de modestie : « De pareilles lectures instruisent et humilient. Je ne me sens jamais plus petit qu'après avoir lu la proposition de l'être simple. » Il essaya de faire partager son admiration à Voltaire qui, avec bien des compliments, finit par lui avouer qu'il ne comprenait goutte à ce galimatias et qu'il n'arrivait pas à imaginer des corps sans espace. « Je me vois transporté tout d'un coup dans un climat dont je ne puis respirer l'air, sur un terrain où je ne puis mettre le pied, chez les gens dont je n'entends point la langue. » Frédéric ne parla plus de l'être simple.

Il avait plaidé la cause du philosophe le plus longtemps possible et de son mieux. Mais, peu à peu, après beaucoup de doutes et d'hésitations, il a perdu sa belle confiance. Les secrets de la nature sont impénétrables, l'homme vit dans les ténèbres, son intelligence est bornée et s'il reçoit en naissant la curiosité de tout connaître, c'est pour mieux sentir par la suite l'infirmité de son entendement et pour en souffrir davantage. Pauvres hommes ! Tantôt ils se croient libres et tantôt ils s'imaginent que le Dieu miséricordieux a arrangé la création pour que tout concoure à leur bonheur. Qu'en savent-ils ? Comment peuvent-ils concilier le sentiment de leur liberté avec la prescience de Dieu ? Le hasard avec sa sagesse ? L'existence du mal avec sa souveraine bonté ? Ni le franc arbitre ni la fatalité absolue ne disculpent la Divinité de la participation au crime, car que Dieu nous ait donné la liberté de mal faire ou qu'il nous ait, de toute éternité, condamnés au crime, cela revient à peu près au même ; il n'y a que du plus ou du moins. Mais tout cela est si embarrassant, si fécond en équivoques qu'il vaut mieux avouer notre ignorance. Les systèmes les plus ingénieux peuvent bien nous amuser quelque temps, mais ils ne contiennent jamais que les reflets confus de vérités inaccessibles. Les souris qui habitent quelques trous obscurs d'un bâtiment immense ne savent ni si ce bâtiment est éternel, ni quel en est l'architecte, ni pourquoi cet architecte a bâti. Elles tâchent seulement de peupler leurs trous et de fuir les animaux destructeurs qui les poursuivent.

Mais même dans ce petit domaine de nos intérêts et de nos calculs terrestres, entre cent personnes qui croient penser, il en est une à peine qui pense par elle-même. Les autres n'ont que deux ou trois idées qui roulent dans leur cerveau sans prendre de nouvelles formes. Nous avons beau nous répéter que rien n'arrive sans cause, à nos yeux étonnés, les destins n'offrent le plus souvent qu'une suite incohérente de bizarreries.

Frédéric cependant attachait trop de prix aux idées pour en faire de simples objets de spéculation. Il n'était pas homme à douter de tout et à se comporter comme s'il ne doutait de rien. Quand il écrit que le scepticisme est « affreux », « insupportable », cela signifie qu'il a besoin d'une certitude pour retrouver le plaisir et le courage, mais il ne lui faudra pas longtemps pour se tirer d'affaire. « Ce qu'il y a de plus réel en nous, c'est la vie. » Voilà un point de départ, donc une certitude. Seconde proposition : « Si les hommes ne sont pas faits pour raisonner sur les matières abstraites, Dieu les a instruits autant qu'il est nécessaire pour se gouverner dans le monde. » Enfin, interrogation dernière : en quoi consiste la vie ? « Il ne s'agit pas qu'un homme traîne jusqu'à l'âge de Mathusalem le fil indolent et inutile de ses jours, mais plus il aura réfléchi, plus il aura fait d'actions belles et utiles, plus il aura vécu. » Ainsi, au sortir de la crise métaphysique, le futur roi de Prusse reprend par un retour sur lui-même le sens de sa destinée.

La morale du prince Frédéric, c'est d'abord le respect de son métier. Trente ans plus tard, discutant avec une femme qu'il estimait beaucoup après lui avoir fait beaucoup de mal, l'Electrice de Saxe Marie-Antonie, il disait que la destinée l'avait mis sur une route où ses goûts ne l'auraient pas conduit. « Personne n'est maître de son sort ; nous naissons, on nous donne un rôle à jouer qui souvent ne nous convient pas et c'est à nous de nous acquitter de notre charge le mieux que nous pouvons. » En 1752, il avait écrit à la margrave : « Si je pouvais suivre mon penchant, je m'adonnerais entièrement à la retraite. Le malheur est qu'on se trouve engagé dans une espèce d'esclavage dont on ne saurait se libérer. Nous sommes obligés de porter le joug que le destin nous impose ; notre naissance décide de notre état et il faut, bon gré mal gré, faire le métier auquel on est condamné. » Cependant, jamais, même dans ses révoltes de jeunesse, il ne s'est vu autrement que fils de roi et promis à la souveraineté. Mais il lui a fallu un travail opiniâtre et une tenace application pour se pénétrer peu à peu des devoirs de sa fonction et pour s'en rendre digne. Alors, il ne lit plus comme un humaniste qui admire et qui imite, mais comme un politique qui apprend et qui utilise. Il ne veut plus savoir comment les écrivains se sont faits, il leur demande de quoi se faire lui-même. Jour par jour, on pourrait presque dire page par page, par la seule force de sa volonté, il construit en lui-même un autre Frédéric, celui qui étonnera l'Europe.

★

Souvent il disait :

— Je rends grâce au destin, qui m'a fait naître sur la fin du grand siècle de Louis XIV !

Ce siècle nous avons peine à imaginer de quels feux il l'a ébloui. Sans doute, nous n'osons plus l'appeler le temps des perruques, mais nous disons qu'il a été celui de la mesure et de l'ordre en laissant entendre qu'il était aussi celui de la contrainte et du compassé. Nous disons que notre littérature classique est une école d'équilibre, de sérénité, d'harmonie, de raison : nous sommes prêts à y trouver les leçons d'une sagesse banale, les recettes scolaires d'un art formaliste, épris de symétrie et asservi aux modèles anciens. Mais le siècle de Louis XIV fut d'abord un printemps, un renouveau, une explosion de jeunesse, un déchaînement impétueux d'énergies créatrices. L'ordre n'est rien, s'il n'est une victoire sur les passions, un effort sur soi-même, une flamme entretenue et contenue à la fois. La mesure du règne, ce n'est point la prudence bourgeoise, la conduite décente d'un peuple assoupi et respectueux. C'est la solidité dans la grandeur et le naturel dans le sublime.

Jusqu'à sa mort, Frédéric a lu et relu Corneille, Bossuet, La Bruyère, Fléchier, Bourdaloue, Massillon, Molière, surtout La Fontaine, Boileau et Racine. Une fois, à Rheinsberg, il a appelé Boileau le *divin* Boileau, et l'épithète nous paraît un peu forte. Mais au kronprinz tenu en lisières par la tyrannie paternelle, Boileau apportait la haine du faux, le mépris des fadaises et du boursouflé, une certaine manière d'aller au vrai et de crier la vérité sur les toits, une violence, une effronterie même qui renversent les réputations usurpées et qui font place à la vraie grandeur.

Méditant presque toujours par écrit, Frédéric tirait de ses lectures des applications personnelles, des motifs d'exaltation et des règles de conduite. Mais c'est surtout à Racine qu'il doit la découverte de lui-même. Par la solennité du décor, par la grandeur des passions et des intérêts, la tragédie française est le drame des rois. Dans sa vieillesse, Frédéric ira jusqu'à écrire que seuls des princes seraient capables de bien la jouer, parce qu'ils sont seuls à pouvoir entrer avec naturel dans les sentiments des personnages. Mais il reste encore dans le théâtre de Corneille quelque chose de l'emphase et du romanesque espagnols. Et puis Corneille illustre avec magnificence une morale un peu déclamatoire ; il fait une abondante dépense de patriotisme, de vertu, de courage, thèmes excellents mais parfaitement monnayables, susceptibles d'être changés en loyalisme militaire et en dévouement civique. « Les chefs de gouvernement, hommes sociaux, ne savent gré à un art que de ses vertus sociales, nécessaires, mais nécessairement vulgaires, et vulgaires jusque dans leur grandeur. » C'est pourquoi Napoléon préférait Corneille. Frédéric tenu à l'écart, suspect, presque exilé, ne songe pas à élever le peuple : il prépare sa destinée, il cherche et crée un héros. Quand il se retourne vers son adolescence, quand il revoit sous la fenêtre de Custrin le drap noir et le petit tas de sable rougi, il se sent le frère des héros raciniens. Comme eux, il n'a été élevé par la naissance au-dessus des autres hommes, affranchi des bonheurs et des malheurs médiocres que pour subir une fatalité à sa mesure, pour retomber sous les lois les plus dures du devoir politique et du devoir d'Etat. Chez Racine, la politique ne se dilue point en sentences et en tableaux d'histoire. C'est une réalité morale inséparable du caractère des personnages. Elle est dans leur cœur, dans leur esprit. Elle est leur vie même. Le grand prince est celui qui contemple ses devoirs

...d'un œil que la gloire et la raison éclaire,

qui sait vaincre ses faiblesses, contenir ses douleurs, qui sait entraîner les armées, séduire le peuple, et qui, par une longue et pénible industrie, s'est habitué à la fois au commandement et au sacrifice.

Si Frédéric avait été initié par son père à la pratique quotidienne des affaires, le conseil, la correspondance, le choix des hommes, le souci de la décision auraient absorbé les forces de son esprit et il eût été roi sans y penser. Réduit à des besognes subalternes, obstinément borné à l'horizon étroit de Ruppin, il a été amené par contraste à réfléchir profondément sur la nature de la monarchie. On lui avait enseigné que les rois et les sujets sont liés par un échange continuel d'obligations et de services : respect et obéissance de la part des sujets ; protection et justice de la part des rois. On lui avait appris aussi que si nul homme au monde ne peut s'élever contre les souverains pour les empêcher de mal faire, Dieu qui les a institués s'est réservé le soin de les punir. Au jour du jugement, il leur demandera des comptes de ses brebis et il écrasera les mauvais bergers. En perdant la foi, Frédéric n'a pas mis en doute les fondements de sa puissance. Les Français du XVIIe siècle et ceux de son temps étaient trop persuadés du bienfait de l'institution monarchique pour éveiller en lui la moindre inquiétude. C'est tout au plus si au principe de l'échange, il substitue l'idée plus juridique d'un contrat tacite, sans admettre pour cela que les droits de la couronne puissent être limités et divisés comme en Grande-Bretagne. Au prince de fixer lui-même les bornes de son pouvoir, selon les exigences de la raison, l'expérience de l'histoire et les intérêts du royaume ! Frédéric, d'ailleurs, a le champ libre pour philosopher à son aise. Il n'y a point en Prusse de haute noblesse, point de clergé, point de riche tiers-ordre, qui, depuis des siècles, aient combattu, prié, peiné pour le roi. Point d'Etats généraux, point de traditions passées en lois fondamentales. Tout y est petit, dispersé, sans force et sans droit. En vérité, Frédéric peut dire qu'il sera le premier domestique de ses sujets, personne ne lui chicanera la « liberté absolue du bien » qu'il revendique pour les servir.

Mais comme la liberté du bien ne va pas sans la liberté

du mal, il faut que le monarque soit parfait. Frédéric convient sans peine que le parfait monarque est un oiseau rare. Il l'appelle un être métaphysique. Mais à son usage personnel, il voudrait néanmoins s'en faire un portrait ressemblant pour l'avoir toujours devant les yeux comme un modèle. Tout d'abord, le prince voit tout et sait tout. « Il dirige la masse entière. » Ayant étudié l'histoire qui lui fournit « un tableau de toutes les vicissitudes de la fortune », il a « une idée juste et exacte des choses qui arrivent dans le monde » ; il est même capable de déchiffrer en quelque manière les mystères du destin par sa pénétration et par cet esprit de force et de jugement qui combine tous les rapports et lit dans les conjonctures présentes celles qui doivent suivre. Il est ferme dans ses projets, inébranlable dans ses résolutions. Mais comme la monarchie prussienne n'est pas de celles qui vont par une espèce d'allure donnée dans le commencement, le roi est obligé de payer sans cesse de sa personne. Trop faible pour commander aux événements, il doit savoir louvoyer à propos et céder aux circonstances, « uniquement occupé à conduire son vaisseau dans le port désiré, indépendamment des moyens pour y parvenir ».

Au-dedans et dans leurs rapports avec l'étranger, « le principal objet des princes est la justice ». Mais ici se présente une difficulté et la pensée de Frédéric s'embarrasse. Par moments, il croit ou tout au moins il dit que la morale publique se confond avec la morale privée, que les rois et les particuliers sont soumis aux mêmes devoirs, qu'ils doivent pratiquer la même vertu. Sur ce thème, il brode d'intarissables variations. Sa correspondance en est remplie et il en est d'autant plus prodigue qu'il se sent davantage éloigné du pouvoir et qu'impatient de briller, il n'aperçoit d'autre route que celle qui conduit à la gloire littéraire. Alors il prêche qu'il faut se contenter de son état, ne point convoiter les richesses du voisin, ne jamais faire aux autres ce que l'on ne voudrait pas subir d'eux. Il enseigne que les princes doivent être doux et cléments, que les conquêtes sont une volerie criminelle, qu'entre un héros guerrier et un bandit de grand chemin, il n'y a d'autre différence que l'un est couronné de lauriers et l'autre accroché à la potence. La meilleure façon qu'ont les rois d'honorer l'humanité, c'est de distinguer les esprits supérieurs qui s'emploient à perfectionner ses connaissances et qui se dévouent au culte de la vérité.

Cette phraséologie sentimentale forme la principale matière de l'*Antimachiavel*, qu'il commença au printemps de 1739 et qui parut à La Haye en septembre 1740. Il y en avait tant mis que Voltaire dut le réfréner : « Le zèle... a dévoré votre âme généreuse... Quand on a dit à Machiavel honnêtement d'injures, on pourrait après cela s'en tenir aux raisons. » L'ouvrage est mauvais. C'est une édifiante homélie contre la rapacité, la perfidie, le gouvernement arbitraire, les guerres injustes, mais aussi une homélie pesante, d'un verbalisme insupportable, avec des lapalissades emphatiques et par-ci par-là, de petites fusées voltairiennes dont la plupart ne partent pas. Au surplus la pâte n'est même pas neuve. Pour ne parler que de la France et de l'Allemagne, il y avait un siècle et demi qu'elle était pétrie de toutes mains. Les réfutations de Machiavel s'y comptaient par douzaines. La nouveauté était de voir un prince héritier reprendre à son compte cet exercice de pédant. La nouveauté, mais aussi le danger : Voltaire ne s'y trompa pas.

Sur le manuscrit de Frédéric, il se livre à un minutieux épluchage. Non seulement il corrige les fautes contre la langue et contre le goût, mais, dans la mesure du possible, il fait la chasse aux outrages inutiles, aux allusions trop limpides, aux propositions téméraires, qui pourraient, dans la suite, se retourner contre leur « illustre » et « vertueux » auteur. Par exemple, à la fin d'un petit morceau sur César Borgia, Frédéric avait voulu mettre : « Il lui fallait des exemples (à Machiavel) ; mais d'où les aurait-il pris que du registre des procès criminels ou de l'histoire des papes ? » Au lieu de l'*histoire des papes*, Voltaire met tranquillement : l'*histoire des Nérons et de leurs semblables*, ce qui est parfaitement inoffensif. Allégé, écourté, le livre n'en reste pas moins très faible, parce qu'il n'est toujours qu'un long contresens. L'erreur irrémédiable est d'avoir voulu contre Machiavel faire à la fois œuvre de critique morale et de critique politique, autrement dit « d'avoir réuni ce que Machiavel a séparé et de s'être ainsi trompé sur la nature, l'objet et le caractère du machiavélisme » (Ch. Benoist).

Cependant une lecture hâtive risquerait d'égarer. La principale raison pour laquelle Frédéric n'a pas compris Machiavel c'est qu'il a cru que le Florentin écrivait pour les tyranneaux de son temps. Il lui en veut d'introduire dans la force toutes les lâchetés de la faiblesse, car cette Italie de la Renaissance, il la compare à la confédération germanique. Les Borgia, les Este, les Montefeltro, les Sforza, sont à ses yeux, tout semblables aux deux cents petits princes « hermaphrodites de souverains et de particuliers » qui se partagent les miettes de l'Empire. Alors éclate superbement l'orgueil du futur roi de Prusse, cet orgueil dont la pauvre margrave s'est si souvent plainte : « La plupart des petits princes se ruinent par la dépense... ils s'abîment pour soutenir l'honneur de leur maison et ils prennent par vanité le chemin de la misère et de l'hôpital... Ce qu'on pourrait leur conseiller de meilleur serait de diminuer l'opinion qu'ils ont de leur grandeur », la vénération qu'ils ont pour leur illustre race et le zèle qu'ils ont pour leurs armoiries. Qu'ils licencient leurs troupes et abattent leurs murailles, car « la guerre est uniquement l'affaire des grands souverains » !

Voilà un accent sincère. Frédéric n'éprouve donc point, à l'égard des conquêtes, la vertueuse horreur dont il fait parade pour ses amis littéraires ? En vérité, cette horreur entre dans les conventions, dans le climat de Rheinsberg, comme l'amour des champs, les délices de la retraite, le dédain des grandeurs terrestres, comme toutes les bucoliques mi-sincères, mi-fardées qui aident le prince à oublier les humiliations et à tromper l'impatience de régner.

Le matin quand je me réveille,
Je vois dans la belle saison,
Phebus, brillant sur l'horizon,
Colorer les fruits de la treille...

Malheur à l'esclave imbécile
Qui ne saurait quitter la ville...

Si pendant ces années d'attente, Frédéric veut duper quelqu'un, c'est d'abord le kronprinz de Prusse, c'est d'abord lui-même. Parfois il se prend à son propre verbiage et il réussit à s'enivrer de mots. Mais il est trop ambitieux, trop réaliste, trop affamé d'action et de gloire pour s'égarer longtemps. De l'aveu des historiens, la vraie gloire n'est-elle pas la gloire des armes ? Montesquieu, dans son admiration pour la grandeur romaine, est-il arrêté par des scrupules de moraliste ? Dans l'estime de la postérité, la volonté de puissance n'emporte-t-elle pas tout ?

Sous les déclamations de l'*Antimachiavel* court donc en sourdine une autre théorie qui est, elle, du machiavélisme véritable. Après avoir soutenu contre ce « jésuite » de Florentin que les princes doivent « observer religieusement la foi des traités », Frédéric ajoute : « J'avoue d'ailleurs qu'il y a des nécessités fâcheuses où le prince ne peut s'empêcher de rompre ses traités et ses alliances. » Il suffit, pour qu'il soit absous, que la nécessité soit réellement grande. Et la guerre ? Certes, il l'a dit en vingt endroits, il n'existe pas de crime plus grand. En vertu de quoi, je vous le demande, un homme pourrait-il former « le dessein d'élever sa puissance sur la misère et la destruction d'autres hommes ? » Néanmoins il y a trois sortes de guerres légitimes : les guerres défensives, les guerres d'intérêt et les guerres de précaution. Les guerres d'intérêt sont celles que les rois font pour maintenir des droits qu'on leur conteste et les combats décident de la validité de leurs raisons. Les guerres de précaution sont offensives, mais elles n'en sont pas moins justes, car il vaut mieux prévenir que d'être prévenu. Ainsi en va-t-il des mercenaires étrangers : il est excellent d'en posséder et infâme d'en fournir aux autres. On tombera d'accord que, pour en arriver là, il n'était point nécessaire de commencer par se fâcher si fort.

★

Toutefois, ces méditations sont encore si générales, si théoriques qu'on pourrait les croire hors du temps. Mais un souverain ne règne pas dans les régions du pur esprit. Il ne gouverne qu'un coin de terre, qui est de champs, ou de bois, ou de vigne ; de plaine ou de montagne ; qui est peuplé ou désert ; dont les habitants sont opiniâtres ou dociles, propres à la guerre ou mauvais soldats. C'est tout cela que Frédéric-Guillaume appelle *le réel.* Les plans de Frédéric sont-ils adaptés au réel ?

Il a étudié l'Europe et il la connaît bien dans quelques-unes de ses parties. Dans d'autres, il hésite ou il se trompe. Souvent sa vue est courte. Pour expliquer la grandeur ou la décadence des Etats, il se satisfait de raisons très superficielles. De la Russie, il n'a qu'une idée incertaine et confuse. Les choses de la mer lui échappent. Il ne comprend pas la rivalité des puissances coloniales. La France l'agace, l'inquiète et l'étonne. Il reprend contre elle les reproches ordinaires d'inconstance et de légèreté, mais il la redoute à cause du bonheur constant de sa politique. Il lui reconnaît la population la plus nombreuse, le gouvernement le mieux assuré, le territoire le plus compact, l'armée la plus solide et la richesse la mieux assise. Bref « elle réunit dans la plus grande perfection toutes les parties de la puissance ». Aussi ne précipite-t-elle rien. Bornée par la nature sur quatre côtés, elle n'a vers l'orient d'autres limites que celles de sa modération. Mais elle n'est pas modérée et on dirait que du côté du Rhin, les conquêtes viennent s'offrir à elle. Presque au même rang, Frédéric place l'avide et féroce Angleterre dont les ressources sont inépuisables, mais qui faute de troupes ne tient pas entre les puissances le rang qui semble lui revenir.

Enfin, voici l'Allemagne, le Saint-Empire romain germanique. Son territoire s'étend de Trieste à la mer Baltique, des sources de l'Elbe aux frontières de la Hollande. L'Empereur revendique la prééminence sur les autres souverains. Il porte la couronne de Charlemagne et il se dit le chef temporel de la chrétienté, comme le pape en est le chef spirituel. Mais l'Empire est indéfinissable. Tour à tour, on l'a appelé un monstre politique, une mosaïque disjointe, un chef-d'œuvre de morcellement, une bigarrure, une poussière de principautés et toutes ces comparaisons sont exactes. L'Allemagne est hachée en menus morceaux, disloquée, décomposée. A côté de quelques électorats d'assez bonne taille, on y compte deux mille territoires enchevêtrés les uns dans les autres, duchés, comtés, républiques, abbayes, évêchés, villes, margraviats et simples commanderies, parmi lesquels plus de deux cents forment des Etats souverains, disposant de tous les droits régaliens, y compris celui de conclure des alliances à leur gré.

L'Empereur qui réside à Vienne est élu à Francfort par les neuf électeurs : trois ecclésiastiques, les archevêques de Cologne, de Trèves et de Mayence et six laïcs : Bohême, Brandebourg, Saxe, Bavière, Palatinat et Hanovre. Depuis 1438, les Habsbourg ont réussi à conserver dans leur famille le titre impérial, mais c'est un titre creux. Sans doute, il subsiste, par tout le pays, l'ébauche d'une organisation unitaire : une chancellerie, une juridiction d'appel, une Diète, un budget, une division territoriale en dix cercles. Mais de la justice impériale, il est difficile d'obtenir une sentence et plus difficile encore de la faire exécuter. La Diète séparée en trois collèges — Electeurs, princes et villes — reproduit toutes les divisions territoriales, politiques, religieuses de l'Allemagne et les échauffe en vase clos. Un règlement très minutieux protège si bien les droits de chacun que la marche des affaires est d'une lenteur infinie. Les discussions s'éternisent en chicanes pointilleuses, les résolutions sont toujours incertaines ou équivoques. Depuis le traité de Wesphalie, la France, protectrice des libertés germaniques, est représentée aux sessions par un plénipotentiaire dont la vraie mission est de surveiller les travaux de l'assemblée et d'y entretenir l'anarchie. Frédéric appelle la Diète « une espèce de fantôme » et les délégués que les princes y envoient « des mâtins de basse-cour qui aboient à la lune ». Au surplus, le revenu total de l'Empereur ne se monte qu'à 8 000 thalers par an, le prix d'une ferme !

Lorsque la Diète a déclaré la guerre, chacun des cercles est tenu de fournir un contingent proportionnel. Mais que peut valoir cette armée ? Plusieurs cercles contiennent des dizaines d'Etats indépendants qui envoient chacun une poignée d'hommes. Le cercle de Souabe, par exemple, comprend 97 souverains : deux évêques, deux princes-abbés, quatorze princes séculiers, vingt-trois prélats, vingt-cinq membres du banc des seigneurs et trente et une villes, les unes importantes comme Augsbourg et Ulm, les autres minuscules comme Bopfingen qui a seize cents habitants et Buchau qui en a mille. L'armée des cercles n'est qu'une cohue.

Au moins, en dépit du morcellement politique, existe-t-il un patriotisme commun ? une unité morale et intellectuelle ? Frédéric le nie avec une sorte de rage. En vertu des libertés de la nation, chaque territoire affecte un jargon particulier. Pour s'entendre, les deux extrémités de l'Allemagne ont besoin d'interprètes. Certes, depuis quatre-vingts ans, des progrès ont été faits. Les mœurs sont moins grossières, la misère moins répandue. « Tout a augmenté, les habitants, les équipages, les meubles, les livrées, les carrosses et la somptuosité des tables. » Mais il n'y a encore ni goût, ni art, ni véritable littérature. Que reste-t-il donc en Allemagne ? Les forces particulières des princes les plus considérables. L'Empereur Charles VI tire lui-même sa principale puissance des possessions héréditaires de sa maison, qu'elles soient dans l'Empire comme l'Autriche, le Tyrol, la Bohême, la Moravie et la Silésie, ou qu'elles soient en dehors, comme la Hongrie, la Croatie, la Belgique et le Milanais. Il y a donc en lui deux personnages, le chef du corps germanique et le souverain particulier. Il n'est pas toujours facile de les démêler : bien souvent, on accuse l'Empereur de se servir de l'Empire pour asseoir le despotisme autrichien.

Cette dualité n'est pas exceptionnelle. Depuis moins d'un siècle, trois électeurs ont conquis hors des frontières impériales des couronnes de roi : l'électeur de Hanovre est roi d'Angleterre, l'électeur de Brandebourg est roi de Prusse et l'électeur de Saxe est roi-élu de la république polonaise. Entre eux, il n'y a point d'égalité. La Saxe est une des provinces les plus opulentes de l'Allemagne. « Elle doit cet avantage à la bonté de son sol et à l'industrie de ses sujets qui rendent leurs fabriques florissantes. » Mais elle est mal gouvernée, elle a peu de troupes et l'électeur gaspille ses revenus en corruptions, dans l'espérance de rendre héréditaire le gouvernement de la Pologne. Bon gré mal gré, l'électeur de Hanovre deviendra anglais. Quel que soit son désir de régenter ses nouveaux sujets à l'avantage des anciens, il est contraint de servir les intérêts de la Grande-Bretagne et de faire la politique de marchand que lui impose la nation. L'électeur de Brandebourg, lui, est un terrien. Il est aussi le plus allemand : son royaume de Prusse est une colonie sécularisée des chevaliers teutoniques.

L'héritage des Hohenzollern est émietté du Niemen au Rhin. Cependant les morceaux en sont assez rapprochés pour que le roi puisse aller de Tilsitt à Clèves sans coucher plus de deux ou trois nuits hors de chez lui. Ils se répartissent en trois groupes principaux : à l'est la Prusse, au centre le morceau compact du Brandebourg, de la Poméranie, de Magdebourg et d'Halberstadt ; à l'ouest les petits territoires de Minden et de Ravensberg sur la Weser, de la Mark sur la Ruhr et de Clèves sur le Rhin. Mais cette énumération est beaucoup trop simple. Aux confins de tous ces domaines, s'étend comme une frange de territoires contestés, d'enclaves, de souverainetés hésitantes, de promesses d'héritages. Tout au bout de la vieille Prusse par exemple, le roi possède la seigneurie de Serrey, dot d'une Radziwill qui a épousé un Hohenzollern : elle forme enclave en terre polonaise. Le roi nomme le curé, mais le pasteur est élu par le synode de Vilna. Un morceau de la Poméranie, la seigneurie de Lauenbourg, continue à dépendre de la Pologne. Le duché de Crossen qui fait corps avec le Brandebourg est de mouvance bohême, le duché de Cottbus forme enclave en terre saxonne. En revanche, le Mecklembourg, duché indépendant, est étroitement soumis au roi qui, à la suite de troubles de succession, a obtenu de l'Empereur le droit d'y exercer la police et d'y tenir des troupes.

En Thuringe, l'enchevêtrement féodal est plus grand encore. A Quedlinbourg, le roi est avoué héréditaire de l'abbaye protestante de femmes. Un détachement prussien occupe la ville. Mais l'abbesse lui a interdit l'entrée du quartier où se trouve son couvent. Dans le comté de Wernigerode, l'administration est partagée : le comte a les affaires d'Eglise et le roi les postes. Il possède l'expectative de la Frise orientale : prétexte pour y mettre garnison. A l'intérieur de la Mark deux comtés et un bourg ont à peu près réussi à sauvegarder leur indépendance. Par contre, les villes voisines de Dortmund, Essen, Werden subissent l'influence prussienne qui s'y exerce sans aucun droit, mais sous les prétextes les plus divers, tantôt pour protéger la minorité réformée de Dortmund contre la majorité luthérienne, tantôt pour apaiser les conflits entre l'abbesse d'Essen et les bourgeois. En retour, l'électeur palatin a la protection des catholiques de Clèves et le roi d'Angleterre, comme duc de Brunswick, le patronage de l'Eglise catholique dans un petit territoire voisin d'Halberstadt. La seigneurie de Lymers aux Pays-Bas, la ville de Crefeld dans l'archevêché de Cologne, Neuchâtel et Vallengin en Suisse, appartiennent au Hohenzollern qui conserve aussi dans la région de la Meuse quelques baronnies, débris de la succession d'Orange. Le tout représente, en 1740, 12 000 kilomètres carrés et 2 200 000 habitants.

A la complication géographique se superpose la complication historique. En aucun lieu, le prince n'est juridiquement identique à lui-même. Tantôt il agit comme souverain, tantôt comme vassal, tantôt comme suzerain, tantôt comme dignitaire impérial et comme directeur du cercle de Basse-Saxe. Frédéric-Guillaume se dit « par la grâce de Dieu, roi de Prusse, margrave de Brandebourg, archichambellan et électeur du Saint-Empire romain, prince souverain d'Orange, Neuchâtel, Vallengin, duc de Magdebourg, Clèves, Juliers, Berg, Stettin, de la Poméranie, des Cassubes et Vandales, de Mecklembourg et de Cossen en Silésie, burgrave de Nuremberg, prince de Halberstadt, Minden, Kammin, des Wendes, de Schwerin, Ratzeburg et Meurs, comte de Hohenzollern, Ruppin, de la Mark, de Ravensberg, Hohenstein, Tecklenbourg, Lingen, Schwerin, Buhren et Lehrdam, marquis de la Vehre et de Flessingue, seigneur de Ravenstein, des pays de Rostock, Stargard, Lauenbourg, Bütow, Arlay et Breda, etc. » En réalité, indépendamment des fanfaronnades et des vanités de la titulature, indépendamment des titres de commémoration et des titres de prétention, il y a en Frédéric-Guillaume un roi, un margrave, six ducs, cinq princes, dix comtes et tant de barons qu'on ne les compte même plus. Son autorité est si complexe qu'elle déborde au-dehors des limites politiques de ses Etats, tandis que celle des princes voisins pénètre dans les siens.

Si l'on peut dire que la couronne royale a créé par son prestige un lien supérieur entre les divers domaines, l'unité véritable réside encore dans la personne du maître. Le but de la bureaucratie prussienne est de transformer cette unité artificielle et précaire en une unité réelle, celle des institutions, des lois, des intérêts et des coutumes. Assurément, la tâche est avancée. Les vieilles franchises urbaines et provinciales n'ont pas survécu à la ruine des Etats oligarchiques. Mais précisément, pour la raison qu'elle ne s'appuie sur aucune nécessité naturelle, ni sur le territoire qu'elle embrasse, ni sur la communauté des êtres qu'elle rassemble, la monarchie prussienne, pour durer et pour grandir, ne peut être que despotique. Despotisme paternel et brutal à la façon de Frédéric-Guillaume ? Despotisme éclairé et philosophique, comme le rêve le kronprinz ? Il n'y a peut-être pas tant de différence.

La même logique interne pousse la monarchie des Hohenzollern à être conquérante. Ses frontières ne sont qu'un long procès : il faut qu'elle gagne ou qu'elle perde, qu'elle empiète ou qu'elle recule, qu'elle s'étende ou qu'elle s'effrite. Jamais elle n'est satisfaite, mais jamais elle n'est rassurée. En tout cas, jamais elle ne se sent achevée. Avant d'être une nation, la Prusse est une pensée politique, une ambition en marche, c'est le rêve d'une dynastie qui a persévéré dans le même effort et qui administre ses Etats comme son patrimoine. C'est pourquoi, si Frédéric doit reconnaître à son père le mérite d'avoir établi la souveraineté « comme un rocher en bronze », il critique âprement sa politique extérieure. Sans doute il se contraint par respect et par crainte. Après la maladie de 1734, mécontent d'avoir montré sa hâte de régner, il a cessé toute correspondance avec

Grumbkow et c'est le ministre lui-même qui a cherché à la reprendre en octobre 1735. Mais Frédéric ne se livre pas facilement. Tantôt il reste des semaines sans écrire ; tantôt il joue à l'ermite dégoûté des vanités humaines ; tantôt il répond par des banalités éloquentes. Mais parfois aussi il éclate.

Depuis le traité de Berlin du 23 décembre 1728, Frédéric-Guillaume était demeuré fidèle à l'alliance impériale, mais elle ne lui avait rapporté que des déboires. En Pologne, où il craignait de voir les Saxons créer et perpétuer une monarchie héréditaire, l'Autriche avait précisément imposé l'élection d'Auguste III, fils d'Auguste II, contre le candidat national Stanislas Leczinski, acclamé par la majorité de la noblesse. A l'ouest, pendant la guerre, Frédéric-Guillaume avait ponctuellement fourni à l'empereur son contingent contre la France, mais il n'avait pas obtenu en échange la moindre garantie pour la succession de Berg-Juliers. C'est à peine s'il avait été averti de la paix, de la cession de la Lorraine et des fiançailles de l'archiduchesse Marie-Thérèse avec le duc François transféré en Toscane. Par un dernier coup, le 10 février 1738, la France, l'Autriche, l'Angleterre et les Pays-Bas s'étaient mis d'accord pour régler les affaires de Berg : en cas de mort du prince régnant, les quatre puissances offriraient leur médiation pour régler le partage à l'amiable, mais en attendant qu'une solution fût trouvée, la « possession provisoire » des duchés reviendrait au palatin de Sulzbach.

Frédéric-Guillaume était joué. Déjà en 1736, il avait rédigé pour lui-même et pour ses ministres un mémoire en trente points, le *Species facti* qui n'est qu'une longue diatribe contre la maison d'Autriche et quelques jours plus tard il s'était écrié devant les généraux en montrant du doigt Frédéric : « Voilà celui qui me vengera ! » Il n'en était pas moins isolé et dans le plus grand embarras. Avec une vue assez juste des choses, il s'appliquera à rompre la coalition, mais à sa manière, maladroitement, par bonds tantôt d'un côté, tantôt de l'autre, incapable de s'engager à fond, n'inspirant à personne ni confiance, ni peur, ni affection.

Un prince allemand disait au jeune Seckendorff qui

avait pris la place de son oncle à Berlin : « Si on mesure le roi de Prusse par la taille de ses grenadiers, il est le plus grand dans l'empire ; mais je crois bien que si on en vient jamais au faire et au prendre, la moitié de ses soldats prendra la fuite. » Seckendorff répondait : « Le roi le sait ; aussi ne fera-t-il pas la guerre. » C'était l'opinion de tout le monde et cette opinion était la source du mépris général.

Frédéric avait beau répéter que sa réputation personnelle était sauve et qu'il n'avait aucune responsabilité dans la débâcle, il en souffrait. « On est bien revenu de la terreur de nos armes », écrit-il à Grumbkow. « On pousse la témérité jusqu'à nous mépriser. » La politique prussienne est tombée « en léthargie ». « Nous sommes en bonne posture du côté du militaire, mais nos négociations n'ont point de vigueur. » La réponse du roi aux quatre médiateurs contient « un conflit de grandeur et de bassesse », elle ressemble à « celle d'une personne qui n'a pas envie de se battre, mais qui en fait le semblant ». Il n'y avait pourtant que deux partis à prendre : ou courber sous le joug honteux, ou répondre « avec une noble fierté », sans biaiser, par de petites négociations. Pour lui, il ne ferait pas les choses à demi et son plan est tout prêt : grouper aux portes de Berg les dragons et les hussards pour se saisir du pays dès la mort du prince, concentrer le reste de l'armée dans les Marches pour être en mesure de tomber sur le corps du premier qui ferait mine de s'opposer à l'annexion. « Car si nous manquons le moment de la mort de l'Electeur, notre coup est perdu. » Et il ajoute : « Ne pourrait-on pas gagner quelques officiers palatins, qui sont en quartier avec leurs régiments dans les duchés, afin qu'ils nous livrent les villes... ? » Assurément, ce n'est pas tout à fait le style de l'*Antimachiavel.*

Frédéric échafaudait aussi des combinaisons diplomatiques : un rapprochement avec la Russie, une coalition avec les Etats scandinaves et avec la Hollande. Mais sa pensée véritable était de gagner l'alliance de la France contre la maison d'Autriche. Pendant le court interrègne de 1734, il avait multiplié les instances auprès de La Chetardie, s'offrant d'être Gustave-Adolphe pourvu que le cardinal Fleury voulût bien être Richelieu : « Si j'aime quelque chose au monde, c'est la nation française. Il ne dépendra donc que de vous que je puisse donner un libre cours à mon affection et à ma tendresse ; pourvu que le pays y trouve son avantage, vous me mènerez aussi loin que vous voudrez. » A ce moment, il croyait que Louis XV s'engagerait à fond contre l'Empereur pour soutenir son beau-père Stanislas. Lorsqu'il vit Fleury liquider sans bruit la succession de Pologne, en échange de la Lorraine, il fut à la fois déçu et furieux : déçu de la « fine perfidie » du cardinal, furieux de s'être si complètement trompé sur les buts essentiels de la politique française.

Il projeta d'ameuter l'opinion contre les *quadrilleurs*, et il écrivit son premier opuscule de polémique et de propagande : les *Considérations sur l'état présent du corps politique de l'Europe*. L'ouvrage devait paraître en anglais à Londres, sans signature, puis en français comme une traduction. Mais il est certain qu'il devait être répandu en Allemagne, car visiblement l'argumentation est à deux fins : d'une part, alarmer les puissances maritimes contre l'insatiable ambition française ; de l'autre, détourner les princes allemands du bloc France-Autriche. C'est justement cette dualité qui fait la faiblesse de l'argumentation car, pensant à deux publics à la fois, l'auteur est contraint d'omettre les raisons qui, plaisant à l'un, risqueraient de déplaire à l'autre et comme il connaît beaucoup mieux l'Europe que les Indes, il se trahit. Voltaire qui eut communication de la pièce à l'été de 1738 en vit du premier coup le défaut. « Même si ces *Considérations* avaient été imprimées sous le nom d'un membre du Parlement d'Angleterre, j'aurais reconnu Votre Altesse Royale... Il règne dans cet ouvrage un style qui vous décèle. J'y vois je ne sais quel air de membre de l'Empire qu'un citoyen anglais n'a guère. Un homme de la chambre des seigneurs ou des communes prend moins de part aux libertés germaniques. » Finalement, les *Considérations* ne parurent pas.

L'épisode n'en est pas moins d'une grande importance. Assurément, Frédéric n'est pas le premier à avoir écrit ou fait écrire des brochures politiques pour gagner les esprits. C'est le ton de la sienne qui est nouveau, sensible, humanitaire, philosophique, avec des réminiscences de Bayle et de Voltaire, avec des vertueuses indignations contre les rois avides que l'orgueil divise et qui refusent à la Prusse l'héritage du Palatin. « Si quelque puissance trouve que je me suis expliqué avec trop de liberté, elle doit savoir que le fruit conserve toujours un goût de terroir et que né dans un pays libre, il m'est permis de m'énoncer avec une noble hardiesse et une sincérité incapable de feindre... » Le premier de tous les princes, Frédéric, a compris de quelle puissance allait être dans son siècle l'opinion organisée et de quel poids la république des lettres allait peser sur les décisions des rois : moitié par goût, moitié par calcul, il a mis cet atout dans son jeu et il a déjà songé à l'abattre.

Il se ravise, non seulement parce qu'il n'est pas maître de sa plume, mais surtout parce qu'il n'a pas encore pris une entière conscience de ce qu'il aspire à être. Si son esprit s'est prodigieusement enrichi, il n'a pas mis dans un ordre parfait les trésors qu'il a accumulés. Tempérament, lectures, besoin d'activité, aspiration vers la gloire, idées morales, formation française, nécessités prussiennes, impatience du pouvoir, théories philosophiques : entre tant d'éléments, comment l'harmonie se composerait-elle ? Pour l'achever, il faudra l'épreuve du feu, les responsabilités quotidiennes de la puissance souveraine. Certains jours il le pressent lui-même. « Il semble, écrit-il à Grumbkow, que le ciel ait destiné le Roi pour faire tous les préparatifs que la sagesse et la prudence exigent qu'on fasse avant de commencer une guerre. Qui sait si la Providence ne me réserve pas pour faire l'usage glorieux de ces préparatifs et pour les employer à l'accomplissement des desseins auxquels la prévoyance du Roi les avait destinés ? » (1er novembre 1737.)

Au surplus, puisque l'amitié impériale n'a été qu'une duperie, la force des choses ramène le père et le fils à l'alliance avec la France. Ils y viennent en même temps, chacun à sa manière, Frédéric avec des grâces de chat, le père avec des gracieusetés d'ours savant. « Le père rentre en conversation avec La Chetardie à propos de fromage, le fils à propos de littérature. Le père s'intéresse aux digestions du cardinal Fleury et lui envoie une vieille bouteille de vin ; le fils flatte l'orgueil de l'octogénaire Eminence » en lui écrivant des compliments de bon jeune homme intimidé par un si illustre personnage. Au fond, c'est la même chose. Mais il y a aussi des différences. Le père est honnête, il est Allemand, il a des scrupules. Sans doute, il se moque de l'empereur, mais pas de l'empire. Il est incapable d'appeler les Français contre un membre du corps germanique, plus incapable encore de combiner avec eux une campagne sur la terre allemande. Et puis il a peur du risque. La force prussienne lui a coûté trop de peines pour qu'il ose la jouer sur un coup de dés. Le fils ne germanise pas ; il n'hésite pas non plus. L'empire n'est à ses yeux qu'une bicoque vermoulue et il est pressé de se montrer au monde. Dans les *Considérations*, il reproche à la France d'avoir volé Strasbourg, les Thermopyles de l'Allemagne ; mais allié de Louis XV il se félicitera de les lui avoir conservées. Il dit à ceux qui l'approchent : « Je commencerai par un coup d'éclat, au risque d'en recevoir aussi. » Ou bien : « La prudence est fort propre à conserver ce qu'on possède mais la seule hardiesse fait acquérir. » Et encore : « On n'aura pas lieu de m'accuser de sacrifier mes intérêts à d'autres puissances. Je crains plutôt qu'on pourra me reprocher trop de ténacité et de vivacité. »

★

Le père et le fils ne pouvaient plus s'aimer : il y avait entre eux trop d'horribles souvenirs. Mais le roi était obligé de reconnaître que Frédéric remplissait son devoir sans broncher. En le regardant de plus près, il s'était même convaincu que le ciel aurait pu lui donner un plus mauvais successeur. Au cours d'un dîner, après les grandes revues de 1739, devant la famille royale, les princes et les généraux, il félicita Fritz des soins qu'il s'était donnés pour embellir son régiment et il lui dit entre autres paroles flatteuses : « Il y a en toi un Frédéric-Guillaume. » Avec son bon sens, il devine beaucoup de choses que les malins ne voient pas. « Quand je mourrai, s'esclaffe-t-il un jour, on s'écriera : le voilà parti ce vieux tourmenteur d'hommes ; mais celui qui vient après moi vous enverra tous au diable ; c'est tout ce que vous aurez de lui. » Et cette pensée lui était très douce.

Cependant, il n'est plus tout à fait le même ; il a vieilli, et depuis 1734 sa santé ne s'est pas complètement rétablie. Quand la goutte le torture par trop, il peint pour tromper la douleur. Il copie des tableaux célèbres qui, sous son pinceau, deviennent d'extraordinaires caricatures d'humanité. Il peint ses grenadiers, ses bêtes, Gundling fumant la pipe avec une guenon habillée en marquise, tandis que des lièvres leur apportent à boire. On lui a démontré que Wolff avait été banni injustement : il se fait lire les œuvres du philosophe, étudie les règles du raisonnement, s'en émerveille et songe tout de suite à les mettre au service de l'Etat. Un soir, à la tabagie, il lit un rapport du général qui commande à Wesel et lui démontre en logicien que ce militaire raisonne « comme un coffre ». Après quoi, en guise de réponse, il lui conseille d'apprendre à former des syllogismes corrects. Comme quelqu'un s'écrie devant lui : « C'est une honte pour toute la chrétienté que l'empereur ait conclu la paix avec les Turcs. » Il riposte en dénonçant le sophisme :

— Monsieur, avez-vous appris à conclure du particulier à l'universel, c'est-à-dire de un à tous ?

Certes, il n'est pas devenu prodigue. Mais depuis que les affaires de l'Etat sont en ordre, il se laisse aller à des dépenses de faste, susceptibles de rehausser le prestige de la couronne. Il achète des tableaux de maîtres hollandais et flamands. Il achète surtout de l'argenterie, de très belles pièces qu'il commande en connaisseur et qui sont dignes d'un trésor royal. Mais il ne prend plus plaisir à grand-chose. En janvier 1738 déjà, il se disait fatigué de la vie, bon à rien, incurable, à charge de ses proches et de ses domestiques. Pourtant il veut faire son métier jusqu'au bout.

En juillet 1739, il partit pour la Prusse orientale avec le kronprinz : voyage fatigant, surchargé d'inspections et revues. On allait à petites étapes, dans la poussière, par une chaleur torride, s'arrêtant partout pour tout regarder. Chemin faisant, le roi donna à Frédéric les haras de Prusse. Dans ses lettres à Jordan, Frédéric se dit « hébété et stupide », il fait de la province une description horrible. Elle est tout juste bonne à nourrir les ours ! « Si vous étiez ici, conclut-il, je vous donnerais le choix de la plus belle fille lithuanienne ou de la plus belle cavale des haras... car entre fille de ce pays et jument de haras, il n'y a que la différence de bête à bête. » Mais à Voltaire, il annonce qu'il parcourt une contrée qui est le *nec plus ultra* du monde civilisé. « Il y a plus d'un demi-million d'habitants ; il y a plus de villes qu'il y en avait, plus de troupeaux qu'autrefois, plus de richesse et plus de fécondité qu'en aucun endroit de l'Allemagne. Et tout ce que je viens de vous dire n'est dû qu'au Roi, qui non seulement a ordonné, mais qui a présidé lui-même à l'exécution ; qui a conçu les desseins et qui les a remplis lui seul ; qui n'a épargné ni soins, ni peines, ni trésors immenses, ni promesses, ni récompenses, pour assurer le bonheur et la vie à un demi-million d'êtres pensants, qui ne doivent qu'à lui seul leur félicité et leur établissement... Votre humanité doit s'étendre sur vos frères lithuaniens... »

Au retour, Frédéric-Guillaume se sentit plus las que jamais. Un soir du mois de janvier, comme il tenait tabagie, le prince royal entra à l'improviste. L'assistance d'un mouvement unanime se leva, mais c'était une règle qu'on ne se levait pour personne. « Asseyez-vous, au nom du diable ! » cria le roi, puis il sortit en hurlant des injures aux adorateurs du soleil de demain. Rentré dans sa chambre, il fit congédier toute la compagnie avec défense de reparaître devant ses yeux, et pendant toute une semaine, il ne parla plus que de faire voler les têtes comme des carottes. Il appelait Frédéric « Sire », « Votre Majesté », en ajoutant quelquefois : « Encore un peu de patience, mon fils. » Cependant, il allait de plus en plus mal. L'hydropisie le reprenait, montait peu à peu et l'étouffait. Il ne pouvait demeurer au lit qu'assis et soutenu par des coussins ; de temps à autre, il se faisait lever et porter sur un siège à roulettes. Dans les instants de calme, il dormait, la tête appuyée sur une barre de bois. Il passa l'hiver à souffrir, avec des mieux qui le rendaient à ses anciennes manies : il comptait les dépenses de la cuisine et par deux fois il réduisit le nombre des plats. Sa dernière promenade dans Berlin se termina par une ample distribution d'injures et de coups. Lorsqu'il était couché, il voulait que sa chambre fût constamment remplie d'un brouhaha de conversations, car le silence le réveillait. Il avait fait placer une table en travers de son lit et quand il ne pouvait pas dormir, il fabriquait des caisses à grands coups de marteau, tapant si fort qu'on l'entendait de la rue. Les médeçins ne savaient comment le soulager. Frédéric donna le conseil d'appeler un célèbre médecin de Halle. Le roi répondit qu'Eller, son médecin ordinaire, suffisait à le tuer.

— Il sait bien, le bougre, que si je crève, personne ne lui demandera compte de la façon dont il m'a traité.

Il pensait souvent à la mort, mais pas comme à un éternel repos. Lorsqu'il se représentait couché dans la tombe, il n'était jamais recueilli et enfin tranquille, mais tantôt riant des sottises de son fils et tantôt tressaillant d'aise à la nouvelle que Fritz avait humilié l'Autriche. Toutefois, il avait peur de l'enfer.

— Serait-il juste, demandait-il, que Dieu après m'avoir aimé au point de me laisser gouverner à sa place et à ma fantaisie tant de milliers d'hommes, m'égalât un jour à mes sujets et me jugeât avec la même sévérité ?

Comme le pasteur lui répondait que Dieu était plus sévère pour les rois que pour les simples mortels, il le chassa et fit chercher en ville un ministre avec qui on put causer et s'entendre. Finalement, il donna sa confiance à Rolof, brave homme point solennel :

— Mon pauvre Rolof, je vais mourir.

— Votre Majesté ne mourra pas si vite, mais elle fait bien de se préparer et, avant tout le reste, de se réconcilier avec ses ennemis.

— Je n'ai d'autre ennemi que mon beau-frère, le roi d'Angleterre, qui m'a fait tous les maux du monde. Mais je lui ai pardonné et j'ai tout oublié et aussitôt que je serai mort, ma femme le lui écrira. Puis se tournant vers la reine :

— Entends-tu ? Tu n'oublieras pas, tu écriras à ton frère.

— Mais, répond Rolof, pourquoi Votre Majesté ne fait-Elle pas écrire tout de suite à son beau-frère pendant qu'Elle est encore en vie ?

— Non. Quand je serai mort, la reine écrira.

Il n'était pas homme à payer d'avance et ce mot de Rolof qu'il ne mourrait pas si vite le faisait réfléchir. Le lendemain, il envoya le portier Eversmann demander des explications au pasteur. Rolof répondit qu'il n'était pas médecin mais qu'il se connaissait assez en figures de malades pour affirmer que le roi n'était pas à l'article de la mort, « ce qui était fort heureux, au reste, car Sa Majesté n'était pas encore assurée de son salut ». Sur quoi, Frédéric-Guillaume le fit revenir :

— A ce que j'apprends, tu doutes encore de mon salut. Qu'est-ce que je fais pour que tu en juges ainsi ?

— J'ai souvent dit à Votre Majesté que le Christ est le fondement de notre salut, à deux conditions : la première que nous croyions en lui, la seconde, que nous nous réglions sur sa conduite et son exemple et que nous prenions son esprit. Si ce changement d'esprit ne s'opère pas en nous, point de salut à espérer !... Votre armée, votre trésor, vos pays, il faudra quitter tout cela et vous n'aurez plus de serviteurs sur qui donner libre cours à la passion de votre colère. Au ciel, il faut penser et sentir célestement.

Alors, ce jour-là et les jours suivants, le roi fit sa confession publique. Il avouait se repentir de ses péchés, mais il oubliait à dessein certains actes qu'il ne tenait pas pour des péchés et il se querellait avec Rolof quand celui-ci voulait lui en faire ressouvenir. A d'autres moments, il désespérait de ne pouvoir s'amender.

— Je suis comme cela : quand j'ai de l'argent, j'en veux davantage. C'est une vieille habitude, je n'y puis résister. Je sens bien que si je guérissais, je retomberais dans mes fautes passées et c'est pourquoi je prie Dieu qu'il m'enlève du monde.

Frédéric savait que son père était perdu. Dès le début de 1740, il le laissa entendre à sa sœur. Mais cette année-là le carnaval était très brillant à Bayreuth et Wilhelmine faisait jouer par ses dames *Le Malade imaginaire*. Le 26 février, Frédéric lui écrivit : « Selon toutes les apparences, vous ne reverrez jamais le roi. Ses accidents ont empiré avec tant de rapidité que je doute qu'il passe la semaine qui vient. Il vous a donné sa bénédiction et a très bien parlé de vous. Pour à présent, la fièvre est si véhémente qu'il ne peut guère parler... Tenez-vous tranquillement et ne vous chagrinez pas trop, car aux choses faites, il n'y a point de remède. » Cependant l'approche du printemps sembla rendre des forces au malade. Frédéric tenait à sauvegarder les dehors d'une conduite décente. Il est troublé, inquiet, nerveux, mais pour calmer son agitation intérieure, il versifie à perdre haleine. Il écrit des contes, *Le Faux pronostic*, le *Miracle manqué*, une *Ode sur la Flatterie*, une *Epître sur la fortune*, une autre sur *La Nécessité de remplir par l'étude le vide de l'âme*, une autre sur *La gloire et l'intérêt*, une autre sur *La Nécessité de cultiver les arts*. A ses amis, il envoie des vers de circonstance, des considérations morales, des regrets à sa jeunesse :

Heureux qui, dans l'indépendance
Vit content et vit ignoré
Qui sagement a préféré
A la somptueuse opulence
L'état frugal et modéré...
Hélas ! d'une main importune
Déjà je me sens entraîner
Et sur le char de la fortune
Mon sort me force à monter.
Adieu, tranquillité charmante
Adieu, plaisirs jadis si doux,
Adieu, solitude savante,
Désormais, je vivrai sans vous.

Lui-même, d'ailleurs, doit prendre soin de sa santé. Il se plaint de crampes d'estomac, de coliques, de suffocations, d'insomnies, de battements de cœur. En écrivant à Eller pour avoir des nouvelles du roi, il lui demande aussi des remèdes et des conseils.

Ainsi passa l'hiver. Aux premiers beaux jours, Frédéric-Guillaume se fit transporter à Potsdam.

— Adieu Berlin, dit-il. C'est à Potsdam que je veux mourir.

Mais quand il eut retrouvé son régiment, quand il vit autour de lui « ses chers enfants bleus », il se crut presque guéri :

— Tâtez mon corps, amis, tâtez-le. Il est dur comme un tambour. Pourtant mes jambes sont enflées. Mais tout cela va disparaître et bientôt vous me verrez à cheval parmi vous, frapper d'estoc et de taille.

Il embrassa les officiers et voulut qu'ils s'en allassent en chantant. Mais la semaine suivante, les douleurs ne firent qu'empirer. Le 10 mai, dans un moment de calme, il pensa à son fils :

— Je ne me soucie plus de vivre, dit-il, puisque je laisse un fils, qui a tous les talents pour bien gouverner. Je n'aurais pas dit la même chose il y a cinq ans, il était encore trop jeune. Mais grâce à Dieu, il est changé et j'en suis satisfait. Il m'a promis qu'il conserverait l'armée et je suis assuré qu'il tiendra sa promesse. Je sais qu'il aime les troupes ; il a de l'esprit et tout ira bien.

Le 26, il écrivit à Fritz, en l'appelant pour la première fois « mon fils aimé » *(Mein geliebter Sohn)*. « J'ai bien reçu votre lettre du 24 courant, où j'ai vu votre cordiale compassion pour mon misérable état et aussi votre louable résolution de suivre en tout mon conseil paternel. J'en suis très attendri et je n'ai pas le moindre doute en effet de votre promesse et de votre bon sentiment au cas où Dieu disposerait de ma vie comme il y a apparence. Que vous vouliez venir pour la Pentecôte (le 5 juin), cela me plaît beaucoup et ce sera pour moi un vrai plaisir de vous embrasser encore une fois, si Dieu le veut. Les nouvelles de la campagne sont vraiment encore mauvaises, mais comme la chaleur du printemps arrive et que le bétail trouvera de l'herbe suffisamment, j'espère que cela sera encore supportable. Je suis, avec une fidèle affection, mon fils aimé, votre très bien affectionné et fidèle père. »

Le lendemain, il fit venir les aumôniers de son régiment et il eut avec eux un entretien coupé de terribles silences qui l'effrayaient. Une fois, après s'être tu un long moment, il s'écria : « Ah ! je suis un méchant homme. » Dans la nuit, il eut une syncope et une autre encore le lendemain. Frédéric, sans être appelé, accourut de Rheinsberg le 28 mai. En arrivant, il aperçut près du château une foule bruyante : c'était le roi qui, assis dans son fauteuil à roues, environné de curieux, regardait poser la première pierre d'une maison qu'il destinait à son maréchal ferrant. Fritz s'arrêta interdit. Mais le père ouvrit les bras et il s'y jeta en pleurant. Ils restèrent quelques minutes sans parler, puis le roi dit à son fils qu'il avait été jadis bien sévère avec lui, mais qu'il l'avait toujours aimé. Ils rentrèrent ensemble et pendant deux heures, avec une parfaite lucidité, Frédéric-Guillaume exposa l'état des affaires à son successeur. Il lui conseilla de se méfier de l'Europe entière et surtout du roi George. Il lui recommanda de prendre soin des troupes, de ne traiter avec la France que sur un bon pied et de ne pas entreprendre de guerre à la légère. Le lendemain, 29, il donna l'ordre de mettre auprès de son lit le cercueil de chêne à poignées de cuivre qu'il s'était destiné et il parla de sa fin comme d'un sommeil paisible. Son testament était rédigé depuis sept ans, mais il se fit relire les dispositions qu'il avait prises pour les obsèques.

Il commandait que son corps fût lavé et revêtu de linge blanc. Quatre heures après la mort, les chirurgiens l'ouvriront pour savoir à quoi il a succombé, mais il ne sera prélevé aucun viscère. L'enterrement aura lieu en présence du régiment des grenadiers, les tambours recouverts de drap noir, le drapeau, les fifres et les hautbois garnis de crêpe. Les officiers auront le crêpe au chapeau, au bras, à l'écharpe et à la dragonne. Le cercueil sera porté de la chambre au char funèbre par huit capitaines, mais de l'église à la tombe, le roi souhaite être porté par des officiers généraux, espérant qu'il s'en trouvera bien quelques-uns qui viendront lui rendre les derniers devoirs. Il n'y aura pas d'oraison funèbre, mais vingt-quatre pièces de campagne feront douze décharges successives et les bataillons tireront l'un après l'autre. Il espère aussi que quelques officiers des autres régiments suivront le convoi. A ceux qui se seront dérangés, on servira un repas avec du bon vin. Quinze jours plus tard, les pasteurs lui dédierons un sermon sur le thème : « J'ai combattu le bon combat. » Quand il sera enseveli les troupes se disloqueront, mais comme ce ne seront plus les siennes il se contente d'ajouter pour son fils : « Un détachement de grenadiers portera les drapeaux où vous l'ordonnerez. »

Le 31 mai, à une heure du matin, le roi fit appeler un aumônier, puis le prince royal, les ministres, les généraux et les capitaines de son régiment. A tous, il parla, mais il se plaignit de perdre la mémoire et de ne plus pouvoir dire ses prières. On le roula chez la reine qu'il réveilla par ces mots : « Lève-toi, je vais mourir. » Quand l'assemblée fut au complet, il ordonna de sortir les chevaux des écuries, et, de la fenêtre, en fit choisir un au vieux Dessau et un autre au général Hacke. Comme les palefreniers mettaient une selle bleue avec une housse jaune il envoya Hacke leur donner des coups de bâton. Enfin, il annonça qu'il allait abdiquer. Grumbkow était mort depuis un an : son gendre, Podewils se retira comme pour dresser l'acte. Mais aussitôt le roi eut une syncope. Quand il revint à lui, il se rappela que la livrée de ses domestiques venait d'être renouvelée et il les fit défiler pour regarder les habits neufs. On l'entendit qui soupirait : « O vanité ! » Il discutait avec le chirurgien et les yeux fixés sur un miroir suivait avec attention les progrès de la mort. Vers trois heures après-midi il murmura : « Je suis déjà mort. » Puis aussitôt : « Seigneur Jésus ! Je vis en toi, je meurs en toi ! Tu m'es gain dans la vie et dans la mort. » Sur un signe d'Eller, la reine et le prince royal se retirèrent. A peine étaient-ils sortis, que le roi expirait. Il était âgé de cinquante et un ans, neuf mois et seize jours.

La princesse Elisabeth et presque tous les amis du prince étaient demeurés à Rheinsberg. Ils attendaient avec impatience les nouvelles de Potsdam, ne tenant plus en place dès qu'ils apercevaient une ombre à l'horizon. Seule la princesse conservait un maintien décent. Dans la nuit, Bielfeld fut réveillé par le bruit d'une cavalcade qui passait sur le pont de bois. Quelques minutes plus tard, Knobelsdorff entrait dans sa chambre : « Lève-toi, Bielfeld, le roi n'existe plus. » Mais Bielfeld avait des doutes : « Non ! non ! reprit Knobelsdorff ; il est mort et très mort. Jordan a ordre de faire disséquer et embaumer le cadavre. Tu sais bien qu'une fois entre ses mains, il ne reviendra plus. » Bielfeld se lève, mais en sautant du lit, il renverse une table où se trouvait sa bourse. Comme il se baisse pour ramasser la petite monnaie, Knobelsdorff s'indigne : « Ramasser des sous, quand il va pleuvoir des ducats ! »

En bas, ils rencontrèrent la grande maîtresse, Mme de Katsch, qui allait saluer la reine du titre de Majesté. Au déjeuner qui fut splendide, on but à la gloire du nouveau règne et tout de suite on partit pour Berlin, ventre à terre.

Frédéric ne s'y trouvait déjà plus. Une heure après la mort de son père, il avait reçu le vieux Léopold de Dessau, organisateur de l'armée prussienne, conseiller et inspirateur de Frédéric-Guillaume Ier. Dessau s'était jeté aux pieds de Frédéric et, avec des sanglots, l'avait prié de lui conserver les emplois et l'autorité dont il était investi sous le feu roi.

— Je tâcherai de vous faire plaisir en tout ce que je pourrai, répondit Frédéric, et je ne toucherai pas à vos emplois, ni à ceux de vos fils ; quant à l'autorité dans laquelle vous souhaitez d'être maintenu, je ne sais ce que vous voulez dire. Je suis devenu roi ; mon intention est d'en faire les fonctions et d'être le seul qui ait autorité.

Presque aussitôt, pour échapper aux importuns, il partit pour Berlin et, le lendemain, il se retira à Charlottenbourg, le château de sa grand-mère, laissant pour sa femme un billet glacial terminé par ces lignes : « Vous pouvez encore rester ici, votre présence étant encore nécessaire, jusqu'à ce que je vous écrive. Voyez peu ou point de monde. Demain, je réglerai le deuil des dames et je vous l'enverrai. Adieu, j'espère avoir le plaisir de vous revoir en bonne santé. » Elisabeth comprit que la séparation était commencée et elle se contenta d'envoyer le maréchal du palais présenter ses compliments à la nouvelle Majesté.

Bielfeld, convoqué à Charlottenbourg, se chargea de tirer la moralité des événements. Comme Frédéric « la larme à l'œil » l'accueillait par ces mots :

— Vous ne savez pas tout ce que j'ai perdu en perdant mon père !

— Il est vrai, Sire, répliqua-t-il. Mais je sais bien tout ce que vous avez gagné en gagnant un royaume. Votre perte est grande, mais vos motifs de consolation sont bien puissants.

Frédéric eut un mince sourire.

Quelques jours plus tard, il fit appeler le baron de Pœllnitz qui avait été gentilhomme de son grand-père et qui s'y connaissait en cérémonies.

— Je vous charge, lui dit-il, de diriger les obsèques de votre ancien maître. Vous observerez que mon intention est que tout soit fait avec dignité et noblesse ; ainsi n'épargnez rien de ce qui sera nécessaire pour y mettre la pompe convenable. Allez chez les marchands et prenez-y en drap noir tout ce qu'il faudra pour les tentures. Vous me remettrez ensuite les mémoires que je ferai payer.

Le baron sortit, mais comme il descendait l'escalier, Frédéric rouvrit la porte pour lui crier :

— Point de tricherie ! Point d'accord avec les marchands ! Je ne les pardonnerais pas, je vous en avertis.

Bielfeld avait eu raison de ramasser sa petite monnaie.

CHAPITRE VI

L'appel de la guerre et de la gloire

Frédéric avait vingt-huit ans à la mort de son père ; le peuple l'aimait pour l'avoir plaint et tout le monde s'accordait à le trouver séduisant. Il existe de lui deux bons portraits qui datent à peu près de ce moment : un portrait de profil par Knobelsdorff (1737) et un portrait en buste de Pesne (1739), le seul pour lequel il ait vraiment posé. Le trait le plus remarquable de la tête est le front très long, plat, découvert, dans le prolongement exact du nez qui contraste par son dessin aigu avec les joues enfantines et le menton bien arrondi. La physionomie est trop fraîche, le visage trop plein pour que rien fasse pressentir déjà le vieux Fritz décharné, à la mine impérieuse et aux lèvres serrées. C'est un très joli jeune homme souriant, un peu gras, un peu féminin, à la démarche rapide, qui porte la tête presque toujours penchée sur l'épaule gauche. Il a de grands yeux saillants de myope, gris bleutés, avec un regard agile, pénétrant et spirituel, où passent toutes les nuances de la gaieté et de la malice. Le visage est bruni, mais les mains très blanches, surchargées de bagues. Il fait beaucoup de gestes en parlant et il parle sans écouter ce qu'on lui dit. Il est habituellement en uniforme de colonel, mais comme il est très frileux, il porte en dessous deux ou trois gilets qui lui épaississent la taille. Aux fêtes de la cour, par contre, il apparaît svelte et pomponné, avec des rubans, des écharpes, des diamants et des plumes. Pour le mariage de son frère Auguste-Guillaume, en

1742, il revêt un costume d'argent et d'or qui lui donne « un air si jeune, si paré et si élégant » qu'un témoin écrit : « Je n'aurais pu me défendre de l'aimer si j'avais été d'un sexe différent. »

Les débuts du règne sont un enchantement. Frédéric est ivre du plaisir d'être roi. Le dimanche de la Pentecôte, il parcourt en voiture les rues de Berlin, jetant l'argent à poignées. Il s'amuse de la grandeur et de la diversité des occupations qui l'accablent ; la joie éclate à toutes les lignes de sa correspondance familière : « Adieu, griffonne-t-il à Jordan. Je vais écrire au roi de France, composer un solo, faire des vers à Voltaire, changer les règlements de l'armée et faire encore cent choses de cette espèce. » Il est infatigable, se lève à l'aube, travaille sans relâche, reçoit des volumes de poésie, expédie des centaines de lettres, passe des revues, fonde un journal, désigne des ambassadeurs, crée l'ordre *Pour le mérite,* nomme un maréchal, court de Berlin à Rheinsberg, de Potsdam à Charlottenbourg et se plaint encore que les journées soient trop courtes de vingt-quatre heures.

Coup sur coup paraissent vingt édits à faire pâmer un philosophe : abolition de la torture, ouvertures de magasins de l'Etat pour combattre la cherté du pain, suppression des dispenses ecclésiastiques pour les mariages entre parents éloignés, suppression de la contrainte à bâtir qui ruinait tant de Berlinois, interdiction des brimades dans l'armée, adoucissement des peines infligées aux femmes convaincues « d'avoir fait périr leur fruit », institution au sein du Directoire général d'un département du commerce et des manufactures, autorisation pour les campagnards de fabriquer eux-mêmes la bière consommée en famille, déclaration solennelle que chacun dans les Etats du Roi de Prusse est libre de faire son salut comme il l'entend. Wolff rappelé d'exil reprend triomphalement possession de sa chaire ; l'Académie est restaurée, des pensions et des places offertes à Maupertuis, à Euler, à S'Gravesande et à Vaucanson ; les frères Graun partent pour l'Italie recruter une troupe d'opéra, tandis qu'une troupe tragique s'assemble à Paris. Le régiment des géants défile pour la dernière fois aux obsèques du feu roi et il est aussitôt réduit à un bataillon.

A ses amis éloignés, Frédéric envoie des billets charmants : « Mon sort a changé ; venez, mon cher, ne me faites pas languir », ou bien : « Il ne dépend plus que de vous d'être à moi. Je vous embrasse de tout mon cœur, dans l'espérance de vous revoir bientôt. » Il appelle ceux qui ont souffert avec lui : Duhan son ancien maître, Keith, le lieutenant qui s'est réfugié en Angleterre et que le conseil de guerre a condamné à mort. De Londres arrive aussi un des derniers visiteurs de Rheinsberg, le vénitien Algarotti, l'auteur du *Newtonianisme pour les dames.* Mais c'est Keyserlingk qui a l'air d'être grand favori. A Charlottenbourg, sur les portes de son appartement, le roi a écrit de sa main le nom d'amitié qu'il lui donne : Césarion. On voit partout Césarion, dans le château, dans le jardin, « voltigeant avec un petit flageolet d'ambre à la boutonnière, chantant, riant, badinant » récitant des vers qui coulent en torrents de « son Hippocrène débordée ». De loin, Voltaire délire de joie. Il a obtenu la permission d'appeler son prince « Votre Humanité », au lieu de « Votre majesté » et il soupire :

Quoi ! Vous êtes monarque et vous m'aimez encore !...

On chuchote à Paris que le philosophe est déjà sur le chemin de Berlin et qu'à son arrivée, il sera nommé premier ministre. Premier ministre du roi de Prusse ? Et pourquoi pas ? Aux abbés et aux cardinaux qui ont si souvent régenté les monarchies de France et d'Espagne, il est temps que succèdent ces nouveaux directeurs de conscience qui font profession de penser librement et par qui va s'établir le gouvernement des lumières. Dans l'*Ode au roi de Prusse, sur son avènement,* Voltaire a glissé une discrète invite :

Ne me trompé-je point dans un espoir si doux ?
Vous régnez. Est-il vrai que la philosophie
Va régner avec vous ?

Certes, la philosophie est à l'honneur. Avant même que son père fût en terre, Frédéric a fondé une loge maçonnique à la Cour et il a occupé lui-même la chaire de l'orateur, pour la réception de son frère puîné. Mais Voltaire n'est pas fait premier ministre. C'est tout juste si les lettres de Berlin parlent en termes imprécis d'une entrevue possible à l'automne ou en hiver. Meilleurs psychologues que le poète, les diplomates ont déjà percé à jour les intentions du jeune roi. « Il faut croire, précise une note envoyée à Versailles, que S. M. Prussienne ne se servira de pareilles têtes que pour l'amusement... La nature ordinairement leur rabat sur le jugement ce qu'elle leur donne de plus en esprit et ce n'est pas là ce qu'il faut pour gouverner les Etats. »

A ses amis, Frédéric n'offre que son amitié. Bielfeld attendait au moins des honneurs ; quand le roi lui eut dit qu'il le destinait à la diplomatie, il rêva d'une ambassade, mais Sa Majesté ajouta que ces sortes d'emploi exigent un apprentissage et qu'à cet effet il l'avait choisi pour accompagner en Hanovre son envoyé extraordinaire M. de Truchess. Jordan qui était pasteur se contenta d'un poste d'inspecteur des hôpitaux et Keyserlingk qui était officier, d'une promotion au grade de colonel de cavalerie avec l'emploi d'aide de camp général. Encore, ne l'aurait-il pas obtenue s'il ne l'avait pas méritée. Un jour, cependant, il se risqua à parler d'affaires :

— Ecoute, Keyserlingk, lui dit le roi. Tu es un brave garçon, j'aime à t'entendre chanter et rire. Mais tes conseils sont d'un fou.

Et Césarion n'offrit plus ses avis.

Pour faire sa cour au nouveau souverain, la Chambre des domaines de la Marche électorale a cru habile de demander un crédit supplémentaire de 195 thalers pour améliorer le chemin de Rheinsberg à Ruppin ; Frédéric s'est contenté de répondre :

— Je connais le chemin et la Chambre doit me prendre pour une grosse bête.

En vérité, dans le remue-ménage du règne commençant, il y a plus d'ostentation que de réformes. La reine Elisabeth a été la seule victime de l'avènement. Désormais, elle habitera de son côté, en hiver à Berlin, en été à Schönhausen, un petit château situé au nord de la capitale.

Mais, lorsque le roi et la reine sont obligés de se montrer ensemble à une cérémonie, Frédéric la traite avec tous les égards possibles et lorsqu'il réside lui-même au palais royal, il ne manque jamais de lui faire chaque jour une visite de bienséance. Deux favoris de Frédéric-Guillaume, Derschau et Hacke reçoivent l'un de l'avancement, l'autre la première plaque de l'ordre « Pour le Mérite ». Les ministres s'attendaient à être renvoyés : ils sont tous invités à rester en place, Podewils, Thulemeier, Borcke, Boden, Cocceji... Ils auraient bien voulu s'assembler en cérémonie pour délibérer sous la présidence de Sa Majesté, mais le roi leur signifie qu'il pense là-dessus comme feu son père et que les anciens usages seront maintenus. Ils recommencent donc à faire par écrit leurs rapports et leurs propositions ; le roi y répond comme faisait Frédéric-Guillaume et ses ordres sont recueillis à la suite sur le gros registre où on lit à la date du 1er juin 1740 : « Ici, Sa Royale Majesté Frédéric, roi de Prusse, a commencé à signer. » Le style même n'a pas changé. Le 16 juin, MM. les conseillers trouvèrent en regard d'une de leurs propositions, cette réponse : « Lorsque les ministres raisonnent des négociations, ils sont d'habiles gens, mais lorsqu'ils parlent de la guerre, c'est comme quand un Iroquois parle d'astronomie. » Et deux jours après : « L'Aigle noir n'est pas un ordre pour des c... comme Munchhausen. »

En juillet, Frédéric se mit en route pour aller recevoir l'hommage de la Prusse royale. Avant de partir, il ordonna la création de seize bataillons d'infanterie, de cinq escadrons de hussards et d'un escadron de cavalerie lourde. Par les chemins où son grand-père était passé suivi de deux cents carrosses et chariots, il voyagea avec trois voitures : une pour lui, Algarotti, Keyserlingk, Hacke, une autre pour ses officiers et la troisième pour le valet de chambre Fredersdorff et pour les malles. Au passage, il refusa les entrées solennelles, les fêtes, les discours, « toutes les cérémonies inutiles et frivoles ». A Kœnigsberg, il n'y eut ni couronnement, ni pompe religieuse, seulement un banquet, des revues et une retraite aux flambeaux. Le royaume avait de vénérables privilèges qui remontaient à l'ordre teutonique et qui, à chaque avènement, donnaient matière à des discussions sans fin. Cette fois, tout se passa le plus simplement du monde. Frédéric réclama l'hommage en sa qualité de maître et il le reçut comme il le demandait. A Angerburg, il passa en revue les cuirassiers de Katte et il remit au père de son malheureux ami la patente de maréchal. Tout aussi modeste fut la cérémonie des Etats de Brandebourg. On n'y vit paraître ni le bonnet d'Electeur, ni le bâton d'archichambellan d'Empire. Le ministre von Arnim adressa un petit discours à la noblesse et aux bourgeois. Deux députés répondirent, un officier lut la formule de fidélité et toute l'assistance jura d'une seule voix. Frédéric s'avança au balcon du château pour répondre à la foule qui l'acclamait. Pendant une demi-heure il écouta monter les cris de joie, raide et silencieux, abîmé en une profonde réflexion.

En août, il partit pour les provinces rhénanes. Mais il fit un détour par la Franconie et il embrassa au passage sa sœur de Bayreuth et sa sœur d'Ansbach. A Wilhelmine, il offrit un éventail, une montre, un petit bouquet de très petits brillants et quelques bons conseils sur la manière de restaurer les finances du margrave. Il avait songé un moment à se rendre en cachette à Paris. Sur le bruit qui en avait couru, Voltaire s'était hâté de faire préparer l'hôtel du Châtelet : « Meublez le palais comme vous pourrez, au meilleur marché que vous pouvez et le plus tôt que vous pouvez », écrivait-il, espérant bien y loger son prince et s'y montrer avec lui. Mais Frédéric se ravisa et il s'en tint à la gaminerie d'une visite incognito à Strasbourg.

L'expédition commença par un incident burlesque : le roi avait oublié de se munir d'un passeport et il fut arrêté à la poste de Kehl. Fredersdorff dut fabriquer sur place un sauf-conduit que Frédéric scella du cachet aux armes de Prusse. Il se baptisa comte Dufour et son frère Auguste-Guillaume devint comte Schaffgotsch. Pour ne pas attirer l'attention, Auguste-Guillaume et Algarotti couchèrent à Kehl tandis que Frédéric accompagné de Wartensleben et de quelques domestiques traversait le Rhin avant la nuit. A l'hôtel du Corbeau où ils étaient descendus, Frédéric demanda qu'on lui fît grande chère, la meilleure possible et qu'on allât chercher au café militaire des officiers français qui voulussent bien souper avec lui. De la part d'un inconnu, l'invitation était si cavalière que l'aubergiste qui la porta fut accueilli par les rires des buveurs attablés. Deux d'entre eux, capitaines au régiment de Piémont, se risquèrent cependant à l'accepter, sans doute avec la pensée de se divertir aux dépens de leur hôte.

A leur grande surprise, ils trouvèrent un jeune seigneur de bonne mine, parlant français sans accent, spirituel, vif dans ses propos et faisant chorus à leurs chansons grivoises. A la fin du repas seulement, le comte Dufour se permit sur la tenue des troupes françaises quelques plaisanteries qui furent relevées avec vivacité par l'un des convives. La querelle allait s'aigrir, mais l'autre qui avait mieux conservé son sang-froid rompit l'entretien, après avoir convié les nobles étrangers à souper pour le lendemain.

Dans la matinée les deux capitaines allèrent rendre compte de l'aventure au gouverneur de la province. C'était le maréchal de Broglie, un vieux militaire assez réputé qui avait combattu en Flandre et en Italie. Jugeant qu'un étranger si impertinent et si riche ne pouvait être qu'un prince ou un aventurier, le maréchal recommanda aux jeunes gens de se méfier. Mais, au même moment, Frédéric sentant qu'il ne pouvait plus passer inaperçu, envoyait à M. le maréchal son frère, Algarotti et Wartensleben, pour lui offrir ses compliments, s'excusant de ne pouvoir se présenter lui-même à cause d'une indisposition qui le retenait à la chambre. Broglie pria les visiteurs à dîner, mais comme c'était l'heure de la messe, il leur offrit de l'entendre dans sa chapelle privée. Wartensleben embarrassé de sa haute taille ne savait que dire ; très timide, le prince Auguste-Guillaume se taisait ; Algarotti était seul à soutenir la conversation et il fut aussi seul à accepter la messe. Pendant ce temps, Frédéric quittait l'auberge et flânait en ville. Il monta au clocher de la cathédrale et, à la sortie, il fut accosté sur le parvis par un bourgeois qui, en l'appelant *Sire* et *Votre Majesté,* le supplia de faire relâcher son fils, enlevé par des recruteurs au cours d'un voyage en Allemagne et incorporé de force dans le régiment des géants. Pour le faire taire, Frédéric lui promit tout ce qu'il voulut, mais en rentrant à l'auberge, il fut encore reconnu par deux déserteurs que la police avait mis aux aguets. Peu après le gouverneur envoyait prendre « les ordres du roi ». En réponse, Frédéric lui fit dire qu'il allait venir lui-même.

L'entrevue se passa très mal. Frédéric était mécontent de son équipée. Broglie se montra cérémonieux et importun. Frédéric quitta la pièce presque assitôt, saluant à peine la maréchale qui avait insisté pour être présentée. Accompagné d'un officier, il se fit montrer la citadelle et l'arsenal, tandis qu'on préparait en son honneur une fête à la Comédie, il monta en voiture et laissant pour le maréchal un billet très peu poli, il partit avec moins de façon encore qu'il n'était venu.

Arrivé à Wesel, il envoya à Voltaire un récit burlesque où il se moquait un peu de lui-même, beaucoup du gouverneur, davantage de la France et des Français.

Ce peuple fou, brusque et galant
Superbe en sa fortune, en son malheur rampant...

Des siècles des Césars, ceux des Louis sont l'ombre,
Rome efface Paris en tout sens, en tout point.
Non, des vils Français, vous n'êtes pas du nombre *(sic)*
Vous pensez, ils ne pensent point.

Voltaire ne trouva rien à redire à ces beaux vers, ne s'apercevant pas qu'il les justifiait en les supportant. Il était tout à l'espérance de recevoir le roi qui avait promis de venir à Bruxelles, où il se trouvait lui-même.

Mon cœur me dit que je touche
A ce moment fortuné
Où j'entendrai de la bouche
De l'Apollon couronné
Ces traits que la sage Rome

Aurait admirés jadis.
Je verrai, j'entendrai l'homme
Que j'adore en ses écrits.

Mais Frédéric, terrassé par la fièvre, ne put supporter la fatigue du voyage et c'est Voltaire qui se dérangea. Mme du Châtelet aurait bien voulu l'accompagner, mais Frédéric l'écarta parce que, disait-il, n'ayant pas le voile de Moïse, il n'aurait pu supporter les rayons mêlés de leurs deux divinités.

L'entrevue eut lieu le 12 septembre au château de Meuse, près de Clèves. Dans la cour, Voltaire rencontra le conseiller Rambonnet qui soufflait dans ses doigts. Il avait des manchettes sales, une perruque plus longue d'un côté que de l'autre et il s'en allait à la tête de douze compagnies sommer M. l'Evêque de Liège de laisser le roi, son maître, percevoir dans la baronnie de Herstal des droits contestés depuis huit ans. Voltaire eut le zèle d'appuyer l'expédition par un article de propagande qui parut dans les gazettes. Il trouva le roi grelottant, couché sur un petit grabat et enveloppé d'une méchante couverture qui ne le réchauffait pas. Ils soupèrent ensemble, parlèrent de l'immortalité de l'âme, de la liberté et des androgynes de Platon. Après une grande dépense de mots, ils se séparèrent très contents l'un de l'autre. Voltaire avait trouvé Frédéric rempli de douceur, de grâces, de complaisance et Frédéric était enthousiasmé : « J'ai vu ce Voltaire que j'étais si curieux de voir, mais je l'ai vu ayant ma fièvre quarte et l'esprit aussi débandé que le corps affaibli. Avec gens de son espèce, il ne faut point être malade, il faut même se porter très bien et être mieux qu'à son ordinaire si l'on peut. Il a l'éloquence de Cicéron, la douceur de Pline et la sagesse d'Agrippa... Son esprit travaille sans cesse, chaque goutte d'encre est un trait d'esprit partant de sa plume. Il nous a déclamé *Mahomet Ier*, tragédie admirable qu'il a faite, il nous a transportés hors de nous-mêmes et je n'ai pu que l'admirer et me taire. »

Le lendemain, la petite société se dispersa. Frédéric regagna Berlin accompagné d'Algarotti, de Keyserlingk et de Maupertuis qui arrivait de France. Knobelsdorff poursuivit son voyage vers Paris et Voltaire s'en retourna à Bruxelles et à La Haye, où l'appelait l'*Antimachiavel*. Car l'*Antimachiavel*, poli, repoli et préfacé, avait été vendu au libraire Van Duren qui l'imprimait diligemment avec une affectation de mystère propre à découvrir l'auteur et à provoquer un fructueux scandale. Voltaire avait beau jurer à Frédéric qu'il allait d'un coup surpasser Marc-Aurèle en réputation et en sagesse, le moderne Marc-Aurèle était inquiet. Il se demandait s'il n'avait pas commis une imprudence et il redoutait l'effet de ses malignes observations. Une fois déjà il avait ordonné à Voltaire de faire l'impossible pour racheter l'ouvrage et, en juillet, il lui avait dépêché le bon gros Camas avec la liste des morceaux qu'il était, pour le moins indispensable de supprimer. Mais Van Duren refusait de rendre le manuscrit. Après bien des ruses et bien des querelles, Voltaire se résigna à préparer une édition expurgée et adoucie, tandis qu'il dénonçait la première comme horriblement contrefaite.

Les nouveaux exemplaires partirent pour Berlin au milieu d'octobre. « Tout vous admirera, jusqu'aux dévots, écrivait-il alors triomphalement. Il faut que mon cher et respectacle monarque... plaise à tout le monde. » Mais il avouait aussi que la mine était éventée et qu'il fallait « paraître hardiment sur la brèche ».

Il ne semble pas que la nouvelle ait troublé Frédéric. La lettre par laquelle il annonce à Algarotti qu'il est démasqué contient ces mots magnifiques : « Il n'y a de ressource pour moi que dans un fonds inépuisable d'effronterie. » Sans perdre de temps, il désavoua donc à son tour les deux impressions hollandaises. C'était bien mal récompenser les soins officieux de son ami. Il s'en excusa assez légèrement : « Je vous demande pardon, mais je n'ai pu faire autrement, car il y a tant d'étranger dans votre édition que ce n'est plus mon ouvrage... Je vous en prie, ne m'affichez pas trop, car ce n'est pas me faire plaisir et, d'ailleurs, vous savez que, lorsque je vous ai envoyé le manuscrit, j'ai exigé un secret inviolable. »

Décidément, les choses allaient mal. Logé à La Haye à l'ambassade prussienne, Voltaire datait pompeusement ses lettres « Au palais du roi de Prusse », bel en-tête pour écrire à Cideville, à Helvetius ou à Moussinot. Mais le palais du roi de Prusse n'était qu'une vieille bâtisse crasseuse, débris de la succession d'Orange, où il y avait plus de rats que de meubles. Et puis, le philosophe s'irrite à attendre une invitation qui ne vient pas. L'incertitude le rend ridicule. Ses rivaux, Maupertuis-le-Pédant, Algarotti-le-Frivole, sont déjà installés à Berlin dans la faveur du maître. Il sait que Frédéric reçoit depuis des années toutes les « Voltairomanies » qui se publient à Paris. Lorsqu'il était prince royal, il a même eu à ce propos une pique avec Mme du Châtelet qui lui faisait reproche de sa curiosité. Que se passe-t-il donc dans ce lointain Brandebourg ? Ecrivant à Maupertuis, Voltaire laisse percer son inquiétude : « Quand nous partîmes tous deux de Clèves et que vous prîtes à droite et moi à gauche, je crus être au jugement dernier, où le bon Dieu sépare les élus des damnés. Divus Frédéricus vous dit : « Asseyez-vous à ma droite, dans le paradis de Berlin » et à moi : « Allez, maudit, en Hollande. » Je suis donc dans cet enfer flegmatique, loin du feu divin qui anime les Frédéric, les Maupertuis, les Algarotti. Pour Dieu, faites-moi la charité de quelques étincelles dans les eaux croupissantes où je suis morfondu ! » L'invitation arriva enfin ; avec elle une ode à l'amitié et mille compliments tendres. Aussitôt partit la réponse :

Mon cœur et ma maigre figure
Sont prêts à se mettre en chemin ;
Déjà le cœur est à Berlin
Et pour jamais, je vous le jure.

Après avoir fait trompetter par tout Paris la nouvelle de son prochain départ, Voltaire quitta enfin La Haye le 7 novembre, accompagné du très savant Dumolard qui, sur sa recommandation, s'en allait en Prusse enseigner les langues orientales. Les chemins étaient creux et glissants, comblés de neiges et de boues. En Westphalie le carrosse se rompit. Tandis que Dumolard réclamait la poste en syriaque et en hébreu, Voltaire enfourchait un bidet et c'est en culotte de velours, en mules et en bas de soie, hissé sur une bête rétive, qu'il franchit la forêt de Teutobourg où dix-sept cents ans plus tôt Arminius avait exterminé les légions de l'empereur Auguste. Il arriva à Berlin le 19 et partit aussitôt pour Rheinsberg où l'attendait le roi et ses amis.

Pour une cour d'aussi fraîche date, la visite de Voltaire était une épreuve redoutable. Quels sarcasmes et quels dédains ces belles dames rustiques et ces beaux esprits provinciaux n'allaient-ils pas inspirer à un homme qui, dès sa sortie du collège, avait vécu dans le plus grand monde et dont la plume faisait trembler les puissances ? Frédéric avait choisi le décor de Rheinsberg pour y paraître à son avantage et il avait soigneusement trié la compagnie. Il y eut bals, concerts, soupers, promenades, lectures. Chacun s'appliqua à briller et le roi, au comble du ravissement, écrivait deux jours plus tard : « Voltaire est arrivé tout étincelant de nouvelles beautés et bien autrement sociable qu'à Clèves. Il est de très bonne humeur et se plaint moins de ses indispositions qu'à l'ordinaire. Il n'y a rien de plus frivole que nos occupations. Nous quintessencions des odes, nous déchiquetons des vers, nous faisons l'anatomie de pensées, et tout cela en observant ponctuellement l'amour du prochain. Que faisons-nous encore ? Nous dansons à nous essouffler, nous mangeons à nous crever, nous perdons notre argent au jeu, nous chatouillons nos oreilles par une harmonie pleine de mollesse et qui, incitant à l'amour, fait naître d'autres chatouillements... »

Voltaire demeura à Rheinsberg une semaine. Le 28, il soupa à Berlin chez la reine-mère et chacun se pressa à Monbijou pour voir un homme si fameux. Le 2 décembre, alléguant la mauvaise santé de Mme du Châtelet, il prit le chemin du retour en laissant au roi un billet d'adieu :

Non, malgré vos vertus, non malgré vos appas
Mon âme n'est point satisfaite,
Non, vous n'êtes qu'une coquette,
Qui subjuguez les cœurs, et ne vous donnez pas.

Frédéric répondit aussitôt sur les mêmes rimes :

Mon âme sent le prix de vos divins appas ;
Mais ne présumez pas qu'elle soit satisfaite.
Traître, vous me quittez pour suivre une coquette.
Moi, je ne vous quitterai pas.

En dépit de ces chatteries, assez étranges à la vérité entre un roi de vingt-huit ans et un philosophe de quarante-six, il y a désormais de l'un à l'autre moins de confiance et moins de franchise. Voltaire a ébloui et déçu à la fois. On l'a trouvé laid et grimaçant, ses plaisanteries incessantes sur la religion, sur la France, sur le cardinal Fleury ont scandalisé les bonnes âmes. Il a raturé les vers du roi sans ménagement et, dans la vieille tour de Rheinsberg, sous les amours du plafond, ils ont joué aigrement l'éternelle comédie de l'auteur vaniteux et du censeur incommode. Enfin, Voltaire a réclamé le remboursement de ses dépenses. Mauvais calcul ! car il était assez riche pour supporter lui-même les frais du voyage et, de sa part, il eut été plus digne de ne pas présenter une facture qui le rabaissait. Par contre, en quatre années, Frédéric lui avait envoyé tant de mauvais poèmes à rapetasser, il avait tiré de lui tant de bonnes leçons et tant de profit, qu'il est inexcusable de ne pas s'être exécuté en gardant pour lui seul ses réflexions. Malheureusement, il était fils de Frédéric-Guillaume. Il paya, mais en grognant très haut : « Ton avare, écrit-il à Jordan, boira la lie de son insatiable désir de s'enrichir. Il aura mille trois cents écus. Son apparition de six jours me coûtera par journée cinq cent cinquante livres. C'est bien payer un fou, jamais un bouffon de grand seigneur n'eut de pareils gages. » Et, dans une autre lettre au même Jordan : « La cervelle du poète est aussi légère que le style de ses ouvrages et je me flatte que la séduction de Berlin aura assez de pouvoir pour l'y faire revenir bientôt, d'autant plus que la bourse de la marquise ne se trouve pas toujours aussi bien fournie que la mienne. »

Il y a dans ces phrases autre chose que le dépit d'un avare dépouillé. On y sent une sorte d'allégresse, comme si Frédéric se réjouissait d'avilir l'homme qu'il a fêté chez lui, dont il proclame le génie et dont il recherche la présence parce qu'elle est aux yeux du monde un honneur et une parure. Non, les années paisibles de Rheinsberg n'ont pas guéri son cœur du désespoir que l'adolescence y a mis. Il a trop souffert, il s'est trop profondément abaissé, il a trop vu de laideurs pour croire qu'il existe des hommes sans calcul et sans ruse. De la vie qui s'ouvre pour lui, il s'apprête à exiger toutes les joies et toutes les gloires, mais il porte au fond de lui-même, comme une plaie secrète et douloureuse, l'horrible besoin d'humilier ceux qui l'aimeront.

★

L'occupation de Liège avait surpris les chancelleries : de la part du jeune prince, elles ne s'attendaient pas à une entrée en scène aussi rapide et aussi brutale. L'évêque était membre de l'empire comme l'électeur de Brandebourg : en bonne procédure, le conflit d'Herstal aurait dû être laissé à la décision de la justice impériale. Mais en publiant qu'il s'agissait d'une « affaire de prince à prince », Frédéric avait précisément saisi l'occasion de manifester le peu de respect qu'il éprouvait pour la Majesté de Vienne et pour les constitutions du corps germanique. D'autre part en mourant, Frédéric-Guillaume avait légué à son fils un premier accord avec la France (traité de La Haye, 5 avril 1739). C'était un règlement pour la succession de Berg. Avec l'appui de Louis XV, le roi de Prusse devait recevoir, en toute propriété, la plus grande et la meilleure part du duché en échange de quoi il verserait au palatin de Sulzbach une indemnité d'un million d'écus et il lui laisserait Dusseldorf avec les bailliages méridionaux. Tout n'était pas au gré de Frédéric-Guillaume dans ce partage. En particulier, la France avait pris deux mois plus tôt avec l'Autriche des arrangements contraires. Frédéric-Guillaume pouvait se demander si la dernière promesse annulait les précédentes, mais l'essentiel pour lui était de prendre pied dans les territoires contestés, parce que, disait-il, « il arrive des conjonctures si drôles en ce monde que dans vingt, trente ou quarante ans Dusseldorf, Agger et lisière finiront par revenir à la Maison ».

Dès son avènement, Frédéric songea à pousser les avantages déjà obtenus. L'Espagne et la Grande-Bretagne, depuis 1739, étaient en guerre à propos de la contrebande dans les mers du Sud. Bien que les ministres Walpole et Fleury fussent, l'un et l'autre sincèrement attachés à la paix, Frédéric n'en devina pas moins qu'ils seraient l'un et l'autre emportés par les événements, que la France ne pourrait pas demeurer étrangère au conflit et que, par la force des choses, les rivalités continentales devraient s'agglomérer autour de la rivalité franco-anglaise. Dès lors, son plan est fixé. Il consiste à manœuvrer avec promptitude entre Louis XV et George II, à prendre entre les parties adverses une position intermédiaire qui rende son amitié plus précieuse et qui lui permette de la proposer sans détour au plus offrant.

L'usage voulait que le nouveau roi de Prusse notifiât son avènement aux Cours amies par l'envoi d'ambassadeurs extraordinaires. A George II qui séjournait en Hanovre, il dépêcha un diplomate de vieille roche, le comte de Truchess. Pour complimenter Louis XV, il désigna un des membres de sa coterie, le colonel de Camas, fils de réfugiés. Comme on s'étonnait à Versailles de voir un si petit personnage accrédité auprès d'un si grand roi, Frédéric répondit que Camas était manchot, tandis que l'envoyé de France, le marquis de Valori avait perdu trois doigts par suite d'une blessure :

— Le roi de France m'a envoyé un ambassadeur qui n'a qu'une main, je m'acquitte de ce que je lui dois en lui en envoyant un qui n'a qu'un bras !

En réalité, Truchess était chargé de présenter à Londres l'ambassade de Camas comme l'indice d'une mission confidentielle, au-devant de laquelle l'Angleterre ferait bien de courir si elle voulait en prévenir l'effet. Camas, de son côté, devait insinuer à Versailles qu'admis depuis longtemps dans l'intimité du jeune roi, il avait pénétré ses desseins ambitieux et que l'intérêt français commandait de les seconder au plus vite.

— Vous ferez beaucoup valoir l'envoi de Camas en France, prescrivait l'instruction de Truchess ; vous direz avec un air de jalousie que c'est un de mes intimes, qu'il possède ma confiance et qu'il ne va pas en France pour enfiler des perles. Si l'on veut vous parler d'affaires, dites toujours que vous ne désespérez pas de réussir pourvu que l'on vous fasse des conditions qui vaillent mieux que celles que les Français me font... Approfondissez les replis de leurs intentions [des Anglais] parlez beaucoup de l'inclination que j'ai pour eux, n'avancez rien de positif, faites tout espérer et tout craindre.

— J'envoie Truchess à Hanovre, portait l'instruction de Camas. Vous parlerez de lui comme d'un homme que j'estime beaucoup et qui a le secret, afin que pour ne point me laisser échapper des mains, on me fasse de meilleures offres qu'à feu le Roi mon père... L'augmentation qui se fera dans mes troupes, pendant votre séjour à Versailles, vous fournira l'occasion de parler de ma façon de penser, vive et impétueuse ; vous pouvez dire qu'il était à craindre que cette augmentation ne produisit un feu qui mît l'incendie dans toute l'Europe, que le caractère des jeunes gens était d'être entreprenant et que les idées d'héroïsme troublaient et avaient troublé dans le monde le repos d'une infinité de peuples. Vous pouvez dire que naturellement j'aime la France, mais que si l'on me négligeait à présent, ce serait peut-être pour toujours et sans retour, mais qu'au contraire si l'on me gagnait, je serais en état de rendre à la monarchie française des services plus importants que Gustave-Adolphe ne leur a jamais rendus. Vous ferez mille amitiés et civilités au Cardinal, vous paierez paroles veloutées de paroles veloutées et les réalités d'autres réalités... Excitez autant qu'il sera en vous, l'envie qu'ils ont contre l'Angleterre...

Il y a de la naïveté dans ce machiavélisme. En tout cas, le plan était trop beau pour réussir du premier coup. George II détestait la Prusse parce qu'elle était la principale puissance de l'Allemagne du Nord et qu'elle éclipsait son électorat de Hanovre. Il aurait fallu beaucoup plus que la menace d'une alliance franco-prussienne pour le faire travailler lui-même à la croissance de son voisin et rival. A toutes les insinuations de Truchess, les ministres anglais répondirent par des protestations amicales et vagues, sans manifester jamais le moindre désir de conclure. De son côté, Fleury gouvernait la France depuis un quart de siècle. Il avait trop de ruse et de manège pour se laisser abuser par un novice. Presque sans dépense et sans guerre, la France, grâce à lui, a effacé les revers subis à la fin du règne de Louis XIV et les dispositions les plus hostiles du traité d'Utrecht. Agrandie de la Lorraine, offrant à l'Est une frontière compacte, alliée des Bourbons d'Espagne, arbitre des affaires orientales, presque réconciliée avec l'Autriche, elle n'avait rien à gagner en se liant à la légère avec la Prusse par des engagements rigoureux. Ce pacte même rendrait impossible l'accord durable avec l'Empire que Fleury jugeait nécessaire pour la conservation des avantages acquis. Pour mieux le piquer, Frédéric avait beau lui faire répéter qu'on se donnait à Hanovre « tous les mouvements imaginables » pour « l'attirer par des offres brillantes », Fleury ne se laissait pas prendre. A la fin d'août, la négociation n'avait pas avancé d'un pas. Camas accouru à Wesel prendre au passage les ordres du roi, repartit avec la simple mission de « cajoler » l'Eminence pour lui arracher, faute de mieux, la promesse que la France poursuivrait de bonne foi l'exécution du traité de 1739.

C'était un échec. Frédéric l'accepta sans manifester de mauvaise humeur, avec la sérénité et le sang-froid d'un parfait diplomate. En se donnant l'apparence d'une spontanéité juvénile, il réussit tout à la fois à cacher sa déception qui était grande et à ne rien compromettre pour l'avenir. « Les intérêts de la France et les miens sont les mêmes, écrivait-il à Fleury. Tout semble nous unir ; un peu plus de bonne volonté de la part du roi de France resserrerait ces liens à jamais. Je suis persuadé que cela viendra, d'autant plus que vous ne sauriez trouver d'allié plus ferme ni plus résolu que je ne le suis. » Cette maîtrise est surprenante, mais, en vérité, tandis que l'Europe hésitait encore à s'avouer qu'il y avait quelque chose de neuf à Berlin, Frédéric prenait chaque jour une connaissance plus précise de la force prussienne et il pouvait se dire que tôt ou tard l'armée paternelle pèserait lourdement dans la balance. C'est pourquoi, parmi ses ambitions, le partage de Berg n'occupait même qu'un rang subordonné. Il s'en était servi comme d'une amorce pour engager des pourparlers, mais il eût volontiers oublié Dusseldorf et le Palatin pour l'autre affaire, celle qu'il appelait « la grande succession » et qui allait s'ouvrir à l'improviste le 20 octobre, par la mort de l'Empereur Charles VI (1740).

★

L'Empereur avait cinquante-cinq ans. Depuis plusieurs années, il était la proie d'une profonde mélancolie, mais personne ne s'attendait à une fin si rapide. Un refroidissement pris à la chasse et une indigestion causée par un plat de champignons le mirent en deux jours dans un état si désespéré qu'à peine lui resta-t-il le temps nécessaire pour bénir ses filles et recommander à Dieu son âme et ses Etats.

La nouvelle arriva à Rheinsberg le 26. Frédéric, fiévreux, était couché et ses officiers hésitèrent à le déranger. L'un d'eux, cependant, se décida à pénétrer dans la chambre. Le roi lui prit le message des mains, le lut jusqu'au bout sans mot dire. Puis il manda par estafette le ministre Othon de Podewils et le maréchal de Schwerin qui se trouvaient à Berlin. En les attendant, il écrivit à Voltaire :

— Cette mort dérange toutes mes idées pacifiques et je crois qu'il s'agira plutôt de poudre à canon, de soldats, de tranchées que d'actrices, de ballets et de théâtre... C'est le moment du changement total de l'ancien système de politique. C'est ce rocher détaché qui roule sur la figure des quatre métaux que vit Nabuchodonosor et qui les détruisit tous... Je vais faire passer ma fièvre car j'ai besoin de ma machine et il en faut tirer tout le parti possible.

L'empereur laissait comme héritière une princesse de vingt-trois ans, l'archiduchesse Marie-Thérèse, mariée à François de Lorraine, grand-duc de Toscane. On a beaucoup loué la maison d'Autriche d'avoir acquis ses nombreux domaines, non par la force des armes, mais par le mode beaucoup plus pacifique des alliances princières et des unions conjugales. C'est une exagération manifeste, car pour conserver la Bohême et la Hongrie, les Habsbourg avaient dû soutenir des guerres nombreuses et, peu à peu, entre tous les peuples groupés dans la moyenne vallée du Danube s'était formée la conscience obscure d'une solidarité naturelle, imposée à la fois par les conditions géographiques et par la menace constante des invasions turques. Il n'en restait pas moins que presque toutes les provinces réunies sous le sceptre de la famille des Habsbourg étaient grevées de substitutions et de dispositions testamentaires qui épuisaient à peu près toutes les diversités et toutes les complications de la jurisprudence germanique en matière successorale. L'ouverture de prétentions litigieuses était donc toujours à craindre, c'est pourquoi sur la prière des Etats de Croatie, Charles VI s'était employé de son vivant même à assurer la perpétuité de son héritage. En 1712, cinq ans avant la naissance de Marie-Thérèse, il avait, par un acte solennel, la *Pragmatique Sanction,* proclamé l'indivisibilité des Etats autrichiens et déclaré, à défaut d'héritier mâle, les femmes aptes à la couronne. Il avait ensuite employé une bonne partie de son règne à faire reconnaître la *Pragmatique* par tous les intéressés, à commencer par ses parents pour finir par les puissances. En échange de concessions parfois fort lourdes, l'Espagne, la Russie, la Prusse, la Hollande, l'Angleterre, la Diète de l'Empire, le Danemark et la France avaient tour à tour donné leur adhésion. Mais, affaibli par ses récentes défaites en Serbie, l'empereur n'avait plus ni argent, ni crédit, ni armée : « C'est, disait Frédéric, le vieux fantôme d'une idole qui avait du pouvoir autrefois et qui était puissante, mais qui n'est plus rien à présent. C'était un homme robuste, mais les Français et les Turcs lui ont donné la vérole et il est énervé à présent. »

Le 28 octobre, Frédéric tint conseil à Rheinsberg avec Schewrin et Podewils. Il leur exposa ses intentions qui consistaient à profiter de la faiblesse et du désarroi autrichiens pour s'emparer de la Silésie, province riche et peuplée contiguë au Brandebourg et qui, après la conquête, ferait corps avec la masse principale des possessions prussiennes. Les troupes franchiraient la frontière à l'improviste et se saisiraient des villes avant même que Marie-Thérèse ait pu réunir une armée. Après quoi, on négocierait. C'était la méthode qu'autrefois il avait préconisée à Grumbkow pour Berg et Juliers.

Schwerin et Podewils objectèrent qu'une action isolée était dangereuse, sujette à de grands inconvénients et à de grands revers. Selon eux, il était préférable de marchander avec la Cour de Vienne une alliance et un traité de subsides qui seraient précisément payés par la cession de la Silésie. Menacée de toutes parts, Marie-Thérèse serait heureuse d'acheter au prix d'une seule province un appui militaire qui préserverait ses Etats d'un total démembrement. Si elle se raidissait, la Prusse se joindrait alors aux électeurs de Saxe et de Bavière, à la Sardaigne et à l'Espagne qui, avec l'appui probable de la France, allaient faire valoir des droits antérieurs à la *Pragmatique*.

Il ne semble pas que rien ait été décidé ce jour-là, ni les jours suivants. Podewils et Schwerin ne réussirent pas à convaincre le roi, mais comme rien ne pressait, il s'accorda le temps d'une nouvelle méditation. Le billet qu'il écrivit le 1er novembre à Podewils est rédigé sous une forme interrogative, mais en des termes tels que la réponse s'impose d'elle-même :

— Je vous donne un problème à résoudre. Quand on est dans l'avantage, faut-il s'en prévaloir ou non ? Je suis prêt avec mes troupes et tout. Si je ne m'en prévaux pas, je tiens entre mes mains un bien dont je méconnais l'usage, si je m'en prévaux, on dira que j'ai l'habileté de me servir de la supériorité que j'ai sur mes voisins.

Trois jours plus tard, transmettant au ministre des nouvelles d'Autriche, il revenait à la charge :

— On est tout glorieux à Vienne, on se flatte de maintenir soi-même ses Etats héréditaires, on croit déjà le duc devenu empereur ; vanité, folie, ridicule illusion, nous y ferons un petit changement, mais cet échantillon pourra vous faire voir que je n'ai pas eu tort de juger que nous nous blouserions si nous voulions négocier à Vienne.

Le 6, enfin, sachant que l'électeur de Bavière s'était

déjà déclaré contre la *Pragmatique,* Frédéric rangea ses arguments par écrit et demanda encore à Podewils de lui présenter ses ultimes « oppositions ». Podewils se contenta de soulever mollement quelques difficultés de pure forme et sachant la décision irrévocable, il ne revendiqua plus pour lui-même que la gloire de l'obéissance. Le plus scabreux était de trouver quelque prétexte juridique à l'invasion. Un vieux professeur de Halle avait spontanément envoyé au roi un mémoire sur les droits et prétentions de la maison de Brandebourg relativement aux duchés silésiens. Mais ces droits étaient annulés par des renonciations postérieures, à vrai dire plus ou moins forcées, et Podewils ne savait comment donner un aspect présentable à de si mauvais arguments.

— L'article de droit, répondit Frédéric, est l'affaire des ministres, c'est la vôtre, il est temps d'y travailler en secret, car les ordres aux troupes sont donnés.

Podewils se mit à la tâche et quand la déclaration fut prête, Frédéric l'approuva en ces termes « Bravo ! Cela est l'ouvrage d'un bon charlatan ! »

L'entreprise ne pouvait réussir que si le secret en était gardé. Frédéric reconnut donc à Marie-Thérèse le titre de reine, il ordonna à sa cour de porter le deuil et tout fut mis en œuvre pour égarer les diplomates qui s'inquiétaient des préparatifs militaires. Valori fut consigné à la porte de Rheinsberg et Manteuffel, qui correspondait beaucoup avec la Saxe, prié poliment de quitter Berlin. Réticent et contradictoire, le langage des envoyés prussiens dans les diverses capitales variait selon les lieux et selon les interlocuteurs. Ici, on croyait que Frédéric allait profiter du trouble pour se saisir de Berg ; ailleurs, on tenait pour assuré qu'il poserait sa candidature à la couronne impériale. Certains même supposaient qu'il s'était mis d'accord avec Marie-Thérèse aux dépens de la Saxe et de la Bavière. Au cours de son voyage, Voltaire ne fut ni plus perspicace, ni plus habile. Avant de partir pour Rheinsberg, il avait offert à Fleury un exemplaire de l'*Antimachiavel.* Le cardinal avait compris l'invite et saisi l'occasion de faire passer ses conseils à Frédéric. « Quel que soit l'auteur de cet ouvrage, avait-il écrit au philosophe, s'il n'est pas prince, il mérite de l'être, le peu que j'en ai lu est si sage, si raisonnable et renferme des principes si admirables que *celui qui l'a fait serait digne de commander aux hommes, pourvu qu'il ait le courage de les mettre en pratique. S'il est né prince, il contracte un engagement bien solennel avec le public.* » Voltaire, à son tour, devina à quel usage était destiné le sermon : « J'ai obéi, répondit-il, aux ordres que Votre Eminence ne m'avait pas donnés. J'ai montré votre lettre au roi de Prusse. » Mais il n'obtint aucune réponse.

Le chargé d'affaires anglais, Guy Dickens, usant de sa qualité d'ambassadeur de famille, trouva moyen de pénétrer jusqu'au roi et il lui demanda à brûle-pourpoint s'il avait l'intention de respecter la *Pragmatique* et de maintenir l'indivisibilité des Etats autrichiens, Frédéric rougit :

— Je crois, reprit-il, que vous n'avez point d'instruction qui vous autorise à me faire cette question et si vous en avez reçu, je n'ai qu'une réponse à faire. L'Angleterre n'a aucun droit de me demander quels sont mes plans. Je ne lui fais pas de question sur ses armements maritimes ; je me borne à faire des vœux pour que vous ne soyez pas battus par les Espagnols.

Et comme l'agent anglais protestait de ses bons sentiments, le roi reprit :

— Je n'ai en vue que le bien général. J'ai examiné mes desseins avec soin, j'ai pesé les inconvénients et les avantages qui pourraient en résulter pour moi et pour le public et j'ai conclu que je n'ai rien de mieux à faire que de les exécuter rigoureusement... L'Autriche est une puissance nécessaire pour lutter contre les Turcs, mais elle ne doit pas en Allemagne avoir une puissance assez grande pour que trois électorats ne puissent lui tenir tête. Je sais bien que vous, comme la France, vous voulez mettre tous les princes en tutelle, mais je ne veux être guidé par aucun de vous deux, et quant à vous, vous ressemblez aux Athéniens, qui, pendant que Philippe de Macédoine était prêt à les attaquer, perdaient leur temps en discours.

A Vienne, on ne soupçonna rien. D'un caractère courageux et noble, Marie-Thérèse ne doutait ni de son droit, ni d'elle-même, mais elle était bien éloignée de penser que les premiers coups lui viendraient de la Prusse. Toutefois, vers le milieu de novembre, ses conseillers commencèrent à s'alarmer des mouvements de troupes et des achats de chevaux qui s'opéraient au voisinage de la Silésie. Par ailleurs, l'envoyé de Frédéric à Vienne tenait des propos de plus en plus inquiétants. La maison d'Autriche, disait-il, a trop d'ennemis, elle ne pourra se sauver seule. Elle a besoin d'alliés, mais les alliés se paient et pour s'épargner de plus grands maux, il faut savoir à propos sacrifier un membre gangréné. Inquiète, Marie-Thérèse se décida à envoyer à Berlin un nouveau ministre, le marquis de Botta d'Adorna, vieil Italien plein d'expérience. Il n'eut pas besoin d'une grande attention en cours de route pour se convaincre que la Prusse se préparait à la guerre. Il arriva tout ému. L'audience du roi ne le rassura pas. Pour amener la conversation sur le sujet des armements, il lui dit qu'il avait trouvé les chemins de Silésie rompus et défoncés :

— Je n'y vois pas d'inconvénient, répondit Frédéric, excepté de faire arriver les voyageurs un peu crottés.

Finalement, il annonça au marquis qu'il envoyait à Vienne le comte de Gotter chargé de propositions importantes.

Gotter arriva à Vienne le 17 décembre et il eut une audience le 20.

— J'apporte, dit-il, au duc François, dans une main le salut de la maison d'Autriche et, dans l'autre, pour Votre Altesse, la couronne impériale. Les trésors du roi, mon maître, sont au service de la reine... En récompense de telles offres et en dédommagement du péril qu'elles lui font courir, il demande toute la Silésie, mais rien de moins.

Le grand duc répondit que la reine n'avait pas le droit de céder la moindre parcelle d'un héritage qu'elle n'avait reçu que sous la condition de le maintenir indivisible. Puis, comme il demandait à Gotter si les troupes prussiennes avaient déjà pénétré en Silésie :

— Elles doivent y être, répondit l'envoyé.

— Retournez donc auprès du roi votre maître et dites-lui que tant qu'il laissera un homme sur le territoire de cette province, nous périrons plutôt que de traiter avec lui.

A Berlin, une scène analogue s'était déroulée entre Frédéric et Botta. Perdant patience, l'Italien avait fini par élever le ton :

— Vos troupes sont belles, Sire, mais les nôtres ont senti la poudre.

Et Frédéric de répondre :

— Si les miennes sont belles, elles sont bonnes aussi et vous vous en apercevrez.

Néanmoins, beaucoup jugeaient que l'entreprise du roi était folle. Plus tard, à Valori, dans un moment d'abandon, il parla lui-même d'étourderie. Au palais, la défiance et la peur étaient les sentiments les plus communs. Pour dissiper l'inquiétude, il assembla les officiers de la garnison de Berlin :

— Messieurs, leur dit-il, j'entreprend une guerre où je n'ai d'autre allié que votre valeur, ni d'autre ressource que ma fortune. Souvenez-vous sans cesse de la gloire immortelle que vos ancêtres se sont acquise dans les plaines de Varsovie et de Fehrbellin et ne démentez jamais la réputation des troupes brandebourgeoises. Adieu ! Partez pour le rendez-vous de la gloire où je ne tarderai pas à vous suivre.

Le 14 décembre, il y eut bal au palais. Frédéric y parut en domino, sans masque. Il causa assez longuement dans une embrasure de fenêtre avec l'envoyé anglais. Quand vint l'heure de se séparer, il appela ses aides de camp :

— Graissez vos bottes, nous partons.

On sonnait les cloches sur son passage. A Crossen, une poutre se rompit et le clocher s'effondra. Frédéric retourna le présage :

— Ainsi, dit-il, les grands seront abaissés.

Le 16, à huit heures du matin, enseignes déployées et tambours battant, il franchissait les frontières de la Silésie. « J'ai passé le Rubicon, écrivait-il à Podewils. Mes troupes sont pleines de bonne volonté, les officiers d'ambition et nos généraux affamés de gloire. Tout ira selon nos souhaits... Mon cœur me présage tout le bien du monde... Je ne paraîtrai pas à Berlin sans m'être rendu digne du sang dont je suis issu et des braves soldats que j'ai l'honneur de commander. »

CHAPITRE VII

Les deux guerres de Silésie

Frédéric avait reçu de son père les instruments de la puissance et de l'action : un trésor rempli, des finances en ordre, une bureaucratie laborieuse, des peuples habitués à l'obéissance et surtout une des meilleures et des plus nombreuses armées de l'Europe.

L'effectif des troupes prussiennes n'avait cessé de croître. De 45 000 hommes en 1713, elles étaient passées à 54 000 en 1719, à 70 000 en 1729 et à 83 000 en 1739, chiffre énorme, démesuré, si l'on songe que pour des populations presque dix fois supérieures, la France n'entretenait que 160 000 soldats et l'Autriche à peine 100 000. L'armée prussienne se composait à la fois de nationaux et d'étrangers, dans une proportion variable, mais qui ne pouvait tomber au-dessous du tiers pour les nationaux. Les étrangers étaient attirés par l'appât des primes, l'assurance d'une haute paye et d'une bonne nourriture. Ils étaient retenus par une discipline implacable et par la crainte de châtiments terribles. Huit cents ou mille recruteurs couraient l'Europe pour le service du roi. La plupart n'étaient pas scrupuleux sur l'emploi des moyens ; il y eut des violences notoires ; une année même, les Hollandais arrêtèrent et fusillèrent un recruteur prussien qui s'était signalé par ses excès.

Mais ces procédés étaient d'un usage courant à l'époque. La grande nouveauté du règne est que Frédéric-Guillaume a posé pour ses peuples le principe du service militaire obligatoire. « Tous les sujets, disait le règlement de 1733, sont nés pour les armes et obligés au régiment dans le district duquel ils sont nés. » A cette fin, le royaume est divisé en un certain nombre de cantons, à raison d'un canton par régiment : cinq mille feux pour un régiment d'infanterie, dix-huit cents pour un régiment de cavalerie. Lorsque naît un enfant mâle, le ministre qui le baptise le déclare à l'autorité et il est aussitôt inscrit sur le rôle militaire. A l'âge de la communion, il prête serment. Désormais, il porte un signe distinctif, un ruban rouge au col et il lui est interdit de quitter le pays. De dix-huit à quarante ans, il demeure à la disposition de l'armée. A la fin de l'hiver, avant le temps des revues, les colonels envoient des officiers visiter leurs cantons et prendre les hommes dont ils ont besoin. Mais les recrues ne sont gardées au régiment que quelques semaines par année, traditionnellement du 1er avril au 23 mai, et ils retournent au village pour le reste. Sont exempts les fils uniques, les fils de veuves, les étudiants en théologie, les colons privilégiés, les maîtres-artisans, les paysans chargés de famille ou cultivant des fermes isolées... Chaque colonel a droit à trente recrues par an en temps de paix et à cent en temps de guerre. Ce que le régiment a perdu en étrangers doit se recruter en étrangers. Ceux-ci sont cantonnés en ville. Ils n'exercent de fonctions militaires que deux fois la semaine. Les autres jours, ils travaillent chez des particuliers ou dans des fabriques. On les encourage à se marier pour les mieux retenir. L'Etat prend soin de leurs enfants, qui sont naturalisés Prussiens, confiés à des paysans ou élevés à Potsdam dans un pensionnat qui finira par compter cinq mille pupilles. Les cadres enfin sont formés par la noblesse du pays. Frédéric-Guillaume aurait voulu réserver les grades supérieurs à des Prussiens. Faute de sujets capables, il n'y réussit pas. Au moins parvint-il à convaincre les familles nobles de donner chacune un de leurs fils à l'armée. Ces jeunes gens, âgés de douze ans à dix-huit, étaient formés dans les compagnies de cadets et passaient ensuite dans les régiments. C'est ainsi que la noblesse du royaume devint peu à peu une noblesse de service ; les Junkers, autrefois si turbulents, se transformèrent en officiers dévoués corps et âme à la dynastie.

La meilleure arme était l'infanterie qu'avait organisée avec une attention particulière le prince d'Anhalt-Dessau. « Il composa les bataillons d'une façon nouvelle, écrit Frédéric, il y introduisit cette discipline, cet ordre, cette précision étonnante qui rendent ces troupes semblables aux ressorts d'une montre dont les roues, artistement engrenées, produisent un mouvement exact et régulier. » L'infanterie prussienne l'emportait sur les autres par la vitesse du tir. Chaque bataillon était comme « une batterie ambulante ».

Le corps qui devait occuper la Silésie se composait de 22 000 hommes, 13 000 chevaux et 34 bouches à feu. Un parc de siège suivait à petite distance. Frédéric commandait en personne. Le prince d'Anhalt s'étant étonné de n'être pas de la fête, le roi lui répondit qu'il honorait son mérite comme un jeune officier doit respecter la gloire d'un vieux héros qui a donné maintes preuves de sa « dextérité », mais que l'affaire silésienne était une bagatelle indigne d'un grand capitaine, une simple prise de possession. Au surplus, ajoutait-il « je me réserve cette expédition à moi seul, afin que le monde ne croie pas que le roi de Prusse part en campagne avec son précepteur ». De l'art militaire, Frédéric ne connaissait encore que les parties basses, les détails du service et de l'organisation. Sans doute, il avait vu le feu en 1734, étudié les campagnes du prince Eugène et de Turenne, accompli des voyages d'études sur les champs de bataille de Poméranie, médité les ouvrages théoriques de Folard et de Feuquières, mais il ne possédait aucune expérience, ni même aucune vue bien formée. Aussi avait-il jugé prudent de s'adjoindre le maréchal Kurt-Christophe de Schwerin à qui il venait lui-même d'accorder le bâton, mais qui ne possédait aucune des supériorités humiliantes du vieux Dessau. Schwerin était un de ces officiers errants que les guerres de Louis XIV avaient jetés par le monde au hasard de la fortune. Né en Poméranie, fils d'un colonel suédois et orphelin à douze ans, il avait été élevé par son oncle, colonel d'un régiment mecklembourgeois au service de la Hollande. Cornette et officier dans ce régiment, il avait fait sous Marlborough les campagnes de Flandre, puis il avait été envoyé en mission auprès de Charles XII réfugié en Turquie. En 1720, il était entré comme général dans l'armée prussienne. Membre du conseil de guerre qui avait jugé Katte, il s'était prononcé pour la détention perpétuelle et bien avant l'avènement, il s'était lié avec Frédéric qui aimait l'entendre raconter ses aventures.

La Silésie était presque complètement dégarnie de troupes. S'inspirant d'un plan qui datait de son aïeul, le Grand Electeur, Frédéric remonta l'Oder, tandis que Schwerin, avec un corps volant, occupait le pays. Le roi fut accueilli avec faveur par les protestants qui avaient enduré les tracasseries des évêques autrichiens. Le 22 décembre, il investit Glogau et le 31 il arriva devant Breslau, capitale de la province. La ville formait une petite république vassale de l'Autriche qui ne pouvait y mettre garnison sans l'assentiment des bourgeois. Le général Browne, chargé du commandement par Marie-Thérèse, demanda à la municipalité l'autorisation de faire entrer quelques centaines d'hommes. Il venait d'obtenir un vote conforme à ses désirs quand une émeute conduite par le savetier brandebourgeois Döblin contraignit les Anciens à révoquer la permission. Dès que les Prussiens apparurent, les habitants leur apportèrent de la bière, du pain et toutes sortes de victuailles. Le 1er janvier 1741, Frédéric occupa les faubourgs et le 3, après avoir signé avec les magistrats un traité particulier, il fit son entrée dans la ville.

Malgré la neige, les rues étaient remplies d'une foule curieuse que contenait la milice bourgeoise rangée en haie. Le comte Henckel de Donnersmarck, grand échanson, ouvrait le cortège. Venaient ensuite les bagages et l'argenterie portés par des mulets harnachés de velours bleu, avec des colliers de sonnailles. Derrière eux, trente gendarmes en uniforme paille, puis la voiture royale, capote découverte, occupée seulement par le manteau de cour, en velours bleu doublé d'hermine et enfin, après un intervalle, annoncé par quatre écuyers, le roi, richement vêtu d'un uniforme brodé d'or et suivi d'une longue cavalcade de généraux et de pages, tous habillés de rouge. Il invita les notables à dîner, tranquillisa les catholiques sur la liberté de religion, témoigna beaucoup d'égards à l'archevêque et au clergé, eut toutes sortes d'attentions pour la noblesse et pour les principaux bourgeois. Il se montra doux, affable, modeste, donna des espérances flatteuses aux ministres protestants et les fit prêcher sur un texte qu'il avait lui-même choisi : « Le pays que nous avons conquis est notre héritage, mais nos ennemis l'ont opprimé un temps par la force et par l'injustice. » (*Maccab., XV,* 32-34.) Pour ses bons services, Döblin reçut deux mille thalers en or. Le 25 janvier, Frédéric quitta la Silésie laissant Schwerin achever la conquête. Seules résistaient encore les trois places de Glogau, Brieg et Neisse.

Frédéric rentra à Berlin en triomphateur : tout lui avait réussi. Cependant, il avait calculé que la rivalité franco-anglaise lui assurerait à bref délai l'alliance d'une des deux puissances. Or, en dépit de sa marche victorieuse, aucune ne s'était décidée et plus l'incertitude se prolongeait, plus le prudent Podewils le suppliait de traiter avec Marie-Thérèse pour retirer au plus tôt les bénéfices de l'aventure. Pendant quelques semaines Frédéric fut donc contraint de mener un jeu très subtil et très compliqué qui avait tantôt pour objet de terminer l'affaire avec avantage, et tantôt de la poursuivre avec des forces accrues. Pour obtenir une paix rapide, il se serait contenté de la basse Silésie sans Breslau et il aurait même indemnisé la reine en lui prêtant à fonds perdus deux millions de thalers. Mais Marie-Thérèse était inflexible : rien ne put ébranler sa résolution, rien ne put l'incliner à ce qu'elle considérait comme une lâcheté et comme un déshonneur.

A Versailles, par contre, Frédéric trouvait le terrain préparé par les efforts bruyants du parti de la guerre. Il savait que le Cardinal répugnait à se déclarer contre la maison d'Autriche parce qu'à ses yeux elle avait cessé d'être redoutable pour la France du jour où un petit-fils de Louis XIV s'était installé à Madrid. Mais il savait aussi que l'opinion animée par Belle-Isle accusait le vieux ministre de manquer aux traditions les plus sacrées de la monarchie et qu'elle le pressait à grands cris de parachever l'œuvre de Richelieu en écrasant pour toujours l'ennemie héréditaire. Au surplus, la *Pragmatique* ne garantissait à la reine de Hongrie que la succession des terres habsbourgeoises, non la couronne impériale. Sur ce point, la France restait libre. Le courant anti-autrichien devint si fort que c'est Versailles qui se mit à chercher dans l'empire des auxiliaires contre Marie-Thérèse. De solliciteur, Frédéric se transforma donc en sollicité. Prompt à exploiter l'avantage que la France lui donnait, il signifia à l'ambassadeur Valori que, depuis ses premières ouvertures, les événements avaient marché et qu'un pacte défensif ne pouvait plus le satisfaire:

— Quel avantage tirerai-je de cela ? lui dit-il après avoir lu le projet. Je ne vois pas le secours que le roi votre maître me donnera au cas que je sois attaqué par les puissances qui m'environnent et qui, au seul nom de France, sont prêtes non seulement contre elle, mais contre ses alliés... Le roi mettra-t-il l'électeur de Bavière en état de soutenir ses prétentions autrement que par des écritures ? Si les électeurs de Cologne et Palatin sont attaqués par le Hanovre, leur donnera-t-on un corps de trente mille hommes pour y résister ? Et quelle diversion le roi veut-il faire ? Favorisera-t-il par ses troupes les desseins de l'Espagne (en Italie) ? Sans toutes ces mesures bien prises et bien calculées, ne dois-je pas chercher à me tourner d'un autre côté et tâcher de trouver mes avantages ? Le roi veut-il me garantir la possession de la basse Silésie, Breslau compris ?

Après trois ou quatre entretiens de ce ton, Valori ne savait plus que croire ni que dire. « Le roi de Prusse, écrivait-il tristement au ministre Amelot, ne répond pas comme il faut... Il entame des négociations partout et croit opérer des merveilles en ne concluant nulle part... Comme je parle tout haut avec vous, monsieur, je ne craindrai pas de vous dire que légèreté, présomption, orgueil, sont la base de ce caractère et vous me plaindrez un peu d'avoir à me gouverner au travers de tout cela. »

En forçant ses exigences, Frédéric faisait preuve d'une audace dont s'effrayaient ses ministres. Ne risquait-il pas, en fin de compte, de se retrouver sans allié ?

Qu'arriverait-il s'il était contraint de soutenir seul la prochaine campagne ? A force de démarches et de plaintes, Marie-Thérèse avait réussi à émouvoir l'opinion anglaise et hollandaise. La noblesse catholique de Pologne s'indignait de voir à ses portes une province fidèle tomber entre les mains d'un prince protestant et de puissantes influences s'exerçaient sur le faible Auguste III pour le pousser du côté autrichien. Dans les derniers jours de février, enfin, une révolution de palais menaça de faire prévaloir les mêmes sentiments à Saint-Pétersbourg. Le roi ne serait-il pas pris à revers et enveloppé avant d'avoir mené à conclusion aucun des traités dont il avait si artificieusement marchandé la signature ? « La boîte à Pandore est ouverte, s'écriait Podewils, tous les maux en sortent à la fois. » Frédéric ne laissa paraître aucune inquiétude, mais, sans tarder, il porta l'armée de Silésie à 32 000 hommes et il réunit dans la Marche, sous le commandement du prince d'Anhalt, une seconde masse de 20 000 hommes. Le 19 février, il repartit pour la Silésie et le 8 mars Glogau fut enlevé.

Ce n'était encore qu'un lever de rideau et Frédéric se préparait à de plus grands événements. Il était calme, résolu, et ses lectures lui revenaient à la mémoire. « Il n'y a point de lauriers pour les paresseux, écrivait-il à un de ses ministres, la gloire se donne aux plus laborieux et aux plus intrépides... Si malheur m'arrivait d'être pris vif, je vous ordonne absolument et vous m'en répondrez de votre tête, qu'en mon absence vous ne respecterez point mes ordres, que vous servirez de conseil à mon frère, et que l'Etat ne fera aucune action indigne pour ma liberté. Au contraire, en ce cas, je veux et j'ordonne qu'on agisse plus vivement que jamais. Je ne suis roi que lorsque je suis libre. Si l'on me tue, je veux qu'on brûle mon corps à la romaine et qu'on m'enterre de même dans une urne à Rheinsberg. Knobelsdorff doit en ce cas me faire un monument comme celui d'Horace à Tusculum. »

L'armée prussienne était dispersée sur une profondeur de cent cinquante kilomètres, de Breslau aux sources de l'Oder. L'armée autrichienne, enfin mobilisée, s'était concentrée sous les ordres de Neipperg près d'Olmutz en Moravie. Neipperg était un des vaincus de Bosnie. On l'avait tiré de prison pour lui rendre le commandement. Il se mit en marche en secret et il pénétra en Silésie par la pointe extrême. Le 2 avril, des déserteurs avertirent Frédéric que l'ennemi se trouvait à 25 kilomètres. Le péril eut été sérieux si Neipperg avait marché directement contre le roi, afin de le surprendre et de le battre avant qu'il ait pu rassembler ses forces. Mais loin de chercher la décision par la bataille, les généraux de ce temps s'appliquaient à fuir les gros risques et ils faisaient consister l'art de la guerre en déplacements méthodiques et en manœuvres de débordement. C'est ce qu'on appelait la guerre de postes ou de positions. Un des plus célèbres écrivains militaires du siècle, le général Lloyd, en a donné la définition en ces termes : « Le plus important objet de tout, peut-être, pour ceux qui aspirent au commandement en chef, c'est la géographie, ou pour mieux dire la topographie, car il ne suffit pas d'avoir une notion générale d'un pays, il faut encore en avoir une connaissance locale et détaillée... Toutes les grandes et importantes parties de la guerre, soit dans le Conseil, ou sur le terrain, dépendent absolument de la connaissance du pays et un général prudent y mettra plus de confiance qu'au destin aveugle des batailles. *En possédant toutes ces connaissances, on peut fixer toutes les opérations avec une précision géométrique et faire toujours la guerre sans être obligé de livrer bataille.* »

Le plan de Neipperg consistait à débloquer Neisse et Brieg, en se postant sur les communications des Prussiens qui, menacés d'être coupés de leurs magasins, seraient contraints à la retraite. Pendant une semaine, les deux armées remontèrent vers le Nord parallèlement à l'Oder, Neipperg cherchant à gagner Frédéric de vitesse, Frédéric se maintenant à même hauteur et ramassant au passage les garnisons qu'il avait laissées derrière lui.

Le 9 avril, il aurait encore pu s'échapper, mais la fatigue des troupes qui marchaient dans la neige et dans la boue depuis huit jours le contraignit à s'arrêter vingt-quatre heures et il dut se résigner à la bataille. Le 10, vers midi, en avant du village de Mollwitz, il rencontra l'armée autrichienne qui, ne s'attendant pas à combattre, n'avait pas encore terminé son déploiement. L'artillerie même n'était pas arrivée. Neipperg avait 18 000 hommes et Frédéric 22 000. Mais la cavalerie autrichienne était très supérieure en nombre et en valeur. A l'improviste, elle se jeta tout entière sur la droite prussienne qui fut enfoncée à deux reprises. La dernière fois, elle réussit même à entamer l'infanterie et la confusion devint telle que les fantassins de la seconde ligne se mirent à tirer sur ceux de la première et sur leurs propres cavaliers mêlés aux cavaliers ennemis. Vers quatre heures, la journée semblait perdue. Frédéric s'était exposé et il avait failli être enlevé. Sentant la déroute proche, Schwerin le supplia de mettre sa personne à l'abri. Après avoir mandé à Dessau de prendre toutes les mesures pour protéger le Brandebourg, il s'enfuit en compagnie de deux aides de camp, d'un page et de son ami Rottenbourg. Au bord de la Neisse, il croisa des équipages de l'armée et, dans son trouble, cria aux hommes de se sauver : aussitôt charretiers et goujats s'éparpillèrent au hasard. A la nuit tombée, il arriva près d'Oppeln. Rottenbourg qui le précédait de cent pas met pied à terre, frappe à la porte, appelle la sentinelle et lui dit d'ouvrir. Elle répond par un coup de fusil. Les Autrichiens étaient déjà dans la ville : si les portes n'avaient pas été fermées, Frédéric eût été pris. Rebroussant chemin, les fugitifs décident alors de profiter de l'obscurité pour gagner Breslau. Harassés, ils font halte en route dans une maison de Lœwen et ils boivent du café que le page a emporté. Les aides de camp, muets, s'étaient assis dans l'ombre. Croyant l'armée en retraite, accablé de douleur, Frédéric marchait de long en large dans la chambre.

— Mon Dieu ! gémissait-il, c'en est trop, ne me punissez pas trop durement.

A deux heures du matin arriva un lieutenant envoyé par Schwerin à la recherche des fugitifs. Après le départ du roi, le maréchal avait regroupé les troupes et contraint l'ennemi à se retirer. Le mérite de la victoire revenait à l'infanterie prussienne dont le feu rapide avait brisé tous les assauts (10 avril 1741).

A ce récit, Frédéric poussa une série de jurons furieux. Sans plus attendre, il remonta à cheval et rejoignit ventre à terre les hommes qu'il avait abandonnés au moment du malheur. Dans l'*Histoire de mon temps*, il ne fait aucune allusion ni à sa fuite, ni à l'atroce humiliation qu'il éprouva en retrouvant ceux qui avaient vaincu sans lui et dont il eut peine sans doute à supporter les regards. Pour le reste, il se juge avec une exacte sévérité : « Ma conduite était... condamnable : je suis averti des projets de l'ennemi et je ne prends aucune mesure pour m'y opposer ; je mets mes troupes dans des quartiers trop séparés et hors de portée de se joindre ; je me laisse couper du duc de Holstein et je me mets dans la nécessité de combattre dans une situation où je n'avais aucune retraite en cas de malheur et où je risquais de perdre toute l'armée ; arrivé près de Mollwitz, où l'ennemi était en cantonnement, au lieu de marcher avec vivacité... je perds deux heures à me former méthodiquement devant un village où aucun Autrichien ne paraissait encore. Si j'avais suivi le premier parti, toute l'infanterie autrichienne aurait été prise... Mais il n'y avait que le maréchal de Schwerin dans l'armée qui fût un officier d'expérience ; les autres allaient à tâtons et croyaient tout perdu s'ils s'écartaient de l'usage. Ce qui nous sauva malgré tout cela, ce fut la promptitude de nos résolutions et l'extrême exactitude dont les troupes les exécutèrent. Mollwitz fut mon école, je fis des réflexions profondes sur mes fautes, dont je profitais dans la suite. » (rédaction de 1746.)

Le génie de Frédéric s'est formé peu à peu par l'étude et par une volonté opiniâtre de perfectionnement.

★

La fin de la campagne ne fut marquée par aucun événement d'importance : après que Brieg se fût rendu, les deux armées passèrent l'été à s'observer et à se chicaner. Frédéric en profita pour augmenter sa cavalerie et l'aguerrir par des escarmouches. Mais toute l'attention de l'Europe se portait vers la conclusion de l'alliance franco-prussienne. Belle-Isle qui parcourait l'Allemagne pour y nouer la coalition anti-autrichienne arriva à Breslau dans l'espérance d'enlever le traité. Le roi savait le maréchal impérieux et absolu dans ses sentiments. Il s'arrangea pour l'amuser quelques jours en fêtes, en revues et en retards de bienséance. Il fallut enfin le recevoir et l'écouter. Frédéric était dans son quartier général à Mollwitz. Il faisait un temps affreux de neige et de pluie. A chaque minute l'ouragan menaçait d'enlever la tente. Belle-Isle fut pressant. Frédéric objecta que l'alliance française lui mettrait sur le dos la Saxe, la Pologne, la Russie et l'Angleterre, avant même que Louis XV fût en état de le soutenir. Belle-Isle répliqua que la parole d'un roi de Prusse valait une signature et qu'après tant de promesses, il ne pouvait se dédire. Finalement, l'alliance fut conclue (3 juin). L'article le plus important stipulait qu'une armée française de 40 000 hommes passerait le Rhin avant deux mois. Alors, à l'ardeur enthousiaste qui s'empare de Frédéric on dirait que jamais il n'a désiré autre chose. « Je vous dispute à présent, écrit-il à Fleury, d'être meilleur Français que je le suis. »

Cette cordialité ne se maintint pas très longtemps. L'alliance avait l'inconvénient de renforcer l'influence française en Allemagne : elle inquiétait les princes protestants, faisait du futur empereur une créature de Louis XV et donnait lieu aux accusations d'hégémonie déjà portées contre Louis XIV. Frédéric y était sensible. Le 10 juillet, il ordonnait encore à Podewils de poursuivre les négociations avec Mylord Hyndford (celui que dans ses accès de francophilie, il appelait Mylord Jean-F...) et de « chipoter » avec lui. Ses conquêtes reconnues, il lui répugnait de trop abaisser les Habsbourg au profit des Bourbons et des autres électeurs. De son côté, Fleury se méfiait de son allié : « La bonne foi et la sincérité ne sont pas ses vertus favorites, écrivait-il à Belle-Isle. Il est faux en tout, même dans ses caresses... Il est détesté de toute l'Europe... Si on lui proposait un parti avantageux... il ne serait pas scrupuleux sur le prétexte qu'il pourrait imaginer pour se séparer de notre alliance. » Bref, douze jours après la signature, Frédéric commençait à se plaindre que tout ne fût pas encore en mouvement et il mettait en réserve quelques griefs.

La coalition cependant finit par s'ébranler. Du 15 au 22 août, les Français passèrent le Rhin et s'avançèrent le long du Danube avec l'armée bavaroise. Le 14 septembre, ils occupèrent Linz, à trois jours de Vienne, tandis qu'Auguste III se déclarait contre l'Autriche, en échange de la Moravie et d'un étroit couloir en Bohême : premiers morceaux d'un pont jeté entre le duché de Saxe et le royaume de Pologne.

Frédéric conseillait à ses alliés de se porter résolument sur Vienne et de l'occuper par surprise. Mais l'armée franco-bavaroise était commandée par l'électeur Charles-Albert, brave homme timoré qui n'osait s'éloigner de ses propres Etats. Belle-Isle prétendait bien diriger à la fois les opérations militaires et les opérations diplomatiques, mais il était demeuré à Francfort pour organiser l'élection impériale et il ne manifestait sa volonté que de loin, sous forme d'une correspondance qui ne faisait pas toujours bon effet. Enfin Belle-Isle et Charles-Albert tenaient l'un et l'autre à opérer leur liaison avec Frédéric et avec Auguste III, à la fois pour s'appuyer sur eux et pour empêcher le roi de fausser compagnie à ses associés. Tiraillé en tous sens, l'Electeur perdit une semaine à Linz, puis il s'avança avec une lenteur désespérante jusqu'à Krems, à quinze lieues de la capitale. Il avait mis quarante et un jours pour parcourir deux cents kilomètres. A la fin d'octobre, il se décida à obliquer vers le Nord pour occuper la Bohême qu'il voulait garder tout entière dans son lot.

L'invasion avait mis Marie-Thérèse au désespoir. Elle se résigna à souscrire provisoirement aux conditions de la Prusse : près de Neisse, au château de Klein-Schnellendorf un armistice fut conclu secrètement entre Frédéric, Neipperg et Lord Hyndford (9 octobre).

Il était convenu que Neisse capitulerait après un simulacre de résistance et que les Autrichiens évacueraient la Silésie jusqu'à la paix générale. Sa Majesté le roi de Prusse, disait l'article 5, « n'agira plus offensivement contre Sa Majesté la Reine de Hongrie et de Bohême, ni contre le Roi d'Angleterre comme Electeur d'Hanovre, ni contre aucun des alliés présents de la Reine. » Neipperg sera libre de se tourner contre les Français ; le traité définitif laissera à la Prusse la basse Silésie jusqu'à la rivière Neisse ; enfin le mystère sera gardé jalousement et « de part et d'autre, on fera sortir quelques petits partis pour continuer les hostilités *pro forma.* » Ainsi l'intervention française avait pour conséquence imprévue de délivrer l'Autriche de son principal adversaire et de permettre à la Prusse, qui avait déchaîné la guerre, de s'en retirer toute seule et à son heure !

Frédéric se donna beaucoup de mal pour dissimuler sa défection. Il aimait jouer la comédie et il devait prendre à celle-là un plaisir particulier, sinon il se serait épargné bien des mensonges superflus : la façon dont était conduit le siège de Neisse suffisait en effet à éclairer les plus incrédules. Mais il ne pouvait s'empêcher de persifler les uns et les autres. Le 9 octobre, c'est-à-dire le jour même où était signée la convention, il écrivit à Belle-Isle une lettre affectueuse qui se terminait par ces mots : « Il était réservé à Louis XV d'être l'arbitre des rois et à M. de Belle-Isle d'être l'organe de sa puissance et de sa sagesse. » On le voit sourire.

En réalité, le calcul de Frédéric était mauvais. Tout d'abord, les Franco-Bavarois remportèrent victoires sur victoires. Prague fut pris le 23 novembre par Chevert et Maurice de Saxe ; le 24 janvier, Charles-Albert fut élu empereur sous le nom de Charles VII et couronné le 12 février à Francfort. Frédéric dut s'associer aux événements par des félicitations empressées. Mais libérée de la menace prussienne, Marie-Thérèse avait fait décréter la levée en masse en Hongrie et soulevé le patriotisme de ses sujets. La contre-offensive autrichienne commença le long du Danube. Linz fut repris à la fin de janvier, la Bavière envahie et Munich occupé le jour même où Charles-Albert ceignait à Prague la couronne de Bohême. Frédéric qui avait augmenté ses prétentions au fur et à mesure des succès de ses alliés fut bien obligé de recourir aux armes quand leurs revers mirent en danger ses propres gains.

« Un observateur impartial, écrit Reinhold Koser, ne saurait mettre en doute que la convention de Klein-Schnellendorf n'était pas seulement de nature à compromettre la réputation du jeune roi et sa politique auprès de ses amis et ennemis, mais encore que n'étant commandée par aucune nécessité, c'était un acte risqué et une faute. Si les Autrichiens avaient réussi à atteindre Prague avant leurs adversaires, il est plus que probable que les Français, les Bavarois et les Saxons surtout auraient abandonné la partie comme désespérée. En ce cas, la convention du 9 octobre aurait-elle constitué une garantie pour le roi de Prusse ? Une convention dont Neipperg écrivait aussitôt après l'entrevue qu'*elle n'engageait la reine à rien si le traité définitif n'était pas conclu avant la fin de décembre*. Bref, de quelque côté qu'on examine la convention, elle apparaît toujours comme fragile et aléatoire. Pauvrement combinés, aussi, les expédients, les coups de main avec lesquels on comptait abuser les alliés. Et, en fin de compte, le profit de ce jeu fourré fut bien maigre : des quartiers d'hiver tranquilles et la reddition d'une unique forteresse qui, au surplus, n'aurait pas pu résister. On peut appliquer à l'armistice de Klein-Schnellendorf le mot de Hyndford, injuste par ailleurs, que le roi préférait un gain immédiat, fût-il infime, aux avantages les plus importants et les plus solides pour l'avenir. Un accord bâclé précipitamment pour des motifs de pure opportunité changea le cours de l'histoire et l'Autriche fut sauvée. Le même Frédéric qui avait poussé cette vieille et orgueilleuse puissance au bord de l'abîme devint son protecteur et son sauveur en laissant seulement retomber le bras. Les Anglais nourris de souvenirs classiques se souvenaient de la lance d'Achille qui blessait et guérissait à la fois. Combien de fois, par la suite, Frédéric a-t-il supplié le destin de lui fournir l'occasion d'infliger une défaite décisive à son ennemi mortel ? Jamais il ne retrouvera une occasion semblable à celle qu'il laisse échapper en automne 1741, en permettant à l'armée de Neipperg, la seule que possédât l'Autriche, de se retirer intacte, sans bataille et sans poursuite. Son destin était désormais noué. »

★

Lorsqu'il rouvrit les hostilités à la mi-janvier 1742, Frédéric comptait pousser une pointe rapide en Moravie et menacer Vienne par le Nord-Est. Mais le plan fut mal exécuté. Tout d'abord Frédéric avait voulu faire l'expédition à petits frais, c'est-à-dire, selon sa propre expression, en y mettant peu du sien et beaucoup de ses alliés. Mais ce corps composite — Français, Saxons, Prussiens — était peu maniable. Les chefs ne s'entendaient pas. Les Saxons n'étaient pas sûrs. Broglie et Auguste III retenaient de loin leurs subordonnés tandis que Frédéric lui-même continuait à négocier en sous-main avec le grand-duc. Les hussards de Zieten arrivèrent cependant jusqu'à Stockerau, à une poste de Vienne. Mais le roi avait commis l'imprudence de négliger sur ses arrières la place de Brunn qui avait une forte garnison et, bien qu'il eût « mangé » le pays, ses approvisionnements étaient très mal assurés. Dans ses lettres et dans l'*Histoire de mon temps*, il en rejette la faute sur Schwerin, à qui il ne pardonna jamais l'aventure de Mollwitz. En fin de compte, craignant de voir ses communications coupées par les incursions continuelles de la cavalerie et des partisans hongrois, il se replia sur la Bohême avec douze bataillons, tandis que le prince Thierry d'Anhalt, avec dix-neuf, était refoulé sur la Silésie par Charles de Lorraine, frère de François (avril 1742).

Maudit par les populations pressurées, Frédéric était sombre, irrité. Il se répandait en paroles amères contre le genre humain. « Son état, écrit Valori, était affreux. Tous ses propos étaient durs, son rire forcé et sardonique, ses plaisanteries pleines d'amertume. Tout l'importunait, tout en lui allumait les soupçons. » Walpole renversé à Londres, la guerre s'étendait, guerre de l'Angleterre contre l'Espagne, guerre de l'Angleterre contre la France. On allait se battre partout à la fois, sur les mers, en Amérique, aux Indes, en Italie, sur le Danube et sur le Rhin. Mais ce jour-là, Frédéric serait menacé dans ses provinces de Clèves et de la Mark, peut-être aussi dans son patrimoine de Brandebourg. En second lieu, puisque la guerre sortait des frontières de l'Allemagne pour embraser le monde, le premier rôle passait sans conteste à la France et la France serait aussi la véritable bénéficiaire d'une victoire qui assoirait sa prépondérence sur des fondements indestructibles.

Fatigué par la retraite, menacé de disette, égaré par de faux renseignements, Frédéric fait alors un retour sur lui-même et il est assailli de doutes. Cette marche désastreuse n'est-elle pas un effet de sa présomption ? Pourquoi s'est-il engagé dans l'aventure silésienne, sinon par orgueil de jeune homme, par besoin de se faire craindre et admirer ? A quoi ont servi tant de morts, tant de fatigues, tant de dépenses ? Quand il songe aux occasions perdues, il est pris d'accès de rage contre ses décevants alliés. Mais plus il réfléchit, plus il est las de la misérable confusion des affaires, plus il est harcelé par le désir d'en sortir au plus vite : « Je suis du sentiment que le bien de l'Etat exige que nous fassions la paix ; dévorons donc des couleuvres et allons à notre but. » Un moment, il a cru que les Anglais arrangeraient les choses pour avoir les mains libres ailleurs. Puis il s'est convaincu qu'il ne parviendrait à rien par la négociation et qu'il faudrait « une montre de vigueur et quelque coup d'éclat ». Cependant, Dessau lui ayant amené un premier renfort, il aurait voulu, avant de combattre, s'assurer encore les quelques semaines de repos nécessaires au transport des subsistances et au rétablissement des bataillons les plus éprouvés. Le prince Charles de Lorraine ne lui en laissa pas le temps.

La bataille eut lieu le 17 mai, à 80 kilomètres environ au sud-est de Prague. Le prince pensait atteindre la ville en se frayant un chemin entre les Prussiens et les Français, mais Frédéric avait disposé son armée en demi-cercle dans la plaine marécageuse de Czaslau et de Chotusitz (la bataille porte les deux noms) de manière à lui barrer la route. A sept heures, les Autrichiens attaquèrent avec leur cavalerie. A dix, les Prussiens étaient victorieux.

Frédéric ne poursuivit pas le prince Charles. La plupart des historiens s'accordent à penser que cette inaction était voulue, qu'il tenait à ménager Marie-Thérèse.

Mais le roi, dont le ravitaillement était toujours mal assuré, avait aussi de puissants motifs militaires pour ne pas s'éloigner de ses magasins. En tout cas, la victoire lui fournissait un atout de plus pour traiter avantageusement et il se hâta de le faire valoir à Lord Hyndford, son intermédiaire habituel.

Pour quitter l'alliance française, il ne pouvait alléguer de grief majeur. Fidèle à son habitude de méditer par écrit, il avait de sa main dressé dans les derniers jours de mars, un tableau des arguments qui militaient pour et contre une paix séparée. Le premier article des motifs contraires est ainsi rédigé : « Il est mal de violer sa parole sans raison ; jusqu'à présent, je n'ai pas lieu de me plaindre de la France, ni de mes alliés. L'on se fait une réputation d'homme changeant et léger, si l'on n'exécute point un projet que l'on a fait et que l'on passe souvent d'un parti à l'autre. » Mais dans son esprit, l'intérêt prussien l'emportait sur tout le reste. Un sérieux revers du maréchal de Broglie, contraint de rétrograder sous les murs de Prague en perdant une partie de ses équipages, acheva de le décider. Le 9 juin, très inquiet, il ordonna de brusquer les choses : « Il s'agit de terminer en douze heures pour peu que la chose soit faisable ; la Silésie et Glatz *sine qua non* et du reste tout ce que vous pourrez leur extorquer. » Trois jours plus tard, comme Valori le pressait de marcher au secours de Prague, il ne se donna plus la peine de recourir à ses habituels faux-fuyants :

— Monsieur le marquis, je ne veux pas tromper le roi ; je vais vous parler avec toute la franchise imaginable. Les choses sont dans un état désespéré... Votre M. de Broglie mérite toutes sortes de reproches : il n'y a plus d'armée française, vous êtes coupé de vos recrues et de vos magasins... Je ne veux pas être la dupe. Je travaille à ma paix : vos affaires sont dans un état à ne pas devoir se rétablir.

Comme Valori protestait que les Prussiens étaient précisément en mesure de dégager le maréchal :

— Oui, continua-t-il, en m'exposant encore à une bataille et c'est ce que je ne veux pas. J'ai fait assez répandre de sang humain et je joue trop gros jeu par l'événement d'une bataille pour vouloir m'y exposer davantage. Je serais perdu avec vous si je ne pense à moi-même... Mon cher Valori, au plaisir de vous revoir.

Sur quoi, il lui tourna le dos.

Les négociations avancèrent très vite. L'Angleterre tenait à la paix pour que l'Autriche délivrée de ce côté pût tourner ses forces entières contre la France. Marie-Thérèse se résigna. Les préliminaires établis à Breslau par Podewils et Hyndford furent ratifiés à Vienne et Frédéric commença d'évacuer la Bohême le 19 juin.

L'ambassadeur français en reçut la nouvelle à son retour de Prague et il ne réussit pas à dissimuler son émotion au roi qui en profita pour crayonner de lui une impitoyable caricature : « Aucun Polichinelle ne peut imiter les contorsions de Valori ; ses sourcils ont fait des zigzags, sa bouche s'est élargie, il s'est trémoussé d'une étrange façon et tout ceci sans avoir rien de bon à me dire. Sa plus grande inquiétude roulait sur le parti que je prendrais après la paix. Je l'ai fort rassuré sur cet article ; qu'il pouvait compter que jamais mes armes ne se tourneraient contre la France et que je remplirais mon alliance sur tous les points qui étaient possibles, comme ceux qui regardent la succession de Juliers, mais qu'on ne devait pas demander de moi des efforts et des risques continuels et que simplement pour avoir la paix, je m'étais tiré d'affaire comme j'avais pu. » Il écrivait plus simplement encore à Wilhelmine : « J'ai vu tous mes alliés les bras croisés et ne pouvant me charger du seul fardeau de la guerre, je leur ai laissé le soin de dévider leur filasse comme ils le pourront. »

Le traité définitif fut signé à Berlin le 28 juillet 1742. Frédéric recevait le comté de Glatz, la Silésie haute et basse, moins Troppau, Teschen et Jaegerndorf. Il s'engageait à maintenir en Silésie le culte catholique et il prenait à sa charge un emprunt, 1 700 000 écus, contracté à Londres sur les revenus de la province. En septembre, les Saxons à leur tour se retirèrent de la lutte ; en décembre, Belle-Isle et Broglie évacuèrent la Bohême ; le lendemain de Noël, les derniers Français demeurés à Prague se rendirent. A Berlin, Frédéric venait d'inaugurer l'opéra... « La chose, écrivait-il en parlant de sa conquête, est en elle-même séante... Quant à la sûreté future de nos nouvelles possessions, je la fonde sur une bonne et nombreuse armée, un bon trésor, des forteresses redoutables et des alliances de parole qui en imposent du moins au monde. »

★

Mollwitz n'avait pas découragé Frédéric, Chotusitz ne l'avait pas grisé. Mais ces vingt mois de guerre l'avaient mûri. Tout en conquérant la Silésie, il avait continué de rimer, de bâtir, de philosopher et d'écrire à Voltaire. Mais il s'était plongé dans « le chaos des affaires », il avait joué avec la vie des hommes, exposé la sienne, bravé la fortune, pris, dans l'angoisse de l'inconnu menaçant, des décisions qui engageaient sa réputation, son honneur, la dynastie, l'Etat même. Pour suivre l'ennemi en retraite, il avait enjambé au soir de la bataille les cadavres sur lesquels s'édifiait sa gloire. Il se regardait vivre avec surprise et il buvait la vie à longs traits. Parfois, il ne se reconnaissait pas :

— Voilà ton ami vainqueur pour la seconde fois dans l'espace de treize mois, écrivait-il à Jordan. Qui aurait dit il y a quelques années que ton écolier de philosophie, celui de Cicéron en rhétorique et de Bayle en raison, jouerait un rôle militaire dans le monde ? Qui aurait dit que la Providence eût choisi un poète pour bouleverser le système de l'Europe et changer en entier les combinaisons politiques des rois qui y gouvernent ?... J'attends de tes nouvelles avec impatience, mais écris-moi force bâtiments, meubles et danseurs. Cela me recrée et me délasse de mes occupations qui pour être toutes importantes deviennent difficiles et sérieuses. Je lis ce que je puis et je t'assure que dans ma tente je suis aussi philosophe que Sénèque, ou plus encore.

Il sentait le poids de ses occupations et de ses devoirs :

— L'honneur de faire tourner la grande roue des événements est un travail très rude... Je pense souvent à Remusberg et à cette application volontaire qui me familiarisait avec les sciences et les arts ; mais, après tout, il n'est pas d'état sans amertume. J'avais alors mes petits plaisirs et mes petits revers ; je naviguais sur l'eau douce. A présent, je vogue en pleine mer, une vague m'emporte jusqu'aux nues, une autre me rabaisse dans les abîmes et une troisième me fait remonter plus promptement encore jusqu'à la plus haute élévation. Ces mouvements si violents de l'âme ne sont pas ce qu'il faut aux philosophes ; car, quoi qu'on dise, il est bien difficile d'être indifférent à des fortunes diverses et de bannir la sensibilité du cœur humain. Vainement veut-on paraître froid dans la prospérité et n'être point touché dans l'affliction : les traits du visage peuvent se déguiser, mais l'homme, l'intérieur, les replis du cœur. n'en sont pas moins affectés. Tout ce que je désire pour moi, c'est que les succès ne corrompent point l'humanité et ces vertus dont j'ai toujours fait profession. J'espère et je me flatte que mes amis me retrouveront toujours tel que j'ai été...

Mais ces amis, il apprend aussi à les juger d'une autre façon. En 1741, en effet, il avait appelé auprès de lui, à Breslau, Jordan et la petite cour de Rheinsberg, mais la philosophie ne brilla pas à la guerre. Maupertuis grimpé sur un arbre pour regarder de loin la bataille se fit prendre par des hussards hongrois qui le dépouillèrent de ses vêtements, de sa montre et de son argent. Jordan, lui, meurt de peur et ne s'en cache pas. Frédéric le poursuit de plaisanteries cruelles, l'interroge sur sa colique, lui demande si les médecins ont découvert un remède pour l'arrêter, s'il pleurniche beaucoup, s'il regrette ses livres, s'il s'est acheté une rapière et un plumet blanc. Le malheureux riposte par un rondeau :

Que ne puis-je aller à Berlin !

qui est bien sa meilleure pièce, parce qu'on y sent du moins la sincérité. Vers pour vers, Frédéric rétorque :

Que devient donc en ce moment
Cette grave philosophie
Dont vous nous parlez si souvent,
Et ce stoïcisme insolent

Qui vous fait mépriser la vie
Quand le danger n'est pas présent ?

Lorsque ce danger paraît, les professeurs de vertu, les savants, les Atlas de bibliothèque prennent la fuite et on ne les revoit plus. Seul le soldat qui brave la mort sans trembler,

Mérite en effet l'apostrophe
De vrai sage et de philosophe,
Les autres sont des imposteurs.

Le mot est dur. Frédéric l'adoucit d'indulgence et d'affection, mais il n'essaie pas de le rattraper. Certes, au retour, il ne changera pas de compagnons : il a trop besoin de leur affection, de leur esprit, de leur impiété, de leur parole et de leur talent. Mais au fond de lui-même, il réserve son estime profonde aux hommes de caractère et de courage qu'aux heures périlleuses il retrouve près de lui semblables à eux-mêmes et prêts à donner leur sang.

C'est un Hohenzollern. Il est parti à l'aventure un peu fou, la tête pleine de rêves, parce que son père lui avait laissé une puissante armée, de l'argent et que les circonstances semblaient propices. « Mon âge, le feu des passions, le désir de la gloire, la curiosité même, enfin un instinct secret m'ont arraché à la douceur du repos que je goûtais ; la satisfaction de voir mon nom dans les gazettes et ensuite dans l'histoire m'a séduit. » (A Jordan, 3 mars 1741.) Mais l'esprit pratique, l'instinct terrien, l'avarice de sa race l'ont repris : « Si l'on trouve de la prudence à un joueur qui après avoir gagné quitte la partie, combien plus ne doit-on pas approuver un guerrier qui sait se mettre à l'abri des caprices de la fortune après une suite triomphale de prospérités ? » Guerres, traités, alliances, défections tout doit payer, tout doit servir à « l'avantage de la nation » et à l'agrandissement du pays. La politique de Frédéric, c'est la politique de Frédéric-Guillaume et celle du Grand Electeur, c'est le même jeu de bascule entre la France et l'Autriche, les mêmes tâtonnements, les mêmes ambitions, la même diplomatie embrouillée. Mais Frédéric y apporte l'intelligence, le coup d'œil, la liberté, le sens du risque qui manquaient à son père. L'opération terminée, il fait ses comptes. Dépenses : deux campagnes, vingt mille tués, blessés et déserteurs, cinq millions de faux frais. Recettes : une province fertile, peuplée d'un million d'habitants au moins. L'affaire est bonne.

Mais du rêve à l'action, quels abîmes ! Ces résolutions si bien mûries, ces plans raisonnés sur de si bons livres, tout est à la merci d'une surprise, d'un coup de l'ennemi. C'est alors pourtant qu'il faut se décider dans la hâte et dans la nuit, avec le seul concours d'une réflexion lucide et maîtresse d'elle-même. Parfois imprudent, souvent trop pressé, en proie aussi à des accès de violences sanguines, Frédéric est loin de dominer les impulsions déréglées qui le font passer de l'exaltation au désespoir, mais il a senti son inexpérience et plus il va, plus il s'applique à mettre au service de sa volonté d'héroïsme toutes les ressources d'une pensée rationnelle, « claire et distincte ». En lui, l'esprit classique de la France rejoint la tradition colonisatrice de la Prusse.

★

Le trait le plus remarquable de sa diplomatie après la paix de Breslau, c'est une méfiance universelle. Il ne se faisait, en effet, aucune illusion sur les sentiments de Marie-Thérèse. Il savait qu'elle n'avait abandonné la Silésie que « le couteau sur la gorge », pressée par ses alliés, et avec l'espérance de la reprendre un jour prochain. Par ailleurs, s'il redoutait une vengeance de la France, la confusion des intérêts anglais et hanovriens lui faisait craindre un bouleversement territorial de l'Allemagne du Nord, au profit de la dynastie des George.

La défection de la Prusse était sans conteste un grand succès pour la politique anglaise, presque écartée du continent depuis un quart de siècle. Les mois suivants, le ministère Carteret-Newcastle réussissait encore à détacher la Sardaigne du parti de la France et il entraînait l'impératrice Elisabeth de Russie. Frédéric jugea prudent d'adhérer lui-même à cette coalition, mais d'une façon passive, par un simple traité de garantie mutuelle, signée à Westminster, le 28 novembre 1742. Son inquiétude s'accrut quand la Bavière fut évacuée par les Français et que l'empereur Charles VII dut fuir ses Etats pour se réfugier à Francfort dans la position la plus misérable, sans secours et presque sans argent. Un peu partout, on en arrivait à croire qu'il serait bientôt contraint de déposer la couronne et que François serait élu à sa place ou tout au moins désigné comme son successeur, avec le titre de roi des Romains. Enfin, au printemps de 1743, se réunit en Hanovre une armée anglo-allemande, appelée « armée pragmatique » et destinée à opérer à travers les Etats rhénans contre les Français. Le roi de Prusse pouvait-il se prêter à l'anéantissement d'un empereur qui était son ouvrage » ? Pouvait-il laisser la maison des Habsbourg reprendre le « haut du pavé » dans l'Empire ?

N'ayant pas réussi à arrêter par intimidation la marche de l'armée pragmatique qui battit Noailles à Dettingen (27 juin 1743), il essaya du moins de reprendre en secret l'œuvre écroulée de Belle-Isle, c'est-à-dire de liguer contre Marie-Thérèse les princes du corps germanique. Des résultats de la dernière guerre, un des plus avantageux à ses yeux, c'était en effet l'avènement au trône impérial d'un prince sans force et sans prestige, peut-être d'une nouvelle et faible dynastie, qu'il se flattait de tenir à sa discrétion. Par ce moyen pouvait naître sous le protectorat militaire de la Prusse protestante, contre la catholique et cosmopolite maison d'Autriche, un empire allemand d'une autre figure et déjà presque inféodé aux Hohenzollern. Mais, en 1743, le plan était irréalisable : pour incarner les libertés germaniques, l'empereur bavarois était trop généralement tenu pour une créature de la France et par sa chétivité même il ne pouvait se maintenir que par l'appui des armes prussiennes. Or, Frédéric cherchait avant tout à conserver sa victoire sans tirer l'épée autrement que comme auxilaire. Par ailleurs, il commit la faute de proposer à Londres pour Charles VII une extension de territoires, non plus en Bohême par démembrement de l'héritage autrichien, mais aux dépens de quelques villes libres et principautés ecclésiastiques qui seraient les unes sécularisées, les autres réduites à leurs franchises municipales et incorporées à son patrimoine. Etrange façon de soutenir les constitutions germaniques ! Quand l'Empereur somma la Diète de prendre des mesures efficaces pour assurer sa sécurité personnelle, il ne recueillit que les temporisations et les inutilités ordinaires.

Les craintes de Frédéric furent augmentées par la signature de l'alliance austro-sarde et par l'arrêt de l'offensive austro-anglaise sur le Rhin. Le gouvernement britannique, en effet, avait promis la Lorraine et les Trois-Evêchés à l'Autriche. Encore fallait-il les conquérir : plus l'espérance d'une marche victorieuse en terre française s'éloignait, plus Marie-Thérèse devait être tentée de se retourner contre la Silésie, dont beaucoup d'habitants lui demeuraient attachés. A l'automne de 1743, Frédéric dut se convaincre qu'il serait obligé de recommencer la guerre, mais il temporisa encore plus d'une demi-année. La fortification des places silésiennes n'était pas achevée, et il espérait toujours gagner le concours symbolique de quelques princes allemands. Mais comme Podewils, éternel adversaire de l'alliance française, ne le secondait qu'avec une mollesse voulue, il ne cessa, tout l'hiver, de le presser : « Vous êtes la plus grande poule mouillée que je connaisse. Je veux absolument que l'on parle sur le plus haut ton... Il faut sonner le tocsin contre la reine de Hongrie. »

A Paris, on cherchait avec anxiété à percer les sentiments véritables de Frédéric. Voltaire qui, au début de septembre 1742, avait passé quatre jours à Aix-la-Chapelle, où Frédéric faisait une cure, s'offrit encore une fois à faire l'office d'informateur. Il fut convenu qu'il serait indemnisé de tous ses débours et qu'à titre de récompense il recevrait, sous le couvert de ses cousins Marchand, une participation dans les fournitures de drap pour l'armée. Associés au philosophe, MM. Marchand père et fils avaient déjà l'adjudication des fourrages, mais Voltaire prétendait y perdre et il brûlait « de vêtir les défenseurs de la France ».

Pour donner à son voyage l'apparence d'un exil, il

se prétendit persécuté par le théatin Boyer, ancien évêque de Mirepoix, qui avait la feuille des bénéfices et qui lui barrait l'entrée de l'Académie. Le roi traita Voltaire avec une charmante amitié. Il le chargea d'embrassades et de compliments, lui donna l'opéra et la comédie, l'emmena avec lui à Bayreuth, lui permit de séjourner quinze jours chez la margrave, lui fit fête quand il revint à Berlin, mais se moqua agréablement de sa politique et de sa mission. Avant de partir, Voltaire lui soumit un questionnaire, auquel il ne répondit que par des plaisanteries.

— Votre Majesté, écrit Voltaire, saura que le sieur Bassecour, premier bourgmestre d'Amsterdam, est venu prier M. de La Ville, ministre de France, de faire des propositions de paix.

— Ce Bassecour, répond Frédéric, est apparemment celui qui a soin d'engraisser les chapons et les coqs d'Inde pour Leurs Hautes Puissances.

— Si Votre Majesté parlait en maître, n'arracherait-elle pas le sceptre de l'Europe des mains des Anglais qui vous bravent et qui parlent hautement de vous d'une manière révoltante ?

— Je me soucie fort peu de ce que les Anglais disent, d'autant plus que je n'entends pas leur patois.

— Quiconque a parlé seulement un quart d'heure au duc d'Aremberg, au comte de Harrach, au Lord Stair, à tous les partisans d'Autriche leur a entendu dire qu'ils brûlent d'ouvrir la campagne de Silésie.

— On les y recevra,
Biribi,
A la façon de Barbari,
Mon ami.

Voltaire sur le chemin du retour (12 octobre), le roi se donna aux affaires sérieuses. A la veille d'une guerre contre son voisin du Sud, le plus pressé était de mettre le Brandebourg et la Prusse à l'abri de toute atteinte du côté nord. La reine de Suède, Eléonore, n'ayant pas eu d'héritier, c'était à la diète nationale de pourvoir à la prochaine vacance du trône. De concert avec la Russie,

Frédéric réussit à déterminer la pluralité des suffrages en faveur du prince d'Holstein-Eustin à qui il accorda aussitôt la main de sa sœur Ulrique, cette jolie personne à qui Voltaire avait fait un doigt de cour :

Toujours un peu de vérité
Se mêle au plus grossier mensonge,
Cette nuit dans l'erreur d'un songe
Au rang des rois j'étais monté,
Je vous aimais alors et j'osais vous le dire.
Les dieux à mon réveil ne m'ont pas tout ôté :
Je n'ai perdu que mon empire.

...et dont il embrassait les portraits :

Il est fort insolent de baiser sans scrupule
De votre auguste sœur les modestes appas ;
Mais les voir, les tenir et ne les baiser pas,
Ce serait trop ridicule.

A Pétersbourg, Frédéric réussit une opération matrimoniale du même ordre : le grand-duc héritier, neveu de l'impératrice, Pierre de Holstein-Gottorp, fut fiancé à la princesse Sophie d'Anhalt-Zerbst, fille d'un feld-maréchal prussien, et nièce du successeur de Suède. « La jeune princesse, écrivait le marieur à la tsarine, réunit avec tous les enjouements et la gaieté de son âge, les talents de l'esprit et les mérites du cœur. » C'était la future Catherine II. Malheureusement, la ligue des princes n'avançait pas. Si les « bien intentionnés », comme disait encore Frédéric, étaient prêts à se vendre, il n'entendait pas les acheter de son argent ; il proposa à Louis XV de prendre à sa charge la dépense des corruptions. Mais comme la France, occupée à ressusciter pour son propre compte l'ancienne Ligue du Rhin, faisait la sourde oreille, il se résigna à négocier franchement le renouvellement de l'alliance et il expédia à Versailles, en avant-coureur, son ami Rottenbourg qui avait servi dans l'armée française et qui, fort répandu dans le grand monde, avait épousé au temps de la Régence la fille de la marquise de Parabère, maîtresse de Philippe d'Orléans. Rottenbourg passait chaque année quelques semaines à Paris chez ses parents et son séjour ne devait pas attirer l'attention. Toutefois, comme le diplomate improvisé n'avait encore à son actif que le recrutement du corps de ballet berlinois, Frédéric lui fit répéter minutieusement son personnage. Jouant lui-même le rôle d'un ministre français, il développa toutes les objections qui pourraient être soulevées à Versailles, y compris celles qui seraient tirées de son propre caractère. Il parla de sa versatilité, de son égoïsme, du peu de foi que méritaient ses paroles. Sans nier les défauts de son maître, Rottenbourg répliqua que, dans les circonstances présentes, la France pouvait s'en servir à son avantage et Frédéric enchanté :

— Parlez seulement ainsi, lui dit-il, et vous êtes sûr de réussir.

Fleury était mort le 29 janvier 1743 ; le secrétaire d'Etat aux Affaires étrangères Amelot donna sa démission et ce changement de personnel facilita l'accord. Il fut conclu d'une double manière, le 5 juin à Paris sous la forme d'une alliance franco-prussienne, le 22 mai à Francfort sous la forme d'une « Union » entre la Prusse, la Bavière, la France (par article séparé), le landgrave de Hesse et l'électeur Palatin pour la défense de l'Empereur et des libertés germaniques. Les alliés s'engageaient à rétablir Charles VII dans ses possessions héréditaires et à garantir la Silésie à Frédéric. De plus, la Bohême serait partagée entre la Bavière et la Prusse, l'Elbe formant frontière ; de son côté la France recevrait une partie de la Belgique. Frédéric se réservait de n'entrer en campagne qu'à la fin d'août.

★

Lorsqu'il apprit que les Autrichiens du prince Charles avaient franchi le Rhin et pénétré en Alsace, il précipita les opérations. Le 17 août, pourvu de lettres réquisitoriales délivrées au nom de l'Empereur, il pénétra sur le territoire de la Saxe avec 80 000 hommes et avant que les ministres de l'électeur-roi aient eu le temps de reprendre leurs esprits, il franchit les frontières de

Bohême en trois colonnes, suivi d'une flotille chargée de vivres qui força les gorges de l'Elbe. Le 2 septembre, il arrivait devant Prague avec tout son monde, le 10 il ouvrait la tranchée et le 16 la place se rendait. Dès le lendemain, il se porta vers le Sud, sur Tabor et Budweis, comme pour atteindre le Danube aux limites de la Bavière et de l'Autriche. C'était une faute, car l'occupation de ces provinces dégarnies ne pouvait lui être d'aucune utilité et il laissait le champ libre à l'armée du prince Charles qui, rétrogradant d'Alsace le long de la vallée du Main, se préparait à rentrer en Bohême tout au Nord, par Egra et par Pilsen, tandis que la Saxe prenant les armes à son tour interceptait la route de l'Elbe.

Le pays où s'avançait Frédéric était montueux, difficile et sans ressources. Les paysans avaient enfoui leurs blés et s'étaient sauvés dans les forêts avec leur bétail. Marchant sous la pluie, manquant de vivres, coupé de ses magasins et de ses renforts, harcelé sans repos par dix mille hussards hongrois et croates qui l'enveloppèrent d'un réseau si serré qu'il ne pouvait même plus faire de fourrage ni recevoir les courriers, le roi fut contraint de revenir sur ses pas. Mais il commit la nouvelle faute de vouloir à la fois garder Prague et protéger ses communications avec Breslau. Il s'établit dans une position intermédiaire le long de l'Elbe. Le 19 novembre, les Autrichiens crevèrent par surprise la mince barrière de postes et de patrouilles qu'il avait tirée le long du fleuve. Il se retira en Silésie où il fut rejoint par la trop faible garnison qu'il avait laissée à Prague et qui perdit son magasin, son parc, ses canons, ses malades et ses charrois. Dix-sept mille hommes avaient déserté pendant la retraite et les généraux eux-mêmes commençaient à murmurer contre le roi. « Nous n'avons plus d'armée, écrivait Münchow, président de la chambre des domaines de Breslau. Ce que nous avons n'est qu'un troupeau qui tient par la force de l'habitude et par l'autorité des officiers. Ces officiers, de leur côté, sont tous mécontents, beaucoup d'entre eux sont dans une situation désespérée. Il suffirait de la plus petite défaite ou de la continuation de la guerre cette saison, pour que des mutineries éclatent parmi les troupes. »

Et il ajoutait : « Par nos fautes, nous avons tourné plus de la moitié du pays contre nous. »

Assurément, Frédéric avait compté que l'armée du prince Charles serait retenue plus longtemps dans le Palatinat. Il n'en est pas moins vrai que de toutes ses campagnes, aucune ne fut plus mal conduite et peut-être aurait-elle plus mal tourné encore, sans l'habileté du prince de Dessau qui, en plein hiver, repoussa une incursion des Autrichiens. Mais pendant quelques semaines, les revers et les contrariétés s'accumulèrent. Un emprunt émis en Hollande échoua et, pour couvrir les dépenses de la guerre, Frédéric songea sérieusement à vendre aux Anglais le port d'Emden qui venait de lui échoir en héritage avec l'Ost-Frise. A la fin de janvier 1745, Charles VII mourut et son fils, renonçant à briguer la couronne impériale, se hâta de conclure la paix avec l'Autriche. Enfin, en dépit de toutes les remontrances, la France entendait pousser la guerre aux Pays-Bas en ne laissant sur le Rhin qu'un corps d'observation. Frédéric insista pour qu'une armée française marchât sur Vienne par le Danube, mais après le désastre de 1742 et la défaillance de la Bavière, Louis XV était bien décidé à ne plus envoyer à cent cinquante lieues du royaume des troupes qui seraient de nouveau exposées à une défection de la Prusse et dont l'avance, à travers des pays hostiles, serait extrêmement périlleuse.

Le roi montra la qualité d'âme dont il avait fait preuve dans les malheurs de sa jeunesse, le même courage orgueilleux, têtu et fébrile qui s'exalte volontiers en amplifications littéraires :

— J'aime mieux périr avec honneur que d'être perdu, pour toute ma vie, de gloire et de réputation, écrit-il à son ministre. Je me suis fait un point d'honneur d'avoir contribué plus qu'aucun autre à l'agrandissement de ma maison, j'ai joué un rôle distingué parmi les têtes couronnées de l'Europe : ce sont autant d'engagements personnels que j'ai pris et que je suis tout résolu de soutenir aux dépens de ma fortune et de ma vie. Vous pensez en fort honnête homme et si j'étais Podewils je serais dans les mêmes sentiments. Mais j'ai passé le Rubicon : ou je veux soutenir ma puissance ou je veux que tout périsse et que jusqu'au nom prussien soit enseveli avec moi.

Peut-on imaginer absorption plus complète de l'Etat par son souverain ? Mais il disait aussi :

— Je travaille comme un cheval pour donner une face avantageuse à ma situation critique. Le militaire fera son devoir et il n'est aucun de nous qui ne se fasse échiner plutôt que de perdre un pouce de terre de ce pays par notre lâcheté. Ne voyez pas tout en noir. J'ai jeté le bonnet par-dessus les moulins, je me prépare à tous les événements qui peuvent m'arriver et que la fortune me soit contraire ou favorable, cela ne m'abaissera, ni ne m'enorgueillira... A quoi me servirait de prévoir tous les malheurs, si je n'imagine pas en même temps le remède pour les corriger ?

Cette fois les dispositions prises par Frédéric étaient admirablement combinées. Pour la première fois, on y sent la marque personnelle d'un maître. Son plan consistait à faire croire à l'ennemi qu'il avait dispersé ses 90 000 hommes en un mince cordon de 200 kilomètres de longueur, tandis qu'en réalité il en avait conservé plus de la moitié sous sa main, secrètement groupés en une position centrale, sur la ligne Schweidnitz-Glatz et en liaison intime avec les corps détachés qui se montraient un peu partout. Pour entretenir Charles de Lorraine dans son erreur, il fit très ostensiblement réparer les chemins de Breslau, comme en prévision d'une retraite derrière l'Oder et par le moyen d'agents doubles il réussit encore à communiquer au prince de faux renseignements qui achevèrent de l'égarer.

Le 3 juin, les Autrichiens et les Saxons qui s'étaient concentrés à Kœniggrætz débouchèrent des défilés de Landeshut, en huit grosses colonnes, et par Hohenfriedeberg marchèrent sans défiance sur Striegau pensant n'avoir devant eux que le faible détachement du général de Winterfeldt. Frédéric qui tenait plus de soixante mille hommes cachés dans les replis du terrain se mit en mouvement à huit heures du soir, dans le plus grand silence. Il était défendu aux soldats de fumer. Le 4, vers trois heures du matin, la bataille s'engagea à la gauche ennemie, formée par les Saxons qui, attaqués et canonnés à l'improviste, se débandèrent en découvrant le flanc des Autrichiens. A peine formés, ceux-ci durent se mettre en retraite dans un terrain coupé de haies et de fossés, dont ils se servirent un moment pour retarder l'avance de l'ennemi. Mais la bataille s'étendant de proche en proche, ils furent débordés et s'enfuirent à leur tour en désordre. « Faites *Te-Deumiser* comme il convient », manda simplement le vainqueur à Berlin.

Frédéric suivit l'ennemi à petite distance et pénétra sur ses pas en Bohême. Mais à partir de ce moment, on le dirait paralysé par le souvenir de sa précédente retraite et par les objurgations de ses ministres qui le suppliaient à chaque courrier de ne pas risquer le sort de l'Etat en une seule journée. Il en revient donc à une guerre d'escarmouches, sans vigueur et sans originalité, toujours entravé par les retards et les mauvais itinéraires de ses convois. Son intention était d'aller prendre ses quartiers d'hiver en Silésie, après avoir dévasté le long des frontières, une bande de territoires qui formeraient glacis, mais le prince de Lorraine se portant contre lui avec 40 000 hommes le contraignit à une nouvelle bataille. A la vérité, les Autrichiens le croyaient déjà en retraite et ne se préparaient qu'à une grosse affaire d'arrière-garde. Bien qu'il n'eut avec lui que des forces deux fois moindres, il profita de la célérité et du parfait dressage de ses soldats pour engager précipitamment le combat, en avant du village de Soor, dans un terrain qui ne permettait pas à l'adversaire d'utiliser sa supériorité numérique. Les attaques alternées de la cavalerie prussienne démoralisèrent les Autrichiens qui se battaient, le dos à une espèce de précipice et qui, gênés par des bois et par des ravins, ne trouvaient nulle part l'espace pour se déployer (30 septembre 1745).

La journée coûta au roi le quart de son effectif. En s'enfuyant, des hussards lui prirent encore sa caisse, ses livres, son bagage, son secrétaire et son médecin. Il ne lui restait que la chemise qu'il avait sur le dos. Mais il put camper cinq jours sur le champ de bataille et se retirer tranquillement ayant réparé à force d'à-propos et d'intelligence tactique, la mollesse et le décousu de ses opérations précédentes.

La campagne d'automne s'achevait sans décision. Le mari de Marie-Thérèse, François de Lorraine, venait d'être élu à la succession de Charles VII contre les seules voix de la Prusse et du Palatinat. Le trésor prussien était vide ; le peuple excédé demandait grâce ; à bout de ressources et d'expédients, Frédéric avait sollicité en vain des subsides de la France ; convaincu qu'il avait trop présumé de ses forces, il se rendit aux instances de son entourage. Dès le 26 août, il avait fait la paix avec l'Angleterre, espérant que le gouvernement britannique entraînerait à bref délai l'adhésion de l'Impératrice. Mais Marie-Thérèse était moins que jamais résignée à la perte de la Silésie. Partant de la Bohême délivrée et de la Saxe amie, ses généraux formèrent le projet d'envahir le Brandebourg et de porter la guerre aux portes de Berlin. L'alarme fut grande dans la capitale et déjà on préparait le transport à Custrin et à Magdebourg des archives et des ministères. Frédéric, instruit des concentrations ennemies, imagina une riposte qui peut passer pour un chef-d'œuvre de défensive manœuvrière. Son plan était d'écraser les coalisés séparément, avant qu'ils aient pu opérer leur jonction. Le prince d'Anhalt-Dessau, *der alte Dessauer,* tomberait le premier sur les Saxons et s'emparerait de Dresde, tandis que Frédéric, posté aux débouchés des monts de Lusace, arrêterait les Autrichiens sur la rive droite de l'Elbe.

Cette opération si bien combinée ne réussit qu'à demi par la faute des exécutants. Tout d'abord, Charles de Lorraine, attaqué à la sortie des cols, se dégagea tant bien que mal. En second lieu, les mouvements de Frédéric et du prince d'Anhalt furent mal coordonnés. Les deux hommes ne s'entendaient pas ; pour mieux dire, ils se haïssaient. Le prince, formé à l'ancienne école, manœuvrait avec une minutieuse circonspection et tenait le roi pour un freluquet. Le roi supportait le prince par nécessité, mais en le harcelant de reproches et sans prendre la peine de ménager son orgueil de vieil officier chargé de services et de gloire. Néanmoins, le 15 décembre, en dépit d'une marche trop prudente, le vieux Dessau écrasa les Saxons à Kesseldorf, au sud de Dresde, presque à la vue de Frédéric et de Charles qui étaient accourus, l'un par la rive droite du fleuve et l'autre par la gauche : un peu plus de hâte de la part des Impériaux eût peut-être changé la journée. Le lendemain, Frédéric rejoignit Dessau. La négligence des Saxons était telle qu'ils n'avaient même pas songé à faire sauter le pont de Meissen, seule communication possible entre les deux masses prussiennes. La paix, une paix de lassitude, fut enfin signée à Dresde le 25 décembre 1745 : la Prusse reconnaissait l'élection de François à l'Empire ; l'Autriche confirmait la cession de la Silésie. Frédéric, une fois encore, avait abandonné son allié, mais avec beaucoup plus de raisons qu'à Breslau et véritablement contraint par les circonstances.

L'avant-veille de la signature, Frédéric eut une conversation avec le secrétaire de Valori, Darget, qu'il devait prendre à son service comme lecteur. Le roi étendra-t-il à l'Europe entière le bienfait de la pacification ? demandait Darget. Quel beau rôle pour le héros de l'Allemagne !

— J'en conviens, dit Frédéric, j'en conviens, mais le rôle est trop dangereux. A mon dernier départ de Berlin, si la fortune m'eût été contraire, je me voyais un monarque sans trône et mes sujets dans la plus cruelle oppression. Ici, c'est toujours échec au roi ; j'en appelle à vous-même ; enfin, je veux être tranquille.

— Mais, reprit Darget, la reine de Hongrie ne renoncera jamais à la Silésie et, avec le temps, tôt ou tard...

— Ah ! mon ami, interrompit le roi, l'avenir est au-dessus de l'humanité. J'ai acquis, que d'autres conservent. Je n'attaquerai désormais pas un chat que pour me défendre... Enfin, je veux jouir. Que sommes-nous, nous autres hommes, pour enfanter des projets qui coûtent tant de sang ? Vivons et faisons vivre !

Et il se mit à parler théâtre.

CHAPITRE VIII

Sans-souci

Quand on sort de Potsdam par une des petites rues tranquilles qui partent de la Luisenplatz, on rencontre, passé la grille verte, en bordure d'une allée de tilleuls, un jardin ombragé et enclos d'une haie : Frédéric-Guillaume possédait là, à quelques minutes du château de la ville, un potager, un jeu de boules, un pavillon et un tir à l'arc. Par dérision, il appelait les carrés de choux son Marly. Au-delà, s'étendaient de maigres prairies, des champs d'avoine et un bois de chênes, dominé par une colline chauve à pentes raides. Parfois, Frédéric et ses amis s'en allaient déjeuner en plein air au sommet du monticule. Quand le temps était limpide, ils apercevaient la Havel perdue en ramifications infinies, des maisons de pêcheurs et des sapinières noyés de vapeurs bleuâtres : un de ces paysages d'eaux et de forêts qui sont la parure du Brandebourg. Le 10 août 1744, Frédéric donna ordre d'aménager la promenade en six terrasses incurvées, plantées de ceps et de figuiers, et réunies l'une à l'autre en leur milieu par des escaliers d'une vingtaine de marches. Mais ce n'est que le 13 janvier 1745 qu'il fit commencer tout en haut de « la vigne », la construction d'une maison de plaisance, d'un petit palais d'été qui devait s'appeler Sans-Souci.

Il n'avait pas encore trouvé sa résidence. Rheinsberg était trop loin et trop exigu. A Berlin il avait déjà bâti l'opéra, arrangé à son goût quelques pièces du château et projeté un vaste forum autour duquel se seraient élevés avec le théâtre, le palais de l'Académie, l'Observatoire et le palais de la reine-mère. Mais la guerre fit abandonner ce plan trop coûteux. Et puis le roi ne se plaisait pas à Berlin qui lui rappelait de mauvais souvenirs et où il ne vivait pas à sa guise. Dans l'intervalle de ses campagnes, il se fixa d'abord à Charlottenbourg, dans le château de sa grand-mère, une vaste bâtisse à dôme et à frontons avec deux avant-corps encadrant une cour de noble apparence et deux ailes se déployant en éventail sur le parc, à la manière de Versailles. Mais la construction était arrêtée depuis 1713. Knobelsdorff éleva l'aile droite dans un style français, simple et gai. Des camps de Silésie, le roi s'inquiétait des travaux et comme Knobelsdorff n'était pas très écrivassier, il harcelait le doux Jordan : « Faites donc que ce gros Knobelsdorff me mande comment se portent Charlottenbourg, ma maison d'opéra et mes jardins. Je suis enfant sur ce sujet ; ce sont mes poupées dont je m'amuse... Ecrivez-moi beaucoup au sujet de Charlottenbourg et faites de grandes descriptions... » Il aurait voulu « quatre pages par colonne ». Mais au retour, en dépit des agréments du site et des constructions, il s'aperçut que Charlottenbourg avait beaucoup d'inconvénients. La proximité de Berlin lui valait, le dimanche surtout, des processions de curieux et de solliciteurs dont il était importuné. C'est alors qu'il fit choix de Potsdam pour y habiter, l'hiver le château et l'été Sans-Souci.

Ce château de ville, le *Stadtschloss* était une vieille demeure historique, trapue et sévère, qui avait été fort mal entretenue par Frédéric-Guillaume et dont l'aspect général datait du XVIIe siècle : quatre bâtiments disposés à angle droit autour d'une cour, le quatrième renflé au milieu, n'ayant qu'un étage et s'ouvrant sur le vieux marché par un portail et une loggia. Frédéric détruisit entièrement les appartements de son père, mais il ne voulut pas toucher à la disposition extérieure. Knobelsdorff se contenta de surélever les ailes qui étaient trop basses et d'habiller les façades de pilastres plats et de demi-colonnes qui supportent à hauteur des toits une corniche et une balustrade surmontée elle-même de vases, de statues, de trophées et de blasons aux armes de Prusse, de Brandebourg et de Silésie. Du côté du *Parade-Platz,* il ajouta à la double rampe d'accès une balustrade, des lanternes, des statues et des sphinx ; enfin, il construisit les deux colonnades corinthiennes qui joignent le château à la Havel et aux écuries.

A Sans-Souci, nul bâtiment antérieur ne gênait la fantaisie du roi. Il fit lui-même le plan de sa maison et l'arrangement de ses jardins. Le projet de Knobelsdorff prévoyait, presque au bord de la sixième terrasse, un palais surélevé qui, vu d'en bas, aurait eu très grand air. Mais Frédéric voulait sous ses fenêtres des arbres taillés et des fleurs ; il imposa à son architecte de bâtir, beaucoup plus en retrait, un pavillon sans étage un peu écrasé de forme, mais plaisant au regard, fait pour l'amitié et comme traversé de soleil. Rien de plus simple que la disposition. Au milieu une antichambre et une salle à manger ovale, couverte d'une coupole en forme de bol renversé. A gauche, l'appartement du roi, une petite galerie où furent accrochés les Lancret, les Pater et les Watteau, une salle d'audience, un salon de musique, un cabinet de travail et une chambre à coucher séparés par une balustrade et des rideaux, enfin une petite bibliothèque en rotonde. A droite, cinq chambres « pour les étrangers » avec les gardes-robes. Vers le jardin, une façade ornée de faunes et de bacchantes en cariatides. Vers la route, — ici Knobelsdorff prend sa revanche, — une cour en hémicycle, bordée d'une double colonnade, derrière laquelle se dissimulent les communs et qui, par le dessin et l'équilibre, fait penser à Trianon. A la paix de Dresde, le toit était fini ; à l'été de 1746, on commença la décoration intérieure ; le 2 mai 1747, le roi y donna à souper et le 19 il y coucha pour la première fois. Les années suivantes, le domaine s'agrandit. L'orangerie fut transformée en salle des fêtes et en chambres d'amis ; on édifia dans le parc, une galerie pour les collections de peinture, un pavillon chinois, un temple grec, une terrasse en rocaille, une autre terrasse bordée d'amours qui se querellent, une grotte en coquillages dédiée à Neptume. Au hasard de la promenade, on rencontrait un bassin, des fontaines, des berceaux de charmille, un jardin de tulipes, des parterres d'arbres nains, un bois de cerisiers et toute une mythologie de marbre.

Comme pour narguer les hivers noirs du Brandebourg, Frédéric avait fait teinter de bleu les toits du château de Potsdam et peindre les façades en rouge. Mais il aimait pour lui-même, le blanc, le rose, le bleu tendre, l'argent, le gris de lin, les couleurs lumineuses douces ou fanées. La salle de bal de Charlottenbourg était verte et rose, avec des ornements de marbre vert et de stuc doré ; la chambre à coucher de Potsdam, tapissée de satin bleu et argent, celle de Sans-Souci de vert céladon. Dans les deux palais, l'alcôve se fermait par une balustrade d'argent, sur laquelle veillaient cinq amours armés de leur arc. A Potsdam, la salle d'audience était jaune brodée d'argent, la petite salle à manger, rose clair, la galerie, verte et rose, un des salons, couleur perle. A Sans-Souci, la salle d'audience était mauve pâle, le salon de musique blanc, avec des tentures rouges, les chambres d'amis bleues, blanches et crème : ce sont les couleurs de Rheinsberg, mais en tissus somptueux, en velours brodé, en taffetas, en brocart, en soie de Tours.

A la décoration intérieure ont travaillé Pesne et Dubuisson, mais aussi un sculpteur berlinois, Nahl, qui avait été formé en France et auquel succédèrent en 1746, les Hoppenhaupt père et fils. Assurément le style vient de Versailles, mais le rococo frédéricien a une exubérance, une fantaisie, une prodigalité un peu folle qui le distinguent des modèles français, d'une inspiration plus sobre et comme retenue. Même si l'on déplore l'abus de l'argent pour les cadres et pour les meubles, les deux appartements royaux donnent une charmante impression de luxe raffiné et précieux. Au milieu d'un plafond, une araignée a tissé sa toile d'or ; sur une corniche, des amours pêcheurs ramènent leurs filets ; des palmiers encadrent un miroir où se reflètent des bambins poursuivant un lièvre ; sur des panneaux sculptés et peints s'éparpillent des guirlandes de roses, des grappes de raisins, des fruits, des coquillages, des rubans capricieusement noués, des tambourins et des guitares, des trophées de guerre et de jardinage, des branches de cerisiers, des jets d'eau, des singes, des cicognes et des perroquets, un monde fleuri, bariolé et cabriolant qui amuse le regard et dont la fraîcheur émerveille.

Les plans de Sans-Souci que Frédéric a griffonnés pour Knobelsdorff portent de sa main plusieurs indications. Pour la bibliothèque, il a écrit : « Comme à Rheinsberg. » Il pensait alors à la vieille tour, où il avait vécu les heures studieuses et douces de sa jeunesse. Afin d'en conserver le souvenir et le décor, les bibliothèques de Berlin, de Potsdam et de Sans-Souci ont toutes trois la forme d'une petite rotonde. Celle de Sans-Souci est en bois de cèdre avec des applications de bronze doré. Les armoires alternent avec les glaces, les fenêtres et la cheminée. De son bureau, Frédéric apercevait à l'extrémité d'une tonnelle de charmille, l'exquise statue de l'enfant suppliant, les bras tendus vers lui, un bronze grec qui avait appartenu à Fouquet et au prince Eugène et qu'il acheta en 1747 pour cinq mille thalers après l'avoir convoité pendant trois ans.

Cette bibliothèque est une des plus harmonieuses réussites du rococo allemand, mais c'est au château de Potsdam que les décorateurs de Frédéric ont fait leur chef-d'œuvre : la salle de musique, avec ses peintures chinoises sur fond or et surtout la grande salle à manger, dont le décor est formé d'ornements en bronze doré, appliqués sur des lambris blancs. Autour des portes, des glaces, des panneaux et des fenêtres, court une légère broderie de métal, flexible et gracieuse, semée çà et là de bouquets, de guirlandes et de trophées. Une cheminée de marbre rouge sobrement encadrée de rinceaux de cuivre, d'immenses consoles ornées de rocailles et de fleurs, de nombreux candélabres devant les glaces achèvent cette composition magnifique et délicate. Elle a disparu dans les bombardements et les batailles de la seconde guerre mondiale.

En 1742, Frédéric acheta la célèbre collection d'antiques du cardinal de Polignac, qui comprenait non seulement des statues et des bustes, mais aussi des vases, des urnes, des pierres taillées, des tables de marbre et quelques œuvres modernes, entre autres le buste du cardinal de Richelieu par Le Bernin. Toutes ces sculptures furent dispersées dans les salons, les chambres et les jardins. Dans la bibliothèque de Sans-Souci se trouvaient un Homère, un Apollon, un Socrate et un Marc-Aurèle ; dans une petite galerie, huit bustes, des statues et des bas-reliefs ; sur la terrasse, dans des niches de verdure, une suite d'empereurs et de philosophes.

Sans-Souci cependant n'est pas une réplique champêtre du château de Potsdam. Ni dans l'un ni dans l'autre, Frédéric n'avait permis que ses victoires fussent représentées. Une seule fois, à Charlottenbourg, Pesne l'a peint dans une allégorie sous la figure de Prométhée. Mais au *Stadtschloss*, il a voulu que ses ancêtres fussent glorifiés, surtout le Grand Electeur. La décoration des pièces d'apparat et de la salle de marbre comporte une véritable mise en scène politique et guerrière, de vastes compositions héroïques, des tableaux de bataille, des apothéoses. La Prusse était là : il ne fallait que passer une antichambre pour retrouver le décor des fêtes galantes. Séparation fragile ? Frédéric n'en tenait que davantage à cette atmosphère irréelle de grâce compliquée : c'était le rêve de ses vingt ans, le refuge imaginaire où il avait apaisé ses souffrances et trouvé la force de surmonter ses dégoûts :

Dans le cours de mes ans, terme si peu durable,
Je veux sur mon chemin du moins semer des fleurs,
En peignant tout en beau, rendre ma vie aimable.
La vérité désagréable
Ne vaut pas mes douces erreurs.

Il a aimé Watteau, parce que Watteau lui a ouvert les portes de la féerie et c'est un peu de cette féerie qu'il eût souhaité faire surgir autour de lui, à l'heure où les Présidents de chambre et les grenadiers s'en vont dormir d'un sommeil sans émoi. « On dissipa à Berlin les ennuis de l'hiver de 1743 à 1744, lit-on dans un écrit du temps, par des cercles, des bals, des parties de traîneaux, des comédies et des opéras. Le roi se fit faire un troisième service d'or. » Et à la même saison, Frédéric écrivit à Rottenbourg, qui était en ambassade à Versailles : « Si vous trouvez des pommades d'Italie qui sentent bon, des poudres parfumées de bonnes senteurs, vous me ferez plaisir de m'en apporter. » Le petit maître prenait sa revanche.

Pour qu'elle fût complète, il ne lui manquait qu'une aventure de théâtre. Frédéric voulut pour son opéra la plus célèbre danseuse du temps. C'était une Italienne, née à Parme en 1721, Barbera Campanini qu'on appelait au théâtre la Barberina et dans l'intimité Barberine. Elle avait débuté à Paris à dix-huit ans, dans les *Fêtes d'Hébé* de Rameau. Un pastel de la Rosalba, conservé au musée de Dresde, la montre telle qu'elle était alors, fraîche et malicieuse, avec des yeux très noirs, un teint couleur de pêche et des cheveux très bruns, sans poudre, retenus par des roses et par des perles. La bouche, petite, ébauche un sourire ingénu, caressant et prometteur à la fois. Barberina fut reçue « avec un applaudissement unanime ». Elle n'avait pas le charme languide, la poésie immatérielle que les romantiques demanderont aux sylphides des ballets blancs. Elle n'avait pas non plus la prestance noble et posée du grand siècle. C'était une belle créature, en possession d'un métier éclatant, précis et robuste. Elle sautait très haut et passait des entrechats-huit. Les admirateurs de Mlle Sallé disaient que son art sentait le tréteau et la foire. Voltaire trouvait qu'elle avait des jambes d'homme.

Après Paris, Barberina s'en alla triompher à Londres. Elle eut beaucoup d'amants. Quinze à la fois, assure un nouvelliste et ils s'étaient tous plus ou moins ruinés pour elle : le prince Carignan, amant en titre, un richard anglais mylord Arundell, le prince de Conti, le duc de Durfort, le prince de Guébriant, un évêque... Bielfeld qui l'avait vue à Londres en parla à Keyserlingk. En septembre 1743, le ministre prussien Chambrier l'engagea pour la saison suivante. En attendant, elle partit pour Venise, avec un jeune Anglais, Lord Stuart-Mackensie qui l'appelait *my lovely sweet Baby* et qui était si follement épris qu'il parlait de mariage. Bref, à la date convenue, alléguant que ses appointements n'étaient pas encore fixés, Barberina refusa de gagner Berlin. Frédéric la traita comme son père traitait les grands hommes : il la fit enlever. Elle traversa l'Allemagne dans une voiture gardée. Mais le secrétaire qui l'accompagnait avait ordre de la maintenir en bonne humeur par de gracieuses flatteries et en lui décrivant avec feu la beauté de Berlin et les pompes de la cour. Lord Stuart poursuivait la prisonnière et pleurait dans les auberges. Par malheur, l'ambassadeur anglais en Prusse était Lord Hyndford, oncle de l'amoureux : ce raisonnable gentleman pria Frédéric d'expédier à Londres son polisson de neveu. Expulsé par la police, Lord Stuart rentra dans l'île des Quakers, persuadé que Barberina lui demeurerait fidèle et que, hors du théâtre, elle vivrait pour lui dans l'austérité et la continence.

Le 13 mai 1744, Barberina débuta devant la cour, dans un intermède de comédie. Ce fut un prodigieux succès. Frédéric l'appela dans sa loge, découvrit qu'elle avait de l'esprit, l'invita à souper et se sentit amoureux. A ses heures, c'était un terrible impresario. Quand les chanteurs ne voulaient pas chanter, il les menaçait de prison et les faisait conduire en scène par des soldats. Mais pour Barberina, il s'adoucit : « J'ai donné, mademoiselle, des ordres très précis au baron de Sweets pour qu'il ne vous inquiète d'aucune façon. Je vous demande seulement la complaisance de danser selon que les ballets le demandent dans l'opéra ; quant aux comédies, à moins que l'on y fasse des ballets, vous aurez le choix de danser comme il vous plaira. Adieu, charmante Barberine, jusqu'au premier souper. » Il la payait autant que trois ministres, cinq mille puis sept mille thalers, avec cinq mois de congé par an et le droit de faire des tournées à l'étranger. Toute la société de Rheinsberg se retrouvait dans son appartement de la Behrenstrasse ; pendant quatre ans, elle fut la reine de Berlin. Pesne l'a peinte en statue dans un des panneaux qui décorent la salle de musique de Sans-Souci, entourée d'amours et animée par Vénus.

Mais sa destinée était d'inspirer la passion. Un soir, tombant à ses pieds, le fils du chancelier Cocceji lui offrit son nom, son cœur et sa main. Peut-être l'aimait-elle. En tout cas, elle était très riche et lasse du théâtre ; l'idée d'être baronne la conquit. Son contrat expiré, elle brava les malédictions du chancelier et les menaces du roi ; le mariage fut célébré secrètement. Au comble de la colère, Frédéric mit le jeune baron à Spandau, puis il l'exila en Silésie, comme vice-président de la Chambre des domaines de Glogau.

L'histoire finit à l'allemande. Pendant quelques mois, Barberine fut, avec dignité, Mme la vice-présidente. Mais comme elle ne s'entendait pas avec son mari, elle obtint la séparation et se retira dans ses terres de Barschau. Elle mourut en 1799 comtesse de Campanini et supérieure d'un couvent de demoiselles nobles. Elle portait dans ses armes, deux couronnes de laurier, un cheval au galop, trois clochettes, une étoile et deux grues tenant une pierre dans leur patte levée avec la devise : *Virtuti asilum*. Elle n'eut dans sa vie qu'un seul chagrin : le successeur de Frédéric lui refusa le titre d'Excellence.

★

Reinhold Koser décrivant Sans-Souci, s'afflige qu'il y ait manqué une maîtresse de maison. La guerre et Barberine avaient achevé de détacher Frédéric de sa femme. Désormais c'est à peine si on s'aperçoit qu'elle existe. Elle ne fut jamais conviée au château de Potsdam, ni à la Vigne. Frédéric la voyait quelquefois à Berlin pendant le mois du carnaval. Ces jours-là, il enlevait ses bottes, mettait des bas de soie et lui faisait une visite de cérémonie qui durait un demi-quart d'heure. Le reste de l'année, il lui envoyait de petits billets désinvoltes pour l'assurer de « sa parfaite amitié », la remercier de ses souhaits ou la consoler de la disparition de quelque parent : « Madame, j'ai appris avec douleur la mort de Mme votre mère. Je vous en fais mes condoléances. Elle était âgée et maladive ; elle se trouve présentement à l'abri de tous les malheurs qui sont le partage de l'humanité et nous, tant que nous sommes, nous prendrons le même chemin... » Encore oublia-t-il de lui annoncer la mort de son frère, tué à la bataille de Soor. Un jour, comme l'électrice douairière de Saxe le comparait à Salomon, il lui répliqua :

— Salomon avait un sérail de mille femmes et ne

croyait point en avoir assez ; je n'en ai qu'une et c'est encore trop pour moi.

Pourtant, elle était la reine. Elle avait un service d'honneur, une grande maîtresse et des chambellans. Elle figurait dans les cérémonies, assistait en calèche à la revue de printemps à Tempelhof, tenait la cour et recevait les ambassadeurs. Elle n'était point sotte, jouait de la harpe, collectionnait les livres et s'intéressait à la jeune littérature allemande. Frédéric était sensible aux devoirs que les étrangers lui rendaient, mais comme il ne lui servait qu'une pension modique, elle était toujours gênée. Quand elle se plaignait, il lui envoyait des conseils d'économie et payait ses dettes avec beaucoup de mal. Elle supporta d'abord l'abandon avec une résignation touchante, en faisant chaque matin des vœux pour son « cher prince » et en demandant chaque soir à Dieu de le ramener à elle le lendemain. Cependant, à force de s'ennuyer, elle devint acariâtre et radoteuse. L'été, à Schönhausen, elle passait son temps à jouer à colin-maillard avec ses dames et à marier les paysans des environs. Une fois, elle alla faire une visite en toilette de nuit : cette espièglerie l'amusa toute une journée. Prétextant que sa vue suffisait à attrister les meilleures compagnies, Frédéric ne l'invita même pas aux fêtes qu'il donna en l'honneur de sa mère en 1746. Dans le privé, il l'appelait « ma grognarde pimbêche ». Vingt-cinq ans plus tard, leurs rapports n'étaient pas meilleurs. Mais le roi s'exprimait plus grossièrement. Sa sœur Ulrique, reine-douairière de Suède étant de passage à Berlin, il lui présenta des parents et des amis, dont beaucoup étaient pour elle des visages nouveaux. Il termina par la reine : « Et voilà ma vieille vache que vous connaissez déjà. »

Frédéric avait pour sa mère du respect et de l'affection : le reste de la famille ne comptait guère. Sauf la jolie et méchante Amélie, qui mourut abbesse protestante de Quedlimbourg, toutes ses sœurs en 1744 étaient déjà mariées. La reine de Suède et la duchesse de Brunswick, avaient pour leur frère une admiration sans bornes. « Vous êtes ma divinité », lui écrivait la première. « Vous êtes mon saint que j'honore et vénère seul », écrivait la seconde. Celle-là, il la voyait souvent, parce que leurs capitales étaient proches. Il l'appelait Lottine ou la Lotte et lui faisait de petits cadeaux. Par contre, il n'avait que des relations espacées avec Frédérique et Sophie, margraves d'Ansbach et de Schwedt. Il ne leur écrivait pas de sa propre main, laissant à un secrétaire le soin de répondre à leurs lettres, selon une gradation particulière : « compliment », « compliment obligeant », « compliment très obligeant ».

Pendant la deuxième guerre de Silésie, il se brouilla avec la très chère Wilhelmine de Bayreuth, parce qu'elle avait salué au passage Marie-Thérèse se rendant à Francfort et parce qu'un gazetier de sa principauté déchirait la Prusse dans une petite feuille. Wilhelmine eut beau multiplier les avances à son frère, s'inquiéter de ses fatigues, s'intéresser à ses victoires, lui envoyer ses tendresses et ses félicitations, il ne lui répondait plus que par des billets de trois lignes : « Ma chère sœur, je vous suis bien obligé de ce que vous voulez interrompre vos amusements pour vous souvenir de moi. Je souhaite que notre santé soit toujours parfaite. » Il lui annonça la paix de Dresde sur un ton pointu : « La part que vous prenez à tout ce qui regarde la reine de Hongrie me procure l'occasion de vous apprendre que nous venons de conclure la paix ensemble. Je me flatte, ma chère sœur, que cela vous sera d'autant plus agréable, que votre prédilection pour cette princesse ne se trouvera plus gênée par un reste de vieille amitié que vous me conserviez peut-être... » Mais après trois belles lettres pathétiques, il se réconcilièrent avec des larmes et reprirent leur correspondance sur l'ancien pied. Wilhelmine vint à Sans-Souci en 1747 ; elle revint en 1750 et en 1753 ; Frédéric alla chez elle en 1754. Elle mettait beaucoup de rouge et se harnachait de diamants. Le cercle de Potsdam la trouvait province. Quand le feu détruisit le château de Bayreuth, Frédéric participa au malheur qui la frappait : il lui donna de l'argent de poche et des consolations dans le goût de Marc-Aurèle. Assurément, s'il avait possédé la lyre d'Amphion, il l'aurait prêtée au margrave pour qu'il se rebâtit une maison « à l'aide de ses sons harmonieux ». Comme il ne l'avait pas, il se contenta de lui envoyer une flûte, de la musique, une pièce de toile pour tailler des chemises et de vieilles nippes de théâtre pour habiller son opéra. « Si vous saviez de quel cœur je le fais, disait-il, vous ne m'envieriez pas ce plaisir-là. »

Restaient les trois frères. Auguste-Guillaume, le préféré du père, avait dix-huit ans en 1740, Henri quatorze et Ferdinand onze. Guillaume était un bon garçon obéissant et sans malice, qui courait les filles et qui ne possédait pas de grandes lumières. Il se conduisit bravement à Chotusitz, à Hohenfriedeberg et à Soor. Résolu à ne pas laisser d'enfants, Frédéric le maria à la sœur de la reine et le déclara héritier présomptif avec le titre de prince de Prusse. Entre eux cependant, n'existait aucune amitié. Frédéric qui avait des accès de sensibilité à la mode du siècle, se plaignait parfois de ne pas posséder sa confiance. Dans ces moments, il lui envoyait des lettres remplies d'affectueux reproches : « Ce n'est pas d'aujourd'hui que vous me faites de pareilles injustices... » Le plus souvent, il le sermonnait avec une sévérité qui rend le son d'une autre voix.

Une amourette entre le prince et une très honnête jeune fille, Sophie-Marie de Pannewitz, provoqua une crise. Guillaume, très épris, voulait divorcer. Frédéric se fâcha. Il maria la jeune fille à un conseiller de légation et il éloigna le couple de la cour. Ainsi finit le roman. Mais bien des années plus tard, le roi faisait encore à son frère des discours contre les princes qui s'abandonnent à la passion et qui ne sont bons qu'à commander un sérail.

Guillaume était mou et influençable. La forte tête était Henri qui, avec les goûts, la vivacité, la séduction, l'intelligence et l'orgueil de Frédéric, avait une imagination ardente, une mémoire sans défaut et une prodigieuse facilité de travail. A lui et à Ferdinand, le roi donna comme gouverneur un respectable militaire, le colonel Stille. Les deux jeunes gens devaient être tenus sévèrement et dressés à la prussienne. A Henri, il reproche une fois de trop aimer la musique :

— C'est avec un chagrin que je viens d'apprendre que vous commencez à vous relâcher... Si vous voulez devenir quelque chose dans le monde, sachez distinguer les choses utiles des agréables, le solide du frivole.

Mais justement, Henri ne pouvait être dans le monde que l'ombre de Frédéric. Se sentant né pour briller, il en vint peu à peu à haïr ce frère avaricieux et autoritaire qui prétendait, à lui seul, occuper tout le théâtre. Le roi devinant un rival, s'appliquait à le tenir dans une étroite dépendance et à lui en faire sentir tous les liens : « J'ai recherché votre amitié, lui écrit-il en 1746, je n'ai épargné ni caresses, ni avances pour gagner votre cœur... Je n'ai vu dans votre conduite qu'une froideur extrême ; vous n'avez pas vécu avec moi comme avec un frère, mais comme avec un inconnu... J'ai moulé ma conduite sur la vôtre... » Et une autre fois : « Nous n'avons nul reproche à nous faire, nous avons la même froideur les uns avec les autres et puisque vous le voulez ainsi, j'en suis content. »

Henri, qui avait été fait colonel à seize ans, se comporta avec honneur pendant les guerres de Silésie. Mais son frère lui reprochait de n'avoir pas le goût du service et il lui infligea l'humiliation de faire exercer son régiment par un autre colonel :

— Monsieur, j'ai trouvé à propos de remettre la règle dans votre régiment, à cause qu'il se perdait. Je ne vous suis pas comptable de mes actions. Si j'ai fait des changements, c'est qu'ils étaient à propos. Vous auriez besoin d'en faire dans votre conduite. Voilà tout ce que j'ai à vous dire pour le présent.

On croirait revivre l'adolescence du roi. Pour que leurs destinées fussent plus semblables encore, Frédéric contraignit son frère à épouser une princesse de Hesse-Cassel qu'il n'aimait pas. A cette occasion, il y eut de grandes fêtes à Charlottenbourg. La reine-mère se prit le pied dans sa robe et tomba sur le parquet. Henri manifestait le plus noir chagrin, mais en récompense des noces, le roi adoucit son esclavage et lui fit cadeau de Rheinsberg. Le prince, écrit un de ses biographes et admirateurs, s'y livra « aux charmes d'une société choisie qu'il savait attirer par son affabilité, fixer par ses attentions et animer par son esprit ». A vrai dire, il y accueillit aussi quelques aventuriers jeunes et beaux.

★

« L'amitié est indispensable à notre bonheur » : c'est un des mots de Frédéric qui le peignent le mieux. Mais l'amitié pour lui, était d'abord une conversation. A Charlottenbourg, à Potsdam, il regroupa la légion étrangère de Rheinsberg, accrue de quelques conquêtes nouvelles, Algarotti, d'Argens, Pœllnitz, les deux Keith.

Algarotti avait le même âge que le roi. Il était fils d'un riche marchand de Venise, connaissait la France et l'Angleterre, dessinait et faisait des vers ; il avait mis l'attraction universelle en dialogues, traduit Pétrone en français et écrit une vie de César.

Elève d'Horace et d'Euclide...
C'est Newton en philosophie,
Le Bernin pour les bâtiments
Homère pour la poésie.

Il fréquentait les meilleures compagnies et les pires. Il était gai, aimable, frivole, changeant, parlait bien et de toutes choses. Frédéric le fit comte et le pensionna. Il l'appelait le cygne de Padoue, cygne harmonieux, mon doux cygne. Algarotti remboursait en gravures italiennes, en livrets d'opéra, en traits d'esprit, en conseils artistiques et en lettres bourrées de tendres flatteries.

D'Argens était un marquis français, fils d'un procureur général au Parlement d'Aix et frère d'un président. Il avait été avocat en Provence, capitaine de cavalerie en Allemagne, secrétaire de légation à Constantinople, écrivain en Hollande, amoureux en Italie et mari d'une actrice en Espagne. Le besoin le rendit savant. Il écrivit les *Lettres juives*, où, sous la fiction d'une correspondance entre trois Juifs errants, il raconte ses propres voyages, agrémentés d'anecdotes sur les mœurs et de satires contre la religion. Les *Lettres juives* le firent connaître de Voltaire, mais ne l'enrichirent pas. Il se réfugia au service de la duchesse de Wurtemberg que l'on disait un peu folle. Frédéric l'enleva à la cour de Stuttgart, le nomma chambellan et directeur de la classe des Belles-Lettres à l'Académie, avec 6 000 livres de pension. D'Argens avait l'usage du monde. Il collectionnait les gravures de Dürer, mangeait trop, dormait beaucoup, ne prenait aucun mouvement, craignait les vents coulis et gémissait de ses maladies qui étaient la peur de mourir, l'asthme, la diarrhée, les hémorroïdes, la dysenterie, plusieurs sortes de fièvres et une humeur scorbutique à la jambe. Il conservait son urine dans des vases qu'il allait regarder plusieurs fois par jour pour voir si elle ne se troublait pas. Il mettait cinq paires de bas en hiver et il pâlissait quand on renversait une salière devant lui. Le plus souvent, il écrivait au lit, étayé d'un grand nombre de coussins, son écritoire sur les genoux. Il savait parfaitement les langues anciennes et il a publié plusieurs ouvrages, des *Lettres chinoises*, des *Lettres cabalistiques*, une *Philosophie du bon sens* qui est un discours sur l'incertitude des connaissances humaines, des *Mémoires secrets* qui ne sont au fond qu'une revue des principaux systèmes de métaphysique ; il a traduit Ocellus Lucanus, Timée de Locres et la *Défense du paganisme* de l'empereur Julien, prétexte à d'abondants commentaires. Il ressemblait à Bayle par une certaine ardeur de recherche et d'érudition. Mais son style est mou et languissant. Il citait trop et s'appropriait n'importe quoi. Les *Lettres cabalistiques* doivent être rendues, pour une bonne part, au comte de Gabalis, dont il a pillé les charmants entretiens sur les mariages des hommes avec les nymphes, les sylphides et les salamandres. Voltaire le définissait « un impie très utile, malgré son bavardage ». Il avait pour maîtresse une actrice de la troupe française, Babette Cochois, à qui il apprit le grec et qu'il finit par épouser. Au début de leur liaison, Babette lui fit cadeau d'une magnifique robe de chambre qu'elle avait coupée dans un des costumes qui lui servaient pour les rôles de reine. Le marquis reçoit la robe, l'essaie et se trouve tellement bien vêtu qu'il lui prend fantaisie de ne pas la quitter de toute la soirée. Cependant, comme il doit descendre chez le roi, il fait annoncer qu'il est malade et qu'il ne sort pas de sa chambre. Frédéric n'aimait pas qu'on manquât ses soupers et ses familiers devaient être ponctuels à leur devoir d'esprit. Se doutant du mensonge, il se déguise en prêtre, habille de noir les convives et toute la compagnie se rend en cortège chez d'Argens. Une sonnette annonçait la procession. Prévenu par un valet, d'Argens se jette au lit encore vêtu de la robe à fleurs d'or. La porte s'ouvre ; les assistants se rangent en demi-cercle. Le prêtre marmonne un sermon, s'approche du lit, ouvre la couverture, renverse une bouteille d'huile sur le déshabillé du marquis et se retire avec le même cérémonial. Les plaisanteries du maître n'étaient pas toujours agréables.

Si d'Argens aimait le repos, le vieux Pœllnitz s'agitait pour dix. Né riche, il avait été page et gentilhomme de la chambre sous Frédéric Ier, puis il avait quitté la Prusse pour courir le monde, magnifique, besogneux, trépidant, chéri des dames. Voltigeant de capitale en capitale, il laissa dans les tripots d'Amsterdam, de Londres et de Vienne la fortune de ses pères et l'argent qu'il gagna en écrivant des histoires secrètes. On le vit à Paris au temps du système, converti au catholicisme et conspirant avec Cellamare. Ensuite, il devint colonel en Espagne et se fit tonsurer en Italie pour obtenir un canonicat. Il reparut à Berlin luthérien et entrepreneur de fiacres. Il savait conter, amusait le roi par ses histoires et finissait toujours par tirer de lui l'argent nécessaire au paiement de ses dettes. En 1744, comme la somme était grosse, il se fit catholique et parla d'entrer au couvent. Frédéric, pour ne pas le perdre, apaisa les créanciers, mais en imposant au baron une capitulation en règle : « Toutes les fois que vous serez à ma table, trouvant les convives de très bonne humeur, vous éviterez avec soin de prendre mal à propos le visage d'un cocu et vous chercherez plutôt... à soutenir et à augmenter leur joie. » Pœllnitz avait inventé une omelette ; il portait le titre de premier chambellan et il était membre de l'Académie. Une fois, comme Frédéric venait de dire qu'un prince de Hesse converti au catholicisme, commettait la sottise de se mettre sous le joug des prêtres, il lui répondit : « Selon tout ce que vous venez d'avancer, Sire, on jurerait que vous avez dessein de vous faire protestant. » A soixante-cinq ans, il brodait des bourses de satin et les envoyait aux dames dans l'espoir qu'elles les lui retourneraient remplies d'écus. Mais, sur ses vieux jours, il était moins recherché, parce qu'il s'oubliait parfois dans sa culotte.

Les deux Keith étaient Ecossais et très nobles. Ils avaient quitté l'île pour ne pas servir la dynastie hanovrienne. Le cadet, Jacob, avait été général en Russie : Frédéric le fit feld-maréchal et gouverneur de Berlin. L'aîné, George, maréchal héréditaire d'Ecosse, fut ambassadeur à Versailles et gouverneur de Neufchâtel. On l'appelait toujours mylord maréchal. C'était un caractère original et un cœur d'or. Il vint aussi quelques athées notoires et quelques mauvais prêtres : La Mettrie, l'inventeur de l'homme-machine, détestable médecin et joyeux paillasse qui mourut d'une indigestion de pâté ; Bastiani, un colosse que Frédéric-Guillaume avait mis dans les grenadiers et dont Frédéric fit un chanoine ; l'abbé de Prades dont la thèse avait été censurée en Sorbonne et qu'il prit comme lecteur.

— En vérité, disait-il, Potsdam devient le tripot des excommuniés.

Pendant quelques années il eut encore Darget, homme intelligent, discret et laborieux qui avait l'étoffe d'un grand commis. Il jouait le rôle d'un secrétaire des commandements, administrait la bibliothèque, achetait les livres, tenait à jour la correspondance privée et la correspondance littéraire, surveillait la copie et l'impression des œuvres royales...

O le fâcheux métier que d'être secrétaire
Auprès d'un maître auteur, soi-disant bel esprit,
Qui du matin au soir lit, versifie, écrit...

Dans chacun de ses palais, Frédéric avait une bibliothèque composée de la même manière : c'était le fonds de Rheinsberg augmenté des nouveautés françaises. Une fois, il commande à Darget les *Mémoires* du chevalier Temple, les *Lettres* du cardinal d'Ossat, l'*Essai sur le Commerce* de Melon, et une nouvelle traduction des *Commentaires* de César. « Quand je demande un livre, ajoute-t-il, j'entends qu'on doit me l'envoyer en choisissant la plus belle, la plus correcte et la plus précieuse édition. » Souvent, il se faisait imprimer pour lui seul, sur des caractères spécialement choisis et avec des ornements dessinés sur son ordre, quelques volumes des auteurs qu'il aimait relire. Il emportait en campagne une provision de lecture. Après la bataille de Soor, quand il eut perdu tous ses bagages, il demanda à Duhan de lui renvoyer au plus vite les *Œuvres* de Boileau, le *Discours sur l'histoire universelle* de Bossuet, les *Tusculanes*, les *Phillippiques* et les *Catilinaires*, Lucien (traduit par d'Ablancourt), Chaulieu, Jean-Baptiste Rousseau, Feuquières, les *Campagnes de Turenne*, les *Lettres persanes*, le *Poème de Fontenoy* et *La Henriade*. A sa mort, cependant, la bibliothèque de Sans-Souci était plus riche que les autres : 2 288 volumes contre 1 038 au château de Potsdam.

★

On imagine ce que pouvait être la conversation entre des hommes si divers, dont aucun en vérité n'était un penseur bien original, mais qui avaient tous vécu d'une manière peu commune, possédaient une vaste culture, aimaient les idées et pouvaient aborder les plus audacieuses avec une entière liberté. Toutefois, au couvent, il manquait l'indispensable Frère Voltaire. Plus que jamais, Frédéric désirait se l'attacher pour toujours : le meilleur moyen était de lui rendre la vie impossible en France.

Après la paix de Breslau, Voltaire avait envoyé au roi une lettre de félicitations rédigée en termes imprudents et même scandaleux : « Sire, j'ai reçu des vers et de très jolis vers de mon adorable roi dans le temps que nous pensions que Votre Majesté ne songeait qu'à délivrer d'inquiétude le maréchal de Broglie... J'ai appris que Votre Majesté avait fait un très bon traité, très bon pour vous sans doute, car vous avez formé votre esprit vertueux à être grand politique. Mais si ce traité est bon pour nous autres Français, c'est ce dont l'on doute à Paris ; la moitié du monde crie que vous abandonnez nos gens à la discrétion du dieu des armes ; l'autre moitié crie aussi et ne sait ce dont il s'agit ; quelques abbés de Saint-Pierre vous bénissent au milieu de la criaillerie. Je suis un de ces philosophes ; je crois que vous forcerez toutes les puissances à faire la paix et que le héros du siècle sera le pacificateur de l'Allemagne et de l'Europe... Vous n'êtes donc plus notre allié, Sire ? Mais vous serez celui du genre humain... Dites : je veux qu'on soit heureux et on le sera ; ayez un bon opéra, une bonne comédie. Puissé-je être témoin, à Berlin, de vos plaisirs et de votre gloire. » La lettre de Voltaire se trouva un matin répandue dans Paris à plusieurs centaines d'exemplaires. Tous les ministres, tous les ambassadeurs en reçurent une copie à leur adresse. Le soir, dans les cafés, on se l'arrachait pour la lire. Le scandale, le récri furent universels, surtout à la cour où chacun ayant un frère, un parent, un ami, en danger à l'armée de Bohême, se souciait peu de savoir si Berlin aurait un bon opéra. Naturellement Voltaire nia, s'indigna, cria à la persécution. Mais écrivant après l'orage à Frédéric, il fit semblant de croire qu'il avait été volé par un commis de la poste : il y a bien des chances pour que l'auteur de l'indiscrétion ait été Frédéric lui-même.

En tout cas, lorsqu'il s'agit des épigrammes dont le philosophe avait criblé l'évêque de Mirepoix et qui coururent de la même façon, le doute n'est plus possible. « Voici, ordonnait le roi à Rottenbourg le 17 août 1743, une lettre de Voltaire que je vous prie de faire tenir à l'évêque de Mirepoix par un canal détourné sans que vous et moi paraissions dans cette affaire. Mon intention est de brouiller si bien Voltaire en France qu'il ne lui reste de parti à prendre que celui de venir chez moi. » La perfidie ne resta pas même secrète : « A propos de baladins, mande Frédéric quelques semaines plus tard, Voltaire a déniché je ne sais comment la petite trahison que nous lui avons faite et il en est étrangement piqué ; il se défâchera j'espère... » (14 octobre). Mais comme entre eux tout se transformait en comédie, Frédéric continue à lui écrire : Venez à Berlin « soustraire votre nacelle légère aux bourrasques et aux vents qui l'ont si souvent battue. Vous avez souffert trop d'avanies en France pour y pouvoir rester avec honneur ; vous devez quitter un pays où l'on poignarde votre réputation tous les jours. »

Pendant sept années encore, tant que Mme du Chatelet vécut, Voltaire fit la sourde oreille.

— J'aimerais mieux vivre dans un village suisse, disait-il, que de jouir de la faveur dangereuse d'un roi capable de mettre de la trahison dans l'amitié.

En 1750, il était membre de l'Académie française, historiographe et gentilhomme de la Chambre. La cour n'avait pas de plaisirs sans lui ; Mme de Pompadour le cajolait, le bon Stanislas l'invitait dans ses châteaux de Lorraine, Louis XV lui faisait une pension. Mais Voltaire n'était pas homme à se contenter des honneurs dont Boileau et Racine s'étaient crus comblés. Il voulait recevoir des lettres du roi de France, l'appeler Trajan, lui faire des épîtres en vers et souper familièrement avec lui et sa maîtresse. Ce n'était pas l'usage à Versailles : il se rabattit sur Potsdam. On peut même dire que, cette fois, c'est lui qui fit le premier pas. Dans une des lettres de direction poétique qu'il envoyait à Frédéric, il glissa ses offres de service : « Vous avez un prodigieux génie et ce génie est cultivé. Mais, si, dans l'heureux loisir que vous vous êtes procuré avec tant de gloire, vous continuez à vous occuper des belles-lettres, si cette passion des grandes âmes vous dure, comme je l'espère, si vous voulez vous perfectionner dans toutes les finesses de notre langue et de notre poésie, *il faudrait que vous eussiez la bonté de travailler avec moi deux heures par jour, pendant six semaines ou deux mois ;* il faudrait que je fisse avec Votre Majesté des remarques critiques sur nos meilleurs auteurs. Vous m'éclaireriez sur tout ce qui est du ressort du génie, et je ne vous serais pas inutile sur ce qui dépend de la mécanique, et sur ce qui appartient au langage, et surtout aux différents styles. La connaissance approfondie de la poésie et de l'éloquence demande toute la vie d'un homme. Je n'ai fait que ce métier et à l'âge de cinquante-cinq ans, j'apprends encore tous les jours. Ces occupations vaudraient bien des parties de jeu ou des parties de chasse. Les amusements de Frédéric le Grand doivent être ceux de Scipion. »

La réponse arriva par le plus prochain courrier : « Sacrifiez-moi ces deux mois que vous me promettez. » Hélas ! la mort de Mme du Chatelet renversa une fois encore les projets de voyage, mais désormais rien ne retenait plus le philosophe dans sa patrie, personne ne l'empêchait de s'établir durablement à Berlin. Alors on discuta. Voltaire demandait la croix *Pour le Mérite*, Frédéric la promit à l'arrivée avec une clef de chambellan et une pension de 20 000 écus. Voltaire demandait que Frédéric lui avançât les frais du voyage : Frédéric fit mieux, il envoya une lettre de change de 16 000 livres sans parler de remboursement.

Je veux imiter cette pluie
Que, sur Danaé, son galant
Répandit très abondamment ;
Car de votre puissant génie
Je me suis déclaré l'amant.

Et Voltaire de répondre en faisant ses malles (juin 1750) :

Votre très vieille Danaé
Va quitter son petit ménage
Pour le beau séjour étoilé
Dont elle est indigne à son âge.
L'or par Jupiter envoyé
N'est pas l'objet de son envie ;
Elle aime d'un cœur dévoué
Son Jupiter et non sa pluie.
Mais c'est en vain que l'on médit
De ces gouttes très salutaires ;
Au siècle de fer où l'on vit
Les gouttes d'or sont nécessaires.

A Clèves, Voltaire trouva le carrosse du roi. Pourtant sa joie n'était pas sans mélange. D'abord Louis XV l'avait laissé partir comme un personnage secondaire, en acceptant la démission de ses charges et en se donnant le beau rôle de lui conserver sa pension. « C'est un fou de plus dans la cour de Prusse, avait-il dit, et un de moins dans la mienne. » Et puis les nouvelles de Berlin rapportaient que Frédéric se flattait d'avoir découvert un génie naissant, le jeune Baculard d'Arnaud, qu'il s'amusait à opposer à Voltaire, Apollon sur la décadence. Le voyage traîna à cause des mauvais chemins, la voiture se rompit, le voyageur commençait à se sentir malade. Le 26 juillet enfin, s'adressant aux d'Argental, il s'écrie : « Mes divins anges, je vous salue du ciel de Berlin. » Ce ne fut d'abord que lumière. Frédéric avait baisé la main du poète ; Baculard chassé retournait au néant ; Voltaire couchait à Sans-Souci dans la chambre qui avait été donnée au maréchal de Saxe ; les reines l'ont une fois pour toutes invité à leur table ; il grapille une pension pour sa nièce, Mme Denis ; il est libre, il est adulé, il ne se contient plus : « Cent cinquante mille soldats victorieux, point de procureurs, opéra, comédie, philosophie, poésie, un héros philosophe et poète, grandeur et grâces, grenadiers et muses, trompettes et violons, repas de Platon, société et liberté ! »

Un carrousel nocturne a lieu, éclairé par trente mille lampions. « C'est à la fois le carrousel de Louis-le-Grand et la fête des lanternes de la Chine. » Lorsqu'il passe à travers le cirque pour se rendre à sa loge, un murmure d'admiration s'élève de l'immense foule des spectateurs. « Voltaire ! Voltaire ! » Bals, mascarades, réceptions, dîners se succèdent presque sans interruption. Sur le théâtre de Potsdam, les frères du roi, les princesses et les frères du couvent jouent *Rome sauvée, Jules César, Zaïre, Mahomet, Mérope, Brutus.* Toute la matinée, Voltaire fait répéter. A onze heures, il va voir le roi exercer son régiment des gardes. Et il se promène avec lui jusqu'au dîner de midi. Ensuite, deux heures d'entretiens avec le royal disciple : littérature, poétique, grammaire et rhétorique. Après quoi, le maître travaille à son *Siècle de Louis XIV* qui écrasera sous la comparaison le malavisé Louis XV. A sept heures, concert : le roi joue de la flûte. Enfin le souper. Le repas était bon et se prolongeait tard. Le roi a eu deux chefs de cuisine réputés, Joyard de Lyon et Noël de Périgueux. Pour lui-même, il aimait les mets très épicés, les pâtés de venaison, la poutargue, les truffes, les gibiers faisandés, la langue de bœuf tartinée de poivre. Il trouvait aux vins du Rhin un goût de vinaigre et il ne buvait que du champagne avec un peu d'eau. A n'importe quelle heure, on trouvait sur les consoles des corbeilles remplies de fruits que le roi et ses invités vidaient en bavardant. « Ces soupers, écrira plus tard Voltaire, étaient très agréables : je ne sais si je me trompe, il me semble qu'il y avait bien de l'esprit. Le roi en avait et en faisait avoir. » Et encore : « Jamais on ne parla en aucun lieu du monde avec tant de liberté de toutes les superstitions des hommes, et jamais elles ne furent traitées avec plus de plaisanteries et de mépris... Un survenant qui nous aurait écoutés aurait cru entendre les sept sages de la Grèce au... » Mettons : au cabaret.

On parlait de tout. Frédéric avait ses victimes attitrées : le maréchal de Broglie, qu'il avait surnommé le quadruple Xénophon, parce qu'il avait fait retraite en Bavière avec quarante mille hommes, le roi d'Angleterre, le duc de Cumberland qu'il appelait une grande pécore, le roi de Pologne et son ministre, le comte de Bruhl, dont la garde-robe à Dresde lui avait arraché ce cri : « Que de perruques pour un homme sans tête ! » Un jour, comme il venait de déchirer son prochain, il demanda à l'abbé Bastiani :

— Quand vous serez pape, comment me recevrez-vous, si je m'avise d'aller à Rome signaler ma dévotion aux pieds de Votre Sainteté ?

— Sire, répondit l'abbé, je dirai : qu'on introduise l'aigle noir, qu'il me couvre de ses ailes, mais qu'il me garde de son bec.

En décembre, le roi se transportait à Berlin pour y passer les six semaines que l'on appelait le carnaval. Pendant cette « grande saison » prussienne, il se donnait à dates fixes chez les reines des dîners très ennuyeux, des soirées où l'on jouait aux cartes, des redoutes où l'on dansait par ordre. Au château, les immenses appartements de parade abritaient quelques grandes réceptions officielles plus ennuyeuses encore. Le principal événement, c'était toujours la création d'un opéra italien ou plutôt d'un opéra chanté en langue italienne. La musique était de Graun, le livret de Frédéric, d'après la fable ou l'histoire ancienne, les paroles arrangées et traduites par Algarotti ou par quelque autre. Le roi possédait les plus belles voix de l'Europe. Une année, il donna lui-même des leçons au jeune ténor Porporino, pour qui il composa deux cantates et de grands airs dans l'opéra d'*Artaxercès*. A cette occasion, il venait beaucoup d'étrangers à Berlin, des princes allemands, des Anglais, de jeunes seigneurs qui voulaient être présentés, des officiers en voyage d'études. Il se dépensait beaucoup d'argent en toilettes, en vins, en bijoux, en équipages et en vaisselle. Les querelles d'étiquette étaient aussi vives et aussi ridicules qu'à Versailles, mais elles mettaient le roi de méchante humeur. Ayant à trancher une dispute de préséance entre deux dames, il répondit : « Que la plus bête passe la première. »

Voltaire cependant ne se sentait déjà plus très solide. « Je suis un peu comme Chie-en-pot la Perruque, avait-il écrit à d'Argental. Vous ne savez peut-être pas son histoire : c'était un homme qui quitta Paris parce que les petits garçons couraient après lui ; il alla à Lyon par la diligence et, en descendant, il fut salué par une huée de polissons. » Les polissons de Berlin se nommaient Baculard qui n'était pas parti sans jeter son venin et La Beaumelle qui, débarqué de Copenhague, venait de faire paraître un recueil de plates maximes où on lit des phrases de ce genre : « Il y a eu de plus grands poètes que Voltaire, il n'y en eut jamais de si bien récompensé. Le roi de Prusse comble de bienfaits les hommes à talents par les mêmes raisons qui engagent un petit prince d'Allemagne à combler de bienfaits un bouffon ou un nain... » Heureusement, La Beaumelle se comporta en maître-fou et il s'en alla avant que Voltaire en eût appelé au bras séculier.

Là-dessus éclata l'affaire Hirschel. Par le dernier traité, la Saxe s'était engagée à rembourser au pair aux porteurs prussiens, mais à eux seuls, certains billets qui, à l'intérieur de ses frontières, étaient dépréciés de 16 pour 100. Le jeu des agioteurs consistait à acheter à Dresde les billets dépréciés, à les introduire en contrebande à Berlin et à les présenter ensuite au remboursement. Voltaire s'entremit avec un joallier juif nommé Hirschel pour acheter quatre-vingt mille thalers de billets ; en paiement, il lui remit des lettres de change sur Paris qu'il révoqua ensuite, sans doute par peur du risque. De son côté, à titre de garantie, Hirschel avait confié au poète certains diamants qui lui seraient rendus, l'opération faite et qu'il ne voulut pas reprendre, prétendant ne pas les reconnaître. Enfin, l'usurier réclamait encore une commission pour l'achat des billets et cinq cents écus d'indemnité. Voltaire répliquait qu'ayant annulé l'ordre dès qu'il avait été instruit de son caractère frauduleux, il ne devait rien à personne. Sur quoi, perdant patience, il traîne Hirschel en justice. Le Juif est débouté de ses demandes et Voltaire triomphe (18 février 1751).

Mais le procès qu'il a gagné devant les juges, il l'a perdu devant l'opinion. Le roi lui a défendu de reparaître à Potsdam jusqu'au jugement : « J'ai été bien aise de vous recevoir chez moi ; j'ai estimé votre esprit, vos talents, vos connaissances et j'ai dû croire qu'un homme de votre âge, lassé de s'escrimer contre les auteurs et de s'exposer à l'orage, venait ici pour se réfugier comme en un port tranquille... Vous avez eu la plus vilaine affaire du monde avec le juif. Vous avez fait un train affreux dans toute la ville... Pour moi, j'ai conservé la paix dans ma maison jusqu'à votre arrivée et je vous avertis que si vous avez la passion d'intriguer et de cabaler, vous vous êtes très mal adressé. J'aime les gens doux et paisibles, qui ne mettent point dans leur conduite les passions violentes de la tragédie. En cas que vous puissiez vous résoudre à vivre en philosophe, je serai bien aise de vous voir ; mais si vous vous abandonnez à toutes les fougues de vos passions et que vous en vouliez à tout le monde, vous ne me ferez aucun plaisir de venir ici et vous pouvez tout autant rester à Berlin. »

Puis faisant allusion à d'anciennes bagarres : « J'espère que vous n'aurez plus de querelles ni avec le Vieux, ni avec le Nouveau Testament ; ces sortes de compromis sont flétrissants et avec les talents du plus bel esprit de France, vous ne couvrirez pas les taches que cette conduite imprimerait, à la longue, à votre réputation. Un libraire, un violon de l'opéra, un juif joaillier, ce sont en vérité des gens dont, dans aucune sorte d'affaires, les noms ne devraient se trouver à côté du vôtre. J'écris cette lettre avec le gros bon sens d'un

Allemand qui dit ce qu'il pense, sans employer de termes équivoques et de flasques adoucissements qui défigurent la vérité ; c'est à vous d'en profiter. »

Il n'y a rien de plus pitoyable, écrit M. André Bellessort, que les réponses de Voltaire à ces phrases outrageantes : l'esprit n'y sourit plus, il y grimace. « J'avais mandé à S. A. R. Mme la margrave de Bayreuth que Frère Voltaire était en pénitence. Ayez pitié de Frère Voltaire... A qui montrerez-vous les fruits de votre beau génie, si ce n'est à votre ancien admirateur ? Il n'a plus de talent, mais il a du goût... Comptez que je suis au désespoir... Si la reine de Saba avait été dans la disgrâce de Salomon, elle n'aurait pas plus souffert que moi... »

Quand il a obtenu grâce, toutes les occasions lui sont bonnes pour adorer son héros :

Dans ce jour du saint vendredi,
Jour, où l'on veut nous faire accroire
Qu'un Dieu pour le monde a pâti,
J'ose adresser ma voix à mon vrai roi de gloire,
De mon salut vrai créateur... etc.

Frédéric accepte le repentir, les flatteries, les bassesses et il écrit à son frère Guillaume : « Voltaire est doux comme un mouton et plaisant comme un arlequin. »

Bien que sur ces entrefaites, le roi ait donné à son chambellan une maison que l'on appelait le marquisat, il était impossible que leurs rapports fussent désormais aussi amicaux que naguère. L'aventure enhardissait les envieux. La coterie que la célébrité de Voltaire écrasait se chargea d'envenimer les choses. Elle colporta des anecdotes. « Cet homme, aurait ricané le poète en parlant du roi, c'est César et l'abbé Cotin. » Une autre fois, comme un bel esprit du cru lui soumettait ses productions, on lui remit un paquet de poésies : « Voilà, dit-il, le roi qui m'envoie son linge sale à blanchir, le vôtre attendra. » Frédéric, parlant de son hôte, aurait calmé les impatients par ces mots : « Laissez, j'aurai besoin de lui encore un an tout au plus ; on presse l'orange et on jette l'écorce. » La phrase est-elle exacte ? En tout cas, il a écrit pire. A Algarotti :

« On peut apprendre de bonnes choses d'un scélérat. Je veux savoir son français, que m'importe sa morale ? » A sa sœur Wilhelmine : « Vous me demandez ce que c'est que le procès de Voltaire avec le juif. C'est l'affaire d'un fripon qui veut tromper un filou. » A Darget : « Voltaire s'est conduit ici en faquin et en fourbe consommé. » Mais Voltaire avait de l'argent à placer : il mit ses fonds chez le duc de Wurtemberg. Frédéric le sut et eut la faiblesse de s'en piquer. Sur quoi la catastrophe se produisit.

Le principal adversaire de Voltaire à Berlin était le président de l'Académie, Maupertuis, savant considérable, mathématicien, géomètre, physicien, membre de l'Académie française et de l'Académie des sciences de Paris. Il s'était illustré par son expédition en Laponie où il était allé mesurer le méridien au voisinage du cercle polaire. Dans le domaine des sciences naturelles, on le tient aujourd'hui pour un précurseur en génétique ou science de l'hérédité et on souligne qu'il a eu aussi d'extraordinaires audaces de pensée, non seulement en exposant l'hypothèse du transformisme généralisé, mais en s'interrogeant sur la possibilité de modifier la personnalité d'un sujet au moyen de drogues hallucinatoires ou par des opérations sur le système nerveux. Orgueilleux, inquiet, très préoccupé par les femmes, travailleur infatigable, souvent malade, il avait gagné la confiance de Frédéric qui lui écrivait toujours sur un ton d'estime particulière, sans familiarité et sans plaisanterie : « Je compte de vous revoir dans la compagnie charmante du soleil, du printemps, des alouettes et des fleurs. » Il lui dit un jour : « Vous êtes le pape de notre académie. » Le roi voulait des académiciens laborieux : Maupertuis s'entendait à les faire travailler.

Cette année-là, Maupertuis était persuadé qu'il avait découvert un nouveau principe de physique, le principe de la moindre quantité d'action ; c'est le principe de Fermat mis en harmonie avec la théorie newtonienne de l'émission : « Le chemin que tient la lumière est celui pour lequel la quantité d'action est moindre », formule encore vague que Lagrange précisera. Avec toutes sortes de ménagements, son ami le mathématicien Kœnig contesta la valeur de la découverte, en se référant à une lettre de Leibniz qui, selon lui, en était à la fois l'origine et la réfutation. Maupertuis somma Kœnig de produire l'original de la lettre ; Kœnig avoua qu'il n'en avait qu'une copie ; on fit des recherches dans les papiers du grand philosophe et on ne trouva rien. Alors, Maupertuis érigea l'Académie en tribunal et la lettre fut déclarée apocryphe. Kœnig répondit par sa démission. Voltaire ne pouvait pas souffrir Maupertuis et Kœnig, un moment, avait été le professeur de Mme du Châtelet à Cirey. Ne se tenant plus, Voltaire publia une *Petite lettre d'un académicien de Berlin à un académicien de Paris* qui avait quatre lignes de trop : « Plusieurs membres de l'Académie de Berlin ont protesté contre cette conduite et quitteraient l'Académie que Maupertuis tyrannise et déshonore, s'ils ne craignaient de déplaire au roi qui en est le protecteur. » Quelques jours plus tard une réponse parut dont l'auteur traitait Voltaire de misérable écrivain, d'imposteur effronté, de faiseur de libelles sans génie : « Je plains ces malheureux écrivains, poursuivait-il, qui s'abandonnent insensément à leurs passions et que leur méchanceté aveugle au point de trahir en même temps leur frivolité, leur scélératesse et leur ignorance. » Bientôt, fut mise en vente une seconde édition de la réponse qui portait en tête du titre le sceptre, l'aigle et la couronne (novembre 1752).

Voltaire fut atterré : il n'avait pas réfléchi qu'en s'en prenant à l'Académie, il s'attaquait du même coup à Frédéric qui l'avait instaurée avec tant de bruit et qui en attendait des services réels, des progrès techniques. Mais il lui était impossible de résister au plaisir d'une vengeance. Il se jeta sur le dernier livre de Maupertuis des *Lettres sur le progrès des sciences,* où sont abordées, en passant, toutes sortes d'hypothèses sur la création des monstres artificiels, la prolongation de la vie, l'origine du langage, la spécialisation de la médecine, la constitution de la matière et la possibilité des transmutations, etc. En somme, le journal d'un esprit en travail, qui s'abandonne volontiers à l'imagination. Voltaire en fit une bouffonnerie impitoyable, la *Diatribe du docteur Akakia.* Aucun livre ne paraissait à Berlin sans autorisation ; Voltaire se servit pour la *Diatribe* d'un privilège qui lui avait été donné pour la *Défense de Bolingbroke*. On devine l'irritation du roi ; les dénégations de Voltaire l'exaspérèrent ; il ordonna de saisir tous les exemplaires de l'*Akakia*, les fit brûler en place publique par la main du bourreau et envoya les cendres à Maupertuis (24 décembre 1752). Le 1er janvier, Voltaire demanda son congé : « Sire, pressé par les larmes et les sollicitations de ma famille, je me vois obligé de mettre à vos pieds mon sort et les bienfaits et les distinctions dont vous m'avez honoré... J'avais fait de vous mon idole ; un honnête homme ne change pas de religion et seize ans de dévouement sans bornes ne peuvent être détruits par un mouvement de malheur. » Il lui renvoyait en même temps la clef de chambellan et le cordon de l'Ordre avec ce quatrain :

Je les reçus avec tendresse
Je vous les rends avec douleur
C'est ainsi qu'un amant dans son extrême ardeur
Rend le portrait de sa maîtresse.

Frédéric lui retourna le tout avec prière de rester. Un souper et quelques plaisanteries pénibles scellèrent la réconciliation. Mais Voltaire ne songeait qu'à partir : « Je vois bien qu'on a pressé l'orange, écrivait-il à sa nièce. Il faut penser à sauver l'écorce. » Malade, il demanda à aller prendre les eaux à Plombières.

— Il n'était point nécessaire que vous prissiez un prétexte, répondit le roi. Vous pouvez quitter mon service quand vous voudrez.

Ils soupèrent tous les soirs ensemble pendant une semaine ; le 23 mars 1753 enfin, Voltaire toucha le dernier quartier de sa pension et il partit le 26 pour Leipzig où il fit reparaître l'*Akakia* avec un post-scriptum de sa meilleure encre. De Saxe, il se rendit à Gotha, où la duchesse le reçut comme un prince, puis, tranquille et guilleret, accompagné de son secrétaire Collini, il arriva à Francfort, ville libre.

Tandis que Voltaire était chez lui, Frédéric avait fait paraître sous le titre *Œuvres du philosophe de Sans-*

Souci, au donjon du château, avec privilège d'Apollon plusieurs recueils de prose et de poésies, une *Histoire du Brandebourg* en quatre cents pages, un *Art de la guerre* en six chants que Voltaire avait corrigé mot par mot et où abondent les vers de mirliton, des odes, des lettres mêlées de vers et de prose, des stances, des *Epîtres* où sont développés avec plus ou moins de bonheur les lieux communs d'une morale banale, mais aussi, tirée à quelques exemplaires seulement, une épopée burlesque, à la manière de *La Pucelle, Le Palladion,* dont le sujet est l'enlèvement de Darget en 1745 par les pandours de Marie-Thérèse qui avaient cru s'emparer de Valori dont il était secrétaire. Dieu et les saints se mêlent de cette affaire, sainte Hedwige, patronne de la Prusse, descend au camp autrichien pour tirer Darget des griffes de l'ennemi, Darget raconte à ses ravisseurs comment il a été élevé par les Jésuites et toutes les belles choses qu'ils lui ont enseignées, la sodomie comprise, bref un ramassis d'impiétés, de polissonneries et d'obscénités, de quoi rendre à jamais un roi ridicule.

Voltaire ayant passé une nuit à Francfort se préparait à monter en carrosse (1er mai) quand il fut appréhendé par le résident prussien, un certain Freytag, parfait laquais, rogue et imbécile, qui lui réclama l'*Œuvre de Poeshie du roi, son gracieux maître.* Par prudence, Freytag s'était fait accompagner du sénateur de la ville. Pendant huit heures, il fouille les malles, les coffres, les cassettes, les portefeuilles. Voltaire, à bout de forces, s'évanouit. Mais le livre était resté dans une caisse à Leipzig. Freytag consigne les voyageurs à l'hôtel du Lion Noir : ils pourront continuer leur route quand la caisse sera là. Mme Denis vient rejoindre son oncle ; le 17 juin, la caisse arrive et l'*Œuvre de Poeshie.* Mais Freytag attend de nouvelles instructions ; Voltaire, perdant la tête, essaie de s'enfuir ; il est reconnu à la porte, arrêté, traité en voleur, reconduit en ville, insulté par la populace, dévalisé par les soldats et enfermé dans un galetas avec Collini et Mme Denis. Ce n'est que le 6 juillet que les trois prisonniers furent libérés. Tout l'épisode avait été machiné et conduit par Fredersdorff agissant sur les instructions de Frédéric ; Freytag y avait ajouté la sottise et la goujaterie ; les magistrats de Francfort, leur servile complicité. Frédéric crut se couvrir par une lettre étonnée qu'il envoya à son ambassadeur en France. Mais elle ne trompa personne. Huit mois plus tard, Voltaire, que Frédéric dans ses lettres à sa sœur de Bayreuth appelait « le plus grand scélérat de la terre », recommença à lui offrir ses livres.

★

Potsdam était trop petit pour abriter deux rois, mais la fuite de Voltaire fut la fin de Sans-Souci. Insensiblement le décor s'effritait. D'abord, les préférences du roi avaient changé. En 1754, comme on lui propose des pastorales de Lancret, il répond : « Je ne suis plus dans ce goût-là, ou plutôt j'en ai assez de ce genre. » Ses amis, d'Argens et Algarotti surtout, ont réussi à lui faire croire que l'art frivole des Français ne mérite pas son attention et qu'il doit s'intéresser seulement à la « grande peinture » d'Italie et de Flandre.

— Watteau eut beaucoup d'imagination, disait d'Argens ; il coloria bien, son pinceau est coulant, sa touche légère, ses airs de tête ont beaucoup de vérité, son paysage est bien traité ; il n'a presque peint que des bambochades et n'a jamais rien fait de sérieux qui mérite l'estime des connaisseurs ; son talent consistait à représenter des bals, des scènes de théâtre et des fêtes champêtres ; et les habillements de ses figures sont toujours comiques.

Frédéric avait formé sa première collection à très bon compte ou, selon sa propre expression, « pour un morceau de pain ». Quand il se mit à acheter Raphaël, Titien et Le Corrège, il se fit voler. « Il est étonnant, écrivait-il naïvement à Wilhelmine, avec quelle facilité je suis parvenu à faire une assez ample collection de tableaux connus et réputés parmi les connaisseurs... J'en ai déjà ramassé près de cent, dont il y a deux Corrège, deux Guide, deux Paul Véronèse, un Tintoret, un Solimène, douze Rubens, onze Van Dyck, sans compter les autres maîtres de réputation. Il me faut encore cinquante tableaux, j'en attends d'Italie et de

Flandre... » Le catalogue d'Œsterreich dénombre en 1771, trois tableaux de Vinci, neuf du Titien, cinq de Raphaël... Mais certaines de ces toiles n'ont jamais existé et les autres ont disparu sans laisser de souvenir, parce qu'elles étaient fausses. Les deux marchands de Frédéric, Petit et Mettra, le trompaient en toute quiétude : pour lever ses doutes, il suffisait d'une expertise d'amateurs « éclairés », académiciens de quelque part. Au moins, parmi les prétendus tableaux du Corrège s'en trouve-t-il un vrai qui est très beau : la *Leda au cygne*, que Darget a acheté à la vente Pasquier.

Pesne se faisait vieux. Frédéric chercha un autre peintre. Il voulait « le plus célèbre » mais Boucher et Natoire se dérobèrent. Il se contenta « du plus raisonnable » Amédée van Loo, le neveu de Carle, une doublure. Il eut aussi des sculpteurs qui n'étaient pas les premiers, François-Gaspard Adam qui demeura douze ans, sans histoires, semble-t-il, et son neveu Sigisbert-Michel qui s'enfuit en réclamant violemment le prix d'ouvrages qui ne lui avaient pas été payés. En 1748, Thieriot qui tenait Frédéric au courant de la vie parisienne cessa aussi sa correspondance ; il se plaignait de n'avoir pas touché le tiers des appointements promis.

En mai 1747, Frédéric eut la chance de recevoir Jean-Sebastien Bach, qu'il avait invité à Potsdam. Ils firent de la musique ensemble. Bach improvisa au clavecin sur un thème que son hôte lui avait donné. De retour à Leipzig, il composa sur ce même thème une « Offrande musicale » qui est dédiée au roi et qui comprend plusieurs morceaux.

Sauf dans ces circonstances exceptionnelles, l'atmosphère de Sans-Souci était trop artificielle, trop fabriquée. A l'ordinaire, la cour se plaisait à des divertissements d'une assez piètre qualité. Pour amuser le prince Henri, on promenait dans une chaise à porteurs, un ours habillé en femme. Quand la princesse Amélie fut élue abbesse de Quedlimbourg, son frère Guillaume lui donna une fête à Oranienbourg : il affubla toute la domesticité d'oripeaux ridicules et il lui nomma au passage les servantes qui s'effondraient en révérences : la marquise de Pissenlit, la vicomtesse de Cul-Tendre...

Quand Amélie gagna son appartement après la mascarade, elle y trouva un pot de chambre géant, gros comme un tonneau, avec l'inscription : « Pour madame la Supérieure. » Frédéric lui-même tenait souvent des propos de soudard. A Darget, il écrit en guise d'adieu : « Mes hémorroïdes saluent votre vérole. » Un jour, à un grand dîner, il fait une sortie épouvantable contre Podewils, l'accuse de courir les mauvais lieux en plein jour et : « Je ne comprends pas, dit-il, comment le vieux Grumbkov qui était un homme sensé ait pu vous donner sa fille ! » Les lettres de Frédéric à son camérier de confiance Fredersdorff étonnent par l'abondance des expressions basses ou triviales. On est plus surpris encore que Fredersdorff, versé dans l'alchimie, ait presque réussi à convaincre son maître. Le roi commence par se moquer des charlatans, il a peur du ridicule, il cite le duc de Brunswick qui croyait au grand œuvre et qui se fit voler de trois millions, mais il finit par s'intéresser aux expériences d'une vieille sorcière, Mme Nothnagel : « Ecris-moi donc lundi, si elle a vraiment fait de l'or. Si c'est vrai, je ferai le nécessaire pour commencer la production en grand, pas plus tard que le printemps prochain. » Voltaire-Apollon était parti en mars ; en septembre, Frédéric-Marc-Aurèle en était à Nostradamus !

Chargeant un de ses correspondants de lui engager des artistes, le roi passait la commande en ces termes : « Nous voulons des putains décidées qui jouent avec esprit. » Cela donne le ton. Aussi, au théâtre et à l'Opéra, les désertions et les révoltes étaient-elles fréquentes. Une année, le maître de ballet Pointier et la première danseuse, Mlle Roland, prirent la fuite à la fois : Frédéric écrivit contre eux un article dans la gazette. En 1747, nouvelle désertion : le maître de ballet Lani disparaît entraînant Noverre et une partie de la troupe. Une autre fois encore, un danseur du nom de Lavoir tire un coup de pistolet sur le sergent qui essayait de le retenir.

La liberté dont Frédéric flattait ses amis était illusoire : ils allaient au souper comme à la manœuvre ; ils ne pouvaient s'éloigner sans autorisation ; leurs moindres gestes étaient épiés et rapportés. La familiarité platonicienne qui régnait autour de la table ronde n'était pas moins trompeuse. Le maître de maison possédait une extraordinaire puissance de séduction, de la gaieté, de l'esprit, un grand fonds d'idées et de connaissances ; il avait souvent des attentions charmantes, mais il était moqueur et il ne savait pas s'arrêter dans la raillerie. N'osant pas répondre sur le même ton, les malheureux qui lui servaient de cible devaient endurer les sarcasmes en grimaçant un sourire de complaisance et d'adulation. Un soir, il demanda aux convives comment chacun voudrait gouverner la Prusse s'ils en étaient rois. Quand vint le tour du marquis d'Argens :

— Ma foi, dit-il, je vendrais bien vite mon royaume pour aller le manger en Provence.

Algarotti s'en alla en 1742 ; il revint en 1747, mais en 1753 après avoir en vain sollicité du roi une position digne et assurée, il obtint un congé et resta en Italie. A la suite d'un duel, Chasot fut mis à l'écart. Il partit en 1752 et succéda à un garçon d'écurie dans les bonnes grâces de la duchesse de Mecklembourg-Strelitz qui était une vieille et affreuse personne, pourvue d'une poitrine de nourrice. Elle lui donna beaucoup d'argent et un joli château qu'il baptisa le « Qu'en dira-t-on ? » La même année, Darget fit un voyage à Paris et ne revint pas.

Coup sur coup, disparurent tous ceux qui avaient été les maîtres et les compagnons du kronprinz : l'antique Dessau, son fils Léopold, le maréchal duc de Holstein, Frédéric de Borcke, Knobelsdorff, Rottenbourg, Stille. On eut dit qu'en effaçant une à une les figures du passé, la mort voulait mettre autour de Frédéric un désert, une infranchissable barrière de deuil. Suhm n'avait pas revu son ami couronné ; rentrant de Pétersbourg, il était mort en route ayant à peine eu le temps de lui faire ses derniers adieux : « Sire, c'est en vain que l'on me donne encore un peu d'espérance... Encore peu de jours, peu d'heures peut-être et je ne serai plus... Il ne me reste qu'à détourner mon cœur de la terre pour le tourner vers la source éternelle de toute vie et de toute félicité. Ah ! c'est dans ce moment que je sens toute la force du doux lien qui m'attache au plus aimable, au plus vertueux des mortels... L'heure approche, je sens déjà que mes forces m'abandonnent, il faut se quitter. Adieu. Encore une larme, elle mouille vos pieds. Oh ! daignez la regarder, grand roi, comme un gage du tendre et inaltérable attachement avec lequel votre fidèle Diaphane vous fut dévoué jusqu'à la mort. »

En 1745, à trois mois d'intervalle, moururent encore le doux Jordan et Keyserlingk qui était la vie même. Jordan souffrait depuis longtemps de la poitrine ; il se sentit perdu alors que Frédéric était engagé dans la seconde guerre. Il eut la force d'attendre un voyage du roi, le revit à son arrivée et mourut le lendemain. Frédéric acheta une partie de ses livres : quand il les ouvrit et qu'il reconnut l'inscription que Jordan mettait en tête de tous : *Jordani et amicorum*, il ne put tenir son chagrin :

— Je vous avoue que j'ai eu les larmes aux yeux et que cela m'a fait une véritable peine de penser que cet homme que j'ai tant aimé n'est plus. Je crains Berlin pour cette raison...

Keyserlingk s'était marié en 1742 et le roi avait écrit pour les fêtes du mariage une comédie à la façon de Molière, *Le Singe de la mode*. Il tomba malade l'hiver de 1744, traîna quelques mois sans se soigner, sembla se remettre au soleil et mourut subitement aux premiers froids de l'automne. Frédéric fut atterré. Jordan et Keyserlingk étaient ses amis, l'un depuis onze ans, l'autre depuis dix-sept ; il les avait aimés avant d'être roi ; ils étaient venus à lui quand il n'avait presque rien à leur donner ; ils le rattachaient au monde en lui rappelant des souvenirs tristes et doux. Pendant des semaines, il n'arriva pas à se consoler. Il pleurait quand il était seul. Après la mort de Keyserlingk, il essaya de mettre en vers sa douleur :

Hélas ! j'ai tout perdu, je perds l'ami que j'aime,
Je reste seul, sans toi, dans ce vaste univers ;
Ces jours sont écoulés comme des ombres vaines,
Où nos deux cœurs unis ne formant qu'un seul cœur
S'entrecommuniquaient leurs plaisirs et leurs peines,
Et ne pouvaient jouir que d'un même bonheur.

Il disait aussi : « Je me trouverai, à mon retour à Berlin, presque étranger dans ma propre patrie, tout seul habitant de cette contrée, isolé parmi les vivants et n'ayant d'habitudes qu'avec les morts. » Tandis que le vide se fait autour de lui, il s'installe dans ce pessimisme paisible, solitaire et laborieux, dans cette philosophie amère et méprisante qui n'attend rien des hommes et encore moins de Dieu :

Dans de vastes desseins ce Dieu peut se complaire,
Mais il est sourd aux cris du stupide vulgaire.

On pense au désespoir de Vigny :

— J'ai perdu presque tous mes amis et mes anciennes connaissances, répète-t-il à Maupertuis, et je ne trouve de consolation que dans l'étude et dans le travail ; il faut apprendre à se suffire à soi-même... Cela est dur.

Dix ans plus tard, il écrivait encore dans les mêmes termes :

« Ma jeunesse a été l'école de l'adversité et, depuis, dans un rang tant envié et qui en impose au peuple par une enflure de grandeur, je n'ai pas manqué de revers et d'infortunes. Une chose qui n'est presque arrivée qu'à moi est que j'ai perdu tous mes amis de cœur et mes anciennes connaissances. Ce sont des plaies dont le cœur saigne longtemps, que la philosophie apaise, mais qu'elle ne saurait guérir. »

La vie achevait l'éducation ordonnée par le père. Elle arrachait au fils ses plaisirs, ses joies, ses rêves, ses goûts, ses affections et jusqu'aux ombres chères de sa jeunesse. Il ne devait, il ne pouvait être que Frédéric-le-Grand, roi de Prusse.

CHAPITRE IX

Frédéricus Rex

Frédéric se levait à cinq heures du matin en été et à six heures en hiver. Protégé par les amours qui montaient la garde le long de sa belle balustrade d'argent, il dormait sur un grabat de sangle, caché par un rideau. Un laquais venait le réveiller, allumer son feu, l'habiller et le raser. Il mettait ses bottes et son uniforme, un page lui apportait les dépêches des ambassadeurs, les lettres qui étaient arrivées par la poste et celles que les secrétaires du cabinet avaient reçues des ministres. Il lisait ces lettres jusqu'à huit heures, ayant bien soin d'examiner d'abord si les cachets étaient entiers et intacts. A huit heures, un secrétaire venait prendre les réponses les unes déjà griffonnées en marge, les autres prêtes à être dictées. Vers neuf ou dix heures, il donnait audience à son premier aide de camp et réglait de la même façon tout ce qui touchait au militaire. Puis il allait exercer le régiment des gardes ou inspecter quelque autre corps. L'après-midi, il lisait, écrivait et méditait. A quatre heures, le secrétaire revenait pour la signature. Après quoi, il s'occupait de sa correspondance privée, des affaires relatives à l'Académie, aux bâtiments et aux artistes.

De son cabinet de Potsdam, il tient en main tous les fils de la politique et de l'administration. Tout part de là et tout aboutit là. Il exerce le pouvoir absolu avec une jalousie inquiète et presque morbide : « Dans un Etat comme celui-ci, il faut de nécessité que le prince fasse ses affaires par lui-même à cause qu'il ne suivra, s'il est sage, que l'intérêt public qui est le sien... » Il n'aurait pas été possible à Newton « d'arranger son système de l'attraction s'il avait travaillé de concert avec Leibniz et Descartes ». Un système politique ne peut pas davantage « se faire et se soutenir, s'il ne sort pas d'une seule tête. Il faut que ce soit de celle du souverain, il faut que la tête de Jupiter accouche de Minerve toute armée, c'est-à-dire que le prince fasse son système et l'exécute lui-même ».

En fait, son gouvernement est non seulement personnel, mais mécanique. Les gens qu'il emploie doivent obéir à ses volontés sans les apprécier, au besoin même sans les comprendre. « Je veux que ce que j'ordonne soit immédiatement et exactement exécuté et que lorsque je demande et exige quelque chose, je l'obtienne sur-le-champ et promptement. » L'initiative indépendante sous quelque forme qu'elle s'exerce : conseil, influence, objection, voilà ce qu'il redoute toujours et poursuit partout. Jamais, dans ses ordres de deux lignes, il n'énonce un motif, de peur que ce motif soit discuté. Il n'accepte aucune observation, si humble soit-elle : « Je ne peux rien y faire ; cela doit être exécuté sans raisonner. » Ou quand il s'agit d'un ministre : « Mon cher, vous n'y entendez rien. Monsieur, mêlez-vous de vos affaires. » Le débat est clos. Jamais enfin, il ne tolère qu'on provoque ou qu'on sollicite son initiative : tout depuis la plus légère faveur, jusqu'aux plus graves décisions doit émaner de lui. Un jour, il a demandé au Directoire des renseignements sur un candidat à un petit emploi. Le Directoire répond que le postulant est recommandé par un général. « Puisque le général le recommande, je ne le prends pas. » Une autre fois, comme le général de Prittwitz intercède pour obtenir le cordon de l'Aigle Noir, il s'attire la réponse suivante : « Mon ordre est comme la grâce efficace, il se donne et ne se mérite pas. »

Frédéric se défiait des réformes hâtives. Il croyait que la constitution d'un pays est l'ouvrage du temps, que les peuples ont un caractère dont le fond ne s'efface jamais, que les institutions s'y adaptent d'une manière insensible et qu'elles doivent être tenues pour les meilleures dès qu'elles ont fait leur preuve par un long usage.

Aussi, garde-t-il, sans presque y rien changer, l'appareil bureaucratique de son père. Au centre : le ministère des affaires étrangères qu'on appelle aussi le ministère du Cabinet, le ministère de la justice, le Directoire général des finances, guerre et domaines, le département des affaires ecclésiastiques. Dans les provinces : les dix-sept chambres de guerre et des domaines avec leurs secrétaires et leurs subordonnés, conseillers provinciaux *(Landräte)*, commissaires des taxes *(Steuerräte)* et baillis. Les conseillers provinciaux sont placés à la tête des *cercles*. Les commissaires des taxes, parmi leurs diverses attributions, surveillent la gestion financière des municipalités. Ils guident fermement dans les voies de l'économie, mais avec beaucoup d'égards extérieurs, MM. les bourgmestres et leurs conseils. Les baillis sont les fermiers du domaine royal.

L'administration est collégiale, c'est-à-dire qu'elle repose sur des autorités à plusieurs têtes, sur des conseils dont les membres collectivement responsables ne peuvent rien l'un sans l'autre. L'organisation collégiale, comparée à l'administration « unipersonnelle » à la française, comporte des facilités plus grandes d'information et d'enquête, des garanties plus assurées d'impartialité et de tolérance. Mais elle exige au sommet un prince autocrate qui en est le moteur nécessaire et sans lequel la décision et la responsabilité s'émietteraient en une infinité de forces et de contreforces immobilisées les unes par les autres. D'autre part, au monarque dont la volonté sans contrôle est indispensable à la marche des affaires, les collèges n'opposent aucune barrière morale, aucune de ces traditions insaisissables et toutes puissantes qui sont passées en France à l'état de lois fondamentales. A Versailles, il est possible à un ministre, à un intendant, à un grand commis, d'acquérir une réputation et une compétence dont le roi est obligé de tenir compte. Dans le système collégial prussien, les commissaires se limitent et s'annulent dans une obscurité égale. Plus ils sont nombreux, moins ils ont de surface et de relief. Non seulement le roi est seul à vouloir, mais il finit par être seul à savoir, seul à posséder une connaissance régulière, intime et complète des ressources de l'Etat et de la vie du royaume.

En second lieu, alors qu'en France, au XVIIIe siècle, la féodalité ne subsiste plus guère que sous la forme de redevances, la monarchie prussienne unit sans logique deux conceptions contradictoires : en haut, toutes les rigueurs de l'absolutisme ; en bas, tous les éléments de l'oligarchie féodale. C'est que si les souverains prussiens, avant Frédéric, ont repoussé la noblesse des positions dominantes qu'elle occupait, s'ils l'ont contrainte à entrer en masse dans l'armée et l'administration, s'ils ont réduit à l'insignifiance, au néant les Etats provinciaux, où elle régnait en maîtresse, ils ne lui ont pas disputé la prépondérance à l'échelon inférieur. Alors que les villes ont leur régime particulier, le pays plat, les communautés rurales restent dans la dépendance étroite de l'aristocratie foncière. Les attributions de la souveraineté s'y confondent avec les droits de propriété : le seigneur surveille la levée de l'impôt foncier, il a sa justice, il exerce les pouvoirs de police. Serf ou tenancier à vie, astreint aux corvées, fournissant la domesticité du château, le paysan se sent son sujet avant d'être celui du roi. La puissance publique ne lui apparaît d'abord que sous l'aspect du hobereau. Mais comment s'articulent les deux principes : absolutisme et oligarchie, centralisation et féodalité locale ? Par le *Landrat*, qui se situe au point de jonction.

Le cercle, en superficie, représente à peu près un de nos arrondissements. Il possède son assemblée nobiliaire. Cette assemblée présente au roi une liste de candidats, généralement trois, pour le poste de *Landrat*. Le roi raye les noms qui lui déplaisent. L'assemblée les remplace. Quand le roi a donné son agrément à tous, elle en choisit un parmi eux, qui se trouve être à la fois l'élu de l'oligarchie et le représentant du souverain, au-dessous duquel il n'y a plus aucun agent de la puissance publique. Comme Frédéric ne donne jamais son accord que pour des candidats au loyalisme sûr, ayant même satisfait à des examens, le *Landrat* est, dans l'exercice de ses fonctions, un subordonné docile, auquel sont adressées de nombreuses et copieuses instructions. Il va de soi qu'en raison du morcellement de l'Etat prussien, le caractère de l'institution n'est pas absolument uniforme. Dans le duché de Clèves, par exemple, où le servage n'existe plus, les assemblées de cercle sont moins étroitement nobiliaires qu'en Prusse ou en Brandebourg. Des paysans riches en font partie. De toutes manières, le personnage hybride du *Landrat* est si commode qu'après la conquête de la Silésie, Frédéric y introduit le système brandebourgeois-prussien, sans y rien changer.

Frédéric, qui n'assiste jamais aux séances du Directoire général, traite ses collaborateurs en simples plumitifs, tout juste bons à assurer l'exécution de ses ordres. Il ne les voit que très rarement seul à seul, quelques fois l'an, tout au plus. Il y a bien au mois de juin une sorte de revue générale des ministres, au cours de laquelle le roi examine le budget et l'état de chaque département. Mais, à l'ordinaire, tout se fait par correspondance. Le Directoire, les présidents de chambres, les conseillers envoient leurs rapports : le roi inscrit sa décision en marge. C'est ce que l'on appelle un ordre de cabinet. Il en prend parfois quarante ou cinquante dans une seule matinée, car l'usage s'est établi de renvoyer à son examen tout ce qui excède la routine administrative la plus minuscule. Enfermant l'Etat en lui-même, il ne se soucie pas d'établir dans les services un ordre parfaitement logique. Le Directoire général, par exemple, était divisé en quatre sections et une section contentieuse qui se partageaient la correspondance avec les provinces selon une classification géographique. Sans s'occuper si la répartition du travail par matières ne contrarierait pas la répartition territoriale, il leur juxtapose quatre départements « réels », c'est-à-dire dont la compétence s'étend à tout le royaume pour un objet particulier : les manufactures, l'administration militaire, les mines et les forêts.

La bureaucratie prussienne usait d'un langage pédant et verbeux, hérissé de termes latins et de tournures juridiques. Frédéric exige des rapports clairs et brefs, « des extraits courts et exacts », avec « les précisions », sans « détails inutiles », sans « digressions ». Le Directoire général est lestement averti « de ne plus employer dorénavant dans les rapports qui seront soumis à S.M. des mots et expressions entièrement inconnus de S.M., mais de s'exprimer d'une manière compréhensible, en mots entièrement connus », de façon que S.M., quand Elle veut quelque chose, puisse « clairement comprendre » sur quoi Elle se détermine. Au surplus, les ministres devraient savoir qu'il n'est pas « concevable d'envoyer à S.M. des pièces lardées de latin de juristes, car s'il est assez connu des facultés de droit et des tribunaux criminels », il n'est pour S.M. que « de l'arabe ». Toutes ces observations, Frédéric les écrit d'une fine écriture nerveuse, si élégante et si soignée qu'on pourrait la prendre pour une écriture féminine. Quand ses lettres sont en français, il les signe *Federic* (sans *r*) et c'est le cas des dépêches diplomatiques. Quand il s'agit de correspondance administrative, il use presque toujours de l'allemand, un allemand cocasse qu'il faut lire à haute voix pour le bien comprendre, tant l'orthographe est extraordinaire. Les mêmes formules reviennent très souvent. *C'est un fou ! Quelle bêtise ! Du vent ! Je suis pauvre comme Job ! Serviteur ! Pas d'argent !* Il est sans cesse en défense comme si ses fonctionnaires, surtout les petits, ne songeaient qu'à le voler et à le tromper. « On pourrait en pendre 99 p. cent en toute tranquillité de conscience », écrit-il un jour. Il abuse ses ministres par de fausses confidences, il excite leur jalousie en cachant à l'un ce qu'il avoue à l'autre, il leur dissimule ses décisions les plus graves. Au printemps de 1744, le brave Podewils a tout ignoré des négociations de son maître avec la France. Quand il apprit la signature de l'alliance, elle était conclue depuis trois semaines.

Frédéric ne veut pas de partage dans les plans, ni dans les secrets. « Je déchirerais ma chemise, dit-il, si ma chemise avait mon secret. » Encore, à l'égard de Podewils garde-t-il certains ménagements : il ne l'a accusé que deux fois de forfaiture. Mais il traite les autres avec une âpreté méprisante, un parti pris de soupçons injurieux qui eussent réjoui le vieux Frédéric-Guillaume et qui faisaient dire à un envoyé anglais : « J'aimerais mieux être singe à Bornéo que ministre en Prusse. »

Parfois, il plaisante. A un président qui a demandé

l'autorisation de réquisitionner vingt-quatre chevaux pour son déménagement, il répond : « Avec cela, on tire un canon de 24. Le président n'est pas assez important pour un transport si lourd. Il aura huit chevaux et quand il sera devenu plus corpulent, il en aura dix ou douze. » A un officier qui avait été condamné à cent thalers d'amende pour avoir tué un cerf sur les chasses royales et qui craint d'être tombé en disgrâce. « Cela n'a pas d'importance. A ce prix-là beaucoup de mes cerfs sont à sa disposition. » Mais le plus souvent, il menace ou il sermonne. *Ceci est un premier avertissement. Prenez garde qu'il ne vous vienne quelque chose de plus sérieux. — Cela en restera à mon ordre, le reste n'est que manigances de ministres pour placer leurs créatures. — Je n'arrive à rien avec Knobelsdorff. Il n'exécute pas comme je le veux, il est aussi paresseux qu'un cheval d'artillerie. — Encore des trucs de juristes ! — Le rédacteur est un âne et les ministres n'ont pas lu le rescrit, il ne contient rien. Je n'ai jamais rien lu d'aussi bête dans toute ma vie.* Pour un officier qui fait valoir son ancienneté : *ce ne sont pas les longs services qui comptent, mais les bons, j'ai l'étable pleine de vieux mulets qui font tous du service, mais ils ne prétendent pas pour cela devenir écuyers.* Pour un président qui sollicite une prolongation de congé pour raison de maladie : *la goutte pendant les congés, je connais ça !* Pour un ancien conseiller de guerre qui demande à passer en France : *Comme il a volé ici, il peut toujours aller là-bas et y voler aussi.* Pour un étudiant en médecine qui demande à s'engager comme chirurgien dans l'armée anglaise : *Je le pendrais plutôt.* Au président de la chambre de Clèves dont il est mécontent : *Je dois avoir été mal renseigné sur votre compte. Ou vous êtes un âne et vous ne connaissez pas la province. Ou vous êtes une outre à vent qui ne s'occupe de rien. On ne peut pas faire un rapport plus stupide que celui que vous m'envoyez là.* Aux conseillers de la chambre de Kœnigsberg : *Vous êtes des archifripons qui ne valez pas le pain qu'on vous donne et vous méritez tous d'être chassés. Attendez seulement que je vienne en Prusse !*

Jusqu'à son dernier souffle, il a écrit et dicté des milliers de notes dans ce style.

Frédéric a un soin particulier de l'opinion. Pendant la première guerre de Silésie, il harcèle Jordan pour être renseigné : « Je vous demande des nouvelles de Berlin... Je veux des nouvelles... Mandez-moi avec toutes les circonstances ce que dit le public. Ne me cachez rien du tableau. » En réponse, il lui envoie le thème des conversations qu'il doit tenir et des propos qu'il doit répandre. Mais cette opinion qu'il ménage, il la méprise plus encore qu'il ne la surveille. A ses yeux, la majorité des hommes n'est pas faite pour la raison. Ce sont des « animaux d'habitude » qui se laissent conduire « par des fourbes et des fripons ». Le peuple imbécile « croupit dans une ignorance invincible ». Il aime le merveilleux, le surnaturel, la superstition. La plupart de ses jugements reposent « sur des préjugés, des fables, des erreurs et des impostures ». Quand les Berlinois raisonnent de la guerre, ils tiennent des propos « biscornus ». Quand les Parisiens crient contre la paix de Breslau « leurs brocards sont comme des injures de perroquets et leurs jugements aussi graves que les décisions d'un sapajou sur des matières de métaphysiques ».

Pourtant, il a lui-même bien des travers de la société contemporaine et tout d'abord la « sensibilité », le goût de la rhétorique vertueuse et de l'émotion préparée. En 1744, dans le *Miroir des Princes* qu'il écrivit pour le jeune duc de Wurtemberg, il proclame l'humanité « la vertu cardinale de tout être pensant » et son cœur désormais « s'épanouit à la vue des belles âmes qui aiment le bien ». Il ne cesse de prêcher de sa parole « généreuse » combien « les faiblesses d'un cœur sensible sont préférables à l'inhumaine dureté des stoïciens ». Dans l'avant-propos de ses Mémoires, il ne peut s'empêcher de glisser une tirade larmoyante, contre « l'horrible effusion qui se fait du sang humain » et contre les batailles qui transforment l'Europe « en boucherie ». Mais alors que la « sensibilité » du siècle a souvent sa contrepartie dans un scepticisme facile et insouciant, elle n'est chez Frédéric qu'un délassement littéraire ; elle cède tout de suite au réalisme le plus froid et le plus calculateur.

Son domaine à lui, ce sont les faits, les faits désirés et les faits acquis, les intérêts, la terre, la pratique constante des hommes, de la guerre et des affaires. Il pense concret. L'idée lui vient à l'esprit comme une représentation figurée des choses réelles. Sa force d'attention est telle qu'il peut parcourir vingt lettres de suite, puis répondre à chacune d'elles, dans l'ordre et sans les relire. Il a l'imagination positive, visuelle en quelque sorte, l'esprit topographique très développé, la mémoire des lieux étonnamment précise. En revanche, il a horreur de l'abstraction : « notre raison, dit-il, n'agit que sur les choses où l'expérience nous éclaire. Lui proposer des matières abstraites, c'est l'égarer dans un labyrinthe dont elle ne trouvera jamais l'issue. » L'homme est fait pour agir et non pour connaître, « les principes des choses se dérobent à nos plus persévérantes recherches ». Il méprise donc la métaphysique, « un ballon gonflé de vent », et le plus grand profit dont il est reconnaissant à Bayle c'est d'avoir détourné son esprit de la recherche des vérités transcendantes. Quant aux mathématiques, il avoue qu'il ne les entend pas ; elles lui apparaissent comme « un pur luxe » de l'intelligence. Quoique « sublime », la géométrie (et par ce mot il désigne toutes les sciences exactes) n'est point faite pour le commerce des hommes. « Je l'abandonne, dit-il, à quelque rêve-creux d'Anglais ; qu'il gouverne le ciel comme il lui plaira, je m'en tiens à la planète que j'habite. » Ses écrits se ressentent naturellement de cette horreur de l'abstraction. Quand c'est l'homme de lettres qui tient la plume, on devine l'amateur : la langue est souvent banale, avec des fadeurs et du remplissage. Quand c'est le Roi, tout change, le style est direct, plastique, plein de vie. Il a le mot juste, vigoureux, jamais vague, le tour vif, railleur, enthousiaste, la phrase rapide et dense. « La crème fouettée » lui répugne, mais l'expression triviale, grossière même, ne l'effraie pas, pourvu qu'elle soit expressive.

Sa conversation ordinaire laisse l'interlocuteur sans souffle. C'est une suite ininterrompue de questions pour lesquelles il exige des réponses franches, courtes et promptes. Au bon Thiébault que d'Alembert lui a envoyé comme professeur à l'école des Cadets, il commence par dire : « Bonsoir, Monsieur, je suis bien aise de vous voir et de faire connaissance avec vous. » Puis, sans une seconde de repos, il lui demande comment s'écrit son nom, en quel endroit de la France il est né, si ses parents vivent encore, quel a été l'état de son père, ce qu'il a fait jusqu'alors, où il a vécu, s'il est marié, de quelle famille est sa femme, quelles ont été ses principales études, s'il a fait imprimer quelques ouvrages, en quel état de santé il a laissé l'abbé d'Olivet et d'Alembert, par où il est passé, pourquoi il a fait un détour par Dresde, comment il a pu se faire comprendre dans les auberges, quels ont été ses compagnons de voyage, si la Saxe a un aspect prospère, si on y travaille, s'il a pris connaissance du programme de l'école, quels sont les auteurs vivants qui écrivent le mieux, pourquoi il n'a pas mis Voltaire au premier rang, si l'ellipse est permise en français, si Racine pouvait écrire grammaticalement : « Je t'aimais inconstant, qu'aurais-je fait fidèle ? » Puis, il le remercie d'un mot et le congédie.

Après les grandes revues de Berlin, de Potsdam et de Spandau, Frédéric consacrait deux mois d'été à une tournée dans les provinces. Chaque année, il revoyait la Silésie, le Brandebourg, la Poméranie, les territoires compacts de la monarchie, presque toujours la Prusse, plus rarement les petites possessions du Rhin qu'il n'aimait pas. Il faisait manœuvrer les régiments, visitait les tribunaux, les Chambres, les receveurs, inspectait les domaines de la couronne, les magasins, les arsenaux, les manufactures, les marchés, les canaux, les villes, interrogeant tout le monde, dictant partout les ordres et les projets. Il emportait avec lui une documentation très précise qu'il complétait et annotait chemin faisant. On a conservé les aide-mémoire que le Cabinet lui remettait au départ : ce sont de petits livres reliés de cuir qui contiennent les comptes de la province, les statistiques de la population, le dénombrement des métiers et des manufactures, le recensement du bétail, etc. Il se faisait précéder d'un questionnaire général qui comportait parfois cent rubriques et pour lequel les Chambres devaient réunir des dossiers complets.

Un jour, il visitait en voiture un défrichement près de Fehrbellin. Le bailli du district marchait à la portière prêt à satisfaire sa curiosité :

— Sire, voici deux nouveaux fossés que nous tenons des bontés de Votre Majesté et qui tiennent notre trouée sèche.

— Ah ! Ah ! J'en suis bien aise. Qui êtes-vous ?

— Le bailli de Fehrbellin.

— Comment vous appelez-vous ?

— Fromme.

— Ah ! Ah ! Vous êtes le fils du conseiller provincial Fromme ?

— Sire, avec votre permission, mon père a été conseiller-bailli du bailliage de Lœme.

— Conseiller-bailli, cela n'est pas vrai. Votre père à été conseiller provincial. Je l'ai fort bien connu. Dites-moi, le dessèchement de cette trouée que j'ai fait faire vous a-t-il été utile ?

— Oh ! oui, Sire.

— Avez-vous plus de bestiaux que votre prédécesseur ?

— Oui, Sire, j'ai dans cette cense, quarante vaches, et en tout soixante-dix de plus.

— C'est fort bien. Vous n'avez pas la maladie épizootique dans votre canton ?

— Non, Sire.

— Y a-t-elle été ?

— Oui, Sire.

— Faites manger à vos bestiaux beaucoup de sel gemme, vous ne l'aurez plus.

— C'est ce que je fais. Mais le sel commun est presque aussi bon.

— N'en croyez rien. Il ne faut pas piler le sel gemme, mais le mettre à la portée du bétail pour qu'il le lèche.

— Je n'y manquerai pas.

— N'y a-t-il pas d'autres améliorations à faire ici ?

— Oh ! oui, Sire, Voici le lac de Kremmensee, si on le desséchait, Votre Majesté aurait 1 800 arpents de prairies, sur lesquels on pourrait établir des colons. Cela pourrait procurer un débouché par eau au canton, ce qui ferait beaucoup de bien à Fehrbellin et à Ruppin.

On pourrait mener plusieurs choses par eau du Mecklembourg à Berlin.

Le roi s'inquiète des frais, du produit escompté. Puis il interroge le bailli sur les propriétaires des environs et continue :

— Comment s'appelle le bailli de vieux Ruppin ?

— Honig.

— Depuis quand y est-il ?

— Depuis la Trinité.

— Depuis la Trinité ? Où était-il auparavant ?

— Il était chanoine.

— Chanoine ? Chanoine ? Qui diable a fait un bailli de ce chanoine ?

— Sire, c'est un jeune homme qui a du bien et qui a ambitionné d'être bailli de Votre Majesté.

— Mais pourquoi l'ancien n'est-il pas resté ?

— Il est mort.

— La veuve aurait pu garder le bailliage.

— Elle est devenue pauvre.

— Ménage de femme, sans doute ?

— Pardonnez-moi, Sire, elle conduisait fort bien son ménage, mais des accidents l'ont ruinée. Cela peut arriver au meilleur économe. Moi-même, j'ai éprouvé une mortalité il y a deux ans et n'ai point obtenu de dédommagement. Je ne saurais me remettre sur un bon pied.

— Mon enfant, je souffre aujourd'hui de l'oreille gauche, je n'entends rien de ce côté-là.

Le bailli s'écarte.

— Allons, bailli, avancez. Restez auprès du carrosse, mais prenez garde qu'il ne vous arrive d'accident. Parlez seulement un peu plus haut. Dites-moi, comment s'appelle ce village-ci, à droite ?

— Langen.

— A qui appartient-il ?

— Un tiers à Votre Majesté, un tiers à M. de Hagen et le chapitre de Berlin y a aussi des vassaux.

— Vous vous trompez, c'est le chapitre de Magdebourg.

— Sire, je vous demande pardon, c'est le chapitre de Berlin.

— Cela n'est pas vrai, le chapitre de Berlin n'a pas de vassaux.

— Sire, je ferais un fort mauvais bailli, si je ne connaissais pas ceux qui ont juridiction dans les endroits de mon bailliage.

— Ah ! en ce cas-là, vous avez raison.

L'enquête continue. Qualité du terrain, de la récolte, des bois, noms des seigneurs, état de leur fortune, hypothèques, débouché des produits, essais de nouvelles cultures, tout y passe. Finalement, après avoir réuni les baillis et les inspecteurs des bâtiments, le roi ordonne le défrichement d'une nouvelle lande.

— Il faut arranger cela. Je ne le veux pas pour rien. Vous n'avez qu'à écrire à ma chambre des finances ce que je veux qu'on défriche. Je donnerai l'argent !...

Assurément, l'anecdotier qui rapporte cet épisode l'a quelque peu poussé à la caricature. Mais, au fond, c'est bien le Frédéric de la *Correspondance politique* et des *Acta Borussica* avec sa fureur d'information, son soin du détail, son attention inlassable, sa crainte d'être dupe, sa volonté arrêtée d'avoir toujours raison. Ce réalisme tyrannique, minutieux et soupçonneur explique précisément un certain défaut d'esprit qui fait que souvent le roi pénètre mal le caractère de son prochain. Certes, il ne manque pas de prétentions dans l'art difficile de s'y connaître en hommes. Dans son *Testament Politique* de 1752, il a même inséré un petit traité de psychologie sur les vertus du parfait ambassadeur en rapport avec les Cours auprès desquelles il est accrédité. A Vienne, il faut un chicaneur expert dans l'art de l'altercation ; à Versailles, un homme sage et prudent qui ne se laisse pas prendre aux saillies auxquelles les ministres français sont sujets ; à Londres, un agréable débauché qui porte le vin mieux que les Anglais, et qui, en ne disant rien, garde un extérieur de franchise ; pour la Hollande, où les secrets d'Etat courent les rues, on ne demande que du bon sens et des manières simples... Mais au fond, ayant le sentiment orgueilleux et juste de suffire à tout, il ne se donne pas toujours la peine de distinguer le médiocre du bon. Un de ses secrétaires observe plusieurs fois qu'il juge les gens « non pas comme ils sont, mais comme il se les est mis dans la tête pour leur caractère et leurs talents ». Et c'est d'autant plus grave, ajoute le marquis d'Argens, que « quand notre philosophe se fiche une idée de quelqu'un, bonne ou mauvaise, elle ne sort pas aisément. Ce qu'il décide est décidé et sans appel ». Cette présomption lui fera commettre par exemple la faute grossière d'offrir cinq cent mille écus à Mme de Pompadour pour la mettre dans ses intérêts et elle le gênera bien souvent pour le recrutement de ses fonctionnaires.

A ceux qui servent auprès de lui, il demande un labeur obstiné, une discrétion sans reproche, un oubli total d'eux-mêmes. Le vieil Eichel qui lui avait été légué par Frédéric-Guillaume et qui fut secrétaire du Cabinet jusqu'à sa mort, survenue en 1768, était célibataire. Il vivait absolument retiré, ne parlait presque à personne et n'avait pas dans l'année une demi-heure de loisir. Un ambassadeur a écrit qu'un étranger aurait pu demeurer sept ans à la cour de Prusse sans l'apercevoir, ni même soupçonner son existence. Il ne fut pas remplacé : les hommes qui, dans la suite, se partagèrent ses attributions, Laspeyres, Muller, Galster, Mencken, ne le valaient pas. Fait unique dans l'histoire du Cabinet, Galster fut cassé et mis en forteresse. Sa faute était peu grave, sans doute, puisqu'il fut relâché au bout d'un an et pensionné, mais quand on le mena à Spandau, il dit qu'il ne faisait que changer de prison.

Sans conteste, Frédéric a rendu la bureaucratie prusienne plus homogène, plus méthodique, plus laborieuse et même plus prompte ; il en a amélioré le rendement, il en a fait un instrument d'unification plus solide, il lui a inspiré un sentiment du devoir et un sens de l'Etat qui lui ont permis de survivre à l'effondrement du système frédéricien après Iéna et même à la chute des Hohenzollern. Par contre, du haut en bas de la hiérarchie, il a contrarié, sinon étouffé, l'esprit d'initiative, la recherche personnelle et le goût des responsabilités. Le conseiller Ursinus, un des membres les plus en vue du Directoire général, s'était élevé contre la politique commerciale du roi : il fut incarcéré sous l'inculpation d'avoir été acheté par des négociants. L'enquête ne releva à sa charge que de menues négligences ; il n'en fut pas moins cassé et gardé à Spandau plusieurs mois. Bien qu'il ait procédé à de nombreuses révocations de ce genre (quatre présidents après les guerres de Silésie), Frédéric cependant n'aimait pas le changement de personnel : « Mon cheval butte, disait-il, je le sais, mais j'aime mieux le garder que d'en prendre un autre dont j'ignorerais les tares. » C'est qu'à chaque vacance, il avait peine, parmi la grisaille aplatie de son personnel, à découvrir un homme de valeur. En vue des places à pourvoir, il se faisait remettre des listes motivées de propriétaires terriens, d'officiers d'Etat-Major en retraite, de conseillers provinciaux. Parfois, il convoquait d'un coup des dizaines de candidats et les interrogeait lui-même. Comme il avait la mémoire des physionomies beaucoup plus que celle des noms, il lui arriva une fois de faire rechercher entre Liegnitz et Schweidnitz un conseiller provincial, dont il avait oublié le nom, mais qu'il avait remarqué sur place et qu'il croyait propre à être appelé à Berlin. Il finit par faire instruire auprès du Directoire et des Chambres des jeunes gens bien doués, un peu à la façon dont il avait été instruit lui-même à Custrin. Mais, surtout, il conserva pendant des années des gens qu'il se réservait de redresser et de guider presque au jour le jour. Le président von Siegroth, dans la Marche électorale, demeura en place de 1766 à 1782, bien que Frédéric n'ait cessé de lui reprocher son « insouciance », sa « façon de penser peu solide » et ses « propositions insensées ».

Cependant, les serviteurs de bonne classe ne manquèrent pas. C'est le privilège des hommes supérieurs, même jaloux de leur autorité, de s'attacher des intelligences et des dévouements : Podewils, Finckenstein et Hertzberg pour les affaires étrangères, Goerne et Blumenthal pour les domaines, Katt pour l'administration de l'armée, Boden pour les finances, Cocceji et Carmer pour la justice, Heinitz pour l'économie, Zedlitz pour les cultes. Contrairement à son père, Frédéric prit d'ailleurs l'habitude de choisir ses ministres parmi les présidents des chambres provinciales. De ceux-ci, un certain nombre ont acquis de la réputation, entre autres Domhardt en Prusse orientale, Aschersleben en Poméranie, Platen et Lenz qui demeurèrent plus de vingt ans, celui-là à Magdebourg et celui-ci en Prusse orientale.

★

Frédéric est un sanguin. Dès sa jeunesse, il se plaint de battements de cœur « très violents », « insupportables », de « sueurs exténuantes », de suffocations, d'hémorroïdes. A trente-quatre ans, il ressent sa première crise de goutte. Presque chaque hiver, il est frappé aux deux jambes et à la main gauche. A trente-cinq ans, il a une attaque, sous forme d'hémiplégie, assez bénigne, il est vrai, mais qui le laisse enflé du cou et des jambes. Et, avec cela, de la fièvre, des coliques, des crampes d'estomac et des « flux de sang » qui doivent être des hémorragies intestinales. « Mon âme fait marcher mon corps », disait-il souvent. Il faut bien, en effet, qu'il ait eu une force de résistance prodigieuse pour surmonter les maux et les épreuves, tout en menant une « vie de forçat enchaîné ». Dès 1758, il se croyait condamné à une mort prochaine, mais pendant quarante-six ans de règne, il fit aller sa « machine » corporelle « coûte que coûte », en la traitant « comme une vieille rosse, à grands coups d'éperons ».

Du sanguin, il a d'autre part les symptômes moraux. La gaieté habituelle d'abord, la bonne humeur un peu fantasque, dont la mauvaise fortune ne le prive jamais tout à fait, car, aux heures tragiques, il parle parfois encore de ses revers avec un sourire et avec de bruyants éclats des « tapes » qu'il donne à l'ennemi. Il a ensuite la mobilité de caractère, l'impatience, la sensibilité aux impressions passagères, défauts de jeunesse qui diminuèrent l'âge venant. Il a le brillant courage physique qui fait que, de l'avis de ses officiers, il s'expose toujours trop sur le champ de bataille ; il a l'enthousiasme, l'optimisme foncier de l'homme d'action, qui lui montre au bout de l'épreuve le gain, plutôt que le risque : un de ses familiers dira que chez lui la confiance annonce toujours quelque revers et la crainte quelque succès. Il a enfin l'extraordinaire vivacité, l'exubérance de parole, les emportements, les accès de violence. Pour un tempérament pareil, vouloir et agir sont des besoins, des fonctions instinctives et irrésistibles. Décider et entreprendre, c'est céder à une nature trop forte pour être comprimée, y céder avec joie comme à une passion délicieuse et tyrannique. « En somme, dit-il un jour, il n'y a guère que les fondateurs d'empires qui aient été véritablement hommes. »

Chez lui l'imagination politique est toujours en travail. Son esprit engendre sans repos les plans et les projets. Il en a pour toutes les éventualités. Les uns prêts et précis, les autres jetés sur le papier, sommairement « croqués » pour être ensuite « digérés » par les ministres. Dans le *Testament Politique* de 1752, il s'en trouve un pour la conquête de la Saxe, un second pour l'acquisition de la Prusse polonaise, d'autres encore en prévision d'une guerre civile en Russie, d'une minorité en Angleterre et d'une vacance du trône de France par l'extinction de la branche aînée des Bourbons. Jamais, il ne s'abandonne à la paresseuse quiétude d'une conduite arrêtée ; jamais, il n'est prisonnier d'un système ou d'une formule. Il n'est même lié par sa signature que sous la condition d'un avantage évident et durable. Il épie les moindres changements pour y ajuster ses desseins, mais au cours de ses rêveries, il a retourné tant d'idées, il a cherché tant de combinaisons, qu'il ne peut guère être pris au dépourvu. Il se contentera de dire, comme en 1756 : « Les anciens systèmes ne sont plus ; ce serait courir après une ombre que de les vouloir rétablir. »

Il use, dans le détail, d'une variété inépuisable de moyens. Tous lui sont bons, pourvu qu'ils réussissent : la provocation savante, le retard calculé, la fausse nouvelle, la cordialité trompeuse, la menace feutrée, l'incompréhension têtue, la corruption, l'espionnage, l'espièglerie familière, tout jusqu'aux bruyantes opérations de bluff. « Les esprits pénétrants calculent une conduite uniforme. C'est pourquoi il faut, le plus qu'on peut, changer son jeu, le déguiser, et se transformer en Protée, en paraissant tantôt vif, tantôt lent, tantôt guerrier et tantôt pacifique. C'est le moyen de désorienter ses ennemis. » Voilà son défaut : il en fait trop. Il prête à ses adversaires et à ses alliés des raffinements de perfidie qui leur sont bien étrangers, il flaire des trahisons qui n'existent pas, il change de conduite sur des impressions incertaines, il s'enfièvre pour rien. Comblé du premier coup par la fortune, il se croit tout permis à l'égard des vieilles cours. Alors, il devient inutilement hautain, protecteur, sarcastique, il raille et blesse tout le monde et fait à propos d'une bagatelle « un carillon de tous les diables ». Allié de la France, désirant obtenir de Louis XV la promesse d'une action vigoureuse en Allemagne, il remet à Valori un mémoire portant ce titre significatif : *Projet que doivent suivre les Français s'ils sont sensés.* Les ministres ont si peur de ses façons qu'ils s'entendent avec les secrétaires du Cabinet pour arrêter au passage telle réponse provocante à George II, telle lettre injurieuse à Louis XV.

Mais il connaît trop ses défauts pour ne pas se surveiller. Un des traits les plus constants de sa vie est justement l'équilibre sans cesse rétabli entre l'imagination et le calcul. D'abord, il use envers lui-même d'une franchise complète. Dans le *Testament* de 1752, il va jusqu'à écrire à propos de Marie-Thérèse : « Je n'ai pas la conscience nette vis-à-vis de cette princesse. » Et puis il a, comme les joueurs qui gagnent, un sens du hasard, un « instinct secret » qui lui dit le moment de risquer et celui de rompre. « Il faut savoir s'arrêter à propos ; forcer le bonheur, c'est le perdre et en vouloir toujours davantage, c'est le moyen de n'être jamais heureux. » Enfin, il réfléchit, puissamment, minutieusement. Son système est toujours de méditer par écrit, en dressant des tableaux comparatifs : *Raisons que je pourrais avoir de rester dans l'alliance de la France, raisons que je pourrais avoir de faire une paix avec la reine de Hongrie*, ou bien : *Articles qui donnent lieu aux justes appréhensions que le roi doit avoir des desseins pernicieux de la reine de Hongrie et du roi d'Angleterre ; articles qui doivent rassurer le roi contre les desseins de la reine de Hongrie et du roi d'Angleterre.* Ce ne sont pas des raisons vagues, mais des probabilités exactement circonscrites qui, par éliminations, conduisent à une conclusion nécessaire.

Il se méfie du succès facile. « Un coup d'éclat comme la conquête de la Silésie est semblable aux livres dont les originaux réussissent et dont les imitations tombent. » Il répugne pareillement aux constructions gigantesques des *visionnaires*. « Un village sur la frontière vaut mieux qu'une principauté à soixante lieues. » L'art suprême est de voir venir l'occasion et de la saisir au passage car « la politique consiste plutôt à profiter des événements favorables qu'à les préparer ». Sa réflexion joue ainsi sur deux plans : un plan lointain qu'il appelle sa métaphysique et qui comporte les agrandissements à échéance incertaine ; en second lieu, selon les hasards, des transpositions limitées, mais terriblement précises, de cette métaphysique dévorante.

Quand il ne voit pas clair, il se dérobe. Il fuit la conversation avec les ambassadeurs ou bien il refuse de les recevoir, sans être averti des sujets qu'ils ont l'intention d'aborder. L'Angleterre lui ayant un jour posé une question embarrassante : « Je ne veux pas me mêler de cela, écrit-il à Podewils, faites une réponse à l'autrichienne, en termes obligeants, mais tout à fait vagues, qui ne soient ni négatifs, ni affirmatifs, mais simplement incompréhensibles. » Trois fois le ministre présente un projet de lettre, trois fois le roi le déchire comme trop clair, si bien que de guerre lasse, il finit par rédiger lui-même, en allemand, une note de vingt lignes d'une seule phrase, coupée d'incidentes où l'on chercherait en vain un verbe et un sujet. En revanche, quand il a pris sa décision, rien ne l'arrête. Dans ses fautes, comme dans ses revers, ce qui le sauve toujours, c'est la soudaineté de l'action, l'audace et la promptitude qui déroutent l'ennemi. Surtout, c'est qu'il dispose d'une force obéissante et toujours en alerte : « Je ne suis pas assez téméraire pour vous donner des conseils » en vue d'événements incertains, écrit-il à l'intention de son successeur, « je me contente de répéter ce que je vous ai dit avec plus de détail : gouvernez sagement vos finances pour avoir de l'argent, lorsque vous en avez besoin ; ne faites d'alliance qu'avec ceux qui ont précisément les mêmes intérêts que les vôtres ; ne faites jamais de traités, pour prendre des mesures sur des événements éloignés, attendez que le cas existe, pour prendre votre parti et pour agir en conséquence ; gardez-vous bien de mettre votre confiance dans le nombre et la bonne foi de vos alliés, ne comptez que sur vous-même ; alors vous ne vous tromperez jamais. » La conservation et l'accroissement de la force prussienne : voilà donc la tâche essentielle.

★

La tradition en est fixée depuis un siècle au moins : les Hohenzollern sont des paysans qui administrent leur royaume comme une ferme. L'Etat n'a aucune dette. Au surplus, le pays possède trop peu de numéraire pour souscrire de gros emprunts : un million de thalers, deux peut-être en cas de grave péril. A aucun moment, le prince n'a la facilité ni de se relâcher, ni de faire des folies. « S'il veut être respecté, il est nécessaire qu'il entretienne l'ordre dans ses finances, jamais gouvernement pauvre ne s'est attiré de considération. La Saxe aurait pu jouer un rôle dans la guerre qui commença en l'année 1740, mais se trouvant obérée, elle se loua au plus offrant et fut malheureuse de tous les côtés... Si la France continue à se déranger comme elle fait à cette heure, elle pourra, malgré sa grande puissance, tomber dans l'abaissement et devenir un objet de mépris pour ses rivaux. » Le budget sera donc en équilibre rigoureux, les dépenses surveillées dans le menu détail et il y aura, en outre, dans un trésor caché, l'épargne suffisante pour entreprendre à l'occasion une bonne et profitable guerre, à raison de cinq millions de thalers par campagne.

Le système fiscal établi par le Grand Electeur et par Frédéric-Guillaume est d'une robuste simplicité ; il n'en est même pas de plus simple en Europe. D'abord, les revenus des domaines royaux qui couvrent au moins le quart du pays et qui sont inaliénables. Ce sont des forêts, des champs, des pâturages, des immeubles, à quoi s'ajoutent les salines, les postes et les péages. La règle veut que l'Etat n'achète plus que des terres considérables, portant au moins un intérêt de 5 %. La durée moyenne des baux est de six ans. En second lieu, l'impôt direct, *la contribution*, perçu seulement sur la terre (34 % du revenu pour les paysans, 28 % pour les nobles de Prusse, les autres ne paient pas), enfin, l'impôt indirect, l'*accise*, levé à l'entrée des villes sur les denrées et les objets les plus divers (nobles exempts pour leurs besoins personnels). Les sommes recueillies sont centralisées dans deux caisses : la caisse des domaines d'une part, la caisse des guerres où tombent l'accise et la contribution, d'autre part. La seconde est affectée entièrement au budget de l'armée ; la première paie les dépenses du roi, les apanages, les pensions, les frais de colonisation que les provinces ne peuvent assurer. Elle sert aussi à combler le déficit de la caisse des guerres et à constituer les réserves du Trésor. Aux termes du règlement de 1748, les Chambres envoient au roi des relevés mensuels et détaillés, enfin, tous les Etats sont soumis à la Cour des Comptes six semaines après la clôture de l'année financière.

Un très court tableau nous épargnera la peine de développer d'abondants commentaires :

	Produits des domaines (en millions de thalers)	Impots (en millions de thalers)	Dépenses militaires (en millions de thalers)	Nombre de soldats	Population (en millions d'habitants)
1713	1,6	2,4	2,5	38 000	1,6
1740 (avènement)	3,3	3,6	5 à 6	72 000	2,2
1752 (Silésie comprise)	4,5	7,7	9,4	135 000	3,9
1786 (Mort de Frédéric	6 à 7	10 à 11	12 à 13	195 000	5,7

A comparer ces quelques chiffres, on dirait que la Prusse n'a été créée, ne vit et ne travaille que pour entretenir une armée qui est à la fois le but et l'instrument de sa grandeur. « La politique, le militaire et les finances sont des branches si étroitement liées ensemble qu'elles ne sauraient être séparées. » Le roi est son propre connétable, la noblesse où se recrute le corps d'officiers est la première classe de la nation, la seule qui soit honorée. « Tout homme de naissance qui n'est pas soldat, n'est qu'un misérable. » Au temps de Frédéric-Guillaume, il y avait encore entre le roi et sa noblesse de la méfiance, des rancunes. Les luttes soutenues par les Etats provinciaux contre l'absolutisme royal n'étaient pas oubliées. Frédéric-Guillaume redoutait surtout les hobereaux de Prusse remuants, orgueilleux et jaloux. Sous Frédéric, la réconciliation est complète. La noblesse fait corps avec la monarchie. Elle en est « le fondement et la colonne ». Non seulement tous les grades de l'armée lui sont réservés car s'il fallait recourir aux roturiers pour commander les troupes, « ce serait le commencement de la décadence », mais encore presque toutes les hautes fonctions civiles, les ministères, le Directoire général, les ambassades, les Chambres des domaines.

Dans son château, le noble est seigneur, car le système féodal subsiste dans toute sa rigueur : les paysans sont serfs ou simples tenanciers à vie, astreints aux dîmes, aux corvées, et soumis à la justice du maître. Le seigneur, comme vassal, veille au paiement de l'impôt foncier et à la levée des recrues. A l'armée et hors de l'armée, le roi et ses nobles sont liés par une sorte de camaraderie militaire : le roi leur prête de l'argent quand ils sont endettés, il les aide à établir leurs fils, à marier leurs filles, à sauvegarder leurs domaines et leurs privilèges ; il empêche les bourgeois d'acquérir leurs terres, de telle façon que la fortune terrienne de la classe nobiliaire ne soit jamais amoindrie. Quand il prépare d'une main lente et prudente la transformation de ses propres paysans en tenanciers héréditaires, à l'imitation de la France, il se garde bien d'imposer la même réforme à l'aristocratie. C'est tout au plus, si après l'enquête de 1748, il essaie d'humaniser le régime des corvées « insupportables, énormes, parfaitement égyptiennes » et de réprimer l'abus des châtiments corporels. Encore, en

Poméranie, les propriétaires soutenus par Cocceji et Podewils réussissent-ils à faire désavouer le président von Aschersleben qu'ils accusent d'être trop favorable aux paysans. A en juger par les nombreux cas de fuite et d'abandon de terre mentionnés par la correspondance administrative, le sort des serfs resta misérable. Malgré le roi, les seigneurs continuèrent à exiger quatre, cinq et même six jours de corvée par semaine.

Sous Frédéric, la monarchie devient donc plus étroitement nobiliaire que par le passé, mais cette noblesse, avec son sentiment particulier de devoir envers la dynastie et de mépris pour tout ce qui n'est pas l'uniforme, elle n'est pas née d'un goût naturel pour les armes, — Frédéric se plaint constamment que beaucoup de jeunes gentilshommes leur préfèrent encore « une vie fainéante et basse », — elle n'est pas née de l'amour de la patrie, car la patrie commence seulement à sortir du domaine, elle est née de l'orgueil de caste, du dressage militaire, de l'obéissance forcée à la couronne et de l'émulation sous les yeux du Roi.

Quant aux bourgeois, leur fonction est d'être bourgeois, c'est-à-dire de gagner beaucoup d'argent, pour payer beaucoup d'impôts. Chacun doit rester dans sa classe. L'instruction consiste à distribuer au peuple de meilleures connaissances pratiques, sans donner aux individus le moyen de s'élever à une condition supérieure. Sauf exception dûment autorisée, industries et commerces sont concentrés dans les villes, de telle façon que ces activités ne se mélangent pas et qu'aucun produit n'échappe à l'accise. Toutes les villes sont donc entourées d'une enceinte, fortification, mur ou simple palissade. Les commis installés aux portes tiennent registre des entrées et des sorties. Chaque marchandise doit porter son indication d'origine. A la campagne ne sont tolérés que les petits métiers de première nécessité, le moulin, la boulangerie. En 1787, peu de mois après la mort de Frédéric, une ordonnance rappellera que seuls un charpentier, un forgeron, un tailleur, un charron ont le droit d'exercer au village. Encore le tailleur est-il souvent obligé de cumuler son métier avec les fonctions de sacristain ou d'instituteur. Si le paysan ou même le seigneur veut remplacer un carreau de vitre, acheter une table ou une armoire, un tonneau ou un pot pour la cuisine, se faire faire une paire de souliers, réparer une serrure, manger un morceau de viande provenant d'une bête qui n'a pas été abattue dans sa cour, il lui faut aller à la ville, souvent éloignée de plusieurs milles. C'est une terrible contrainte, à laquelle seuls les territoires de Clèves ont réussi à se soustraire. Aussi Frédéric ne cesse-t-il de dire du mal des Clèvois. Dans son *Testament Politique* de 1752, il les accuse d'être paresseux et il les traite d' « imbéciles confus et engendrés dans l'ivresse de leur père ». C'est que l'accise est la base de ses finances.

Investie d'une espèce de monopole, la classe ouvrière et artisanale, solidement tenue par les corporations, ne retient guère l'attention de Frédéric parce qu'elle ne lui fournit pas de soldats. Cependant, son souci est de fortifier l'Etat dans le domaine commercial, comme en tout autre. Un moment, Frédéric-Guillaume avait songé à organiser le royaume en économie fermée ; le tracé des frontières et l'éparpillement des territoires le firent renoncer à ce projet. Il s'en tint à un dirigisme imité de Louis XIV, auquel Frédéric ne change rien.

Tous les ans, après la Trinité, les Chambres soumettent au roi une balance du commerce extraite des livres d'accise par laquelle il voit quelles marchandises sont entrées dans chaque province, quelles marchandises en sont sorties et quelles manufactures manquent au pays. Sur ces statistiques, il règle sa politique économique qui consiste à vendre beaucoup à l'étranger pour attirer les espèces et à lui acheter le moins possible afin de les conserver. « Il y a trois commerces. Le premier est d'envoyer des marchandises et de recevoir de l'argent en échange. — Deux. On va chercher les produits étrangers et on les envoie autre part : transit. — Trois. On échange ses produits contre d'autres qui vous sont nécessaires. Ils sont bons tous les trois ; le premier est le meilleur. Pour le second, on doit avoir en vue surtout le débouché polonais et le troisième doit être pris quand on n'a rien de mieux. Notre commerce roule sur le blé, le bois et toutes sortes de marchandises de laine : il faut protéger cela de toutes les façons possibles. La plus grande partie de l'argent qui part à l'étranger, c'est pour le vin, l'eau-de-vie, le sucre et les soieries. On peut imposer plus fortement le vin pour augmenter la vente de la bière. On établira des raffineries pour le sucre. Pour les soieries, c'est déjà fait. Mais il est à recommander au Directoire général de protéger ces établissements et veiller à ce que les produits étrangers soient interdits dès que nous pourrons le supporter. » C'est le système de Colbert avec toutes ses conséquences : intervention autoritaire de l'Etat, réglementation, surveillance des prix et du trafic, prohibitions, douanes, créations d'industries protégées. « Par exemple, nous prenons à Berlin du beurre prussien au lieu de beurre du Holstein ; c'est pourquoi en Prusse, ils devront prendre du velours de Berlin ou de Potsdam, au lieu de velours étranger, de la toile de Silésie au lieu de l'hollandaise, de l'étamine d'ici au lieu de la française et ainsi doit-il être fait dans toutes les provinces, de telle façon que l'une donne la main à l'autre dans son débit. »

Mais si la clientèle préfère tel article fabriqué au-dehors du royaume ? Le client achètera ce que le roi jugera utile de lui fournir : un règlement oblige les fonctionnaires à se vêtir seulement des draps du pays ; « le papier de Silésie et de Prusse doit être employé même s'il est moins bon que l'étranger ». C'est aux Chambres à en améliorer la qualité et à imposer aux moulins les formats commodes. Mais si le Directoire général, craignant des représailles, proteste qu'il est maladroit de protéger la bière en prohibant le vin ? C'est que le Directoire est composé d'ivrognes qui ont soif. Et ce ne sont pas seulement les vins qui seront proscrits, mais les grains de Suède et le bétail de Mecklembourg. « Lorsque je reviendrai à Berlin, il y aura un beau grabuge si toutes les denrées étrangères, beurres, étoffes et marchandises ne sont fortement imposées. » A l'abri de cette tutelle, non seulement l'industrie de la soie se relève, mais, en 1743, est fondée à Eberswalde la première manufacture de coutellerie ; en 1744, à Berlin, le premier tissage de coton. Dans le pays de Halberstadt et en Silésie se développe au voisinage des gîtes de minerai une petite métallurgie qui travaille pour les arsenaux, à l'imitation des anciennes fabriques de Spandau. Enfin, grâce aux magasins de l'Etat et de l'armée, le Directoire réussit le miracle de rendre stable le cours des grains.

Mais aux prohibitions, les pays lésés répondent par d'autres prohibitions. C'est une guerre douanière acharnée avec la Saxe et avec l'Autriche : la Silésie en pâtit, car le marché prussien ne suffit pas à la vente de ses toiles. Les deux grands ennemis de Frédéric sont Hambourg et Leipzig, Hambourg entrepôt de produits anglais, Leipzig foire internationale. Comme la Prusse n'a pas de routes, mais de simples chemins de terre entretenus seulement aux abords des villes, le grand commerce se fait par eau. Aussi Frédéric s'efforce-t-il par des péages et par des douanes de détourner le trafic de l'Elbe pour faire de l'Oder, prussien sur presque tout son cours, le grand chemin du royaume. Le port de Stettin est amélioré, les passes nettoyées, le fleuve endigué et réuni aux rivières voisines par des canaux. L'entreprise, pour des raisons évidentes, n'eut qu'un demi-succès et tardif. D'abord, la Baltique n'est qu'un lac intérieur relié à la mer libre par une route de détroits, tortueuse et longue. Pour les négociants de Magdebourg, qui voyaient l'Elbe couler le long de leurs magasins, le détour était ruineux. Sur la Baltique même, Stettin ne pouvait soutenir victorieusement la concurrence de Dantzig, plus riche, mieux outillé, port nécessaire des pays de la Vistule, plus variés et plus vastes.

Assurément, Frédéric s'intéresse plus aux choses qu'aux hommes, plus à la manufacture qu'à l'ouvrier, plus à la terre qu'au paysan qu'il protège surtout parce qu'il voit en lui un futur soldat. Mais là encore, s'il continue l'œuvre paternelle, il y apporte un souci plus éclairé du progrès, un effort plus méthodique non seulement pour étendre les cultures, mais aussi pour améliorer les modes d'exploitation et les races de bétail. Au surplus, c'est le même travail obstiné de défrichement et de colonisation intérieure. Deux agences ont été établies à Francfort et à Hambourg pour recruter les colons. Il vint des Bohémiens chassés par la famine de

1747, des Hussites, des Hessois, des Saxons et des Mecklembourgeois qui se plaignaient d'être écrasés d'impôts. En tout, de 1740 à 1756, cinquante mille personnes qui furent établies comme tenanciers héréditaires, leurs corvées et redevances étant exactement stipulées et strictement limitées. Ce personnel n'était pas toujours de premier ordre, car il ne s'agissait plus comme au XVIIe siècle de populations d'élite émigrant en masse pour garder leur foi, mais de familles isolées, conquises par la promesse d'avantages matériels. Il y eut des déboires et des désertions. « Je m'indigne, a écrit Frédéric dans un de ses opuscules, des peines qu'on se donne dans ce climat rigoureux pour y faire prospérer des ananas, des pisans et d'autres plantes exotiques et du peu de soin qu'on se donne pour l'espèce humaine. On dira tout ce qu'on voudra, mais un homme est plus précieux que tous les ananas de l'univers ; c'est la plante qu'il faut cultiver, celle qui mérite tous nos soins et tous nos travaux, parce que c'est elle qui fait l'ornement et la gloire de la patrie. » Mais Frédéric songeait à l'éducation morale de ses hobereaux, non à la pureté du sang. Durant tout son règne, il prit de nombreuses mesures pour empêcher les juifs d'usurper une trop grande place dans le négoce, mais il songea aussi à établir en Prusse occidentale une horde tatare de religion islamique.

Un de ses grands soins était d'adapter l'administration de chaque province aux nécessités et même aux habitudes locales. « Le génie des peuples », « la situation du pays », voilà des expressions qui reviennent souvent sous sa plume. Le Directoire général et les Chambres avaient reçu de Frédéric-Guillaume des instructions générales qui embrassaient tous les domaines de leur activité. Ces instructions furent revisées en 1748 par Frédéric pour les mettre en harmonie avec les conditions nouvelles, mais le problème le plus délicat qu'il eut à résoudre fut la réunion de la Silésie.

Il y établit deux Chambres, l'une à Glogau et l'autre à Breslau, avec le même président qui — nouvelle complication — reçut le titre, le rang et les pouvoirs d'un ministre, de façon à ne dépendre que du roi, sans passer par le Directoire général. Pour ce poste, il choisit le fils de son ancien précepteur de Custrin, von Munchow, à qui il refusa même l'autorisation de se marier parce que, écrivait-il, « il me semble impossible que vous puissiez partager votre temps entre les occupations dont vous êtes chargé et les soins qu'une famille demande. » Munchow était l'homme de sa mission, jeune, courtois, aimable, très arrangeur. Il adoucit les façons gourmées de l'administration, s'entoura de Silésiens et la province eut l'illusion de rester elle-même. Sans tarder, il introduisit le système fiscal prussien qui était plus équitable, plus productif et d'un fonctionnement plus aisé que le système autrichien. Il établit un cadastre et la contribution foncière fut limitée au chiffre des impositions payées par les campagnes en 1739, dernière année de la domination habsbourgeoise. La répartition en fut faite de manière à avantager légèrement les laboureurs qui représentaient le grand nombre. Comme la plupart n'étaient que tenanciers à vie, il arrivait souvent que le seigneur profitait de la mort de l'un d'eux pour reprendre la terre aux enfants et la réunir à son domaine propre. Alors ils étaient obligés de se faire valets, manœuvres ou de se retirer en Pologne avec leurs bestiaux. Une loi de 1749, étendue ensuite à tout le royaume, interdit aux propriétaires de diminuer la superficie des tenures paysannes.

Mais le régime prussien apportait une nouveauté pénible et impopulaire : le service militaire obligatoire. En outre, au temps de Charles VI, il n'y avait guère que trois ou quatre mille hommes en garnison dans les forteresses. Frédéric en établit quarante mille et leur présence entraînait d'autres charges, logements, réquisitions, transports... Pour combattre le mécontentement, il s'appliqua à gagner ses nouveaux sujets par des attentions personnelles. Depuis cent trente ans, aucun souverain de la maison d'Autriche n'avait paru à Breslau. Il vint chaque année au mois d'août. Son abord facile, son intelligence, sa gaieté, ses manières simples et avenantes lui firent une popularité et même une espèce de légende. Il se montrait beaucoup, tenait table ouverte, distribuait des charges de cour, recevait tout le monde, accueillait tous les placets, même les plus saugrenus. Les gens de la campagne venaient en masse pour lui parler ; un juif lui demandait l'autorisation de porter la barbe contre l'avis de ses coreligionnaires ; un conseiller de guerre qui n'avait pas trouvé de femme s'en remettait à lui pour découvrir l'épouse de ses rêves. Frédéric lisait, écoutait, répondait. Une fois cependant, excédé par tout ce qu'il venait d'entendre, il conseilla à un paysan de s'adresser directement à la Chambre des domaines. Alors, celui-ci, sans en écouter davantage :

— Viens, dit-il à sa femme, admiratrice du roi, tu vois bien qu'ils sont tous de mèche.

Et il se retira très dépité.

Si les Etats provinciaux, tombés en désuétude ne représentaient plus rien ni personne, le partage à peu près égal des religions — huit catholiques pour neuf protestants — pouvait constituer un danger d'autant plus sérieux que presque toute la noblesse était élevée par les Jésuites de Schweidnitz et que le clergé, surtout le clergé régulier, demeurait fidèle à la maison d'Autriche. Bien que les traités de paix eussent garanti à la religion et au clergé leurs libertés, privilèges, biens et domaines, le ministre de la justice Cocceji, luthérien raide et pédant, eût volontiers réglé toutes choses par voie d'autorité, sans s'occuper de « l'évêque de Rome ». Après quelques froissements inutiles, Frédéric eut le mérite de rétablir de bons rapports avec le Saint-Siège. Il aida les catholiques de Berlin qui étaient peu nombreux à se bâtir près de l'Opéra, sur son forum, une nouvelle église, Sainte-Hedwige, que l'architecte a voulu magnifique et semblable au Panthéon d'Agrippa. Au vrai, c'était un Panthéon raté, avec une coupole trop grosse et un soubassement qui, sous la charge, semblait s'être enfoncé dans le sol. Mais le pape fut sensible au procédé. Surtout, le prince-évêque de Breslau, Philippe-Louis de Zinzendorf, était le personnage le plus propre à se laisser séduire, ou pour mieux dire, à se laisser empaumer par Frédéric.

Imaginez un petit vieillard perclus de goutte, toujours voituré dans une chaise à roulettes, aimant l'opéra, le monde et les honneurs, vain, bavard, avec de l'esprit et pas de bon sens, au surplus très facile à convaincre parce que son génie n'était pas des plus considérables. Fils d'un chancelier autrichien, il avait été arrêté au cours de la première guerre, puis exilé à Vienne. Il revint en 1742 et Frédéric se mit en devoir de lui faire accepter pour coadjuteur un chanoine de vingt-six ans, rejeton d'une des plus riches et des meilleures familles silésiennes, le comte de Schaffgotsch, joli homme très pomponné, très frisotté, très répandu, très soupeur, de mœurs peu édifiantes, mais que Sans-Souci aimait pour sa conversation. Zinzendorf se défendit : le cordon de l'Aigle Noir pour lui-même, une commanderie de Malte pour son chambellan, Falkenhayn, vinrent à bout de son intransigeance et c'est un bien étrange chapitre d'histoire diplomatique que font Zinzendorf, Schaffgotsch et Frédéric complotant et manœuvrant pour vaincre les répugnances de Benoît XIV qui, ayant aperçu à Rome le candidat-coadjuteur, n'avait pour lui que de l'aversion.

Zinzendorf rédigeait les lettres de Frédéric à la curie romaine et le Saint-Père s'étonnait ironiquement de voir un hérétique si bien au fait des usages de la chancellerie pontificale. Frédéric, de son côté, essayait de rendre Schaffgotsch présentable. Il le confia à Munchow qui lui fit faire une tonsure et couper ses bouclettes. Puis il s'employa à intimider le chapitre : « Le Saint-Esprit et moi avons résolu que le prélat Schaffgostch serait élu coadjuteur de Breslau et ceux des chanoines qui s'y opposeront serait regardés comme des âmes dévouées à la cour de Vienne et au diable. » Il parlait aussi de grenadiers et de prison. Les chanoines ayant tenu bon, il se décida à procéder lui-même à la nomination en stipulant qu'il exercerait désormais le même droit sur tous les bénéfices de la province. A la mort de Zinzendorf, en 1747, rien n'était encore réglé à Rome. Au bout d'un an, le pape se résigna à préconiser Schaffgotsch comme évêque de Breslau, mais sans faire la moindre allusion à la nomination royale. La question des appels à la nonciature fut également réglée et pour contrarier l'enseignement des Jésuites autrichiens, Frédéric appela des Jésuites français, ceux qui avaient élevé M. de Voltaire.

★

La tolérance religieuse était une tradition des Hohenzollern, dynastie calviniste, régnant sur un peuple en majorité luthérien. Mais Frédéric-Guillaume prenait fort au sérieux son rôle de père et de chef spirituel. Frédéric, lui, est incrédule, avec naturel, avec simplicité, pour lui-même plus que pour les autres, sans la moindre tyrannie et même sans grand désir de prosélytisme. En quoi il a été une exception parmi les princes et une exception parmi les philosophes.

Dans tout son règne, il n'a assisté que neuf fois au service divin, mais il n'a détourné personne d'aller au temple ou à l'église. Assurément, les religions révélées sont à ses yeux des impostures et des absurdités. Mais, a-t-il ajouté cent fois, ce sont des absurdités agréables à l'homme dont l'esprit trouve plaisir à l'erreur et qui n'aime pas être dérangé dans ses habitudes. Combattre les cultes établis pour instaurer une religion naturelle serait une entreprise impraticable et folle. Le rôle du prince est seulement de veiller à la tranquillité des esprits et de fermer la bouche aux furieux qui voudraient prêcher la guerre des religions. Par ailleurs, le roi de Prusse a l'avantage de posséder surtout des sujets protestants qui sont, en général, plus tranquilles et plus soumis que les autres. Dans l'instruction remise au major de Borcke pour l'éducation d'un de ses neveux, Frédéric a résumé sa doctrine en quelques lignes sans ambiguïté : « Quand il aura quelques années de plus, écrit-il à propos du jeune prince, on pourra lui donner un abrégé des opinions des philosophes et des différentes religions, sans lui inspirer de haine pour aucune, en lui faisant voir qu'elles adorent toutes Dieu mais par des moyens différents. Il ne faut pas qu'il ait trop de considération pour le prêtre qui l'instruit et il faut qu'il ne croie les choses qu'après les avoir examinées. La religion catholique est assez étendue en Silésie, dans les duchés de Clèves et ailleurs. Si cet enfant devenait calviniste fanatique, tout serait perdu. Il est très nécessaire d'empêcher même le prêtre de dire dévotement des injures aux papistes ; mais le gouverneur doit adroitement faire sentir à son élève que rien n'est plus dangereux que lorsque les catholiques ont le dessus dans un Etat, par rapport aux persécutions, à l'ambition des papes et qu'un prince protestant est bien plus le maître chez lui qu'un prince catholique. »

Dans ses soupers, Frédéric prenait plaisir à étaler son impiété. Mais devant le vieux Fouqué qu'il aimait profondément et qui ne manquait jamais de dire une prière en se mettant à table, il s'abstenait de toutes les railleries qui eussent pu lui faire de la peine. Dans son intimité même, il plaisantait rarement ceux qui étaient chrétiens de bonne foi et avec franchise. S'il se laissait aller à quelque gaieté à cet égard, on réussissait facilement à l'en corriger. Thiébaut raconte qu'un de ses généraux, catholique dévot, ne chargeait jamais l'ennemi sans faire le signe de croix avec son sabre. Comme le roi se moquait de cette habitude, il lui imposa silence :

— Sire, dit-il, ne vous mêlez pas de cela. Ce sont des choses qui ne tiennent pas à votre service, qui n'y peuvent nuire et ne vous regardent point. Pourvu que je fasse bien mon devoir et que je vous serve avec zèle, que vous importe mes pratiques de dévotion et que gagneriez-vous à tourner en ridicule un de vos plus fidèles serviteurs ?

Mais ce même Frédéric accablait de sarcasmes impitoyables ceux qui, par courtisanerie, paraissaient mentir à leur conscience. Il voulait voir jusqu'à quel point ils porteraient la faiblesse, il les poursuivait à outrance et il se donnait ensuite la satisfaction de les mépriser. Comme beaucoup d'incrédules, il avait le goût des subtilités théologiques et de l'exégèse. Il lisait la plume à la main les historiens de l'Eglise, pastichait les orateurs sacrés et se piquait volontiers d'érudition bizarre et de raffinement dogmatique.

« Je suis en quelque façon, écrit-il dans le *Testament* de 1752, le pape des Luthériens et des réformés. » En vertu du *summun jus circa sacra,* il veille en effet à la police et à la discipline des Eglises, nomme les pasteurs, contrôle la gestion des biens ecclésiastiques, et accorde les dispenses de mariage. Cela lui vaut d'entretenir avec les consistoires une correspondance nombreuse qu'il parsème avec joie de toutes sortes d'impertinences. Souvent les fidèles incriminaient la doctrine de leurs pasteurs. Des Poméraniens parlaient de chasser le leur parce qu'il ne croyait pas fermement à la résurrection des corps. « *Que le curé reste. Si au jour du jugement dernier, il ne veut pas ressusciter, il n'aura qu'à demeurer couché.* » Ceux de Valengin demandaient la révocation d'un autre qui avait mis en doute l'éternité des peines de l'enfer : « *Si mes sujets de Valengin veulent être damnés éternellement, je n'y trouve rien à redire.* » Quant aux bourgeois de Charlottenbourg, ils durent subir le révérend Eberhard bien qu'il ait soutenu que Socrate pourrait être admis au ciel : « *Que Socrate soit bienheureux et qu'Eberhard soit curé.* » De leur côté, des pasteurs se plaignaient de leurs pensions. Certains demandaient à être payés en blé. « *Votre royaume n'est pas de ce monde,* répondait le roi. *Le soldat reçoit du pain, mais le prêtre vit de la manne céleste qui vient d'en haut. Pierre et Paul n'ont pas été payés en blé et dans tout le Nouveau Testament, il n'y a pas trace d'un magasin apostolique.* » Une tête d'âne dessinée en marge mettait le point final aux discussions.

Assurément, les plaisanteries ecclésiastiques de Frédéric n'étaient pas toutes très bien venues. Mais il en courait un nombre extraordinaire, et les recueils d'anas en sont remplis. On racontait qu'à un brave prêtre qui lui avait fait hommage d'un livre médiocre intitulé *Les Péchés contre le Saint-Esprit,* il avait répondu par ce billet : « J'ai reçu vos péchés contre l'esprit et je souhaite que Dieu prenne le vôtre en sa sainte et digne garde. » Une autre fois, en Silésie, des prêtres catholiques avaient fait arrêter un soldat qui fracturait les troncs des églises. Pour sa défense, le soldat soutenait que les piécettes trouvées dans son sac lui avaient été apportées par la Vierge en récompense de sa dévotion pour elle. Le roi sauva son homme par une pantalonnade. Il réunit un concile de chanoines et leur demanda si, d'après leur religion, ce miracle était possible ou non.

Les chanoines n'osant pas le nier positivement objectèrent néanmoins que les miracles étaient rares. « Je fais donc grâce à l'accusé, conclut le roi, puisque d'après les théologiens de sa croyance le miracle ne serait pas impossible. Mais je lui défends sous les peines les plus rigoureuses d'accepter à l'avenir aucun don de la Vierge ni de quelque autre saint. » L'anecdote est authentique. On pourrait en citer beaucoup d'autres, mais on devine assez avec quelle satisfaction moqueuse ces histoires étaient accueillies à Paris par tout ce qui touchait à l'*Encyclopédie*. C'est par cela que Frédéric est le confrère des philosophes ; c'est par la philosophie religieuse qu'il occupe dans la vie de son temps une place qui n'est pas seulement d'un roi et d'un guerrier, mais d'un initiateur politique, on pourrait presque dire d'un chef d'école et d'un chef de croisade.

L'expression, *despotisme éclairé,* qu'on applique souvent à son règne a été inventée par les historiens allemands au XIXe siècle : elle sert à désigner le courant d'idées qui emporte les souverains, les ministres et les écrivains réformateurs du XVIIIe, non seulement Frédéric, mais Catherine, Joseph II, Gustave III, Léopold de Toscane, Pombal, Struensee, Turgot, les physiocrates et nos grands intendants de province. Mais pour grouper derrière un même drapeau ou sous une même définition tant d'hommes différents appartenant à tant de pays divers, il faut que le drapeau soit bien décoloré et que la définition soit bien vague. Henri Pirenne disait que le despotisme éclairé est la rationalisation de l'Etat. On est tenté d'objecter qu'en tout temps et tout lieu, il y a eu des despotes réfléchis, méthodiques et d'esprit ouvert qui ont la sagesse de s'entourer de conseillers intelligents, qui ont encouragé le progrès, favorisé l'agriculture, le commerce et l'industrie, protégé les artistes et les savants, creusé des canaux, tracé des routes et assaini des marécages. Mais les contemporains de Voltaire et de Diderot ont tenu pour *éclairés* les souverains qui avaient l'esprit du siècle. Or, l'esprit du siècle, de Bayle à l'*Encyclopédie,* est d'abord antireligieux. Les *lumières de la raison* sont opposées à l'obscurantisme, c'est-à-dire à l'Eglise, aux ordres monastiques, à l'autorité dogmatique du pape et des conciles, aux livres saints, à la foi, aux miracles et à la révélation. C'est dans ce sens que doit être comprise la formule de Pirenne. De Frédéric-Guillaume à Frédéric II, il n'y a dans la pratique du gouvernement aucune opposition, aucune cassure, mais Frédéric-Guillaume gouvernait sous l'œil de Dieu, avec la crainte du jugement dernier. Frédéric a vidé l'idée monarchique de son contenu religieux. Il lui a retiré son caractère d'institution divine : c'est pour cette révolution morale, pour cette révolution de principes que s'enthousiasmèrent les philosophes dont la vie et le talent étaient voués à la lutte contre *l'infâme.*

Depuis les *Considérations sur l'état présent du corps politique de l'Europe* (1738), Frédéric n'a pas varié dans son système, mais il n'a cessé de l'enrichir de nouveaux raisonnements. Ses écrits politiques sont nombreux. Le *Miroir des Princes* (1744), la *Dissertation sur les raisons d'établir et d'abroger les lois* (1750), l'*Instruction au major de Borcke* (1751), les *Testaments politiques de 1752 et de 1768,* le *Discours sur les satiriques* (1759), le *Discours sur les Libelles* (1759), l'*Examen de l'Essai sur les préjugés* (1770), l'*Examen critique du Système de la nature* (1770), l'*Exposé du gouvernement prussien* (1775), l'*Essai sur les devoirs des souverains* (1777) développent avec la même netteté une théorie du gouvernement qui est très voisine de celle que soutenaient en France les économistes de l'école de Quesnay et qui se résume à peu près comme suit :

Les peuples ont trouvé nécessaire, pour leur repos et leur conversation, d'avoir des juges pour régler leurs différends, des protecteurs pour les maintenir contre leurs ennemis ; ils ont choisi ceux d'entre eux qu'ils ont cru les plus sages, les plus désintéressés, les plus humains, les plus vaillants pour les gouverner et pour réunir « leurs différents intérêts en un seul intérêt commun ». Telle est l'origine de la monarchie et la monarchie doit être tenue pour le meilleur des régimes ou tout au moins pour le moins défectueux, parce que « le souverain est attaché par des liens indissolubles au corps de l'Etat : il ressent par répercussion tous les maux qui affligent ses sujets et la société souffre également des malheurs qui touchent son souverain. Si le prince perd des provinces, il n'est plus en état comme par le passé d'assister ses sujets ; si le malheur l'a forcé de contracter des dettes, c'est aux pauvres citoyens à les acquitter. En revanche, si le peuple est peu nombreux, s'il croupit dans la misère, le souverain est privé de toute ressource. Lui et ses peuples ne forment qu'un corps qui ne peut être heureux qu'autant que la concorde les unit. »

Assurément, la succession héréditaire n'est pas sans inconvénient. « Il est impossible que dans une famille les talents et le mérite soient transmis sans interruption de père en fils pendant une longue suite d'années. » Il peut donc arriver que le trône soit occupé par un prince indigne. Au moins son intérêt le portera-t-il à choisir d'habiles ministres. « Des princes nés sur le trône ont moins de morgue et de vanité que des nouveaux parvenus, qui enflés de leur grandeur et dédaignant ceux qui furent leurs égaux se complaisent à leur faire sentir en toute occasion leur supériorité. Mais observez surtout qu'un prince qui est sûr que ses enfants lui succéderont, croyant travailler pour sa famille, s'appliquera avec bien plus de zèle au vrai bien de l'Etat qu'il envisage comme son patrimoine, au lieu que dans les Etats électifs les souverains ne pensent qu'à eux, à ce qui peut durer pendant leur vie et à rien de plus. Ils tâchent d'enrichir leur famille et laissent tout dépérir dans un Etat qui, à leurs yeux, est une possession précaire, à laquelle il faudra renoncer un jour. Si quelqu'un veut s'en convaincre, il n'a qu'à s'informer de ce qui se passe dans les évêchés de l'Allemagne, en Pologne, à Rome même, où les tristes effets de l'élection ne sont que trop évidents. » Somme toute, la monarchie s'établit par les services que le peuple attend d'elle et se soutient par ceux qu'elle rend.

L'histoire enseigne que, par la suite des temps, la plupart des républiques sont retombées sous le despotisme : il est probable que c'est un malheur qui les attend toutes, car l'ambition des chefs de partis, les séductions de l'étranger, la division et la corruption des citoyens les mettent sans cesse au bord de la ruine, en les exposant « à des guerres intestines, mille fois plus dangereuses que les guerres étrangères ». Au contraire, le prince maintient les lois, fait observer la justice, s'oppose à la corruption des mœurs et défend l'Etat contre ses ennemis. Il est attaché au bien public « comme une sentinelle permanente ». Mais ne tenant son pouvoir que de consentement perpétuel de ses sujets et non d'un décret de la Providence, il n'a « aucun droit sur la façon de penser des citoyens » et il ne peut en conscience leur imposer une religion.

Au sens plein du mot, Frédéric est donc le seul despote « éclairé » du XVIIIe siècle parce qu'il est le seul à s'être séparé pleinement des Eglises, non pour des raisons de police, non pour restreindre les privilèges fiscaux des ecclésiastiques ou pour confisquer les propriétés des couvents, mais comme incroyant notoire, pour donner au pouvoir monarchique un autre fondement que l'institution divine, un droit positif qui lui soit propre. L'exemple était d'un tel poids qu'en sa faveur les philosophes vont tout pardonner au roi. Et ils ont dû lui pardonner beaucoup ! Non seulement l'arrestation de Voltaire à Francfort, non seulement ses boutades et ses sarcasmes, non seulement ses guerres et ses conquêtes, mais même tout le détail de l'administration prussienne qui allait au rebours de ce qu'ils défendaient dans leurs écrits. Ils prêchaient l'égalité civile : Frédéric refuse aux roturiers jusqu'au sens de l'honneur. Ils préconisaient la liberté du commerce, la libre circulation des grains, le libre jeu de l'offre et de la demande : Frédéric applique la réglementation la plus tatillonne et la plus oppressive. Ils croyaient à la bonté humaine, ils enseignaient que l'on peut, en matière sociale, dégager des vérités d'évidence et découvrir un ordre naturel que la mission de l'Etat est simplement de protéger contre la superstition et contre l'erreur : Frédéric a des hommes une vue pessimiste ; il tient pour impossible de les guérir de leurs chimères ; il juge indispensable de soumettre leur activité à une surveillance continuelle et de maintenir par la contrainte, entre les intérêts, les ordres et les pays, un équilibre qui ne se serait pas établi tout seul et qui est sans cesse menacé. Il ne ressemble à ses amis que par un certain besoin de simplifier, d'unifier les vieilles institutions historiques. Encore, en praticien prudent, se résigne-t-il à des tâtonnements, à des retours qui donnent aux théoriciens absolus l'impression de la timidité et de la contradiction.

Sans conteste, l'appui des philosophes a valu à Frédéric un surcroît de force et de prestige. A toutes ses entreprises, ils ont accordé leur préjugé favorable, donné leurs applaudissements et leurs louanges. Ils ont disposé l'opinion en faveur du héros hérétique — le mot est de Voltaire — ou comme le dit un historien américain en termes d'aujourd'hui, ils ont fait sa propagande. Pendant un demi-siècle, la République des Lettres a été l'alliée, l'auxiliaire de la Prusse, comme si les victoires de la Prusse étaient les victoires de l'incrédulité, la revanche des écrivains pourchassés par les puissances traditionnelles. L'invasion de la Silésie ? La morale en souffre peut-être mais, après tout, c'est autant de gagné sur l'obscurantisme, autant de pris aux Jésuites de Vienne, aux « suppôts de Rome » et à la bigote Marie-Thérèse.

Sur ce rôle des « cacouacs » comme grenadiers du Brandebourg, les lettres de Voltaire renseignent mal : le patriarche est trop fantasque, trop personnel ; il a trop de rancunes et trop de souvenirs. Il vaut mieux lire celles de d'Alembert, honnête serre-file et fanatique moyen. Sous sa plume, Frédéric devient le chef d'une sorte d'Internationale, d'une sorte de Maçonnerie en guerre contre l'Eglise : « Votre Majesté trouvera en moi la docilité qu'un philosophe doit à celui qu'il regarde comme son chef et son modèle. » (12 décembre 1766.) « Les philosophes et les gens de lettres de toutes les nations et, en particulier de la nation française, vous regardent depuis longtemps comme leur chef et leur modèle. » (6 juillet 1770.) « Vous étiez, Sire, le chef et le modèle de ceux qui écrivent et qui pensent ; vous êtes à présent... leur dieu rémunérateur et vengeur. » (12 août 1770.) « Votre Majesté prétend que Voltaire et moi nous nous égayons sur son compte, en la jugeant utile au progrès de la philosophie. Non seulement utile, Sire, mais très nécessaire ; nécessaire par vos ouvrages qui servent à la fois à nous instruire et à nous éclairer ;

nécessaire par l'exemple que vous donnez aux souverains de ne point étouffer la lumière sous le boisseau, lorsqu'elle ne demande qu'à se montrer, nécessaire enfin par la protection que vous accordez à ceux qui tâchent de rendre leurs travaux utiles. Voilà, Sire, ce que nous pensons tous, ce que nous disons tous de concert, en tous lieux et dans tous les instants. » (26 novembre 1770.)

D'Alembert était pensionné par Frédéric et, envers le roi de Prusse, les Catons de l'Encyclopédie n'étaient pas avares d'obséquieuses flatteries. Pour remercier d'un portrait, d'Alembert écrivait des phrases comme celle-ci : « Je le porterai sur moi sans cesse et la nuit je le mettrai au chevet de mon lit, à l'endroit où les dévôts placent leur crucifix et leur bénitier... » Mais quand on a fait sa part à la courtisanerie, l'insistance du philosophe à répéter le mot *chef* n'en est pas moins significative.

Par sa correspondance, par ses amitiés littéraires, Frédéric a fait sentir en tous lieux sa présence et son autorité. Cette « publicité » européenne lui a été d'autant plus utile que sa politique était plus résolument, plus égoïstement une politique prussienne. Sa propre philosophie le voulait ainsi. En effet, à la différence des anciens souverains qui se croyaient responsables devant Dieu et restaient du moins soumis aux commandements de la morale chrétienne, le prince « éclairé » n'a d'autre règle que la raison d'Etat, d'autre justice que l'intérêt de l'Etat. Il est tenu en conscience non de se conformer à une loi venue d'en haut, mais de transmettre à son successeur un royaume plus fort, plus peuplé, plus armé, plus riche, plus étendu. C'est le succès qui le juge, succès de législateur, de bâtisseur, d'économe, d'éducateur, mais aussi succès de soldat et de conquérant. L'ordre, l'abondance, l'instruction publique sont les éléments de sa gloire, mais aussi les triomphes plus éclatants et plus sommaires des batailles gagnées et des provinces soumises. Si l'Etat est une fin en soi, le prince ne peut-être qu'ambitieux et guerrier.

Le service que les philosophes ont rendu à Frédéric a été précisément de tromper les contemporains et la postérité sur les caractères de son règne. Ils les ont estompés, noyés dans un brouillard de mots et d'encens.

Il est probable qu'ils se sont abusés eux-mêmes, car s'ils n'avaient pas été de bonne foi, ils n'auraient pas réussi aussi complètement : leur propre fanatisme les a aveuglés. Frédéric a été un grand Prussien, le plus grand de tous peut-être. Ils ont réussi à faire croire qu'il était l'incarnation politique de la pensée libre.

★

Une des maximes du siècle était que la volonté du prince doit s'exercer par des lois générales, sans intervention arbitraire et personnelle à l'encontre des individus : aussi Frédéric a-t-il, grâce à ses amis, la réputation d'un législateur. A son royaume encore soumis à des coutumes archaïques ou barbares, il aurait réussi à imposer un code complet, monument de science et d'humanité. C'est simplifier à l'excès une question effroyablement confuse et qui se confond presque avec les origines de l'Etat prussien. Comme le domaine des Hohenzollern avait été formé peu à peu de territoires patiemment cousus les uns aux autres, chaque province avait conservé ses traditions et ses institutions propres. La justice et les lois étaient donc un véritable fouillis : fouillis de coutumes, de procédures, de juridictions, avec un pullulement de cours féodales, municipales, administratives, privilégiées, royales, corporatives, aux ressorts incertains, aux compétences embrouillées, qui coûtaient cher aux plaideurs, jugeaient mal et lentement, sans que les justiciables pussent jamais connaître clairement leurs droits. Depuis un siècle, les Electeurs de Brandebourg, s'efforçaient de mettre de l'ordre dans ce chaos. Suppression des tribunaux inutiles, hostilité aux juridictions autonomes, meilleur recrutement des magistrats, simplification de la procédure, unification du droit, diminution des frais de justice : d'un règne à l'autre, le programme ne varie pas, mais les résultats restent médiocres. A la mort de Frédéric-Guillaume, on peut ranger parmi les plus notables la suppression des recours à la juridiction impériale, l'institution à Berlin d'une Cour suprême d'appel et la fin des procès de sorcellerie.

Rien de moins révolutionnaire à cet égard que les idées de Frédéric. La *Dissertation sur les raisons d'établir ou d'abroger les lois* qu'il fit lire à l'Académie en janvier 1750 est toute remplie des maximes d'un empirisme prudent. Il faut que les lois s'accordent avec le génie des nations ; les meilleures ne sont pas toujours celles qui paraissent le plus conformes à l'équité naturelle ; il est même nécessaire d'en conserver qui ne sont pas bonnes parce que les hommes n'aiment pas être contrariés dans leurs habitudes. L'essentiel est qu'elles soient simples, peu nombreuses, « car trop de médecines nuisent », que la procédure ne soit pas trop longue et qu'elle ne passe pas par trop d'instances, afin de ne pas avantager les riches qui peuvent lasser les pauvres à force d'appels. Tout cela est raisonnable et banal.

Déjà, en 1737, Frédéric-Guillaume avait constitué une haute commission de réforme judiciaire, sous la direction du ministre Samuel Cocceji qui, depuis dix ans, portait le titre de chef de la justice, avec une prééminence au moins nominale sur ses collègues du même département. Frédéric poursuivit les études commencées. Cocceji était fils de professeur, ancien professeur lui-même, emporté, cassant, autoritaire et systématique. Il rencontrait l'opposition des autres ministres, surtout d'Arnim, praticien aigre et méfiant, aussi attaché aux formes traditionnelles que son rival avait le goût des changements brutaux. L'antagonisme des deux écoles ne s'apaisa pas sous le nouveau règne. Le 12 janvier 1746 enfin, par un ordre de cabinet, Frédéric fit de la réforme judiciaire son affaire personnelle et en 1748 Cocceji reçut le titre de chancelier.

Le meilleur de sa besogne consista en une grande tournée de redressement et d'accélération à travers les tribunaux du royaume. Il voyageait accompagné d'un état-major de juristes, prenait lui-même la présidence des cours, rendait les arrêts et ne s'en allait qu'après avoir épuisé le rôle. L'annonce seule de son approche inspirait aux magistrats une célérité exceptionnelle. En 1747, il siégea six mois à Stettin et à Kœslin, en Poméranie ; en 1748, à Berlin ; à l'été et à l'automne de 1749 à Clèves, forteresse principale de la chicane ; de mai à août 1750 en Silésie ; au printemps de 1751 en Prusse. Il jugea lui-même 927 procès à Kœslin, 1 364 à Berlin, 2 101 à Stettin, dont une contestation fiscale qui traînait depuis deux cents ans et dont le dossier comportait soixante-dix volumes. Plus tard, ces sortes d'inspections se firent de trois ans en trois ans.

Sur sa route, Cocceji avait visité non seulement les tribunaux royaux, mais encore les justices seigneuriales et urbaines. Fort de cette expérience, il prit une série d'ordonnances détaillées qui avaient pour but la simplification et le meilleur rendement de la machine judiciaire : recrutement des juges seigneuriaux et municipaux parmi les gradués en droit ; partage de compétence entre les cours et les Chambres des domaines ; suppression de l'appel aux Facultés ; suppression de trois cours d'appel sur cinq (dont la cour française réservée aux réfugiés) ; réglementation de la profession d'avocat ; institution d'examens pour le recrutement des magistrats ; simplification de la procédure en Poméranie et en Brandebourg ; adoucissement de quelques peines (la torture était déjà abolie). Mais la grande œuvre eût été la confection d'un code unique pour tout le pays. A cet égard, Frédéric qui n'avait pas de connaissances juridiques laissa toute liberté à son chancelier. De 1744 à 1752, Cocceji publia un copieux traité théorique, le *Nouveau Système de Jurisprudence naturelle et romaine.* Mais ses principes étaient incertains : il s'élevait contre le droit romain, tout en dédaignant la coutume. Il prétendait retrouver le droit germanique, en s'inspirant du seul droit naturel et il contrariait même les préférences de Frédéric qui attachait une extrême importance au respect des traditions locales. En réalité, le *Corpus juris Fredericianum* demeura à l'état de projet. Deux volumes (en allemand) furent bien imprimés, mais quand Cocceji, malade depuis deux ans, mourut en 1755, le troisième fut oublié et le manuscrit perdu. Du projet officiel ne reçurent force de loi que les articles relatifs au mariage et à la tutelle des enfants mineurs, encore dans certaines provinces seulement. Il faudra attendre 1794 pour que le Code prussien soit promulgué : trompés par les louanges des philosophes, les contemporains se firent des illusions sur l'œuvre juridique de Frédéric et il semble bien que le roi ait surestimé lui-même le travail de son chancelier. Les successeurs de Cocceji, Jarigues et Furst, se contentèrent d'administrer les affaires au jour le jour ; après la guerre de Sept Ans le roi recommença à se plaindre de la lenteur des procès et de l'avidité des magistrats. Au reste, en 1779, la bruyante affaire du meunier Arnold montra à quel point il entendait demeurer maître des juges et des jugements.

Ledit Arnold avait son moulin sur une petite rivière du cercle de Zullichau. En amont, elle traversait la terre du conseiller provincial de Gersdorf qui avait fait creuser au milieu de son parc un étang à carpes, dans lequel il avait conduit l'eau de la rivière, de manière cependant qu'elle en ressortait ensuite pour rentrer dans son lit ordinaire. Arnold avait certainement été gêné pendant le remplissage de l'étang, mais il prétendait qu'il ne pouvait plus moudre que quelques jours par an et, sous ce prétexte, il refusa de verser au comte de Schmettau, son propriétaire, le prix de la location. Schmettau l'attaque en justice ; Arnold condamné persiste à refuser le paiement. Les délais expirés, le tribunal ordonne exécution. Arnold fait appel à la cour supérieure de la Nouvelle Marche ; il perd. Accusant les juges de violence et d'injustice, il porte plainte au roi qui ordonne une enquête administrative : les résultats en sont douteux, mais deux des commissaires admettent la possibilité d'un préjudice. Persuadé que les juges ont voulu avantager un conseiller noble et qu'ils ont débouté Arnold par cousinage de classe, Frédéric renvoie l'affaire devant la cour d'appel de Berlin. Après une minutieuse enquête, elle confirme les deux jugements.

Le 11 décembre après-midi, le roi qui souffrait de la goutte, mande au château de Berlin le Chancelier Furst et les trois conseillers rapporteurs. Au comble de la colère, il les accable de reproches et d'injures. Furst qui proteste est chassé de la salle et apprend dans la minute que son successeur est déjà désigné. Bégayants et consternés, les conseillers ne quittent le château que pour être conduits en prison. Coup sur coup, par ordre du cabinet, l'arrêt de la cour d'appel est réformé, le meunier remis en possession du moulin, le conseiller de Gersdorf révoqué, son étang comblé, le président de Custrin révoqué et les trois magistrats berlinois condamnés à un an de forteresse. Frédéric fut loué par d'Alembert d'avoir pris la défense des faibles. En réalité, il était si peu sûr de lui qu'il libéra les prisonniers avant l'expiration de leur peine. Après sa mort, quand l'affaire fut revisée, on s'aperçut qu'Arnold était un spécialiste de la chicane, réputé pour son humeur processive. Or, il se trouvait sur la même rivière, entre le bassin à carpes et le moulin, une scierie actionnée par l'eau : le propriétaire de la scierie avait déposé que l'étang ne lui avait jamais porté aucun tort et ce témoignage décisif condamnait les prétentions d'Arnold. Les tribunaux avaient donc bien jugé, mais sans faire ressortir avec intelligence le point de fait qui motivait leur conviction.

Avouons avec modestie que la légende est toujours plus forte que la vérité. Les noms des conseillers emprisonnés auraient dû passer à l'histoire comme ceux de magistrats intègres et courageux : pourtant, ce qui assure, par le monde, la popularité des « juges de Berlin », c'est la légende puérile d'un autre meunier, celui de Sans-Souci, qui n'a jamais prononcé le mot qu'on lui prête. Selon le goût rustique du temps, son fameux moulin à vent était, comme le pavillon chinois et le temple grec, l'accessoire obligé d'un parc « à l'anglaise » ; bien loin de le vouloir démolir, le roi finit par dispenser d'impôts le meunier pour qu'il consentît à remplir son rôle de figurant décoratif.

Carlyle a défini Frédéric en un seul mot : c'est, a-t-il dit, une *réalité.* Débordant de toutes parts la figure conventionnelle du roi-philosophe, il nous apparaît précisément comme une *réalité* trop forte, trop agissante, trop indépendante, pour avoir pu établir lui-même cette souveraineté du droit qui aurait enfermé sa propre action dans un réseau bien ajusté de prescriptions légales. L'Etat prussien, c'est pour un demi-siècle, Frédéric lui-même avec ses qualités, ses défauts, sa puissance de travail et sa volonté partout présente.

Le Frédéric des fabulistes eut été bien fade. Le véritable effraie parfois : pour le connaître, il ne suffit pas de l'avoir vu à sa table ou courant les routes du royaume, il faut le voir encore à la tête de ses armées. C'est, en effet, la force qui soutient les Etats, et « c'est sous la protection de l'art militaire que tous les autres arts fleurissent ». La Prusse est une armée dont les Hohenzollern sont les chefs héréditaires. Et si jamais on négligeait les troupes « c'en serait fait de ce pays-ci ». Il est vrai que la terre pauvre de l'Allemagne du Nord ne produit que « du fer et des soldats », mais si « la première attention d'un prince doit être de se soutenir et la seconde celle de son agrandissement », elle fournit cependant à la dynastie tout ce dont elle a besoin pour asseoir et développer sa puissance,

Couronnés empereurs après une victoire, les Hohenzollern ont disparu, sous nos yeux, dans le tourbillon d'une défaite : il s'en était fallu de peu que leurs ambitions fussent brisées cent soixante ans plus tôt. La constance de Frédéric, son génie militaire, la bravoure et la discipline de ses troupes, le hasard aussi ont alors sauvé le roi et le royaume. Crise terrible qui dura sept années, sept mortelles années de souffrances et de périls : c'est pour les avoir surmontés que Frédéric a paru si grand à son siècle.

CHAPITRE X

« Toute la boutique s'en va au diable »

La paix d'Aix-la-Chapelle avait laissé l'Europe mécontente ou inquiète. On s'était ligué, on avait combattu selon les vieilles recettes du règne de Louis XIV. D'un côté la France et la moitié du corps germanique, de l'autre, l'Autriche et les puissances maritimes. Mêmes adversaires et souvent mêmes champs de bataille. « Villars et Marlborough eussent été rappelés sur la terre qu'ils auraient reconnu et pu reprendre toutes leurs positions. » Qu'était-il résulté cependant de cette répétition d'un drame si souvent joué ? Une mêlée confuse et un traité qui ne satisfaisait personne. La France ne tirait aucun profit de ses victoires ; l'Angleterre était contrainte de restituer ce qu'elle avait pris au Canada ; l'Autriche avait reconquis la dignité impériale, mais perdu une de ses plus belles provinces ; le roi de Prusse lui-même, ravisseur de la Silésie, ne voyait aucune sécurité dans sa conquête. Chacun se croyant lésé s'en prenait non à ses propres fautes, non à la mauvaise fortune, mais aux défaillances, aux hésitations et aux faiblesses de ses alliés. C'était en sourdine, un concert de récriminations et chacun sentait obscurément que le système de coalitions hérité du XVIIe siècle ne répondait plus aux conditions réelles de l'équilibre européen.

Marie-Thérèse fut la première à le comprendre. A ses yeux, le véritable ennemi de la maison d'Autriche, l'ennemi implacable n'est plus le roi Bourbon, mais la Prusse. Contre Frédéric, l'Autriche ne peut pas se contenter de l'alliance anglaise, car l'Angleterre occupée d'étendre sa puissance coloniale et maritime est devenue indifférente au sort du continent et surtout au régime intérieur de l'empire. N'a-t-elle pas brusqué la paix de 1748, alors que la Russie allait apporter à l'Impératrice une aide puissante ? Mais s'il faut aux Habsbourg une alliée continentale, ce ne peut être que la France. Aussi, dès 1750, Kaunitz, ambassadeur à Versailles, propose-t-il à Louis XV l'oubli des anciennes querelles et l'amitié de son pays. Le roi accueillit ces offres avec une extrême politesse, fit bon visage au diplomate et manifesta pour la personne de Marie-Thérèse beaucoup de confiance et de sensibilité. Mais les liaisons de la France n'en furent pas altérées. D'autre part, si, en haine du papisme, les marchands de Londres penchaient pour Frédéric, le roi George était encore trop allemand, trop attaché à son électorat de Hanovre et à ses inimitiés de jeunesse pour se prêter de bonne grâce à un renversement de politique. Il s'appliqua à retenir l'Autriche en lui ôtant tout prétexte de mécontentement. Bref, pendant cinq ans encore, l'Europe persista dans la routine dont elle était lasse, mais dont, par crainte de l'inconnu, elle répugnait à s'affranchir.

La paix inquiétait Frédéric plus que la guerre. Brouillé avec la Russie, la Saxe, l'Autriche et le Hanovre, aucune de ses frontières ne lui paraît sûre. Aussi, l'essentiel pour lui est-il de ne laisser la Cour de Versailles ni s'éloigner, ni s'endormir. Il l'entretient de ses plaintes, de ses griefs, de ses craintes imaginaires ou réelles. A chaque moment, il demande, il exige même, l'intervention active et militante de la France. Il faut qu'un ambassadeur suive le roi George en Hanovre, parce que c'est en Hanovre que « les projets les plus pernicieux sont mis sur le tapis », il faut que le ministère parle à Pétersbourg avec vigueur, et à Londres avec fermeté, il faut qu'il réveille les Turcs, il faut qu'il accroisse ses subventions aux petits princes allemands, il faut qu'il donne des réponses moins sèches et moins laconiques, tout cela mêlé d'égards, de caresses, de remontrances et de sarcasmes. Les Français trouvent que Frédéric est un compagnon peu sûr et peu commode, ils se plaignent de son humeur irritable, ils ne partagent pas tous ses soupçons, ils ne mettent pas toujours beaucoup de conviction dans les démarches qu'il leur souffle, mais, en gros, ils le suivent et, de leur part, l'alliance ne subit d'autre atteinte que les paroles aigres-douces échappées dans les moments de fatigue.

Les actes décisifs vinrent de Londres, car Londres était décidé à rompre la chaîne des postes français qui, du Canada à la Louisiane, du Saint-Laurent au delta du Mississippi, enveloppaient les colonies anglaises d'Amérique et leur interdisaient toute expansion profonde vers l'intérieur. Bien que la paix fût officiellement rétablie, les coups de main et les escarmouches ne cessaient pas aux confins mal délimités des deux empires et comme, en dépit de leur infériorité numérique, les Français avaient presque toujours l'avantage, le ministère britannique, sur les instances des colons et des marchands, en arriva à souhaiter une guerre ouverte qui lui permît d'utiliser sur mer la supériorité de ses flottes, en retenant les forces de la France sur le continent.

Très occupé d'abord des affaires de l'Europe — dissentiments en Suède, projets de succession en Pologne, élection possible de l'archiduc Joseph comme roi des Romains — Frédéric ne tarda pas à pénétrer la tactique des Anglais. Il était en querelle avec eux à propos de navires saisis durant la dernière guerre et dont, à bout de patience, il s'était indemnisé lui-même, en confisquant le revenu des capitaux que les banquiers de Londres avaient placés en hypothèques sur la Silésie. Mais sa perspicacité allait au-delà de ses propres affaires. Dès l'hiver 1753, sa correspondance politique change de ton, comme s'il pressentait de grands troubles. Ses questions sont plus pressantes, il exige des informations plus précises, des bulletins plus détaillés. En février 1755, il écrit à son chargé d'affaires : « Je crois qu'il serait à parier dix contre un qu'il s'ensuivra la guerre et que d'armement en armement, on en viendra à la rupture, sans en avoir eu le dessein et sans savoir comment. » Frédéric ne se trompait alors que sur un point : la politique anglaise était beaucoup plus consciente, beaucoup plus délibérée qu'il ne le pensait.

Le 16 avril 1755, en effet, l'amiral Boscawen, commandant de l'escadre d'Amérique, recevait ses instructions secrètes. Elles lui prescrivaient d'établir une croisière à l'entrée du Saint-Laurent, de capturer les vaisseaux marchands apparus dans les parages, enfin d'attaquer et de couler sans déclaration préalable les navires de guerre et les transports français qui s'assemblaient à Brest et qui devaient partir pour le Canada quinze jours plus tard.

Le 28 avril, la guerre étant certaine, le roi George s'embarquait pour le Hanovre. Mais en précipitant l'agression, les ministres anglais avaient agi avec imprudence, car la coalition continentale n'était pas prête. L'Espagne promettait bien sa neutralité, mais ses intérêts de grande puissance coloniale étaient trop opposés aux desseins conquérants de l'Angleterre pour que cette neutralité pût être solide. L'Autriche se dérobait, ne voulant pas envoyer en Belgique les troupes dont elle avait besoin pour couvrir la Bohême. Les Pays-Bas, à qui incombait la défense des places de la barrière, étaient hors d'état d'y mettre un homme et même d'assumer la charge des réparations. La Russie, pour prix de son concours, exigeait des subsides dont l'énormité eût soulevé l'opposition des Communes. Bref, à part les huit mille hommes du landgrave de Hesse-Cassel qui étaient toujours à vendre, l'Angleterre n'avait encore obtenu aucun concours militaire, quand à la mi-juillet arriva la nouvelle que l'amiral Boscawen avait bien attaqué l'escadre française, mais qu'il avait manqué son coup, le gros du convoi s'étant échappé dans le brouillard grâce au sacrifice de deux navires. Le désarroi fut tel à Londres que le duc de Newcastle dut remanier précipitamment son cabinet. De son côté, George II refusait de quitter Herrenhausen tant que le « système du continent » ne serait pas édifié.

Mais si les Communes entendaient réserver les crédits à la guerre maritime, comment acheter d'autres princes allemands ? Par la force des choses, la politique anglaise était ramenée vers le roi de Prusse, soit pour l'intimider, soit pour le gagner. Le 23 juillet, c'est-à-dire une dizaine de jours après la réception du courrier d'Amérique,

Newcastle se décidait à entrer en négociation avec lui par l'intermédiaire du duc de Brunswick qui, très démuni d'argent, avait l'ambition de marier sa fille aînée, nièce de Frédéric, au petit-fils de George II, devenu prince de Galles et héritier de la couronne par la mort de son père. « Si le roi de Prusse, écrit Newcastle, pouvait être retenu, soit par la crainte, soit par un égard prétendu pour la tranquillité de l'Empire, soit par une attention pour sa sœur et sa famille, cette disposition doit être certainement encouragée. » Les avantages de la neutralité prussienne seraient considérables, « on épargnerait par là la dépense des troupes prussiennes si elles étaient à notre solde et on procurerait une sûreté, la plus solide et la plus réelle, pour les Etats allemands du roi ».

Jusqu'alors, l'inquiétude de Frédéric avait été que la France absorbée par les opérations coloniales le laissât en tête-à-tête avec ses ennemis. Aussi, sans relâche, prêchait-il à Versailles la nécessité d'une grande diversion européenne. Que la France assemble un corps de troupes respectable et au premier acte d'hostilité qu'elle le fasse marcher aux Pays-Bas et sur le Hanovre ! Dans une conversation avec le ministre de France, il ajoutait même en parlant de son oncle :

— C'est le moyen le plus sûr de faire chanter ce c... !

Mais il avait soin, en même temps, de réserver son propre concours. Quand le conseil de Louis XV prit, ou feignit de prendre, l'initiative si benoîtement suggérée comme l'annonce d'un plan commun, il se déroba. A chaque courrier, il continue à railler la mollesse, l'indolence, la crédulité, les fausses mesures, la léthargie des « ministre de coton », mais il ne parle plus du Hanovre et il prescrit à son ambassadeur, Knyphausen, de rappeler au secrétaire d'Etat Rouillé que l'alliance ne concerne pas les colonies et qu'en tout cas il ne pourra, lui, bouger d'une année.

Au mois de juin, il s'était rendu en inspection à Wesel et il avait profité du voyage pour faire une petite fugue en Hollande, déguisé en musicien. La route de Berlin en Westphalie passe très près de Hanovre : un simple détour l'aurait conduit chez son oncle. A l'aller et au retour, il avait été vaguement question d'une rencontre des deux rois, mais le projet n'eut pas de suite. Quand l'occasion se retrouva d'ouvrir des pourparlers de façon plus discrète, Frédéric hésita à croire à tant de bonheur. Rien ne lui était plus pénible que d'être lié par un traité en forme, avec le sentiment que les destins se nouaient ailleurs et sans qu'il y participât. Allait-il, par la grâce des Anglais, se retrouver dans une de ces situations ambiguës, dont il avait toujours tiré avantage, sollicité par les deux partis, « chipotant » de l'un à l'autre et se décidant en tout égoïsme ? Cependant, par crainte d'un piège, il ne se découvre qu'avec une extrême prudence. Il se garde bien de faire la moindre promesse, il se réfugie dans les généralités, il demande des éclaircissements, il offre sa médiation et quand on le presse, il allègue la fatigue et les embarras des manœuvres pour ne pas répondre sur-le-champ. « Dans le fond, écrit-il au duc de Brunswick, je vois que le roi d'Angleterre a la peur bien chaude pour son électorat et je commence à soupçonner qu'il n'est pas satisfait de la cour de Vienne, sans quoi il ne s'adresserait jamais à moi. »

Tout le mois d'août se passa en réticences et en coquetteries. George II allait rentrer en Angleterre sans que rien fut décidé. Alors, Frédéric fit un pas de plus : « J'ai songé, écrit-il encore à son beau-frère, que mon traité d'alliance avec la France finira au printemps de l'année qui vient, ce qui me laisse la liberté d'agir alors conformément à mes intérêts et à ma convenance. Quoique je ne prendrais (*sic*) aucun engagement avant que le terme de ce traité soit expiré, je ne désavouerai cependant point Votre Altesse, si Elle veut en attendant donner à entendre au ministre anglais... mais toujours comme d'Elle-même et sans que je sois mêlé encore, que *pourvu qu'on me fasse des propositions raisonnables de la part du roi d'Angleterre, l'on pourrait peut-être arriver au but qu'on s'était proposé relativement à la neutralité des états du Hanovre, qu'il ne fallait pas cependant attendre que je m'y ouvrirais le premier.* » (1er septembre.) Mais il avait soin aussi de prévenir Rouillé qu'on lui avait fait des « ouvertures assez singulières et importantes » dont il se réservait de communiquer le détail au duc de Nivernais, ambassadeur désigné pour négocier le renouvellement de l'alliance.

Il est clair, qu'à ce moment, Frédéric n'a pris aucune décision, sinon celle de jouer son jeu ordinaire en s'offrant au plus fort et dernier enchérisseur. Mais les ministres anglais en savent beaucoup plus long qu'il ne l'imagine. Toute la correspondance de son chargé d'affaires à Londres, Michell, est interceptée, lue et déchiffrée par la police. Newcastle y a puisé la conviction que le roi de Prusse ne désire nullement se mêler à une guerre coloniale dont l'objet ne le concerne pas et qui lui apparaît comme des plus futiles. Aussi absorbé par les préparatifs de la session parlementaire, le premier ministre ne se presse-t-il pas de répondre et quand il répond, c'est par énigmes. Frédéric s'en irrite : « N'est-ce pas bien singulier que ces gens demandent que j'épouse leurs intérêts, lorsque actuellement j'ai deux gros démêlés avec eux qui ne sont pas vidés ? On dirait que toute la terre, aux dépens des intérêts propres à chacun, est obligée d'entreprendre la défense de ce fichu pays. On exige de moi des déclarations dans un temps qu'on ne s'explique pas soi-même. Ils veulent que je plante là la France et que je me repaisse de la gloire d'avoir préservé leur pays d'Hanovre, qui ne me regarde ni en noir, ni en blanc. Ces gens, ou veulent me duper grossièrement, ou ils sont fols et imbus d'un amour-propre ridicule. » Cette diatribe est du 24 novembre. Le 2 décembre, Frédéric averti que le secret de la négociation commençait à transpirer, faisait démentir à Versailles « les insinuations malignes de ses ennemis » et affirmer « qu'il n'avait pris aucun engagement avec la cour de Londres ». Cinq jours plus tard, il donnait ordre à Michell de signer l'accord.

Que s'était-il donc passé dans l'intervalle pour déterminer Frédéric aussi soudainement ? Un fait d'apparence très banale. Il avait reçu de Londres communication complète du traité anglo-russe signé le 30 septembre après d'interminables marchandages et qui venait d'être ratifié, à l'expiration des deux mois prévus pour l'échange des signatures. En vertu de ce traité, les deux Etats se donnaient réciproquement l'un à l'autre la garantie de toutes leurs possessions, y compris et nominativement les possessions allemandes du roi d'Angleterre. A cet effet, un corps de 55 000 hommes devait être maintenu par la Russie sur les frontières de la Livonie et cinquante galères prêtes à prendre la mer. Pour assurer l'exécution du pacte, l'Angleterre s'engageait à verser à la Russie 100 000 livres sterling payables par avance et 500 000 livres du jour où les troupes russes se mettraient en marche. Le texte des articles avait été remis à Michell par le secrétaire d'Etat, Fox, chargé de conduire la majorité parlementaire. Il ajouta que dans la pensée du roi George et de l'impératrice Elisabeth, la convention n'avait d'autre but que de préserver le territoire allemand des attaques que pourraient y porter les armées françaises. Rien donc qui pût inquiéter le roi de Prusse, ni qui fût dirigé contre lui.

— Votre Maître, termina-t-il, est dans la plus brillante situation ; il tient d'une main le glaive et de l'autre la branche d'olivier : qu'il dise un mot et tous les différends que nous avons avec lui seront accommodés.

Les ministres anglais étaient sans doute sincères en affirmant qu'ils n'avaient songé qu'à la France, mais la tsarine, elle, n'avait songé qu'à la Prusse. Après avoir laissé son chancelier Bestucheff constamment surenchérir, sans conclure, sur les subsides qui lui étaient proposés, elle n'avait consenti à entrer réellement en affaire que sur les instances du nouvel envoyé anglais, Sir Charles Williams qui, arrivant de Saxe, tout bouillant d'une ardeur autrichienne, désignait Frédéric comme « l'ennemi commun », l'ennemi à abattre. N'étant pas informé des négociations de Brunswick, Williams joua son rôle avec une parfaite candeur. Mais, quand l'alliance fut enfin conclue, le cabinet anglais s'en servit non comme d'une arme pour écraser son ennemi, mais comme d'une menace et d'un moyen de pression pour gagner un nouvel allié. « Il faut reconnaître, écrit le duc de Broglie, qu'il y eût rarement dans les annales de la diplomatie un tour de passe-passe plus habile et qui ait été plus heureux. »

Frédéric n'eût pas besoin d'une longue attention pour s'apercevoir que s'il ne détournait pas le coup, c'est lui et lui seul qui serait atteint. L'empire des tsars l'effrayait par son énormité ; les troupes russes pouvaient lui faire beaucoup de mal ; vaincues, il ne pouvait pas les poursuivre. Si (comme il n'en pouvait douter, vu l'amitié constante des deux souveraines) des conventions analogues existaient entre Pétersbourg et Vienne, il se trouvait en danger d'être écrasé par une énorme coalition, sans avoir même l'espoir que la France retiendrait une partie des troupes autrichiennes, puisque Marie-Thérèse préférerait abandonner la Belgique, plutôt que d'ôter un bataillon de Bohême. L'Angleterre avait touché juste. Dès lors, il ne fut plus question d'atermoiements, ni de chicanes. En quelques jours une convention fut préparée et définitivement arrêtée à Berlin, le premier de l'an 1756.

Elle comprenait quatre articles, dont un secret. Le premier et le troisième contenaient de vagues protestations d'alliance et d'amitié. Par le second, les deux rois de Prusse et d'Angleterre s'engageaient « quelque puissance étrangère qui voulût faire entrer ses troupes en Allemagne, sous quelque prétexte que ce puisse être, à unir leurs forces pour s'opposer à l'entrée ou au passage de telles troupes ». Le texte portait *Allemagne* et non pas *Saint-Empire* afin d'exclure les Pays-Bas autrichiens de la garantie et cette exclusion était répétée dans l'article secret. La convention fut adoptée par le ministère anglais le 16 janvier 1756. Elle porte le nom de traité de White-Hall. Somme toute, l'Angleterre écartait de la Prusse la menace des armées russes ; la Prusse, en retour, s'engageait à défendre contre la France, son alliée, les possessions allemandes du roi d'Angleterre.

Seul, le duc de Brunswick n'était pas récompensé de son zèle politique par la satisfaction de ses rêves matrimoniaux. La pauvre princesse Amélie n'épousa pas le prince de Galles qui ne voulait point d'elle. Cependant, elle ne demeura pas fille. Mariée au duc de Saxe-Weimar, elle eut la gloire de protéger Gœthe et Schiller et d'être leur amie.

★

Depuis le début de septembre, le gouvernement de Versailles était en butte aux instances les plus vives de la cour de Vienne. L'ambassadeur Starhemberg, stylé par le chancelier Kaunitz, représentait avec force à Louis XV que les ambitions de Frédéric étaient un danger direct pour son royaume. « La France, disait l'Autrichien, nourrit en ce moment un serpent dans son sein. Il est incompatible avec le véritable intérêt de la France de laisser augmenter la puissance dudit roi et de fournir aux puissances maritimes l'occasion de le mettre avec le temps à la place de notre Auguste Maison et de se servir de lui pour vaincre la suprématie de la France. » Au surplus, l'Impératrice avertissait Louis XV que des négociations étaient en cours entre la Prusse et l'Angleterre et qu'avant peu de mois il serait abandonné pour la troisième ou quatrième fois.

Ecouté avec ferveur, Starhemberg n'obtint cependant d'autre réponse qu'un rappel du traité qui liait encore la France et la Prusse. « Fidèle, disait la note, aux engagements et aux lois de l'honneur, le Roi ne pouvait, sans les motifs les plus graves et les preuves les plus claires, non seulement rompre avec ses alliés, mais mettre leur bonne foi en doute et les croire capables d'infidélité et de trahison. » En conséquence, la France n'était disposée à traiter avec l'Autriche que sur la base du *statu quo*, c'est-à-dire en garantissant à Frédéric la possession paisible de la Silésie. Toutefois, Bernis, chargé de suivre les pourparlers avec Starhemberg, ne put dissimuler à son interlocuteur le trouble profond causé à son maître par l'annonce de la défection supposée du Prussien. Bien assuré que Frédéric commettrait ce que Louis XV avait appelé par avance une infidélité et une trahison, Kaunitz se résigna donc à patienter et à différer la discussion jusqu'au jour où un acte positif et officiel consacrerait le rapprochement anglo-prussien. Toutefois, comme les gazettes d'Amsterdam et de Leyde y faisaient les allusions les plus claires, Rouillé fit partir pour Berlin le duc de Nivernais, qu'il n'avait pas pressé jusqu'alors, tant il était confiant dans la solidité de l'alliance.

Frédéric attendait l'entrevue sans plaisir. Il avait précipité sa signature pour mettre le duc devant un fait accompli, et fidèle à son système de brocarder les gens envers lesquels il se sentait des torts, il avait rempli ses dépêches à Knyphausen de récriminations aigres à l'égard de la France. Mais, il prévoyait que venant après la convention de Klein-Schnellendorf, la paix de Breslau et celle de Dresde, le traité de White-Hall serait reçu à Paris avec colère : la colère devrait être d'autant plus grande qu'ayant épuisé tous les moyens de douceur et de conciliation, Louis XV venait enfin de réclamer par ultimatum la restitution des navires retenus dans les ports anglais et la libération des marins victimes des pirateries de Boscawen. La réquisition française était parvenue à Londres le 3 janvier, le 10, le ministère anglais avait décidé de répondre par un refus et c'est le 16 qu'il ratifia l'accord avec la Prusse, arrêté le premier du mois.

Assurément, la France n'était pas décidée à attaquer le Hanovre. Mais comme elle n'avait pas l'espérance de triompher sur mer, comme l'envoi de renforts au-delà de l'Océan pouvait même être tenu pour très hasardeux, il était certain qu'elle serait amenée à chercher des succès en Europe, à occuper des territoires, à saisir des gages qui lui permettraient à la paix d'exiger en échange la restitution de ce qui lui aurait été pris aux Indes et en Amérique. L'Angleterre était vulnérable en Hanovre. En couvrant l'électorat, Frédéric enlevait à la France une de ses chances de victoire : « Je suis allié à la France, avait-il écrit lui-même au duc de Brunswick. A la vérité, notre traité est simplement et purement défensif, mais sous quel prétexte et avec quelles couleurs pourrais-je couvrir une démarche aussi singulière que serait de ma part celle de prescrire des bornes aux mesures qu'elle peut prendre ? »

Le duc de Nivernais, arrière-petit-neveu de Mazarin, était un esprit aimable, orné et un parfait honnête homme. Agé de quarante ans seulement, il avait fait son apprentissage diplomatique comme ambassadeur à Rome et il avait très bien défendu auprès de Benoît XIV *L'Esprit des Lois* menacé de censure grave. Il arriva à Berlin le 12 et il eut sa première audience le 14. Elle eut été assez pénible si après les premiers compliments,

Frédéric ne s'était réfugié dans les considérations générales, en renvoyant à plus tard les détails embarrassants :

— Vous savez, dit-il, que l'Angleterre m'a fait des propositions d'alliance : je vous en ai fait avertir, mais depuis cet avertissement, on m'a fort pressé de ce côté. Je vous communiquerai tout cela une autre fois.

Les entretiens suivants furent beaucoup plus scabreux. Après beaucoup d'équivoques, Frédéric dut mettre le duc au courant de ce qui s'était passé et, avec un air ingénu, il lui dévoila enfin le texte qu'il avait paraphé et qui allait revenir de Londres. Nivernais resta un moment confondu.

Frédéric plaida sa cause avec habileté en alléguant toutes sortes de raisons. La Russie était une puissance formidable, inépuisable en hommes, qui pouvait ravager ses Etats en une campagne. Entre la Russie, l'Autriche, l'Angleterre et la Saxe, il était *bloqué, assiégé.* Il avait eu peur... Il avait dû capituler. Mais quel tort faisait-il à la France ? Aucun. Bien au contraire, il la protégeait des Russes ! Jamais, d'ailleurs, les armées françaises n'auraient pu pénétrer dans l'empire car *les Anglais y sont regardés comme des dieux et c'est à qui tendrait son chapeau pour recevoir des guinées.* Que les Français prennent donc la Belgique : elle vaut bien le Canada. Et puis sa convention n'est due qu'aux préoccupations du moment. Si l'intérêt n'est plus le même, il trouvera facilement un prétexte pour se dédire, on peut s'en rapporter à lui. Sur quoi, il ouvre une carte des Iles britanniques et improvise pour le ministère de Versailles un plan d'invasion, en soulignant les points de débarquement qu'il pense être les moins défendus.

Nivernais répliqua que peu importait de savoir si la France avait l'intention de porter plus tôt ou plus tard une attaque contre le Hanovre. A elle seule, l'incertitude obligeait l'Angleterre à réserver pour cette possession si chère une part de ses forces et de son argent. La Prusse lui permettait de tout consacrer désormais soit à la défense de son territoire, soit au développement de cette lutte maritime où elle jouissait déjà d'une supériorité redoutable. De plus, dans l'Allemagne préservée du moindre dommage, elle pourrait puiser des légions de mercenaires que la France aurait à combattre sur un autre terrain. Enfin, en admettant même que la tranquillité de l'Allemagne fût nécessaire à la sûreté de la Prusse, Frédéric aurait pu en faire l'objet d'une transaction directe avec la France, au lieu d'en traiter derrière elle avec son ennemi. A tous ces griefs, Nivernais n'ajouta pas le désagrément personnel que son interlocuteur lui avait infligé en le laissant arriver dans tout l'éclat de son rang et de sa mission, quand un mot dit d'avance aurait suffi à l'arrêter. Il était trop grand seigneur pour laisser apparaître ce dégoût. Mais, à son ami, le comte de Broglie, il écrivait un peu plus tard : « Votre patriotisme aurait été aussi ahuri que le mien si vous étiez arrivé ici le 12 janvier, pendant que la convention se signait à Londres le 16... Quant à la forme, c'est-à-dire à la manière et aux circonstances, je crois que le mieux à faire est de se taire, et c'est le parti que je prends. Il y a des choses qu'il faut laisser parler toutes seules. »

Pourtant, les conversations se poursuivirent jusqu'à la fin de mars. Nivernais, très cajolé par Frédéric, subissait vivement le charme de ses manières et de sa conversation. Il le laisse voir dans un *Portrait du roi de Prusse* qui se trouve au tome quatrième de ses œuvres complètes. Certes, il est trop fin pour être absolument dupe. « Frédéric, écrira-t-il, est éloquent, parce qu'il a une grande abondance d'idées ; mais je ne le trouve pas persuasif parce que je ne lui trouve pas assez l'air de la sincérité. Il est défiant, et il le devient tous les jours un peu plus ; il croit en général que tous les hommes sont sans principes, et on pourrait penser que cela vient de ce qu'il n'en a pas assez. » Mais il écrit aussi que Frédéric « n'a pas de penchant pour la guerre », qu'il est plus avide de sûretés que de victoires. Après un séjour à Sans-Souci, il en vint à penser que l'on pouvait encore signer avec lui un nouveau traité défensif, dont il dressa le projet. La France aurait garanti à Frédéric la possession de la Silésie, en échange de quoi, celui-ci aurait promis un petit secours de dix mille hommes dans le cas où elle serait attaquée sur son territoire. Nivernais ajoutait naïvement que peu importait que Frédéric fût de bonne ou de mauvaise foi, l'essentiel étant d'obtenir de lui un papier quelconque pour annuler l'effet moral produit par l'accord de neutralité. En vérité, il est peu probable que cet arrangement eût paru très glorieux et très sûr à l'opinion. Mais Versailles refusa sans détour en mettant fin à la mission de Nivernais. Pour remplacer l'allié infidèle, l'Autriche s'offrait à nouveau, se faisant fort d'entraîner avec elle la Russie et la Saxe, mais laissant entendre aussi que si elle était encore repoussée, elle serait contrainte de se rejeter dans l'autre camp. « Dans le cas où la France persisterait dans ses préjugés haineux, écrivait Kaunitz, il nous resterait toujours un parti à prendre, ce serait de nous rallier aux gros bataillons et d'entrer dans les vues de l'Angleterre. »

Le traité franco-autrichien fut signé dans la maison de Rouillé, à Jouy-en-Josas. Il porte le nom de traité de Versailles et groupe plusieurs conventions par lesquelles l'Autriche renonce à l'alliance anglaise et la France à l'alliance prussienne. Les deux Etats se garantissent réciproquement leurs possessions européennes et se promettent, si l'un d'entre eux est attaqué, un secours de 24 000 hommes qui pourra être remplacé par des subsides. Pris à la lettre, le pacte est purement défensif. Mais, en réalité, les conversations déjà engagées débordaient de toutes parts le texte sur lequel on s'était mis d'accord. Le but de Marie-Thérèse, en effet, n'était pas de maintenir le *statu quo* sur le continent, mais de reprendre la Silésie et d'affaiblir la puissance prussienne jusqu'à la rendre inoffensive. Aussi, éclairé par les événements postérieurs, le traité de Versailles apparaît-il comme l'amorce de la grande coalition antiprussienne que, de Pétersbourg à Versailles, Marie-Thérèse s'efforce de nouer.

La tsarine était furieuse de la façon dont elle avait été jouée par les Anglais et sa colère était si sincère qu'elle refusa les cent mille livres qu'ils lui offraient à titre de premier versement : on n'avait jamais vu cela en Russie. Dès qu'elle apprit la conclusion du traité de Versailles, elle proposa à sa bonne sœur et amie Marie-Thérèse un corps de 80 000 hommes, promettant en outre de ne pas déposer les armes tant que Frédéric n'aurait pas restitué la Silésie et le comté de Glatz. L'adhésion de la Russie déterminerait celle de la Pologne et de la Saxe. La France était très écoutée à Stockholm et son ambassadeur avait plus d'influence au Sénat que la reine Ulrique qui s'était compromise dans une vaine et maladroite tentative de coup d'Etat. Au surplus, l'occasion était bonne pour la Suède de reconquérir le port de Stettin et les duchés poméraniens que Frédéric-Guillaume lui avait enlevés. Par contre, en échange de la Silésie recouvrée, l'Autriche était prête à céder le Luxembourg, Ostende et Nieuport à la France, tandis que la Belgique irait à l'infant de Parme, gendre de Louis XV. Ainsi serait constitué sur la frontière même un Etat tout français et à demi vassal, comparable à la Lorraine sous la royauté débonnaire de Stanislas. Mais, en juillet encore, Louis maintenait avec fermeté qu'il ne serait pas obligé d'entrer en guerre *offensive* contre le roi de Prusse.

Il est impossible de savoir et inutile de conjecturer de quelle façon et à quel moment auraient abouti les négociations, si Frédéric par une de ces décisions soudaines et imprévues qui sont la marque constante de sa politique, n'eût envahi les Etats de l'Impératrice et assumé le rôle d'agresseur. Au milieu de juin, en effet, il avait été averti par le ministre d'Angleterre du revirement de la Russie et par ses espions des mouvements de troupes qui s'effectuaient en Livonie. Il avait aussi à sa solde un secrétaire du ministre d'Autriche à Berlin et un employé à la chancellerie saxonne qui, l'un et l'autre, avec l'exagération habituelle aux récits de ce genre, lui donnaient avis de correspondances mystérieuses et de préparatifs militaires. Le 22, le jour même de l'arrivée d'un courrier de Dresde, il écrit à sa sœur Wilhelmine : « La guerre me paraît inévitable, j'ai fait ce que j'ai pu pour l'éviter, cela ne m'a pas réussi, je me lave les mains de ce qui arrivera » ; le lendemain, il envoie au maréchal Lehwaldt, commandant de la Prusse orientale, les instructions les plus détaillées pour le cas d'une invasion des Russes. Non seulement il lui trace un plan d'opérations, mais il prévoit la défaite de l'armée moscovite et lui donne les pleins pouvoirs pour traiter. Si la victoire est complète, si elle coïncide avec un succès remporté par le roi sur les Autrichiens, le maréchal exigera la cession de la Prusse polonaise, à charge pour la Russie d'indemniser la Pologne.

Les ministres britanniques voyaient d'un assez mauvais œil l'ardeur belliqueuse de la Prusse. Comme ils n'avaient pu unir le continent contre la France, ils redoutaient que la guerre ouverte par Frédéric ne les obligeât précisément aux dépenses et aux risques qu'ils avaient voulu s'épargner par la convention de neutralité. Un jour que leur ministre Mitchell représentait au roi l'exagération des avis de Vienne et essayait de le persuader que l'impératrice-reine manœuvrait pour le pousser à une agression, le roi se mit en colère et le regarda bien en face :

— Qu'est-ce que vous voyez, Monsieur, dans ma figure ? Croyez-vous que mon nez est fait pour recevoir des claques ? Pardieu, je ne le souffrirai pas !

Comme Mitchell protestait que son caractère était assez connu et que « parmi toutes les qualités royales, on n'avait jamais entendu dire qu'il fallût compter la patience ou la soumission », il se mit à rire et montrant un portrait de Marie-Thérèse :

— Il n'y a plus moyen d'y échapper, s'écria-t-il. Cette dame veut la guerre : eh bien ! elle l'aura bientôt.

Presque tout le monde autour de lui était hostile à l'aventure, ses frères, ses ministres, ses généraux, sauf Winterfeldt. Il fallut une longue conférence pour convaincre Schwerin et Rochow. Dans une audience qu'il eut le 21 juillet, le vieux Podewils insista à deux reprises sur les dangers d'une agression. Les débuts de la guerre pourraient être brillants et faciles, mais par la suite la Prusse resterait exposée, pour ainsi dire sans soutien, aux coups des trois puissances. Ne valait-il pas mieux gagner du temps, s'assurer le concours des princes protestants du Nord, tenter de nouveau un rapprochement entre la France et l'Angleterre, laisser les Anglais agir à la cour de Pétersbourg dont les révolutions et les changements d'humeur ne se comptaient plus ? Quand

Podewils eut fini, Frédéric nullement ébranlé le congédia par les mots célèbres :

— Adieu, monsieur de la timide politique !

Cependant, peut-être sur le conseil de Mitchell, il demanda à trois reprises des explications à Vienne sur les concentrations de troupes en Bohême et sur le prétendu traité avec la Russie pour le démembrement de la Prusse. Pensait-il encore intimider l'Autriche ? Voulait-il plutôt mettre les apparences de son côté ? Les historiens n'ont pas fini d'en discuter, d'autant que la troisième démarche est postérieure de plusieurs jours au commencement des hostilités. Quoi qu'il en soit, Marie-Thérèse répondit au second questionnaire qu'il n'existait pas d'alliance offensive entre elle et la Russie, que le roi de Prusse était mal informé et que ses accusations tombaient d'elles-mêmes. La réponse arriva à Berlin le 25 août. Le 28, à quatre heures du matin, Frédéric quittait sa capitale. Le 29, il entrait en Saxe, dont la frontière passait alors à quelques lieues au sud de Berlin.

Le roi-électeur Auguste III et son ministre le comte de Bruhl ne s'attendaient à rien. Ils avaient chassé la veille et dormi d'un sommeil tranquille. Quand ils apprirent que la frontière était franchie par toutes les routes, ils essayèrent d'entrer en pourparlers avec Frédéric qui refusa de leur répondre. Au lieu de gagner la Bohême au plus vite pour se joindre aux Autrichiens du maréchal Browne, Auguste III s'enferma avec son armée dans une boucle de l'Elbe, au camp de Pirna et il attendit les événements. Ayant peu de vivres, encerclé par les Prussiens, il ne réussit pas à forcer le blocus. Browne, arrêté une première fois à Lobowitz, s'était avancé en vain jusqu'à six kilomètres du camp pour appuyer la sortie par la rive droite du fleuve. Le 15 octobre, l'armée saxonne se rendit prisonnière de guerre. Auguste III eut la permission de se retirer en Pologne, tandis que ses soldats étaient incorporés sur-le-champ dans l'armée prussienne. A la première occasion, ils désertèrent presque tous.

Le roi-électeur était hors de combat, mais la saison trop tardive ne permettait plus à Frédéric de porter la guerre en Bohême. Par ailleurs, profitant de l'indignation soulevée en Europe par l'invasion de la Saxe, Etat neutre, Marie-Thérèse obtenait de la Russie la convention du 2 février 1757 et de la France le second traité de Versailles (1er mai 1757). La tsarine s'engageait à mettre en ligne 80 000 hommes contre la Prusse, Louis XV 105 000 et 24 000 auxiliaires. Enfin, le 25 janvier, la Diète germanique mettait Frédéric au ban de l'Empire et décrétait contre lui la mobilisation de l'armée des cercles. Le partage de ses Etats devait se faire selon le plan esquissé plus haut. Aucun homme de bon sens ne pensait alors que la Prusse pût résister longtemps à un concours de forces aussi redoutables.

Tel est le renversement des alliances qui, depuis près de deux siècles, a fait couler des flots d'encre et soulevé des controverses qui ne sont pas encore assoupies. Une légende puérile, mais tenace, en fait retomber la faute ou le mérite sur Madame de Pompadour. Il suffit de suivre les événements dans leur ordre chronologique pour se convaincre que l'Angleterre a tout déterminé, parce qu'elle était la seule qui fût résolue à faire la guerre dans tous les cas et quoi qu'il pût arriver. Par sa passivité, par son mauvais vouloir à garnir de troupes les Pays-Bas, l'Autriche a rendu plus faciles les négociations de Hanovre. Mais quel que fût son propre désir de reprendre la Silésie, elle ne pouvait agir sans la France dont elle n'a obtenu le concours qu'avec peine et en deux fois : la première, après l'accord de neutralité anglo-prussien et à cause de cet accord ; la seconde, après l'invasion des Prussiens en Saxe et à cause de cette invasion. La France a subi les événements plus qu'elle ne les a conduits. Pour avoir craint la guerre « comme une calamité » et chéri la paix « d'un amour immodéré » (toutes ces expressions sont de Knyphausen), Louis XV a été surpris par l'agression de Boscawen. Pour avoir respecté sa signature et refusé de traiter avec l'Autriche à un moment où il pouvait lui vendre à bon prix la trahison qu'il aurait faite au roi de Prusse, il s'est trouvé isolé sur le continent et contraint d'accepter les conditions de Marie-Thérèse au lieu de lui imposer les siennes.

Quant à Frédéric, on l'a accusé maintes fois de mensonge et de perfidie. On ne peut qu'être frappé davantage par la précipitation, l'imprudence et le mauvais succès de ses démarches. Après avoir voulu louvoyer entre la France et l'Angleterre, il se décide pour l'accord anglais dans un moment de frayeur subite. Ses mesures sont si mal prises que, s'éloignant de la France pour ne pas faire la guerre aux Russes, il est obligé de la faire à la fois aux Russes et aux Français.

Dans aucun de ses plans, il n'a jamais admis la possibilité d'une alliance franco-autrichienne : l'alliance se conclut pourtant et par sa faute. Par peur de l'encerclement, il envahit la Saxe et c'est l'invasion de la Saxe qui noue la coalition par laquelle il sera encerclé.

Quand il occupe Dresde, il fait forcer les bureaux du palais et cambrioler les archives pour trouver la preuve que la Saxe, la Russie et l'Autriche ont comploté le partage de ses Etats : les documents saisis établissent seulement qu'il est haï de ses voisins, mais que la coopération des trois puissances est subordonnée à une attaque venant de lui. Il fait le jeu de Marie-Thérèse, il lui fournit le moyen de décider Louis XV, il assume l'odieux de l'agression, mais de cette agression, il ne tire même pas un avantage militaire qui vaille le scandale.

Cette série d'erreurs est si surprenante que des historiens allemands ont cherché à la conduite de Frédéric une explication cachée. A les croire, la conquête de la Saxe eût été son but principal et il aurait simplement profité de l'équivoque européenne pour donner à la guerre de conquête l'apparence d'une guerre défensive. L'hypothèse a été formulée voici plus d'un demi-siècle, elle a soulevé des polémiques qui se poursuivent. Pour justifier son héros, le plus récent biographe de Frédéric a même cru devoir expliquer que l'invasion de la Saxe en 1756 était aussi légitime et aussi dénuée d'arrière-pensée que l'invasion de la Belgique en 1914.

A la vérité, la querelle est sans objet. Que Frédéric ait eu des vues sur la Saxe, il est impossible de le nier, puisqu'il a pris soin lui-même de nous en instruire. Dans son *Testament Politique* de 1752, il l'a rangée parmi les acquisitions à faire « par droit de bienséance ». « *De toutes les provinces de l'Europe,* écrit-il, *il n'en est aucune qui convienne mieux à l'Etat que la Saxe, la Prusse polonaise et la Poméranie suédoise, à cause que toutes trois l'arrondissent. La Saxe cependant serait la plus utile ; elle reculerait le plus la frontière et couvrirait Berlin... Vous pensez sans doute qu'il ne suffit pas d'indiquer les pays qui sont de notre convenance, mais qu'il faut proposer les moyens de les acquérir. Les voici : il faut dissimuler et cacher son dessein, profiter des conjonctures, attendre patiemment celles qui nous sont favorables et quand elles sont venues, agir avec vigueur. Ce qui faciliterait cette conquête, serait si la Saxe était en alliance avec la reine de Hongrie et que cette princesse ou ses descendants rompissent avec la Prusse. Ce serait un prétexte pour entrer en Saxe, pour désarmer les troupes et se fortifier dans le pays.* » Tout se passa en effet en 1756, comme Frédéric l'avait rêvé en 1752. D'autre part, il est certain qu'il avait le cauchemar des coalitions. En juin 1756, il s'est cru sincèrement en danger et sur le point d'être accablé par une ligue que Marie-Thérèse s'évertuait à former, mais qui était encore à naître. Ce mélange de crainte et de convoitise est bien le plus extraordinaire explosif qui ait paru dans l'histoire.

★

Frédéric n'avait pas cessé d'appliquer son esprit à l'art militaire. Il avait médité l'exemple des grands capitaines et tiré la leçon de ses propres fautes. Ses écrits les plus importants datent de ces dix années. Parmi eux les *Règlements* traitent de la partie purement technique du service, ce que l'on nomme en Allemagne le petit service et en France l'école du soldat, de compagnie, de bataillon... Au contraire, les *Principes généraux de la guerre appliquée à la tactique et à la discipline des troupes prussiennes, l'Esprit du chevalier Folard tiré de ses commentaires sur Polybe,* les *Pensées et règles générales pour la guerre* sont consacrés à ce que la science des batailles a « *de plus grand et de plus sublime »*. Sans doute, serait-il vain d'y chercher un exposé systématique. Frédéric traite avec le même soin les différents objets qui se présentent à son esprit, selon un ordre assez lâche. Il lui arrive même d'écourter un développement comme s'il craignait d'en avoir trop dit ou comme s'il jugeait inutile d'expliquer ses idées à un lecteur qui n'est pas capable de les comprendre. Pourtant, dans le premier et le dernier de ces ouvrages, il a posé avec une clarté et une concision admirables les principes très nouveaux de la guerre moderne.

L'idée essentielle est que la guerre n'a pas pour but l'occupation ou la défense d'un territoire, mais l'écrasement des forces ennemies. « Un projet de défensive absolue ne vaut rien ; il vous réduit à prendre des camps forts ; l'ennemi vous tourne et comme vous n'osez pas combattre, vous vous retirez. L'ennemi vous tourne encore et il se trouve, compte fait, que vous perdez plus de terrain par votre retraite qu'après la perte d'une bataille et que votre armée fondra plus considérablement par la désertion qu'après l'action la plus sanglante. Une défensive aussi restreinte ne vaut rien, car il y a tout à perdre et rien à espérer. » De toutes les manières de bien conduire une grande guerre, la meilleure est celle qui consiste à prendre résolument l'offensive sur le sol ennemi pour forcer l'adversaire à subordonner ses mouvements aux vôtres. « Nos guerres doivent être courtes et vives. Il ne nous convient pas du tout de traîner les choses en longueur. Une guerre de durée détruirait insensiblement notre admirable discipline ; elle dépeuplerait le pays et épuiserait nos ressources. » Mais ces opérations sont difficiles. Le ravitaillement en terre étrangère pose des problèmes épineux. Il faut s'attendre à cheminer dans des pays sans routes, vides d'habitants, dont le bétail a été emmené, les récoltes détruites ou cachées. L'armée a beau emporter dans ses chariots et dans ses caissons un mois de pain, des fours de campagne et des moulins à bras, elle reste dans la dépendance de ses magasins, à moins cependant qu'elle n'arrive à dominer tout le cours d'une rivière, seule voie sûre et commode comme l'Oder en Silésie et l'Elbe en Bohême.

S'il arrive donc que l'on soit contraint de se résigner à la défensive, il faut lui donner toutes les apparences d'une guerre offensive, la rendre mobile, ingénieuse, active, bref en faire « une ruse qui enflant l'amour-propre des ennemis les induise dans des fautes dont le général pourra profiter ».

Comment s'y prendre pour conduire l'armée à la bataille avec les meilleures chances de succès ? Le grand principe est qu'il ne faut pas vouloir dominer partout, mais seulement à un endroit bien choisi, dont le sort décide des autres. « Si vous séparez vos forces, vous serez battu en détail ; si vous voulez livrer bataille, rassemblez le plus de troupes que vous pourrez ; on ne saurait les employer plus utilement... Les petits génies veulent tout conserver, les hommes sensés ne voient que l'objet principal... Qui conserve tout ne conserve rien. » De cette maxime, Frédéric en déduit brièvement une autre qui sera la maxime napoléonienne par excellence, celle de la *simultanéité des efforts par la liaison des forces* : « Dans les batailles, les seules dispositions bonnes sont celles qui se soutiennent mutuellement, où aucun corps n'est hasardé tout seul, mais sans cesse soutenu par d'autres. Il faut de même soutenir la guerre en grand. »

Les dispositions que Frédéric prit pendant l'hiver de 1756 sont à la fois conformes et contraires à ces idées. Il disposait de 200 000 hommes, en y comprenant les Hanovriens et les Hessois à la solde de George II. Après s'être concerté avec Schwerin et Winterfeldt, il décida de laisser une simple couverture devant les Russes et devant les Français pour réunir la masse principale de ses forces et tomber sur les Autrichiens avant qu'ils fussent sortis eux-mêmes de leurs quartiers d'hiver. Après quoi, il se retournerait contre le plus menaçant de ses adversaires : on n'imagine rien de plus cohérent, rien de mieux déduit. Mais quand ses troupes se mirent en marche au début d'avril, il les divisa en quatre corps séparés qui se joignirent deux à deux : les premiers venant de Saxe sous le commandement du roi, les autres de Lusace et de Silésie sous le commandement de Schwerin. L'armée de Frédéric s'avança sur Prague par la rive gauche de l'Elbe, celle de Schwerin sur la rive droite, par la vallée de l'Iser. Elles étaient séparées au départ par soixante lieues d'un pays difficile. La jonction devait se faire presque sous les murs de la ville et en présence de l'ennemi. Cette fois, on s'étonne d'un plan aussi téméraire, aussi opposé au principe de la liaison des forces. C'est que la guerre ne repose pas sur des règles conventionnelles auxquelles les chefs seraient assujettis comme des joueurs d'échecs. Celui qui se fait battre en appliquant les principes a tort ; celui qui est victorieux en les négligeant a raison. Dans la conduite générale des opérations, Frédéric demeurait fidèle à lui-même ; dans le détail, en face de généraux peu manœuvriers, à qui il inspirait une espèce de crainte superstitieuse, il pouvait se permettre beaucoup d'imprudences.

Tout d'abord, les Autrichiens ne surent pas profiter de leur position centrale, ils voulurent tout couvrir à la fois, divisèrent leur armée en quatre masses isolées que les Prussiens chassèrent devant eux, mais lentement et en perdant eux-mêmes plusieurs jours à reformer leurs colonnes. D'autre part, comme l'offensive prussienne se faisait aux deux extrémités du pays, les Autrichiens se trouvèrent rapprochés par leur propre retraite, de sorte que le prince Charles, à son arrivée à Prague, disposait de 61 000 hommes bien groupés, tandis que Schwerin et Frédéric étaient encore séparés par la Moldau et par l'Elbe. Mais le prince demeura immobile : Frédéric passa tranquillement la Moldau à cinq kilomètres de son camp et Schwerin franchit l'Elbe à seize kilomètres sans avoir été inquiété davantage.

La bataille s'engagea le 6 mai. Les Autrichiens s'étaient établis à l'est de la ville sur une chaîne de hauteurs rocailleuses et arides, très escarpées par places, mais qui s'abaissaient vers la droite et venaient se perdre dans un fond de prairies marécageuses, parsemées d'étangs et coupées de digues qui servaient au passage. L'infanterie, à cette époque, se formait en général sur trois rangs, en ordre mince, très allongé, de façon à développer le front de tir. En arrière de cette première ligne, on en établissait une seconde, qui bouchait les trous creusés dans la première. La cavalerie se plaçait aux ailes. Au petit jour, Frédéric donna ordre d'attaquer la droite de l'ennemi qui pouvait être atteinte par des vallonnements assez doux. Mais le prince Charles, sentant le danger, retira cette aile pour la disposer en crochet, derrière un terrain très coupé, de telle façon que son front formait un angle droit en direction de l'ennemi. Cet ordre défensif, que les tacticiens appelaient l'ordre en potence, est, selon Jomini, un remède pire que le mal. En effet, son extrémité doit être aussi bien couverte que celle d'une ligne droite et, d'autre part, les troupes voisines du saillant ne peuvent rétrograder sans se presser réciproquement, de même qu'elles ne peuvent avancer sans former entre elles un grand intervalle. Cependant, par sa nouvelle position, le prince Charles gagna d'obliger les Prussiens à faire un mouvement plus étendu pour l'attaquer.

Leur premier assaut, celui de Schwerin, est repoussé faute de préparation et Schwerin tué en brandissant un drapeau pour entraîner un bataillon qui hésitait. Le second, mené par le général Zieten avec soixante-cinq escadrons disperse la cavalerie autrichienne. Le maréchal Browne a une jambe fracassée : on doit l'emporter. Le prince Charles se précipitant pour arrêter les fuyards est frappé d'un coup de sang et il ne pourra reprendre sa place qu'à la fin du jour. L'armée autrichienne est privée d'une direction d'ensemble, la bataille se fractionne en une suite de combats partiels, confus et difficiles à raconter. Cependant, le succès de Zieten ne suffit pas à emporter la victoire, parce que ses cavaliers se dispersent pour piller le camp autrichien, défoncer les bagages et s'enivrer. La décision est acquise par une attaque imprévue de la droite prussienne que Frédéric a jusque-là gardée en réserve et qui se lance dans la mêlée, dès que la confusion apparaît de l'autre côté. Les régiments du prince Henri, du prince Ferdinand de Brunswick, de Winterfeldt firent des prodiges. Ils s'avancèrent sous la mitraille comme à une revue et ne tirèrent qu'à bout portant. Les Autrichiens avaient perdu environ 16 000 hommes contre 13 000 ; la moitié de l'armée se retira dans Prague, le reste s'échappa par le Sud à la rencontre du maréchal Daun qui arrivait avec des renforts.

Les fuyards ne furent pas inquiétés. Frédéric n'a pour ainsi dire jamais poursuivi un adversaire en déroute. Le plus souvent, il n'avait pas de réserves fraîches pour le faire. En second lieu, comme son armée était composée d'individus de toutes sortes et de toutes nationalités, il avait peur qu'une course rapide et dispersée disloquât l'ordre des unités et fournît l'occasion de déserter aux volontaires malgré eux. C'est pourquoi, bien qu'il ait laissé entendre à plusieurs reprises que la bataille avait pour but l'anéantissement de l'ennemi, il ne pouvait escompter en pratique qu'une démoralisation et une désorganisation plus ou moins complètes. Il se contenta donc de faire suivre Daun en retraite par le corps d'observation du maréchal de Bevern et il établit le blocus de Prague n'ayant ni assez d'artillerie, ni assez d'hommes pour pouvoir l'enlever d'assaut. Le Prince Charles, lui, avait des vivres jusqu'au 20 juin. Daun en profita pour réorganiser son monde et le 12, il reprit l'offensive avec 54 000 hommes contre Bevern qui n'en avait pas la moitié. Bevern se replia en hâte sur Kolin, tandis que Frédéric marchait à son secours, avec un renfort beaucoup trop faible de quatre bataillons et six escadrons. L'itinéraire des deux corps était même si incertain qu'ils faillirent ne pas se rencontrer. La jonction se fit par hasard dans la soirée du 14 et la bataille fut livrée le 18.

Frédéric voulait reprendre exactement la manœuvre de Prague, c'est-à-dire attaquer avec son aile gauche en refusant l'autre. Mais il avait affaire cette fois à un général du plus grand mérite. Devinant ses intentions, Daun changea de front durant la nuit et lorsqu'il fut sûr que Frédéric persistait dans son projet, il fit glisser vers le point menacé sa réserve et sa seconde ligne, de sorte que, non seulement les Prussiens se heurtèrent à une résistance imprévue, mais encore furent attaqués eux-mêmes par surprise, au cours de leur marche de flanc. La cavalerie autrichienne acheva la déroute. Sur 18 000 fantassins, Frédéric en perdit 12 000. Les pertes de Daun n'allaient qu'au tiers. (Bataille de Kolin, 18 juin 1757.)

Après sa défaite, le roi dut lever le siège de Prague et il ordonna la retraite en deux corps, l'un commandé par lui-même, l'autre par son frère Guillaume. Daun sut garder son armée unie. Il s'attacha à Guillaume qu'il contraignit à une série de marches incohérantes et désastreuses, au cours desquelles le prince perdit son bagage et son artillerie. Les deux frères se rejoignirent en Saxe, à Bautzen. Accompagné de ses généraux, Guillaume se rendit à la rencontre de Frédéric qui le regarda venir, puis, sans un mot, lui tourna le dos. Quelques heures après, il lui fit répéter par le général Goltz le message suivant :

— Dites à mon frère et à tous ses généraux que je leur devrais trancher la tête à tous.

Au comble du désespoir, Guillaume demanda aussitôt la permission de quitter l'armée : « Vous avez mis mes affaires dans une situation désespérée, répondit le roi. Ce n'est point les ennemis qui me perdent, mais les mauvaises mesures que vous avez prises... Vos oreilles ne sont accoutumées qu'au langage des flatteurs ; Daun ne vous a pas flatté, vous en voyez les suites. Pour moi, il ne me reste plus dans cette triste situation qu'à prendre les partis les plus désespérés. Je combattrai et nous nous ferons massacrer tous, si nous ne pouvons vaincre... Le malheur que je prévois a été causé en partie par votre faute. Vous et vos enfants vous en porterez la peine plus que moi... » Et il dit encore que son frère n'était bon qu'à commander un sérail de filles d'honneur.

Le prince indigné eut peine à retenir la colère que lui causait ce traitement, mais il céda aux conseils du vieil Eichel, se contint et alla s'enfouir dans la retraite. Aigri, malade, il ne survécut pas longtemps à sa disgrâce et mourut en 1758.

★

A la fin de septembre 1757, la situation du roi paraissait désespérée. Les Autrichiens l'avaient rejeté hors de Bohême et ils menaçaient la Silésie. Par Memel, les Russes avaient envahi la Prusse orientale et battu à Grosz-Jaegersdorf le maréchal Lehwaldt. Les Français, sous d'Estrées et Richelieu, avaient occupé Wesel et les possessions prussiennes du Rhin, franchi le Weser, occupé Emden, Hanovre et Brunswick, puis acculé l'armée du duc de Cumberland à l'embouchure de l'Elbe où elle avait capitulé. Les Suédois se joignant à la coalition étaient entrés en Poméranie et s'étaient emparés du territoire jusqu'à l'Oder. Enfin, l'armée de l'empire, renforcée d'un corps auxiliaire de Français, s'assemblait entre Erfurt et Weimar pour dégager la Saxe. La Prusse cependant fut sauvée en trois mois. Dans toute la vie de Frédéric, il n'est point de campagne plus brillante. Son génie, enflammé par le malheur, donne l'impression d'une force plus irrésistible que celle des armes, celle de l'esprit. Par le choix de l'adversaire, la combinaison des manœuvres, le calcul des marches, la disposition des armées, la domination complète de la carte, il a réussi son chef-d'œuvre.

Dans l'état critique des affaires, une victoire était indispensable. C'est ce qui le décida à se porter d'abord contre l'armée des cercles, fournie par l'ensemble du corps germanique. C'était un ramassis de chemineaux, de pouilleux et d'échappés de geôles, encadrés par un état-major de princes. Un des meilleurs contingents, celui du prince de Hesse-Darmstadt, n'avait ni convoi, ni approvisionnement, ni aucun moyen de subsistance, hors le ministère de cinquante juifs, dont l'ingéniosité mercantile devait suppléer au manque de fournitures. Les munitions se composaient de quelques boulets par pièce et de trente cartouches par fusil. Le corps auxiliaire français avait meilleure tenue. Mais la plupart des soldats n'avaient pas encore vu le feu, ils étaient mal commandés et au contact des impériaux ils avaient pris des habitudes d'indiscipline et de maraude. Le général en chef était le prince de Saxe-Hilburghausen, une nullité ; le commandant du corps français, le prince de Soubise, un médiocre. A l'approche de Frédéric, ils avaient d'abord reculé en prenant de bons camps défensifs, dans les montagnes du Harz, parti le plus sage, car il leur suffisait d'occuper le roi pendant quelques semaines pour donner aux Autrichiens le temps d'achever la conquête de la Silésie, après quoi l'hiver eût empêché toute autre opération.

— Ce qui me désole, écrivait Frédéric à sa sœur Amélie, c'est que je ne peux rien faire. Quand j'avance, l'ennemi fuit ; lorsque je me retire, il me suit, mais toujours hors de ma portée. Si je pars d'ici et que j'aille chercher ce superbe Richelieu aux environs de Halberstadt, il fera la même chose et ces ennemis ici, à présent tranquilles comme la statue de pierre, s'animeraient bientôt et me recogneraient aux environs de Magdebourg. Si je me tourne du côté de Lusace, alors ils me prennent mes magasins de Leipzig et de Torgau et vont droit à Berlin. Enfin, ma chère sœur, je suis au désespoir. »

Par bonheur pour lui, les généraux alliés s'enhardirent. Ils disposaient de 30 000 Allemands et de 24 000 Français. Frédéric n'avait que 21 000 hommes. Les deux armées s'étant rencontrées au village de Rossbach à l'ouest de la Salle, le roi une fois encore jugea imprudent d'attaquer l'adversaire qui s'était établi sur des hauteurs faciles à défendre et il se retira lui-même derrière un ruisseau aux rives marécageuses. Trompés par cette apparente timidité, les deux princes s'imaginèrent alors qu'ils pourraient le contraindre à la retraite, sans combattre, par un simple mouvement tournant. Mais la manœuvre fut exécutée avec une effarante maladresse et une désespérante lenteur. Les colonnes se mirent en marche à découvert, sans éclaireurs, sans flancs-gardes, en dessinant un vaste demi-cercle autour de Rossbach. Quand leurs intentions furent bien claires, Frédéric fit exécuter à son armée un mouvement parallèle, mais à l'abri des collines, de sorte qu'à quatre heures et demie, l'armée « combinée » fut subitement assaillie en tête et en flanc, sans avoir eu le temps de se déployer pour prendre la formation de combat. On croyait tourner l'ennemi, on était débordé soi-même. Les Impériaux se débandèrent à la première décharge. Les Wallons et les Français se comportèrent vaillamment, mais la confusion était telle que l'armée tout entière fut entraînée dans la débâcle. A la nuit tombante, la plaine était couverte d'une multitude de fuyards que sabraient les cavaliers de Seydlitz. Cependant, les Alliés ne perdirent que 8 000 hommes, dont cinq ou six cents tués seulement. Du côté prussien, il n'y eut que 165 tués et 376 blessés, dont le prince Henri (5 novembre 1757). « La bataille de Rossbach, a écrit Frédéric dans ses Mémoires, ne valait proprement au roi que la liberté d'aller chercher de nouveaux dangers en Silésie. Cette victoire ne devint importante que par l'impression qu'elle fit sur les Français et sur les débris de l'armée du duc de Cumberland. » Dans une lettre, il l'a appelée aussi « une bataille en douceur ».

Daun et le prince Charles avaient envahi la Silésie, pris Schweidnitz, battu Bevern et enlevé Breslau. Frédéric vola au secours de la province avec 14 000 hommes qu'il amalgama aux restes de l'armée vaincue. Le 4 décembre, avec 33 000 hommes, il trouva les Austro-Allemands qui étaient 70 000. Ils s'étaient établis à quinze kilomètres à l'ouest de Breslau, sur une chaîne de mamelons boisés, entre les villages de Leuthen et de Lissa. De cette bataille, les écrivains militaires de la fin du siècle ont fait leur tarte à la crème. Ce serait la bataille-type de Frédéric, celle qu'il aurait essayée en toutes circonstances et qui donnerait la clef de son génie. Elle se définit par la formule déjà citée : attaquer une aile en refusant la lutte de l'autre côté. C'est l'ordre oblique. Prague, Kolin et Leuthen ont été en effet des batailles de ce type, mais si Prague a été une victoire, Kolin a été une défaite et à Leuthen même, le succès a été dû non à l'ordre oblique, mais à la surprise. Il faisait un temps brumeux ; l'armée autrichienne n'était pas éclairée par des patrouilles sur tout le front, mais seulement par un gros parti de cavalerie qui surveillait la route principale et que les Prussiens dispersèrent. Cet épisode fit croire au prince Charles qu'il serait attaqué à droite : il mit à cette aile ses meilleurs régiments. Frédéric attaqua à l'extrême-gauche, par échelons, après des conversions savantes qui devinrent par la suite le *nec plus ultra* du pédantisme militaire. La victoire fut décidée en fin de compte par la cavalerie de l'aile refusée. Il n'y a pas de système constant pour gagner les batailles. Le mérite de Frédéric est de s'être tenu à des principes simples et d'en avoir varié l'application selon les circonstances. Chacune des deux armées avait perdu 6 000 hommes tués ou blessés. Mais comme les Autrichiens combattaient le dos à une rivière, leur retraite fut difficile et ils laissèrent encore 24 000 prisonniers. Frédéric réoccupa la Silésie, sauf Schweidnitz.

★

Rarement vit-on victoire plus éclatante et vainqueur plus pressé de traiter. La campagne finissait par un miracle, mais au printemps le miracle serait à recommencer. Frédéric se comparait à un homme assailli de mouches : « Quand l'une s'envole de la joue, une autre vient se mettre sur le nez, et à peine s'en est-on défait, qu'une nouvelle volée se place sur le front, sur les yeux et partout. »

Tandis qu'il manœuvrait contre Soubise, les Autrichiens du général Hadick avaient réussi une pointe sur Berlin, occupé la ville pendant quelques jours et levé contribution. Ce fut une belle panique. Tandis que l'ennemi entrait d'un côté, la reine et les princesses couraient affolées d'un hôtel à l'autre. On chargeait les chariots pour les décharger, on entassait au palais les bijoux et les cassettes pour les reprendre une minute plus tard et s'en aller les porter ailleurs. Enfin, on se jeta en voiture. A six heures, la cour débarqua au château de Spandau qui n'était plus habité depuis quarante ans. Il n'y avait ni feu, ni meubles. On trouva des bancs et on étendit de la paille. Les filles de chambres restèrent assises sur les coffres et personne ne ferma l'œil de la nuit. Dans une salle pleine de monde, la reine tint conseil avec les ministres autour d'une unique chandelle. La grande maîtresse, Mme de Camas, assise un peu plus loin, était fort émue. Que faire ? Rester ? Partir ? Demander les ordres du roi ? Attendre les renforts ? Gagner tout de suite Magdebourg ? « Mes enfants, disait de temps en temps Mme de Camas, parlez plus haut ; je voudrais bien me délivrer d'un vent qui m'incommode. » Enfin arriva la nouvelle que Berlin serait promptement délivré. Mais, en plein hiver, un mois après Leuthen,

Richelieu occupait pour la seconde fois Halberstadt et faisait payer rançon aux bourgeois.

Si, en dépit de deux victoires, avec des forces presque intactes, la Prusse demeurait aussi vulnérable, qu'en adviendrait-il les années suivantes ? Frédéric avait le sentiment de marcher sur une corde raide, à la merci du moindre faux-pas. En fait, toutes ses campagnes jusqu'en 1762 ressemblent à la campagne de 1757. Ce sont les mêmes courses d'un ennemi à l'autre, de l'Oder à l'Elbe, de l'Elbe au Weser, des Russes aux Autrichiens, des Autrichiens aux Français. Mais à chaque fois, Frédéric s'affaiblit davantage. En 1758, tandis que le prince Ferdinand de Brunswick refoule les Français sur le Rhin, il peut encore prendre l'offensive en Moravie, mais il est arrêté par la résistance d'Olmütz, perd un convoi de trois mille chariots chargés de farine et de munitions, lève le siège et jusqu'en août se laisse entraîner par Daun dans une suite de marches et de contre-marches qui le fatiguent sans profit. Sa bataille contre les Russes, Zorndorf (25 août), n'est qu'une boucherie et la campagne d'automne en Saxe se termine par une défaite. Il est surpris et battu à Hochkirch (14 octobre). Au cours de l'action, le maréchal Keith, le prince François de Brunswick, le prince Maurice d'Anhalt sont mortellement blessés, mais grâce à la valeur de ses troupes, il fait encore une belle retraite.

En 1759, allées et venues du prince Ferdinand entre le Weser et le Rhin ; guerre de chicanes un peu partout. Une seule grande bataille : Kunersdorf, près de Francfort-sur-l'Oder. Frédéric est écrasé par les Russes de Soltikoff. Il a deux chevaux tués sous lui et il reçoit deux balles dans son habit : sur le soir, brandissant un drapeau, il essaye encore de ramener les troupes au combat en criant : « Que tout brave soldat me suive ! » Mais il est enveloppé par le flot des fuyards et entraîné dans le désordre des régiments qui se débandent (12 août). Le soir même, il écrit à Finck von Finckenstein : « Tout fuit et je ne suis plus maître de mes gens. » Pour couvrir la Silésie, le prince Henri doit abandonner la Saxe à l'armée des cercles qui reprend Leipzig et Dresde. En novembre, par un temps affreux, Frédéric essaye encore de manœuvrer contre Daun. Mal vêtus, mal nourris, presque sans feu, ses soldats endurent d'atroces souffrances. Un grand nombre meurt de froid. Pour couper les communications du maréchal autrichien et le contraindre à la retraite, Frédéric détache un corps isolé de 15 000 hommes sous le général Finck. Daun le surprend et le cerne à Maxen ; Finck se rend avec armes et bagages (21 novembre).

Ce fut l'année la plus pénible. « Je suis un forçat enchaîné ! » s'écriait le roi. Mais il ne subissait pas « son martyre », avec cette impassibilité fière, cette inébranlable maîtrise de soi qu'on aime souvent à lui prêter. Sans doute il cherchait à se tromper :

— Le stoïcisme convient à la situation où je me trouve, disait-il. Les stoïciens sont de bonnes gens qui soutiennent dans le malheur... Marc-Aurèle est mon bâton, je m'en sers.

Mais tout son tempérament s'insurge contre ce calme inhumain. Quand il attend des nouvelles, le moindre bruit, une porte qu'on ouvre, un cheval qui passe, le met dans une agitation extrême. Le feu lui monte au visage, il tremble en décachetant ses dépêches, il ne dort plus, il est « dans les angoisses de la fièvre chaude ». Le soir du désastre de Kolin, sanglotant, il se déclare incapable de dresser un plan de retraite. Après Kunersdorf, il abandonne le commandement de son armée au général Finck et il reste deux jours dans un état complet d'hébétude. Dans la longue solitude des quartiers d'hiver, c'est au découragement qu'il succombe par épuisement physique et moral : « Dieu ! que je suis las ! s'écrie-t-il, je ne vaux plus rien que pour la voirie !... Etait-ce la peine de naître ?... Je brûle à petit feu... Il y a presque de la sottise à moi d'exister encore... Oh ! que les morts sont plus heureux que les vivants ! » Hanté par la vision de la catastrophe finale, « du coup de grâce », souvent malade, crachant le sang, avec la tête qui lui tourne trois ou quatre fois par jour, la goutte aux deux pieds et au bras gauche, il n'est qu'un « squelette boiteux », « un vieillard grisonnant, sans gaieté, sans feu, sans imagination », « un bagage à la charge de l'armée ». « La fin de sa carrière est dure, triste et funeste », il n'est plus bon qu'à « peupler le pays de Proserpine ». La politique même ne l'intéresse plus. Comme, un jour, on lui a apporté des lettres de Constantinople, il les renvoie à Finckenstein : « Je n'ai pas daigné les lire, je suis si découragé que j'abandonne les affaires au hasard. »

Il a des cauchemars. Il se voit dans une chambre, couché. La porte s'ouvre. Son père entre avec six soldats qui se jettent sur lui et l'enchaînent. On l'emmène à Magdebourg. « Mais pourquoi ? — Parce que vous n'aimez pas assez votre père ! » Ou bien il s'approche pour baiser la main de la reine et Frédéric-Guillaume le repousse à coups de canne. Les terreurs de son enfance se réveillent pour lui enlever le repos. « Je suis si excédé des revers et des désastres qui m'arrivent, écrit-il à d'Argens après la capitulation de Maxen, que je souhaite mille fois la mort et que de jour en jour je me lasse davantage d'habiter un corps usé et condamné à souffrir... L'étonnement, le chagrin, l'indignation, le dépit confondus ensemble déchirent mon âme. » Ce n'est pas la première fois qu'il pense au suicide. Depuis le début de la guerre, il porte sous sa chemise, attachée à un ruban, une petite boîte d'or qui renferme dix-huit pilules d'opium, « dose très suffisante pour s'en aller vers ces sombres bords d'où l'on ne revient plus ». L'idée d'une fin volontaire le poursuit. Il en parle souvent. Il en parle même trop, car chaque fois que la fortune lui est contraire, il ne résiste pas à l'envie de mettre sa fermeté en littérature. « Comment un prince peut-il survivre à son Etat, à la gloire de sa nation, à sa propre réputation ?... Non, non, ma chère sœur, vous pensez trop noblement pour me donner d'aussi lâches conseils. La liberté, cette prérogative si précieuse, sera-t-elle moins chère dans le XVIIIe siècle à des souverains qu'elle le fut aux patriciens de Rome ? Et où est-il dit que Brutus et Caton pousseraient la générosité plus loin que les princes et que les rois ?... La vie ne vaut certainement la peine qu'on s'y attache si fort, etc. »

Voilà bien l'extraordinaire. Jamais Frédéric n'a été plus homme de lettres qu'au milieu de la guerre. Sans doute, il a d'autres dérivatifs. A la moindre éclaircie, la gaieté et l'espoir reviennent :

— Le gros orage va passer encore une fois... Nous allons les frotter joliment... Vous verrez que je me tirerai encore de tout ceci bien mieux que je n'aurais pu me l'imaginer...

Un soir, au siège d'Olmütz, il appelle son lecteur, Catt, un Suisse qu'il a rencontré en Hollande. Il lui raconte qu'en sa jeunesse il dansait bien et qu'il pourrait encore faire des entrechats. Et le voilà qui en fait cinq ou six, qui prend la main de Catt et qui lui donne une leçon de menuet.

D'autres fois, il se met en colère ; il se venge sur les choses ; il fait dévaster la maison de campagne d'Auguste III, brûler un faubourg de Dresde, piller le château du comte de Bruhl. Ces jours-là ses ennemis sont des incendiaires, des barbares, des assassins, des brigands, des loups-cerviers ; son armée, un ramassis de canailles ; ses lieutenants, des mazettes, tout juste bonnes à accumuler les « bourriquades ». Après la prise de Schweidnitz, il avait été si content de son colonel-ingénieur Balbi qu'il lui avait dédié une épître qui commençait ainsi :

Recevez, mon cher Balbichon
Ces vers de ma Muse charmée.

Mais le cher Balbichon n'ayant pas enlevé Olmütz à l'heure dite, il n'est plus, du jour au lendemain, qu'un incapable, un f...ichu ingénieur et un bougre à l'huile. « Il ne vaut pas une pipe de tabac... Il m'a mis dans le margouillis... Il a ouvert la tranchée à la Pantagruel... Au lieu d'une couronne civique, je lui enverrai un bonnet d'âne, dût-il m'en coûter les oreilles de mon meilleur mulet ! » Le lendemain, pendant une heure d'horloge, il accable le malheureux de toutes les duretés imaginables.

Mais son grand remède, c'est comme aux beaux jours, la poésie, les idées, la conversation, la musique. En 1757, à Noël, il a appelé d'Argens à Breslau. Le marquis est venu avec une malle de pilules, tout emmitouflé de fourrures, des bouillottes sous les pieds et fortifié contre les vents coulis. Ils ont passé trois mois ensemble, soupant, écrivant, discutant. Les autres années, le roi est réduit à la compagnie de Catt. Presque tous les jours, même en campagne, quand il ne marche pas, il le fait venir vers les cinq heures et il le garde une heure ou deux, parfois davantage. Il lui joue de la flûte, il lui parle de sa jeunesse, de ses maisons, de ses livres, de ses amis, de Voltaire surtout. Il lui déclame quelque tragédie dont il sait par cœur des scènes entières, *Andromaque, Phèdre, Britannicus, Mithridate, Athalie.* Entre chaque acte, il prend une prise de tabac, et de temps à autre il s'arrête sur un vers pour en souligner les beautés :

— Que d'art dans Racine ! Comme d'abord et en peu de mots il annonce le sujet de la pièce ! Quels tours enchanteurs ! Comme il sait embellir les termes ! Quelle peinture vraie et vive !

Parfois, aux endroits pathétiques, la lecture est interrompue par des larmes :

— Je ne puis continuer. Ce Racine me déchire le cœur !

Il n'aimait pas les auteurs nouveaux. « Leurs vers et leurs dialogues n'approchent pas de ceux de Racine. » Pourtant, il se risqua à lire l'*Iphigénie* de M. de la Touche, mais quand il arriva aux vers :

> ...Qu'avec étonnement il apprenne d'un roi
> Jusqu'où de l'amitié s'étend l'auguste loi.

— M. de la Touche, dit-il, M. de la Touche, il ne faut guère se fier à ces bougres-là.

Et il n'en fut plus question.

C'est qu'à ses propres yeux, il est demeuré un héros racinien. Il se voit vivre et agir sous le visage des princes de théâtre. Après la défaite d'Hochkirch, il accueille Catt par un morceau de *Mithridate* :

> Enfin après un an tu me revois, Arbate,
> Qui, de *Vienne* toujours balançant le destin,
> Tenais entre elle et moi l'univers incertain.
> Je suis vaincu. *Daunus* a saisi l'avantage...

Dans chacune de ses crises intérieures, Frédéric sent d'instinct que le mal qui le terrasse est bien trop grand pour être attaqué de front. Loin de prétendre raisonner sa douleur, il ne cherche d'abord qu'à « l'étourdir ». C'est alors qu'il se jette à corps perdu dans la lecture et le travail, car « rien ne soulage comme une forte application ». Il lit d'affilée, par exemple, les seize volumes de l'*Histoire Universelle* de Jacques-Auguste de Thou dont il est « très content » ou les trente-six volumes de l'*Histoire Ecclésiastique* de Fleury. Il écrit longuement à sa sœur de Bayreuth et à d'Argens « plutôt pour se soulager que pour les amuser ». Mais de tous les moyens de s'étourdir, celui qui lui rend le plus de service, c'est la poésie. Quand il rime, il oublie tout et l'oubli lui « rafraîchit la tête ». « Souvent, explique-t-il à la princesse Amélie, je voudrais m'enivrer pour noyer le chagrin, mais comme je ne saurais boire, rien ne me dissipe que de faire des vers et tant que la distraction dure, je ne sens pas mes malheurs. »

De là « ce déluge de vers qui inonde chacune de ses campagnes ». Il en envoie à ses parents, à ses amis, à ses généraux, à Voltaire même. Entre-temps, il se compose un dictionnaire de rimes et il écrit des pamphlets contre Kaunitz, contre Daun, contre le pape, contre Mme de Pompadour. Il encourage Catt à l'imiter :

— Je vous corrigerai à la rigueur et je vous ferai recommencer jusqu'à ce que cela soit bien fait. C'est ainsi que Voltaire en a usé avec moi, je serai votre Voltaire. Mais, dites-moi, ne trouvez-vous pas dans mes vers un peu du coulant de Racine ?

Comme Catt a laissé une amourette à Breslau, il le fournit de déclarations poétiques :

> Un certain dieu qu'on adore à Cythère,
> M'avait, Phyllis, engagé sous vos lois,
> Je soupirais, je me flattais de plaire...

La reine-mère était morte en 1757, dix jours après Kolin ; Wilhelmine mourut l'année suivante, le jour même de la bataille d'Hochkirch. C'étaient, sans nul doute, les deux personnes que Frédéric aimait le mieux au monde. A la mort de la margrave, il eut une crise de désespoir. Chaque fois qu'il prononçait son nom, les larmes lui venaient aux yeux. Pendant plusieurs semaines, il se plaignit de ne plus pouvoir écrire puis il retrouva le calme en apprenant par cœur des oraisons funèbres que Catt lui faisait réciter. Quelques semaines plus tard, il s'en servit pour composer une parodie, l'*Oraison funèbre de Mathieu Reinhardt, maître-cordonnier* et comme il avait lu aussi le *Petit Carême* de Massillon, il fit un sermon sur le jugement dernier qu'il recopia soigneusement sur du papier de deuil à bord noir. Comme une édition de ses poésies venait de paraître en France, il en fit imprimer à Berlin une seconde puis une troisième, dont il avait retranché ou corrigé plusieurs passages satiriques et à laquelle il ajouta pour se concilier le public protestant des stances paraphrasées de l'Ecclésiaste.

Quand il a endormi le mal par ces calmants empiriques, il retrouve la force par une méditation plus profonde. De toutes les doctrines philosophiques qu'il a fréquentées, il en est une à laquelle il est demeuré fidèle sa vie entière : c'est celle que nous appelons aujourd'hui le déterminisme. Elle l'a soutenu à Custrin, en lui faisant croire à sa bonne étoile. Elle le soutient dans ses revers par la conviction que rien ne peut le soustraire à la nécessité de son état. Dans ce monde « que la destinée mène à son gré », « où les politiques et les guerriers ne sont que des marionnettes » remuées par « une main invisible », tout ce qui s'accomplit doit s'accomplir. « Prétendre que la fortune soit constante, c'est vouloir qu'un chien ait des écailles... Il faut que la fortune soit légère, qu'un papillon ait des ailes, que notre destinée soit mêlée, tantôt agréable et tantôt fâcheuse. » Il faut surtout que les rois fassent leur métier de roi. « Mon corps est usé, mon esprit s'éteint, mes forces m'abandonnent. Mais l'honneur parle, il me fait penser et agir. » La vie qui est trop courte pour les vaines spéculations est aussi trop courte pour les longues douleurs. « Murmurer ou se plaindre, c'est s'opposer aux lois universelles... quiconque ne sait pas résister au malheur est indigne de la bonne fortune. »

Pour moi, menacé du naufrage,
Je dois en affrontant l'orage
Penser, vivre et mourir en roi.

Du jour où il a vaincu le mal, le voilà debout, mû par un ressort soudain, reformant les troupes et agençant mille intrigues pour avoir la paix ou pour susciter des diversions. Il ne parle plus que de « vaincre ou mourir », de se faire « assommer » avec sa canaille. « Toute tiédeur est hors de saison !... Il faut bon gré, mal gré, se jeter dans les grandes aventures et jouer à quitte ou double... A des maux désespérés, il faut des remèdes désespérés... »

★

Au vrai, Frédéric était trop épuisé pour désirer beaucoup. Il était entré en correspondance avec le nouveau ministre français, Choiseul, par l'intermédiaire de Voltaire qui, d'un accord tacite, communiquait à chacun de ses illustres amis le contenu des lettres qu'il recevait de l'autre. C'était un échange de compliments perfides, d'aigres consolations, de méchancetés et d'épigrammes auxquels se mêlaient peu de choses sérieuses. Pour atteindre Choiseul qui répétait que les défaites de la France au Canada n'empêcheraient pas la Prusse d'être anéantie par la coalition, Frédéric se servit aussi d'un bailli de Malte. Enfin, à La Haye, où se trouvaient des ambassadeurs de toutes les puissances en guerre, on négocia plusieurs mois. Mais l'Angleterre repoussait tout compromis et voulait que la France fût écrasée. Il fallut combattre. Frédéric remporta deux victoires sur Daun, l'une à Liegnitz, en Silésie (15 août 1760), l'autre à Torgau en Saxe (3 novembre). Mais, au début de la campagne, Fouqué s'était fait prendre avec 12 000 hommes aux confins de la Bohême ; Daun garda Dresde et en octobre les Austro-Russes firent encore une pointe sur Berlin. Ils occupèrent la ville quatre jours, levèrent une contribution de 1 700 000 thalers, délivrèrent les prisonniers, détruisirent la fonderie de canons, le moulin à poudre, vidèrent l'arsenal, pillèrent Charlottenbourg et respectèrent religieusement les châteaux de Potsdam.

Pendant toute l'année 1761, le roi manœuvra pour arrêter l'adversaire sans livrer une bataille qui aurait pu être sa fin. Il réussit à gagner la mauvaise saison presque sans combattre, mais il perdit deux grandes forteresses : Schweidnitz en Silésie et Colberg sur la Baltique. Depuis longtemps, il aurait dû être écrasé sous le nombre. Il se soutenait par la « divine ânerie » de ses ennemis qui n'avaient jamais su coordonner leurs opérations. S'ils avaient agi en même temps, disait-il à d'Argens, « vous n'auriez eu qu'à faire mon épitaphe ». Russes et Autrichiens ne s'entendaient pas et la distance rendait encore plus difficile l'élaboration d'un plan commun. Quant aux Français, pendant sept ans, ils n'ont eu que de médiocres généraux et leur guerre a été constamment entravée par les troubles intérieurs. Bien renseigné par d'Argens, Frédéric sait que les écrivains et les philosophes ont si bien travaillé pour lui qu'ils ont rendu sa cause populaire : il est le héros de la liberté. Et puis les Parlements sont en révolte ouverte contre la couronne. Tandis que, faute d'argent, les armées manquent du nécessaire, les magistrats proclament la grève de l'impôt. Huit contrôleurs généraux se succèdent en sept ans, usés par la rébellion des juges : « Refusez vos subsides au roi de France, écrit Frédéric à Voltaire, et il se verra bien obligé de faire la paix. » (26 mars 1760.)

Mais lui-même, qu'a-t-il fait de son propre Etat ? Les duchés westphaliens, la Prusse orientale, la Poméranie presque entière, une partie de la Silésie sont occupés par l'ennemi. Depuis qu'il a resserré son alliance avec l'Angleterre (11 avril 1758), il vit pour une part sur les secours de Londres et, pour le reste, il épuise la Saxe. Quand il l'a envahie, c'était la province la plus riche d'Allemagne. S'il l'abandonne, elle sera vidée, exsangue, presque réduite à la famine. Pourtant, il se sent à la merci d'un « instant fatal ». Son armée a fondu ; d'hiver en hiver le recrutement devient de plus en plus laborieux. Sans doute, il trouve des hommes en Mecklembourg, en Thuringe, en Saxe même. Mais quels hommes ? « Un ramas de drôles, des larrons, des décrotteurs, des ramoneurs de cheminée » qui ne tiennent pas au combat. A Kunersdorf, ils se sont débandés : c'est tout juste si, sur 48 000, il a pu en retenir 3 000 pour faire retraite en bon ordre. Qu'a-t-il encore ? Des déserteurs, des prisonniers qu'on incorpore de force. En 1759, à Berlin, ils ont fait un complot pour mettre le feu à la ville : il a fallu en arrêter trois cents. Cent vingt de ses généraux ont été tués. Quatorze sont prisonniers en Autriche.

On murmure autour de lui. S'il n'avait pas rompu l'alliance française, ni attaqué la Saxe, l'Etat n'aurait pas été mis au bord de l'abîme. On incrimine son orgueil, son entêtement, sa témérité, son étourderie, ses caprices. Il a eu de violentes querelles avec son frère Henri. Peut-être lui a-t-on rapporté les propos terribles que le prince a tenus sur lui, l'accusant d'aimer le sang humain, comme les tigres aiment la viande crue ? Jusqu'à son lit de mort, Guillaume n'a cessé de le maudire, lui et Winterfeldt. Il a compté sur les Turcs ; il a intrigué à Constantinople pour les jeter sur l'Autriche : rien ne bouge. La France a beau être déchirée, « un grand royaume fournit toujours aux frais d'une campagne ». Que faire ? Rassembler toute l'armée en un seul corps et chercher une bataille ? C'est un parti de désespoir. « Après tout, périr en détail ou périr en masse, n'est-ce pas la même chose ? » Ses remèdes ordinaires n'agissent plus. « Je ne suis pas bien, dit-il un jour à Catt, mais le moyen d'être bien avec la funeste idée que je succomberai tôt ou tard ? » Et il écrit au marquis : « Enfin, mon cher, toute la boutique s'en va au diable ! »

A deux doigts du gouffre, Frédéric et la Prusse furent sauvés par la défection de la Russie. La tsarine était fatiguée de vivre. Elle mourut le 5 janvier 1762. Son neveu et successeur était un Allemand imbécile. Il jouait à la poupée, s'enivrait avec ses valets et passait une bonne partie de son temps à faire manœuvrer une armée de soldats de cire. Un jour sa femme, Catherine d'Anhalt-Zerbst, le surprit en train de pendre un gros rat. Comme elle lui demandait ce que signifiait cette exécution, il lui répondit que, selon le code militaire, le rat était passible de la peine capitale pour avoir franchi le mur de la forteresse de carton et renversé une sentinelle. Son grand plaisir était de courtiser les bossues et les borgnesses, de dresser des chiens et d'apprendre l'exercice à la prussienne à sa garde de soldats holsteinois. Il s'habillait, en cachette, en général prussien et, grâce à un secrétaire, il faisait passer à Berlin les plans de campagne que la cour de Vienne communiquait à celle de Pétersbourg. Le jour même de son avènement, il donna ordre à l'armée de suspendre les opérations et il fit raccourcir les vestes de l'infanterie pour qu'elles ne soient pas plus longues que celles de l'infanterie prussienne.

Frédéric se hâta d'envoyer à Pierre III un ambassadeur, le baron de Goltz qui, pour l'occasion, fut nommé colonel, aide de camp et chambellan. Pour obtenir la paix, Goltz était autorisé à abandonner la Prusse jusqu'à la pacification générale et même définitivement contre indemnité. Goltz trouva un empereur qui ne jurait que par Frédéric, son vieil ami. Il rendait la Poméranie, Koenigsberg, la Prusse, tout ce qu'il avait occupé (5 mai 1762). Mieux encore, il signait avec Frédéric un traité d'alliance offensive pour lui faire rendre la Silésie (19 juin). « Si le roi m'en donne l'ordre, disait-il, j'irai faire la guerre à l'enfer avec tout mon empire. » Frédéric ne pouvait pas croire à tant de bonheur. Il envoyait à Pierre des lettres éperdues de reconnaissance : « Notre délabrement est affreux ; je pourrais désespérer de ma situation, mais je trouve un ami fidèle... Si j'étais païen, j'aurais érigé un temple et des autels à Votre Majesté Impériale comme à un être divin... Pour moi, mon corps, mon âme, mon cœur sont à Elle... » Dans toutes ses lettres, il répète les mêmes mots : le tsar est un homme divin.

Aussitôt son imagination lui fait briller de prochaines revanches. Il voit la Hongrie envahie par 100 000 Tartares, les Turcs en pleine marche sur Buda-Pest : « Un doux calme renaît dans mon âme et des sentiments d'espérance dont j'avais perdu l'habitude depuis six années me consolent des agitations... Je dirai une messe devant la reine de Hongrie et lui ferai chanter *De Profundis*... » Mais ces rêves ne furent qu'un feu très bref.

Soutenue par l'armée, Catherine renversa son fou de mari et se proclama elle-même impératrice sous le nom de Catherine II. « La paix que j'ai faite avec la Russie subsistera, mais l'alliance s'en va à vau-l'eau. Les troupes retournent en Russie et me voici réduit à moi-même... Je suis la toupie de la fortune, elle se moque de moi... J'ai le chagrin dans le cœur, mon embarras est des plus grands : mais que faire ? » Cependant la défection de la Russie entraîna celle de la Suède (traité du 22 mai 1762) et désorganisa la coalition.

Le peuple anglais était pressé de goûter aux fruits de la victoire. Victorieux sur mer et aux colonies, il se souciait peu de Frédéric et de sa Silésie. Sauf au temps de Pitt les relations n'avaient jamais été très confiantes d'une capitale à l'autre. Au fond d'eux-mêmes, les ministres de Sa Majesté britannique tenaient le roi de Prusse pour un prince salarié, pour un de ces entrepreneurs de troupes comme l'Allemagne en avait déjà tant produits. Le dédain perçait toujours. Quand l'envoyé Mitchell vint annoncer au roi la perte de Port-Mahon, « cette nouvelle, ajouta-t-il, est triste, mais non décourageante. Nous hâtons de nouveaux armements et tout fait espérer qu'avec l'aide de Dieu, nous réparerons cet échec par de prompts succès ».

— Dieu ? s'étonna Frédéric. Je ne le croyais pas au nombre de vos alliés.

— C'est pourtant, Sire, le seul qui ne coûte rien.

A cette allusion aux subsides qu'il touchait, Frédéric répondit de la même façon :

— Aussi, vous voyez qu'il vous en donne pour votre argent.

Il n'y avait dans tout cela aucune amitié.

L'Espagne était entrée en guerre aux côtés de la France et une armée franco-espagnole avait envahi le Portugal. D'autre part, les Anglais avaient commencé la conquête des Antilles, les îles du sucre. La guerre allait encore s'élargir et plus elle s'étendrait, plus elle serait difficile à terminer. Sans tenir le moindre compte des intérêts et des désirs de la Prusse, le nouveau roi George III et le ministre Bute entrèrent en négociations directes avec la France. Pendant toute l'année 1762,

Frédéric, tenu à l'écart, pesta contre Bute comme il pestait jadis contre Fleury. Ministre brouillon, politique inepte, propos indécents, homme sans bienséance, sans système, sans politesse, abandon indigne, scélérat infâme : toute la litanie des récriminations et des injures. Il entretenait deux ambassadeurs à Londres. Il leur ordonna de renverser Bute par n'importe quel moyen. « Vous ne perdrez aucune occasion pour animer et brouiller sous main la nation contre lui... Vous animerez les auteurs de brochures... » Tant de travaux demeurèrent inutiles. Les préliminaires franco-anglais furent signés à Fontainebleau en novembre, le traité définitif à Paris, le 10 février 1763. La guerre ne pouvait plus continuer en Allemagne : Catherine fit accepter sa médiation. Les discussions s'ouvrirent dans les derniers jours de 1762, à Hubertsburg, un petit château près de Leipzig. La paix définitive fut signée le 31 janvier 1763 : toutes les choses étaient remises dans l'état où elles se trouvaient en 1756. La Prusse conservait la Silésie. L'Autriche s'était battue pour rien pendant sept ans.

Frédéric affectait un grand calme :

— Si l'Etat avait acquis quelque province de plus, ç'aurait été un bien sans doute ; mais comme cela n'a pas dépendu de moi, mais de la fortune, cette idée ne trouble en aucune manière ma tranquillité. Si je répare bien les malheurs de la guerre, j'aurai été bon à quelque chose et c'est là où se borne mon ambition.

Pourtant, il avait souffert dans son orgueil de la conduite et des « perfidies » de l'Angleterre. « Dans sept ou huit ans, calculait-il, les Français nous vengeront. » Et puis, il était passé « par une école de patience, dure, longue, cruelle et même barbare ». Que de morts autour de lui ! Sa mère, sa sœur préférée, ses meilleurs généraux, Schwerin, le compagnon de ses premières conquêtes, Winterfeldt l'audacieux, Keith, le plus fidèle et le plus noble de ses amis, tant d'autres... Que de dévastations aussi ! Que de plaies saignantes ! Par moments, il lui montait des bouffées de dégoût : « Sottises politiques, sottises d'ambition, sottises d'intérêt, voilà ce qui ne devrait pas agiter l'âme... » Mais un instant plus tard, il se retrouvait roi et « sensible à la gloire ». Cependant, il était las de l'existence. A quelqu'un qui lui disait que le 31 janvier serait le plus beau jour de sa vie, il répondit simplement : « Le plus beau jour de la vie est celui où on la quitte. »

CHAPITRE XI

Frédéric épicier et conquérant

— Je suis si fait aux revers et aux contretemps, je deviens si indifférent sur les événements que les choses qui m'auraient fait autrefois les plus profondes impressions glissent à présent légèrement sur mon esprit... Mon âme se détache insensiblement de la figure du monde qui passe et que j'abandonnerai bientôt... La sensibilité de mon âme est épuisée.

Frédéric revenait à Berlin, vieilli, ridé, blanchi et « à demi éclopé par la goutte ». Il n'avait pas revu sa capitale depuis six ans et il s'effrayait de n'y reconnaître que les murailles. Le 30 mars, jour fixé pour son entrée, il fit un pèlerinage au champ de bataille de Kunersdorf et, en chemin, il s'attarda à écouter les plaintes des conseillers provinciaux qui lui décrivaient la misère des paysans. Il n'arriva qu'à huit heures et demie du soir. Depuis le matin, toute la ville était sur pied. Les compagnies de bourgeois avaient pris les armes et formé la haie bien avant midi. Cinquante mille curieux s'étaient mis aux fenêtres et répandus dans les rues avec des flambeaux. A la porte de Francfort, Frédéric reçut les compliments des magistrats, mais il ne prit pas le carrosse de gala qu'ils lui avaient préparé. Il demeura dans sa vieille berline de campagne. Le cocher fouetta les chevaux, tourna à l'improviste dans une petite rue et gagna le *Schloss* par un chemin désert et noir. La cour, en grand habit, attendait. Le roi embrassa longuement ses frères Henri et Ferdinand et le prince Ferdinand de

Brunswick. Il salua les ambassadeurs, remercia l'envoyé hollandais d'avoir ouvert son hôtel à de malheureux habitants que l'occupation russe avait laissés sans asile. Puis il se dirigea vers le salon où se tenaient les dames ; la reine s'avança pour l'accueillir : « Madame a bien grossi », lui dit-il et il se tourna vers les princesses. Il embrassa la vieille Camas, fit mille amitiés à sa petite nièce Wilhelmine. et demeura à table jusqu'à près de minuit. Le lendemain, il reçut les corporations, les commerçants, les bouchers, les tireurs à l'arc et il parcourut la ville dans le carrosse doré de MM. les bourgeois. Les jours suivants, il y eut bal et illuminations. Les maisons des banquiers et des juifs étaient les mieux ornées. Le roi distribua des cadeaux : cinq mille thalers à la reine, quatre mille à sa sœur Amélie, des bijoux à ses belles-sœurs. Puis il revisa la liste des pensions. Podewils était mort d'apoplexie : le comte von Hertzberg fut nommé ministre.

Le 1er avril, arrivèrent les conseillers provinciaux de la Marche électorale. Le *landrat* von Nussler prit la parole en leur nom. Il avait déjà harangué le roi au passage et il recommençait un nouveau discours.

— Qu'il se taise, coupa Frédéric. A-t-il un crayon ? Bon... Qu'il prenne mes ordres... Ces messieurs devront calculer de quelle quantité de blé leurs districts ont absolument besoin pour le pain et pour les semailles. Combien il leur faut de chevaux, de bœufs et de vaches. Réfléchissez à cela et revenez demain.

Eichel leur montra les demandes de secours que le roi avait déjà reçues et qui formaient des volumes. Ils les examinèrent ensemble et les rangèrent par ordre d'urgence. En mai, le roi s'accorda quelques jours de repos à Sans-Souci pour jouir du printemps, puis il entreprit la visite des provinces, en commençant par la Poméranie qu'il trouva moins dévastée qu'il le craignait. Le prince Ferdinand de Brunswick l'accompagna en Westphalie et lui montra les champs de bataille. A Clèves, le roi passa quelques heures chez un de ses amis d'autrefois, von Spaen, le lieutenant à qui il avait confié ses projets de fuite et qui, passé au service des Pays-Bas, était devenu général. Frédéric revit une fois encore les ombres sanglantes de sa jeunesse. Mais des tâches impérieuses le réclamaient :

— A-t-il un crayon ? Bon... Combien lui faut-il de chevaux, de bœufs et de vaches ?

De temps à autre, il grommelait que ce n'était pas la peine d'avoir guerroyé si longtemps pour s'établir épicier à la paix. Mais il faisait le métier d'épicier avec le même acharnement que le métier de général. D'Alembert vint le rejoindre à Wesel et l'accompagna à Berlin. On passa par Brunswick : la cour ducale était si formaliste que le philosophe se laissa donner du marquis par les chambellans. Il resta trois mois à Sans-Souci, dînant et soupant avec le roi, d'Argens et mylord Maréchal. C'était comme une résurrection apaisée du bon temps. « Vous faites du bien à mon âme », disait le roi. Il était calme, détendu, presque heureux. Il parlait de toutes choses avec simplicité et sans aigreur. Un jour, il vanta les bonnes qualités de Louis XV ; une autre fois, se promenant dans le parc, il offrit une rose à d'Alembert : « Je voudrais vous donner bien davantage », ajouta-t-il. Mais d'Alembert ne voulait pas prendre la présidence de l'Académie vacante depuis la mort de Maupertuis. Il aimait le calme d'une vie retirée, les froids du Nord l'effrayaient et il avait peur de s'ennuyer. « Le roi, écrivait-il à Mlle de Lespinasse, est presque la seule personne du royaume avec qui on puisse converser, du moins de ce genre de conversation qu'on ne connaît guère qu'en France et qui est devenu nécessaire quand on le connaît une fois. » Sans lui, « la société est fort insipide et comme nulle ». Quand il invite des ministres, des conseillers et des généraux « tous ces autres messieurs ne disent mot et se contentent de rire de quelques contes que nous faisons ». Et puis Voltaire avait mis en garde son « très cher et très utile philosophe » contre les offres de Frédéric. Personne n'a pu y tenir, lui répétait-il, et, la pension de 50 louis qu'il lui fait verser à Paris n'est qu'un « hameçon ». Le dernier souper fut triste. Le roi assura d'Alembert de son estime, lui offrit l'argent dont il avait besoin pour un voyage en Italie et l'embrassa longuement, en souhaitant le revoir. Mais d'Alembert ne revint jamais.

Le meilleur ami de Frédéric, c'était encore le travail. Le rétablissement des pays de la domination prussienne fut une œuvre harassante et minutieuse. Cinq cent mille personnes — un neuvième de la population totale — avaient disparu ou émigré. Les fabriques arrêtées, les champs laissés en friches, la misère était immense. Il manquait soixante mille chevaux. La démobilisation de l'armée et le licenciement des équipages en libérèrent trente-cinq mille, avec trente mille hommes. Les provisions de blé, de farine et d'avoine accumulées pour la prochaine campagne permirent d'attendre la récolte. Pendant des années, la plus grosse besogne du roi consista à faire des recensements, à recruter de nouveaux colons (deux mille familles dans la seule région de Magdebourg), à prôner les prairies artificielles, à distribuer des secours, à accorder des remises d'impôts et des remises de loyer, à signer des mémoires d'entrepreneur, à acheter des vaches et à calculer la fécondité des brebis.

La première année, la Poméranie eut droit à 8 766 têtes de bétail à 25 thalers l'une ; chaque paysan reçut par maison brûlée (il y en avait 1 246 en tout) cinquante thalers avec le bois de construction. Dans la nouvelle Marche, Custrin avait été presque complètement détruite par le bombardement et il manquait 68 866 moutons, pas un de moins. La Marche électorale (Berlin) avait perdu 25 000 chevaux, 17 000 bœufs, 20 900 vaches, 121 000 moutons et 35 000 porcs. En Silésie, où les dévastations étaient les plus grandes, le plat pays dénombrait 3 223 maisons, 2 225 granges, 3 495 étables brûlées ou tombées en ruines ; les villes, 2 917 maisons, 399 granges et 1 380 étables. La province avait aussi perdu son archevêque, Schaffgotsch, qui était passé du côté autrichien. Mais Frédéric ne rangeait pas cette fuite au nombre des désastres. Pendant son voyage de 1766, il écrivait à Voltaire : « Je suis dans une province où l'on préfère la physique à la métaphysique ; on cultive les champs, on a rebâti huit mille maisons et l'on fait des milliers d'enfants par an pour remplacer ceux qu'une fureur politique et guerrière a fait périr. » Il arrangeait un peu les choses pour les rendre plus belles ; néanmoins, à cette date, selon ses papiers, il ne restait plus à relever que 644 maisons, 95 granges et 829 étables. Par contre, faute de retrouver tous ses clients, l'industrie textile ne se remit jamais.

Si Frédéric put faire les frais de la reconstruction, calculée au plus juste prix naturellement, c'est que ses finances n'étaient pas en trop mauvais état. Son trésor contenait encore à la paix 29 millions de thalers, de quoi faire vivre l'Etat pendant deux ans ou presque. L'Angleterre et la Saxe avaient payé pour la Prusse. Après Kunersdorf, il avait lui-même conseillé aux « gens aisés » de s'enfuir à Hambourg avec leurs capitaux : c'était une réserve. D'autre part, la province de Kœnigsberg avait été traitée par les Russes avec douceur et elle put tout de suite acquitter ses impôts. Il restait à rembourser quelques emprunts, à retirer de la circulation les billets qui avaient servi à payer les dépenses non militaires et la monnaie de mauvais aloi qui avait été frappée à partir de 1758. Pour une même valeur nominale, ces pièces ne contenaient qu'un tiers d'argent : c'était, si l'on veut, des billets de banque métalliques. Frédéric organisa l'amortissement de la dette et les pièces démonétisées furent reprises, mais seulement à leur valeur réelle, c'est-à-dire au tiers. Il en résulta des pertes considérables pour les particuliers. Les seigneurs qui avaient profité du désordre pour occuper sans droit des tenures paysannes furent contraints de les restituer.

Dans cette pauvreté, le roi se laissa aller à une dépense qui n'était que pour l'ostentation et qu'il a qualifiée lui-même de fanfaronnade. A l'extrémité du parc de Sans-Souci, il fit construire par deux architectes sans talent, Bühring et Manger, un second palais que l'on a appelé le Palais Neuf ou le nouveau Sans-Souci. C'est une énorme bâtisse rose, blanche et verte, ornée de trois coupoles disproportionnées qui ressemblent à des cloches à melon et dont la plus monumentale repose sur une sorte de couvercle bombé qui sert de raccord avec l'édifice. Les communs forment deux autres palais, avec des escaliers monumentaux, des coupoles, des colonnes et des obélisques. L'ensemble est lourd, théâtral, sans grâce et sans équilibre, franchement laid, avec des entrées étroites, sans grandeur, un escalier médiocre, mal placé, parce que toute la partie centrale du rez-de-chaussée est occupée par une fausse grotte, avec des incrustations de coquillages.

Pour la décoration intérieure, le roi est resté fidèle au style qu'il aimait à vingt ans. Mais, en 1763, le rococo avait épuisé son invention. En dépit de trouvailles heureuses, en dépit de quelques petits salons réussis, on sent que les artistes se sont essoufflés à recouvrir des surfaces trop vastes. Ils ont abusé des mêmes motifs, des stalactites tremblotantes, des grillages dorés que l'on retrouve aux plafonds, autour des glaces, au-dessus des portes, dans l'embrasure des fenêtres. Nous voilà bien loin de la fantasque et charmante inspiration de Sans-Souci et du *Stadtschloss !* Les travaux durèrent jusqu'en 1769. Les dernières années, Karl de Gontard et Legeay élevèrent la colonnade des communs. Gontard bâtit aussi dans le parc les deux petits temples, le temple de l'amitié et le temple antique qui abrita désormais une partie de la collection Polignac.

La construction du Palais Neuf contribua à soutenir les métiers d'art de Berlin. Mais la crise économique qui sévit par toute l'Europe à partir de 1763 n'épargna pas la Prusse. Elle commença par la faillite d'une des plus grandes maisons d'Amsterdam, celle des frères de Neufville. Puis les banqueroutes se propagèrent de place en place, de banque à banque, de client à fournisseur. A Hambourg, quatre-vingt-quinze entreprises suspendirent leurs paiements. A Berlin, l'homme qui passait pour le plus riche de la ville, Gotzkowski, fut atteint à son tour. Pendant la guerre, il avait amassé une énorme fortune en participant aux fournitures militaires et en effectuant des opérations très compliquées sur les changes. Mais il s'était trop engagé et dans trop d'affaires pour pouvoir résister à la tourmente. Frédéric essaya de le sauver en lui prêtant de l'argent mais, trois mois plus tard, Gotzkowski était de nouveau insolvable.

Le roi fut profondément surpris par cette crise dont il ne comprenait pas le mécanisme. « Depuis que je suis au monde, disait-il, je n'ai rien vu de pareil ! » Il crut d'abord à une cabale de commerçants. Mais surtout, il souffrait de sentir la Prusse dans la dépendance des banques étrangères. Déjà en 1752, il avait songé à établir à Berlin une banque d'émission, d'escompte et de crédit. Mais la matière était trop nouvelle et trop difficile pour les fonctionnaires routiniers du Directoire général. Cette fois, il fut conseillé par un faiseur de projets, venu de la terre classique des changeurs, un très obscur Italien du nom de Calzabigi, qui habitait Londres après avoir été employé ou directeur à la Loterie de Gênes. L'opposition dans le ministère fut encore très vive. On rappelait la déconfiture de la banque Law, l'échec des banques de Copenhague et de Stockholm. Mais le roi tint bon : les difficultés ne faisaient que raidir sa volonté. Avec son sens très vif du maniement de l'opinion il aurait voulu que la banque fût indépendante de l'Etat. Mais il ne trouva pas d'actionnaires et il dut souscrire lui-même la totalité du capital. L'édit de fondation (17 juin 1765) mentionna en termes exprès que l'établissement ne serait subordonné à aucune autorité administrative, mais au roi seul. Le capital qui était à l'origine de 400 000 thalers fut élevé en plusieurs fois à 8 800 000 thalers (1785).

Les débuts furent très difficiles, car l'institution n'inspirait confiance à personne. Le public était convaincu que Frédéric voulait attirer dans ses coffres le numéraire du royaume pour rembourser ensuite en papier. La banque effraya les capitaux au lieu de les retenir et le commerce de l'argent qui se faisait auparavant à Breslau et à Berlin émigra à Leipzig, à Francfort et à Prague. Les statuts furent modifiés, des succursales ouvertes dans les localités principales et, sous la direction du ministre Hagen, grâce au bon ordre qui régnait dans les opérations, grâce aussi à un taux d'escompte très bas, 3 %, la banque conquit peu à peu une clientèle. En 1768, ses billets étaient acceptés à Hambourg de préférence aux traites commerciales, si bien que le roi put décider qu'elle serait désormais seule qualifiée pour recevoir l'argent liquide appartenant aux mineurs sous tutelle et pour payer les lettres de change ayant une valeur supérieure à cent écus. Les bénéfices qui n'étaient que de 22 000 thalers pour l'exercice 1767-1768 montèrent à 216 000 pour l'exercice 1785-1786. Dans les livres de

« sa » banque, Frédéric pouvait suivre au jour le jour tous les mouvements de fonds du royaume. En 1772, par le truchement d'une Société de Commerce privilégiée pour les relations maritimes entre les ports prussiens et les ports étrangers, il étend son contrôle à la marchandise elle-même.

La banque de Berlin avait une succursale à Breslau. Mais à partir de 1770 fonctionna aussi dans cette ville une banque hypothécaire qui était comme une coopérative de la noblesse. Les seigneurs terriens avaient en effet beaucoup souffert de l'invasion et de la guerre ; la plupart étaient très endettés et les secours du roi n'auraient pas suffi à rétablir leur fortune. La banque agissait au nom des nobles en corps, chaque propriétaire répondant pour les dettes de tous les autres. Comme premiers fonds, elle reçut de l'Etat une avance de 200 000 thalers et, peu à peu, se substitua aux créanciers, mais en se contentant d'un intérêt bien plus modéré. Six ans plus tard, un établissement analogue fut créé en Poméranie. Les nobles s'y étaient d'abord refusés, alléguant que le système de la responsabilité collective risquait de les ruiner tous les uns par les autres, comme cela serait arrivé infailliblement pendant la guerre de Trente ans.

— Evidemment, avait répondu le roi, si le ciel tombe sur la terre, tous les oiseaux seront pris. Et si le jugement dernier survient, nous ferons tous banqueroute. Mais s'il arrivait que toute une province fût ruinée, le souverain devrait y porter remède, car lui et ses Etats ne font qu'un.

La moindre contradiction l'irritait. Dans le *Testament Politique* de 1768, il a écrit à propos de ses sujets : « Cette nation est lourde et paresseuse. Ce sont deux défauts contre lesquels le gouvernement a sans cesse à lutter. Ce sont des masses qui se meuvent à votre impulsion et qui s'arrêtent si l'on discontinue un moment de les pousser. Personne ne connaît autre chose que les usages de ses pères ; on lit peu ; on n'est guère avide de s'instruire sur ce qui se pratique autre part, de sorte que toutes les nouveautés les effarouchent et *moi qui ne leur ai jamais fait que du bien, ils pensent que je leur vais porter le couteau à la gorge, dès qu'il s'agit de faire quelque réforme utile ou quelque changement nécessaire.* » De plus en plus aussi, il s'irrite des façons compassées et des lenteurs voulues de la bureaucratie, dont il bouscule à dessein les rangs et les habitudes, par le moyen de missions extraordinaires confiées à des fonctionnaires subalternes, investis de pleins pouvoirs dans telle ou telle province. La restauration de la Poméranie et de la Nouvelle-Marche fut l'œuvre d'un de ces hommes de confiance, Schönberg von Brenckenhoff, qui n'était ni ministre, ni président, mais simple conseiller de finances. Après lui, le conseiller Schütz remplit le même rôle de surveillant et d'intendant temporaire.

A la revue annuelle du mois de juin, le roi ne recevait plus ses ministres en fournée, mais deux par deux. Parfois, il les retenait à dîner et ils dressaient au dessert le procès-verbal de ce qui avait été décidé au cours du repas. Il ne craignait pas d'être circonvenu par eux car, comme autrefois, il ne les voyait guère qu'à cette occasion. Mais, décidant sur pièces, il devait forcément se laisser guider par les documents et par les chiffres qu'ils lui soumettaient. C'est par là qu'il était trompé. En 1770, par exemple, Schulenberg, président de la Chambre des domaines de Magdebourg fut invité par le Directoire général à fausser quelque peu ses statistiques de grains, afin de ne pas inspirer au roi l'idée de prohiber l'exportation des blés. Plus tard, le ministre de la Silésie, Hoym, ajouta vingt mille habitants au dénombrement de sa province : le roi aimait la fécondité. Le même Hoym se rendit coupable d'une fraude plus grave encore. On sait qu'un des grands soucis du roi était de transformer les paysans-serfs en tenanciers héréditaires ; le prédécesseur de Hoym l'énergique Schlabrendorff, s'était efforcé de soumettre les nobles de Silésie à la volonté royale, mais il n'avait rencontré que des résistances. A peine Hoym est-il installé à Breslau que les incidents s'apaisent et que les plaintes cessent : les récalcitrants se sont soumis. Mais en 1785, une commission extraordinaire établit que si les ordres de Sa Majesté ont été scrupuleusement obéis sur le papier, aucun des paysans-serfs n'a vu sa condition s'améliorer réellement.

Un autre épisode est révélateur. Dans son premier voyage en Poméranie, après la paix d'Hubertsbourg, Frédéric avait dicté au président de la Chambre provinciale un ordre de cabinet péremptoire : « Il faut supprimer à l'heure même, absolument et sans raisonner, tout servage dans les villages des domaines, dans ceux de la noblesse et dans ceux qui sont la propriété des villes. S'il se rencontre des opposants, on les amènera par la douceur et au besoin par la force à se conformer à la volonté très arrêtée du roi. » La noblesse répondit avec une feinte innocence que le servage avait bien existé en Poméranie, mais que depuis longtemps il s'était transformé en un simple lien de dépendance héréditaire qui n'avait rien de commun avec le servage proprement dit. La Chambre provinciale ajouta même qu'en tout état de cause les ordonnances de 1610 et de 1670 avaient assuré aux seigneurs le maintien du servage sous sa forme rigoureuse. Devant cette résistance, le roi bat en retraite et l'ordonnance de 1764, sanctionne, en l'améliorant à peine, la situation existante. Les paysans ne peuvent être vendus ni donnés ; ils ont la libre disposition de leurs meubles et de ce qu'ils achètent ; ils doivent au seigneur dont ils occupent la tenure un cens annuel et des corvées ; ils lui prêtent leurs enfants pour en faire des domestiques ; ils ne peuvent quitter le bien sans autorisation du seigneur, mais ils n'en peuvent être expulsés sans motif valable. Telles étaient les bornes que la nature des choses prussiennes mettait à la volonté réformatrice de Frédéric.

En vérité, ses intentions ne sont pas douteuses, mais il ne se heurte pas seulement à ce que l'on appelle les droits acquis de la grande propriété, droits acquis souvent par des procédés violents ou frauduleux, il se heurte encore à la construction même de l'édifice social. La petite propriété rurale n'existe pas ; tout repose sur l'exploitation presque sans contrôle de la population servile des campagnes. Une longue chaîne de dépendances s'étend de haut en bas. On ne peut, sans que tout s'écroule, rompre le dernier chaînon, la servitude paysanne. L'aristocratie qui fournit au roi ses officiers et ses fonctionnaires supérieurs, vit de cette servitude et n'y laisse pas toucher. C'est là peut-être la véritable raison de l'effondrement prussien au début du XIXe siècle. La conquête napoléonienne trouve la population des champs amorphe, presque indifférente, incapable d'un élan spontané de patriotisme et d'abnégation. Il faudra le désastre total de 1806 pour que l'édifice puisse être repris en sous-œuvre. Les hommes qui relevèrent la Prusse après Iéna s'efforcèrent d'affranchir les paysans ou tout au moins d'adoucir leurs maux : c'est alors seulement qu'ils devinrent une des forces vives de la nation.

★

La monarchie prussienne avait ses nécessités qui dominaient la personne du roi. Certes, Frédéric savait qu'après de grandes dévastations, il n'est pas de meilleur moyen pour hâter le rétablissement des peuples que d'abaisser les impôts ou, comme disaient les économistes, de relâcher les ressorts de la fiscalité. Mais il connaissait tout le péril de sa situation et « l'incommensurable distance entre la base de sa puissance et celle de la maison d'Autriche » (Mirabeau). L'Autriche redevenait formidable par ses seuls avantages naturels. La Prusse ne pouvait l'être que par un trésor et par une armée. Frédéric porta l'effectif des troupes à 154 000 hommes : pour les entretenir, pour refaire l'artillerie et remplir la réserve de guerre, deux millions de recettes nouvelles étaient indispensables. Il les demanda au Directoire général ; le ministre Massow répondit au nom de ses collègues que la Prusse écrasée de taxes ne pouvait payer un thaler de plus.

La bureaucratie prussienne s'avouait donc incapable de subvenir aux besoins de l'Etat, mais, dans les premiers mois de 1765, Frédéric avait reçu à Potsdam un grand ami de d'Alembert, Helvétius, qui n'était pas seulement l'auteur du livre *De l'Esprit*, mais aussi un financier avisé qui avait été treize ans un des fermiers généraux de la France. Helvétius inspira au roi l'idée de transporter en Prusse les méthodes françaises servies par un personnel français. Son premier projet consistait à créer à Berlin une Ferme générale qui prendrait en adjudication la levée de l'accise et dont les actionnaires seraient des capitalistes parisiens, mais au dernier moment la compagnie fermière ne put être constituée parce que Frédéric ne s'entendit pas avec les bailleurs de fonds sur l'importance du cautionnement. Instruit par cet échec, il adopta le système plus souple de la Régie ; Helvétius lui expédia pour la mettre en train une colonie de gens de finances choisis dans tous les grades.

A la tête de la nouvelle institution (14 juillet 1766) se trouvaient cinq, puis quatre régisseurs. Ils recevaient un traitement fixe de 15 000 thalers (les ministres n'en avaient que 4 000) et une remise de 5 % sur les plus-values. Les premiers régisseurs furent M. de Crécy, homme considéré à Paris, auteur d'un ouvrage fort estimé, intitulé *De la théorie de l'Impôt,* mais homme très avancé en âge et qui mourut quelques mois après son arrivée à Berlin ; M. de Candie, grand travailleur et très expéditif ; M. Pernety, ancien chef de la douane à Lyon, père d'une famille nombreuse, fonctionnaire digne et honnête ; M. de Brière, « âme bienfaisante et d'une rectitude invariable » ; enfin, le plus important, M. de La Haye de Launay, qui était dans la vigueur de l'âge, très robuste, laborieux, rompu aux affaires. Il connaissait d'autant mieux la partie des finances qu'il en avait gravi tous les échelons un à un et qu'il avait même rempli par commission les fonctions de fermier général dans le Languedoc. Il appartenait, par cousinage, à la famille de MM. de La Haye, fermiers généraux respectés. Le traité passé entre le roi et les régisseurs n'était valable que pour six ans. Il fut renouvelé à l'expiration, mais avec deux régisseurs seulement : Launay et un M. de Lattre, successeur de Crécy, qui, en épousant une Prussienne, avait pris une sorte de physionomie nationale. La régie employait environ deux mille personnes, dont deux cents Français.

Depuis la guerre de Sept Ans, l'administration de l'accise et des douanes était tombée dans un état de délabrement effroyable. Les Français y remirent de l'ordre. Mais leur arrivée coïncida avec une aggravation des taxes et ils en portèrent l'impopularité. En effet, si les droits de circulation sur les grains furent quelque peu réduits, les eaux-de-vie, le vin, la viande, le vinaigre, le sucre, le cuir, la bière même payèrent plus que jamais. Par ailleurs, il est d'expérience certaine que l'excès de taxation incite à la contrebande, en la rendant plus avantageuse. Comme le développement et l'enchevêtrement des frontières prussiennes favorisaient le commerce interlope, il fallut lever une armée de douaniers et d'espions. Il y eut des meurtres, des batailles entre les contrebandiers et les préposés de la Régie. Finalement, on dut réduire les peines qui punissaient la fraude : les prisons eussent été trop petites. Il y eut aussi des cas de malversations. Dans deux ordres de cabinet de 1783 et de 1784, Frédéric appela lui-même les employés subalternes de la Régie un « ramassis de canailles » et « un tas de gredins ». Quand son successeur eut aboli cette administration, l'opinion accusa Launay des pires méfaits. Les historiens contemporains ont rendu justice à ses capacités et à son caractère. Quant au système, il a été jugé de façons bien différentes. Le professeur Smoller a représenté la Régie comme un des piliers de l'idée monarchique, *Traegerin des monarchischen Staatsgedankens* ; le spécialiste Walter Schultze a écrit que c'était une institution « entièrement manquée ». Il semble surtout que ce fut une institution coûteuse et que pour une plus-value assez mince, elle entraîna un déploiement disproportionné de rigueur et de surveillance.

L'Etat prussien possédait déjà le monopole du sel qui était géré selon les principes de la gabelle, c'est-à-dire que chaque famille était tenue d'acheter chaque année aux greniers publics une quantité *minima* de sel, représentant sa consommation approximative. De cette façon la fraude était rendue, non pas impossible, mais inutile. L'Administration des postes fut réorganisée en 1766 sur le modèle de la régie de l'accise ; le monopole des tabacs institué en 1765 et la régie du café en 1781.

Le café était, pour Frédéric, un objet particulier de scandale. Il savait le goût de ses sujets pour le café au lait, il en supputait la consommation et il calculait avec douleur le nombre de millions qui sortaient chaque année de Prusse pour prix de cette liqueur noirâtre. « Les malheureux, disait-il souvent, sont-ils donc de meilleure condition ou d'une complexion plus délicate que moi ? Eh bien ! J'ai été élevé avec de la soupe à la bière et l'on ne dira pas que je m'en porte plus mal. Leurs pères ne connaissaient que la bière : c'est la boisson qui convient au climat. Ils risquent de détruire leur tempérament et de ne laisser après eux que des races dégénérées. D'ailleurs, ils ruinent le pays. » Après l'établissement du monopole, les Prussiens continuèrent à boire ce qu'ils aimaient, mais le roi eut du moins le bénéfice de « ce goût peu naturel ».

La création des régies démembrait les attributions du Directoire général, l'unité de contrôle et de gestion si difficilement établie par Frédéric-Guillaume était détruite et remplacée par les pratiques d'une avarice ombrageuse et cachottière. En effet, les bénéfices des régies sont désormais versés dans une caisse particulière qui n'est pas soumise à l'inspection de la Cour des comptes : c'est le fonds de disposition. Dans le même trésor tombent les excédents de recettes provenant des anciennes et des nouvelles provinces, sans que personne, hormis le roi, puisse suivre l'emploi de ces deniers. La construction du palais neuf, les dommages de guerre, les frais de colonisation, en général toutes les dépenses extraordinaires furent payées sur ce fonds mystérieux. A ces changements, on devine que Frédéric est las des observations du Directoire. Il a le sentiment que ses ordres les plus catégoriques vont s'y perdre, s'y engluer dans la routine. Plus il vieillit, plus il est jaloux de son autorité, plus il veut être servi « au galop » et à la lettre. Au besoin, pour gagner du temps, il fera la besogne de tout le monde, il sera banquier, gabelou, inspecteur, directeur, contrôleur, ministre, Cour des comptes. La monarchie s'incarne chaque jour davantage dans l'homme exceptionnel que l'âge durcit et raidit.

L'épreuve des guerres révolutionnaires et impériales montrera l'irrémédiable défaut de ce système. Un régime ne dure que par les institutions et par l'esprit public. Après Iéna, ce sera dans les classes dirigeantes un effondrement moral, tout autant qu'un désarroi politique.

L'impérieuse personnalité frédéricienne a trop longtemps caché la nécessité d'une rénovation totale. En effet, avec son mercantilisme, son dirigisme étroit, sa volonté de subordonner le travail de tout le pays à l'enrichissement de l'Etat, le système obstinément maintenu par le roi, n'est plus adapté à la vie des populations. Elles se sont accrues en nombre non seulement par la conquête et par l'immigration — au moins 285 000 personnes pendant le règne —, mais par l'excédent des naissances sur les décès. La poussée démographique, facteur explosif par excellence, est un phénomène européen. Dans les territoires brandebourgeois-prussiens, elle est si puissante que ni les guerres, ni la famine de 1771-1772, ni les grands froids de l'hiver 1783-1784, ni les récoltes médiocres de 1785 et de 1786 ne l'enrayent. La Silésie perd 46 000 habitants par la famine ; elle en gagne réellement 74 000 les quatre années suivantes. On estime qu'entre 1757 et 1805 pour l'ensemble des territoires l'excédent des naissance a atteint 30 %.

C'était, il est vrai, une maxime de Frédéric que *la force véritable d'un Etat réside dans le nombre de ses sujets*. Ce sont les termes qu'il emploie dans le *Testament* de 1768. Le comte Hertzberg, ministre chargé des relations étrangères, la répète dans une dissertation académique en 1785 : « La grande population d'un Etat fait la base de son bonheur et surtout de sa puissance. » Le gouvernement prussien semble donc parfaitement armé pour utiliser au mieux cette nouvelle conjoncture. En réalité, le roi pense à l'armée, aux recrues, aux effectifs, tandis que pour assurer la prospérité, le bonheur, comme dit Herzberg, il eût fallu considérer non seulement le nombre des sujets, mais leur puissance d'achat et plus particulièrement, la puissance d'achat des différentes classes. Le mercantilisme est une cuirasse ajustée au corps de la nation. Quand celle-ci grandit, elle l'étouffe. Le temps est passé où il suffisait d'attribuer aux nouveaux venus un morceau de lande à défricher. Les familles se développent ; la tenure ne suffit plus à nourrir une famille chargée d'enfants. Et puis la population laborieuse des villes s'est tout aussi accrue que celle des campagnes. Les métiers sont plus nombreux ; les manufactures produisent davantage. Mais comme les prix agricoles sont maintenus anormalement bas et que le paysan n'achète guère, il en résulte dans l'industrie une crise de surproduction, dans les campagnes une surabondance de main-d'œuvre, qui se résout en mendicité, en vagabondage, en violences de toutes natures, surtout au voisinage des frontières, parce que la fuite y est plus facile. En outre, dans la pensée constante d'une guerre possible, Frédéric laissera un trésor équivalent à trois années de revenus fiscaux, sans avoir soupçonné que ces énormes sommes manquaient à l'activité nationale.

★

La Silésie était la province la plus riche du royaume, celle qui payait le plus d'impôts : un historien a pu écrire que la première conquête de Frédéric fut la colonne qui soutint le règne tout entier. Pour conserver son acquisition, il avait dû batailler sept ans, il avait résisté, il avait vaincu et, cependant, la paix le laissait presque isolé en Europe, en mauvais termes avec l'Angleterre, sans relations diplomatiques avec la France, toujours ennemi de l'Autriche et de la Saxe. Dans cette solitude, l'alliance russe était véritablement pour lui une alliance forcée. Mais quelle est la définition de l'amitié ? Il y a longtemps qu'elle a été donnée en latin, sous une forme classique et concise : *Eadem velle, eadem nolle.* Vouloir les mêmes choses, rejeter les mêmes choses. Sur quoi, contre qui, la Russie et la Prusse pouvaient-elles s'accorder pour dire oui, comme pour dire non ? D'abord, comme la Russie, la Prusse était une nouvelle venue sur la grande scène du monde. Les ambitions de la Russie en Orient ne contrariaient en rien les visées de Frédéric qui devait au contraire considérer avec satisfaction les embarras qui en résulteraient pour l'Autriche. En Pologne, enfin, il importait également aux deux Etats d'anéantir l'influence autrichienne, de soutenir un roi qui fût à leur discrétion et, sous couleur de défendre la constitution polonaise, de maintenir l'anarchie qui rendait impuissante cette malheureuse république.

La mort d'Auguste III, survenue le 5 octobre 1763,

amena Frédéric et Catherine à resserrer leur amitié par un traité qui fut signé le 11 avril 1764. Il devait durer huit ans, il stipulait une garantie réciproque des territoires ; on ne devait faire ni paix, ni trêve, sans un consentement mutuel et on se promettait, en cas de guerre, sur le Rhin ou en Crimée, un secours de 10 000 hommes qui pourrait être remplacé par un subside de 480 000 thalers. Quant à la Pologne, on promettait d'y faire élire roi Stanislas-Auguste Poniatowski « dès longtemps connu de l'impératrice de Russie et dont la personne lui est agréable » dit Frédéric par un galant euphémisme. Le fait est que Poniatowski qui avait été, du vivant de Pierre III, sinon le premier, du moins le plus cher amant de Catherine, paraissait merveilleusement préparé à tenir le rôle subalterne auquel on le destinait. Mais il ne suffisait pas d'imposer à la Pologne un roi incapable de la relever, il fallait empêcher les Polonais, eux-mêmes, si le patriotisme les éclairait un jour, de mettre fin à leurs discordes et se réserver un prétexte pour troubler leurs affaires.

Dans la république, le pouvoir réel n'appartenait pas au roi élu, mais aux deux chambres nobles, le Sénat et la Chambre des Nonces qui formaient la Diète et qui s'assemblaient une année sur deux. Depuis le XVIIe siècle l'usage s'était établi que toute décision devait être prise à l'unanimité des suffrages. L'opposition d'un seul suffisait à tout annuler, à tout arrêter : cela s'appelait *le liberum veto.* On disait alors que la Diète était déchirée et on en appelait à la noblesse en corps. Une *confédération* comprenant plusieurs dizaines de milliers d'hommes à cheval et en armes se réunissait aux portes de Varsovie et les décisions étaient prises à la simple majorité. La Prusse et la Russie s'accordaient donc pour ne souffrir ni l'abolition du *liberum veto,* ni la transformation de la royauté élective en monarchie héréditaire. Quant au prétexte d'intervention il était tout trouvé. Il y avait dans la catholique Pologne des minorités religieuses, des grecs non unis et des luthériens que l'on confondait sous le nom de dissidents. Depuis 1736, ils étaient exclus de presque tous les emplois publics. Les Grecs s'étaient adressés à la Russic, les Luthériens à la Prusse. Catherine et Frédéric s'engagèrent à unir leurs efforts pour que les dissidents fussent réintégrés dans leurs droits et prérogatives.

Le traité donnait à la tsarine toutes les sûretés dont elle avait besoin. Elle ne perdit pas de temps pour en tirer parti ; des troupes russes se massèrent à la frontière polonaise et le 7 septembre 1764 Poniatowski fut élu roi : au lieu de cent mille gentilshommes, cinq mille seulement avaient pris part au vote. Catherine croyait avoir remporté une grande victoire, mais il arriva l'imprévisible. Gagné par ses cousins, les Czartoryski, le nouveau souverain passa au parti des réformateurs. En quelques mois, de grands progrès furent accomplis, une école militaire ouverte, l'administration centrale rapidement organisée, le budget mis en équilibre. A la Diète de 1766, Stanislas-Auguste obtint même des députés et des sénateurs que, pour le vote des impôts, l'unanimité ne fût plus nécessaire : la majorité suffirait. Aussitôt, l'ambassadeur russe, Repnine, protesta, réclama le rétablissement du *liberum veto* et la reconnaissance de tous les droits politiques aux dissidents. La Diète refusa, les luthériens et les orthodoxes se soulevèrent, les troupes russes franchirent la frontière, Repnine fit enlever les évêques récalcitrants et le 19 novembre 1767, la Diète vota tout ce qu'il voulut. Le 24 février 1768, enfin, un traité entre la Russie et la Pologne consacra l'assujettissement de celle-ci. La Russie s'engageait à conserver, défendre et assurer l'intégrité de la république qui, en retour, plaçait sa constitution sous la garantie de sa redoutable voisine. Somme toute, la Pologne avait juré de vivre et de mourir dans l'anarchie.

Frédéric avait pris envers la tsarine l'engagement supplémentaire de s'opposer, le cas échéant, à une intervention autrichienne. Mais surtout il donna le *la* à ses amis philosophes. Comme on le devine, l'intervention russe était une victoire de la liberté de conscience sur la « superstition christicole ». Le pauvre Poniatowski ne venait pas à bout de ses fanatiques mitrés ; l'impératrice a eu l'obligeance de faire marcher à son service « des arguments munis de canons et de baïonnettes ». Rien de plus légitime, rien de plus heureux pour la propagation des lumières. « C'est une chose assez plaisante, répondait Voltaire, et qui a l'air de la contradiction, de soutenir l'indulgence et la tolérance les armes à la main, mais aussi l'intolérance est si odieuse qu'elle mérite qu'on lui donne sur les oreilles. Si la superstition a fait si longtemps la guerre, pourquoi ne la ferait-on pas à la superstition ? » Cette opinion diligemment répandue ne facilitait pas les efforts de Louis XV pour assister la vieille et fidèle amie de la France.

Cependant, en dépit d'un zèle de façade, Frédéric n'était pas pressé de voir la tsarine réussir trop tôt et trop complètement. Il s'était entendu avec elle pour cultiver l'anarchie polonaise, non pour mettre la Pologne sous le protectorat moscovite. Et puis la Russie l'avait toujours effrayé parce que « ses frontières avantageuses », son climat « rude et barbare », son immensité même la mettaient à l'abri des entreprises de la Prusse, tandis que la Prusse était exposée aux siennes. Entrée dans l'alliance par loi de nécessité, il conserve les mêmes sentiments de crainte et d'antipathie. Il croit l'empire des tsars « funeste à ses voisins, dangereux à toute l'Europe ». Il appelle les Russes les sauvages du Nord, les oursomanes, les Scythes, les barbares sur la mer glaciale. S'il flatte Catherine comme une divinité dans les lettres qu'il lui adresse, il la raille impitoyablement dans sa correspondance intime.

Son système n'est point de nager contre le courant et d'intervenir partout, toujours et à tout prix. Il s'en remet à la bonne déesse des politiques, à l'Occasion, à *Sa Sacrée Majesté le Hasard* car, généralement, ce sont ceux qui remuent les plus grands ressorts, qui commettent les plus grandes sottises. Aux autres d'en tirer parti. Le calcul était bon : coup sur coup, deux événements d'importance vinrent entraver l'action de la Russie : d'une part le soulèvement des patriotes polonais groupés dans la Confédération de Bar, de l'autre l'intervention de la Turquie qui, animée en sous-main par Choiseul et Vergennes, prenait prétexte d'un incident de frontière pour attaquer la tsarine. « Une nouvelle carrière venant à s'ouvrir, il fallait être sans adresse ou enseveli dans un engourdissement stupide pour ne point profiter d'une occasion aussi avantageuse. » L'Autriche craignait que l'équilibre fût détruit en Orient ; la Russie prise au dépourvu par le sultan attachait à l'alliance prussienne une importance accrue par ses propres embarras. Bref, une fois encore, Frédéric allait se trouver sollicité de part et d'autre et en position d'arbitre.

L'arbitrage, certes, n'était point aisé. S'il y avait à gagner il y avait aussi de grands risques à courir. En effet, si l'Autriche et la Russie s'entendaient, la Prusse se trouverait prise entre les deux empires qui lui feraient la loi. Si, au contraire, l'Autriche poussée par la France soutenait les confédérés et les Turcs, Frédéric, lié à la Russie, serait contraint à une nouvelle guerre, avec la France sur les bras. Heureusement, on était à l'automne, les opérations ne commenceraient qu'au printemps et il était probable que l'Europe laisserait les Russes et les Turcs batailler une campagne, sans s'en mêler. Enfin, il y avait en Pologne place pour tout le monde. Le projet de partage n'appartient pas à Frédéric, plus qu'à aucun autre : il était dans l'air depuis bien longtemps. Mais il s'imposait à l'esprit du roi, comme la solution rêvée. A quoi bon guerroyer si loin, avec tant de frais, quand on pouvait, avec si peu de peine, rien qu'en se baissant, trouver auprès de soi le bénéfice convoité ?

Les plans de Frédéric rejoignaient en un point ceux de Marie-Thérèse et de son fils, l'empereur Joseph II. En novembre 1768, l'ambassadeur autrichien, Nugent, proposa à Frédéric de concerter entre les deux cours la neutralité de l'Allemagne.

— Nous ne pourrions rien faire de plus sensé, s'écria Frédéric. Nous sommes Allemands, que nous importe que les Anglais et les Français se battent pour les îles d'Amérique ? Que Paoli occupe les Français à pleines mains en Corse ? Que les Turcs et les Russes se prennent aux cheveux ?... L'impératrice-reine et moi, nous avons soutenu longtemps des guerres ruineuses : que nous en reste-t-il ?

Nugent aurait pu répondre qu'il restait la Silésie, mais il trouva plus sage de se taire. Frédéric laissa entendre que les Russes feraient mieux d'agrandir en Asie qu'en

Europe et il fut convenu qu'il rencontrerait l'empereur Joseph en été.

L'entrevue eut lieu le 25 août 1769 à Neisse, en Silésie. La visite de Joseph II dans cette forteresse était, de la part de l'Autriche, la plus éclatante confirmation des traités. L'empereur voyagea sous le nom de comte de Falkenstein, accompagné seulement de quelques aides de camp. Frédéric le reçut entouré de son frère Henri, de son neveu et de nombreux officiers. Les deux souverains s'embrassèrent. C'était jour d'abstinence ; le roi fit servir à son hôte des repas maigres. Le dîner et le souper durèrent trois heures. Frédéric parla tout le temps ; l'empereur lui donnait la réplique ; les princes et les généraux prussiens n'osaient point desserrer la bouche ; si leurs voisins autrichiens leur adressaient une question, ils y répondaient vite et à voix basse, ne voulant ni troubler le discours du roi, ni perdre une de ses paroles. Au souper, rassassiés d'éloquence, quelques généraux s'endormirent. Le lendemain, on passa des revues et on fit défiler les troupes. Les repas, les manœuvres et les conversations se succédèrent ainsi jusqu'au matin du 28 août.

Les conversations étaient pour Joseph le grand intérêt de la visite. Frédéric se mit en frais pour l'éblouir et pour le charmer. Il le combla de politesses, exalta la tactique du maréchal Daun, loua les marches de Lascy et de Laudon et porta sur l'armée française un jugement qui grandissait l'armée autrichienne. « Leurs officiers, dit-il, ont un jargon militaire qui en impose : ce sont des perroquets qui ont appris à siffler une marche et qui n'en savent pas davantage. » Il fit l'éloge de Kaunitz « la première tête de l'Europe » et revint à l'art de la guerre. « Quand il en parle, rapporta Joseph à Marie-Thérèse, cela enchante et tout cela est nerveux, solide et très instructif. Point de verbiage, mais les axiomes qu'il avance, il les prouve par les faits que l'histoire et une mémoire admirable lui fournissent. » Frédéric affectait la franchise : « Quand j'étais jeune, disait-il, j'étais ambitieux ; à cette heure, je ne suis plus le même. » Ou bien : « Vous me croyez rempli de mauvaise foi, je le sais, je l'ai un peu mérité ; les circonstances l'exigeaient, mais cela a changé. » Ensuite, il fut beaucoup question du patriotisme allemand et du « système patriotique ». Les derniers jours, on échangea des lettres. Joseph donna d'abord un brouillon, puis Frédéric une lettre et Joseph une réponse.

Elles débutent et se terminent par des compliments balancés. « Il est impossible à mon cœur d'être l'ennemi d'un grand homme », dit Frédéric. « J'ai pu, répond Joseph, faire la connaissance personnelle de quelqu'un qui dément le proverbe... que les grands objets perdent à être vus de trop près. » Frédéric ne veut pas exprimer l'impression que lui laisse l'empereur. « Je respecte sa modestie. » Joseph se tait pareillement, « la vérité pure paraîtrait une flatterie ». Le roi de Prusse constate « la réconciliation parfaite des deux maisons ». Joseph déclare « qu'étant sincèrement réconciliés », rien ne les empêche d'établir entre eux la confiance et l'amitié. Enfin, en termes identiques, ils se promettent que « si jamais le feu de la guerre se rallume entre l'Angleterre et la maison de Bourbon, ils maintiendront la paix heureusement rétablie entre eux et même qu'en cas qu'une autre guerre survienne, dont actuellement il est impossible de prévoir la cause, ils observeront la plus exacte neutralité pour leurs possessions actuelles. » C'était un commencement d'entente, la voie ouverte à une politique commune. C'était assez en tout cas pour inquiéter la tsarine.

Jamais Frédéric ne fut plus alerte, ni plus maître de lui qu'en cette crise. Jamais joueur ne fut plus hardi et plus circonspect à la fois, plus fécond en feintes et en expédients, plus adroit surtout à découvrir les desseins de son adversaire et à les décevoir. Sous prétexte d'amuser les ministres russes avec les projets chimériques d'un comte de Lynar, diplomate retraité « qui gouvernait l'Europe du fond de son village », il avait déjà pressenti le gouvernement de Saint-Pétersbourg. La réponse donnée sur un ton de badinage l'avait convaincu qu'au moment opportun la Russie ne répugnerait pas à se payer sur la Pologne. Il s'y prit de la même manière pour faire parler le comte de Nugent, et, par quelques phrases échappées au diplomate, il sut que la Cour de Vienne ne trouverait rien d'exagéré à ses prétentions le jour où il serait en mesure de les faire valoir. La grande affaire était d'effrayer les impératrices l'une par l'autre. En effet, après avoir pataugé quelques semaines sur les bords du Dniepr, les Russes avaient battu les Turcs, détruit leur flotte et occupé les plaines roumaines. Les Turcs désemparés demandaient la médiation de Frédéric et de Marie-Thérèse. Il fallait que l'Autriche parlât assez haut pour arrêter les victorieux. Après quoi, la Russie frustrée de ses succès en Orient se retournerait d'elle-même contre la Pologne, et, en vertu de l'équilibre, chacun se servirait à proportion de son appétit.

En septembre, Frédéric rendit à l'empereur sa visite de l'année précédente. L'entrevue eut lieu à Neustadt en Moravie. Frédéric avait offert à son hôte des bouffons italiens, Joseph lui montra les ballets de Noverre. Un jour, à dîner, comme le maréchal Laudon était en retard, Frédéric en profita pour faire changer son couvert de place : « C'est un homme, dit-il, que j'aime mieux avoir à mes côtés qu'en face de moi. » Puis comme quelqu'un parlait de la dernière guerre, il poursuivit : « Je vous demande pardon de vous avoir si souvent tourmentés. J'en suis fâché pour toute l'humanité, mais quelle belle guerre d'apprentissage ! J'ai fait assez de fautes pour vous apprendre à vous tous, jeunes gens, à valoir bien mieux que moi ! Mon Dieu, que j'aime vos grenadiers ! Comme ils ont bien défilé hier la parade devant moi ! Si le dieu Mars voulait lever une garde pour sa personne, je lui conseillerais de les prendre sans choisir ! » Un soir, il fit l'éloge de Louis XIV :

— Celui-là, c'était le patriarche des rois.

Et comme le prince de Ligne répliquait :

— Un roi de France, Sire, est toujours le patriarche des gens d'esprit.

— Voilà, coupa-t-il, le plus mauvais lot, ils ne valent pas le diable à gouverner. Il vaut mieux être patriarche des Grecs comme ma sœur l'impératrice de Russie, cela lui rapporte et lui rapportera davantage.

Mais l'empereur, cette fois, était accompagné de Kaunitz. Le chancelier se réserva les affaires sérieuses, ne laissant à son maître que les revues, les défilés, la musique et les propos de table. Frédéric aimait les conversations à bâtons rompus, propices aux effets de surprise, où tous les sujets étaient effleurés et qui convenaient à sa manière incisive. Kaunitz tenait à la bonne règle. Il avait toujours en poche quelque mémoire en huit points, dont il infligeait la lecture au roi qui, bouillant d'impatience, essayait de l'arrêter par des embrassades. Finalement, on se mit d'accord pour proposer une médiation commune à Catherine II et le prince Henri partit pour Saint-Pétersbourg investi de cette scabreuse mission.

Henri était de petite taille, mal proportionné, très laid et très aimable. Il avait de grands yeux bleus, animés, mais durs et de travers qui lui donnaient un air effrayant. Dès qu'on l'avait entendu, cette impression s'effaçait, tellement il mettait dans ses discours de bonté, de charme et d'intelligence. Autant Frédéric était vif et pressé, tout en saillies et en épigrammes, autant il avait l'esprit sérieux, raisonneur, avec un goût particulier pour les vastes spéculations et les amples systèmes. Catherine le prit tout de suite en amitié. Néanmoins, elle ne consentit à dévoiler ses intentions qu'à la fin de décembre. Elle admettait bien le principe d'une triple alliance, mais elle ne voulait abandonner aucune de ses conquêtes. Tout au plus consentait-elle à un protectorat déguisé sur la Moldavie et la Valachie.

— Les cornes me sont venues, s'indigna Frédéric lorsque j'ai reçu les propositions de paix que les Russes présentent. Jamais je ne puis me charger de les proposer aux Turcs ni aux Autrichiens, car, en vérité, elles ne sont pas acceptables. Ce qui regarde la Valachie ne peut en aucune façon s'ajuster avec le système autrichien. Premièrement, ils ne quitteront jamais l'alliance de la France, et, en second lieu, ils ne souffriront jamais les Russes dans leur voisinage. Vous pouvez regarder cette pièce comme une déclaration de guerre... Les Etats se dirigent d'après leurs propres intérêts, on peut avoir de la complaisance pour son allié, mais il y a des bornes à tout !

L'Autriche n'était peut-être pas aussi décidée à la

guerre que le disait Frédéric. Cependant, elle avait mobilisé et, comme la peste s'était déclarée en Pologne, elle avait tendu sur toutes ses frontières un cordon de troupes qui était à la fois un corps d'observation et une protection sanitaire. Mais ces frontières étaient, en plusieurs endroits, très incertaines. Partout où il y avait doute sur la propriété, les Autrichiens eurent soin de planter leurs aigles au-delà des points en litige. C'est ainsi qu'ils incorporèrent dans leurs lignes le petit pays de Zips qui avait appartenu à la Hongrie, qui lui appartenait peut-être encore, mais qui formait, au sud de la Galicie, une enclave en terre polonaise. Cette tactique d'intimidation réussit. Le 8 janvier 1771, au cours d'une soirée, l'impératrice annonça en plaisantant au prince Henri que les Autrichiens s'étaient emparés de deux starosties et qu'ils y avaient arboré les armes impériales. Elle ajouta : « Mais pourquoi tout le monde ne prendrait-il pas aussi ? » Le Prince répliqua que les Prussiens, eux, n'avaient occupé aucune starostie. « Mais, insista la tsarine qui riait toujours, pourquoi n'en pas occuper ?» Et après elle, le comte Czernichew dit encore : « Pourquoi ne pas s'emparer de l'évêché de Varmie, car il faut, après tout, que chacun ait quelque chose. »

Cette ouverture ne surprit pas Frédéric. Elle venait à propos et il avait tout mis en œuvre pour la provoquer. Mais il connaissait la force des idées. S'il était prêt à scandaliser ses contemporains par des actions d'éclat, il tenait pour imprudent de les aiguillonner par des taquineries. Les péchés véniels sont ceux que l'histoire pardonne le moins : qui s'illustre en prenant une province se fait traiter de fripon en prenant un district. A ses yeux l'évêché de Varmie ne valait pas « six sous ». « C'est une portion si mince, disait-il, qu'elle ne récompenserait pas les clameurs qu'elle exciterait... Quand on prend des bagatelles avec empressement, cela donne un caractère d'avidité et d'insatiabilité que je ne voudrais pas qu'on m'attribuât plus qu'on le fait déjà en Europe. » Si l'on partage, il faut que l'opération soit sérieuse et efficace. Si l'on fait crier, que ce soit pour quelque chose ! « La Prusse polonaise en vaudrait la peine. »

Elle réunirait la Prusse royale au Brandebourg, « ce qui ferait un article important » et elle donnerait à la Maison tout le commerce de la Vistule. Aussitôt, il ordonna à Finckenstein de mettre en ordre ses prétentions et titres juridiques. Par un bonheur véritablement exceptionnel, il se trouva que les anciens droits fournis par les archives de Prusse coïncidaient exactement avec ceux qui se fondaient sur la commodité et sur la bienséance.

La tsarine se laissa convaincre assez facilement, mais il fallut plus de six mois pour gagner Marie-Thérèse que Kaunitz et Joseph avaient entraînée à une alliance formelle avec les Turcs (6 juillet) et à qui ils faisaient espérer que tout pourrait se régler dans les Balkans sans que Frédéric eût à s'en mêler, ou à se payer. Mais ce plan était trop compliqué et surtout il exposait l'Autriche à une nouvelle guerre. Or, elle ne voulait pas « en découdre » et tout le monde finissait par être pris à ses propres intrigues. Comme l'écrivait le chancelier russe, plus on était « plongé dans l'ornière des perfidies », plus grandissait la tentation d'en finir une bonne fois en tombant tous ensemble sur le faible et sur l'innocent. « Et cela, écrivait Frédéric, réunira les trois religions grecque, catholique et romaine, car nous communierons du même corps eucharistique qui est la Pologne et, si ce n'est pas pour le bien de l'âme, cela sera sûrement un grand objet pour le bien de nos Etats. »

La première convention fut signée à Pétersbourg entre la Russie et la Prusse le 15 janvier 1772, la seconde à Vienne le 19 février, la troisième à Pétersbourg le 25 juillet. Marie-Thérèse ne s'était pas rendue sans beaucoup de protestations et de jérémiades. Elle se consola en prenant le plus gros lot, Lemberg et la Galicie, deux millions et demi d'habitants. La Russie eut les territoires entre la Dvina et le Dniepr avec Polock, Mohilev et Vitepsk ; la Prusse, ce que l'on appelait entre les deux guerres mondiales le corridor, sauf Thorn et Dantzig, quatre cent mille habitants. Les traités furent ratifiés par la Diète, en avril 1773. Les trois Cours avaient réuni quelques fonds pour acheter les voix des récalcitrants.

L'opération se fit à très bon compte, car les consciences n'étaient pas chères. Un prince se vendit pour soixante thalers ; les deux Chambres, ensemble, ne revinrent pas à cent mille, hauts dignitaires compris.

Le partage ne souleva aucune indignation, l'Europe y était préparée et, au siècle de l'*Encyclopédie*, qui pouvait s'intéresser à ces pieux catholiques ? Frédéric se démena pour maintenir ses amis dans la bonne doctrine. A d'Alembert, à Voltaire, il dépeignait la Pologne comme « le dernier peuple de l'Europe », sans honneur, ni vertu, adonné à la plus crasse débauche. Quant aux patriotes de Bar, ce sont des « couards », des brigands, des « esprits abrutis par la plus stupide superstition », tout juste « capables du genre de crimes que les lâches peuvent se permettre ». Il se mit même en devoir de les ridiculiser en vers et il écrivit contre eux un poème en six chants, *La Guerre des Confédérés* que d'Alembert lut dans les salons.

Dans toutes ses lettres, il s'appliquait à dénigrer « le petit bout d'anarchie » qu'on lui avait donné à morigéner. « Pour avoir moins de jaloux, je dis à qui veut m'entendre que je n'ai vu sur tout mon passage que du sable, des sapins, de la bruyère et des juifs. » Mais il était très content de son lot. D'abord, il l'avait conquis sans effusion de sang, avec une plume et un peu d'encre. Et puis, en dépit du désordre et de la misère, ces régions étaient remplies de ressources qu'une bonne exploitation mettrait en valeur. Une fois encore il reprit sa besogne d'épicier. Arpentage des terres, introduction du système fiscal prussien, réforme des tribunaux, ouverture d'écoles, création de villages, essai de germanisation du pays par l'établissement de colons allemands, artisans ou cultivateurs, limitation de corvées à soixante jours par an, transformation des serfs en tenanciers héréditaires (septembre 1772), creusement du canal de l'Oder à la Vistule, formation de la Société de commerce à Elbing pour faire concurrence à Dantzig : ce sont les mêmes tâches, inspirées des mêmes principes, avec cependant quelque chose de plus systématique et de plus raide dans l'action.

Comme pour la Silésie, Frédéric s'était réservé l'administration directe de la nouvelle Prusse, par-dessus le Directoire général. Mais cette fois, il n'était gêné par aucun traité. Une de ses premières mesures fut donc de transférer à l'Etat la gestion des biens d'Eglise et, pour prix de ses bons soins, il s'attribua la moitié des revenus. « Nos évêques conservent vingt-quatre mille livres de rentes, les abbés sept mille. Les apôtres n'en avaient pas autant... On les débarrasse des soins mondains pour qu'ils s'attachent sans distraction à gagner la Jérusalem céleste, qui est leur véritable patrie... » Dans des temps anciens, les biens de la couronne avaient été concédés aux seigneurs en fiefs viagers, puis héréditaires. Ces terres aliénées étaient appelées des starosties. Contre une faible indemnité, elles furent reprises à la noblesse et réunies au domaine royal. Il y eut des résistances ; Frédéric profita des manifestations de mauvais vouloir pour supprimer l'indemnité le plus souvent possible. Frédéric-Guillaume qui s'applaudissait d'avoir augmenté un fermage de vingt thalers avait-il jamais rêvé d'un tel « plus » ? Et puis ces expropriations avaient l'avantage de rendre inoffensives les deux seules forces morales et sociales du pays. La disette ayant amené en Prusse vingt mille Saxons et autant d'Allemands de Bohême, ils furent en majorité établis en Prusse polonaise, province à germaniser.

Deux excellents administrateurs furent chargés l'un, Brenckenhoff, des régions de la Wartha, l'autre, Domhardt, des territoires de la Vistule. De grands travaux de génie rural furent entrepris entre Netze et Vistule, désormais unies par un canal. De nouvelles étapes, Bromberg, Kulm, Graudenz, s'inscrivirent désormais sur les itinéraires de Frédéric. A l'été, les paysans et les bûcherons voyaient passer sa vieille berline soulevant la poussière des chemins sablonneux, ou roulant sans bruit sur le sol gras et noir des vallées. Parfois, ils apercevaient la silhouette du roi se penchant à la portière pour suivre du regard un troupeau d'oies qui s'enfuyaient à grands cris. Et puis la voiture s'arrêtait à l'entrée de quelque village, près d'une ferme, à l'ombre des bouleaux. Le bailli, l'arpenteur, le conseiller provincial s'approchaient, chapeau bas, et la voix du roi s'élevait :

— A-t-il un crayon ? Bon... Qu'il prenne mes ordres. Combien lui faut-il de chevaux ? de bœufs ? et de vaches ?

CHAPITRE XII

Le vieux Fritz

Le 14 juin 1773, M. de Guibert arriva à Potsdam. Il était colonel, âgé de vingt-neuf ans et il faisait profession d'avoir du génie. Il avait en poche une tragédie sur le connétable de Bourbon et il venait de publier un *Essai de tactique* précédé d'un discours sur l'état de la politique et de la science militaire en Europe. Il espérait assister aux manœuvres de l'armée prussienne et comme il était l'amant de Mlle de Lespinasse, M. d'Alembert lui avait remis des recommandations pour M. de Catt, secrétaire du roi. C'était la mode de venir contempler le vieux Fritz dans sa gloire : un voyage dans le monde n'eût pas été complet sans une visite à Sans-Souci.

M. de Guibert fut étonné par l'aspect de la ville qui ne comptait que six mille habitants pour une garnison de douze mille. Il admira les rues droites, larges, bien alignées et sans cesse embellies par le roi qui chaque année faisait bâtir de nouvelles façades à l'italienne, avec une grande abondance de colonnes et de statues. Mais comme les soldats hors de service exerçaient n'importe quelle profession, fiacres, laquais de louage ou vendeurs d'allumettes, il vit des culottes militaires pendues le long des pilastres corinthiens et des enseignes à bière attachées à des murs chargés de demi-dieux. Personne ne pouvait paraître à Sans-Souci sans y être appelé : M. de Guibert remit donc ses lettres d'introduction à Catt et comme Frédéric était en tournée d'inspection, il en profita pour se présenter aux amis du roi qui l'accueillirent avec beaucoup de politesse.

Depuis 1763, le cercle s'était brisé. D'Argens était parti mourir en Provence. Pendant toute la guerre le roi lui avait écrit sur un ton sérieux d'affection et de confidence. Quand, à la paix, il se remit à le traiter sur l'ancien pied, le bon marquis ne put se consoler de descendre au rang de courtisan usé, ni se soumettre à nouveau aux sarcasmes et aux turlupinades qu'il avait endurés pendant vingt ans. Et puis, il avait le mal du pays. A l'automne de 1764, il était allé à Aix recueillir un héritage. Les procès, le repos, la joie du soleil l'avaient retenu plus d'un an. Il rentra mécontent de lui-même et mécontent du roi qui, pour l'effrayer, s'était amusé à faire répandre, tout le long de la route, dans les auberges et dans les relais, un prétendu mandement de l'évêque d'Aix, dénonçant le voyageur comme incrédule, pervers, impie, opiniâtre, blasphémateur et ennemi du genre humain. « Armez vos bras comme ces braves lévites qui, saintement homicides, massacrèrent leurs frères dans le désert. Purifiez les châteaux d'Argens et d'Eguilles ; extirpez du nombre des vivants cet esprit rebelle à l'Eglise !... » Après avoir tremblé et, par prudence, changé de nom, d'Argens découvrit la supercherie. Une erreur de titre le mit sur la voie, il n'y avait pas d'évêque à Aix, mais un archevêque. Quand il se présenta à Potsdam, s'attendant à des protestations d'amitié, le roi fit semblant de ne pas le reconnaître sous le prétexte qu'il portait une chemise blanche, des bas tirés et une culotte propre. Pendant quelques mois, ils vécurent ensemble assez froidement. Un *Eloge de la Paresse* imprimé sans nom d'auteur et dont l'épître dédicatoire contenait un méchant portrait du marquis consomma la brouille. Traité de fou et de renégat, d'Argens obtint cependant son congé (1768). De Dijon, il adressa à son ancien maître une lettre d'adieu pleine de respects pour le roi de Prusse et de sévérités pour le philosophe de Sans-Souci. « Quel serait l'étonnement de la postérité si Plutarque qui fut, pour ainsi dire, le compagnon de philosophie de Marc-Aurèle, avait été obligé, pour se mettre à l'abri des plaisanteries dures et des mépris humiliants de cet empereur, de vendre ses vaisselles et les bijoux de sa femme, seuls et uniques secours qui lui restaient, pour aller vivre tranquillement au pied des Alpes, s'estimant heureux de ne plus entendre des propos dont quelques-uns même révoltaient l'humanité, comme celui de proposer à Plutarque de marier son chien à une fille remplie de talents qu'il élevait comme la sienne, et celui encore d'envoyer des palefreniers pour le frotter et le guérir de ses rhumatismes ? Le philosophe de Sans-Souci pense-t-il qu'on pourrait accuser Plutarque d'avoir eu tort de quitter Marc-Aurèle, parce qu'il lui avait donné dans son palais trois chambres dorées, dont ce philosophe ne sortait qu'en tremblant et n'y rentrait presque jamais sans avoir le cœur accablé de douleur ? »

D'Argens avait été remplacé dans la familiarité de Frédéric par le colonel Quintus Icilius. En réalité, il s'appelait Guichard (Charles-Théophile), né à Magdebourg de réfugiés français et il avait enseigné les belles lettres à l'Université de Leyde. Il était naturaliste, historien, philologue, numismate, amateur de vieux ustensiles, de vieux manuscrits, de tout ce qui était grec et latin. Frédéric causant avec lui un jour lui demanda quel avait été le meilleur aide de camp de tous les officiers attachés à César ? Guichard ayant répondu que c'était Quintus Icilius : *Eh bien !* répliqua le maître, *vous serez mon Quintus Icilius ; je vous en donne le nom, certain que vous saurez le mériter.* Pendant qu'il était professeur, Quintus ne rêvait que de stratégie et de batailles. Il vint s'engager au début de la guerre de Sept Ans, mais à sa première conversation avec le roi, il eut le malheur de lui soutenir que la charge d'un légionnaire était plus lourde que celle d'un grenadier. Quelques jours plus tard, Frédéric l'appela dans sa maison, puis, tout souriant, le plaça au milieu de la chambre, le fit tenir comme un soldat que l'on dresse, lui releva le menton, lui mit le chapeau comme il doit être, enfoncé jusqu'aux oreilles, le ceignit du sabre, le chargea du fusil, de la giberne, du havresac, puis après l'avoir ainsi affublé :

— Il faut convenir, dit-il, que vous êtes bien, vous

m'avez vraiment l'air d'un soldat prussien, vous verrez que vous le préférerez à vos Romains.

Sans plus le regarder, il emmena Catt dans un coin et se mit à lui tenir des discours moraux et philosophiques qui ne finissaient pas. Au bout de trois quarts d'heure, il délivra le militaire latiniste :

— Eh bien ! monsieur, trouvez-vous que la charge de nos soldats est passable ? A présent, nous allons faire de grandes marches. J'espère que vous conviendrez qu'elles sont aussi fortes que celles que les Romains ont faites. Vous verrez des opérations dont ils n'avaient et ne pouvaient avoir aucune idée. Adieu, monsieur, soyez un peu Prussien et vous aurez lieu d'être content de moi.

Guichard n'aimait pas les Français ; il en disait tout le mal qu'il pouvait imaginer et les desservait en ce qui dépendait de lui. Il supportait le persiflage du roi, mais quand il était poussé à bout il lui arrivait de se fâcher. Un jour, à Sans-Souci, Frédéric qui le harcelait à chaque dîner, lui demanda combien il avait volé en démeublant en Saxe le château du comte de Bruhl.

— Cela est vieux, insistait le roi, c'est effacé par le temps. D'ailleurs vous avez toute honte bue ; tout le monde sait que vous êtes un pillard : c'est une réputation dont les frais sont faits. Allons un petit effort : combien cette aubaine de fripon vous a-t-elle valu ?

— Votre Majesté doit bien le savoir, répondit Quintus rouge de colère. Je n'ai rien fait que par vos ordres. Je vous ai rendu compte de tout et vous avez partagé avec moi.

Aussitôt, il se leva de table et sortit. Pendant un an, le roi ne lui adressa plus un mot. Quand Guibert vint à Potsdam, la réconciliation était accomplie, mais Quintus que l'on accusait encore d'avoir tripoté sur les actions de la Banque de Berlin, parlait de Frédéric sans respect. Il disait que sa réputation était surfaite, que la guerre de Sept Ans n'avait pas été gagnée par son génie militaire mais par la valeur et la discipline de ses troupes, qu'il y avait dans l'armée prussienne plus de routine que d'intelligence.

Du vieux temps survivait encore l'abbé Bastiani qui habitait Breslau et qui ne venait que bien rarement à

Sans-Souci. Notre colonel dîna avec lui et l'interrogea avidement. Comme d'Argens, comme Quintus, il était amer et découragé :

— Le roi, dit-il, n'a jamais connu l'amitié et il est incapable de la sentir. Il se complaît dans l'idée de ce qu'il était en arrivant au trône et de ce qu'il est aujourd'hui. Ses peuples ne sont à ses yeux qu'un vil bétail destiné à féconder ou à embellir la terre qu'il gouverne. L'amour du pouvoir et la vanité sont ses passions les plus vives. Musique, beaux-arts, littérature, philosophie, amitié : tout cela n'est pour lui que délassement, remplissage, charlatanerie.

Prévenu de cette façon, Guibert fut enfin présenté au roi. En un clin d'œil tout ce qu'il avait entendu fut oublié. « Une sorte de vapeur magique, écrit-il, me semblait environner sa personne. » Cette impression, Guibert n'est pas seul à l'avoir ressentie. « En dépit de sa petite taille, rapporte Ségur, l'esprit le voyait plus grand que tous les autres hommes. » Il est « rayonnant de majesté » confirme un autre. Nous avons peine aujourd'hui à l'imaginer. Les portraits qu'on a faits de lui dans sa vieillesse ne valent rien. Le meilleur est encore la gouache de Chodowiecki qui a été si souvent gravée et qui date de 1777. Chodowiecki avait beaucoup vu le roi aux manœuvres de printemps et il l'a peint de profil, à cheval, passant une revue. C'est un vieillard presque décharné, la peau du cou plissée et tombante, le dos rond, les lèvres minces et serrées. Il portait à l'ordinaire un habit bleu, usé comme son corps, toujours strictement boutonné, une culotte de velours râpé, une vieille écharpe d'argent, une petite épée de cuivre, avec une dragonne dont le gland n'était plus que de bois, un énorme chapeau à trois pointes, des bottes autrefois noires, devenues jaunes de vétusté, relevées par-dessus le genou et rattachées avec un mauvais cordon au milieu de la cuisse. Il prisait avec excès un tabac d'Espagne, dont son habit était toujours taché.

— Je ne puis m'en passer, disait-il à Catt, c'est une habitude prise. Que cela dégoûte, avouez-le, mon cher. Avouez que j'ai l'air un peu cochon.

Il disait aussi : « Je suis presque aussi salope que

notre bon marquis. » Et il ajoutait : « Quand ma mère vivait, j'étais plus propre, ou, pour parler plus exactement, moins malpropre. Cette tendre mère me faisait faire chaque année une douzaine de chemises avec de jolies manchettes, qu'elle m'envoyait là où j'étais. Depuis la perte irréparable que j'en ai faite personne n'a plus soin de moi. » Il dormait sur un petit lit fort sale, la tête enveloppée d'un oreiller noué avec un mouchoir. Comme il transpirait beaucoup, le matin, on faisait sécher les draps devant la cheminée. Sa garde-robe était tenue par un hussard qui rattachait les boutons d'habit avec du fil blanc et mettait des pièces aux chemises.

Ce qui, dans son visage flétri, fascinait les étrangers, c'était le regard, qu'aucun artiste n'a su fixer parce qu'il était étrangement expressif, mobile et profond, avec un feu de jeunesse et de vie. Quand Frédéric voulait plaire, il savait donner à sa physionomie une singulière expression de douceur et de bienveillance ; tous ses traits s'animaient et on lisait sur son visage les mouvements qui agitaient son âme. Il s'exprimait clairement, sans forcer la voix, sur un ton de confidence, avec des intonations « aussi agréables que le mouvement de ses lèvres, qui avait une grâce inexprimable » (Ligne). Il parlait beaucoup et l'on regrettait qu'il ne parlât pas davantage. Dès l'abord on était conquis et en confiance.

Les Français de passage, les habitués de Versailles étaient toujours les bienvenus. Ils lui rapportaient l'air qu'il avait respiré jadis et il retrouvait avec eux cette conversation brillante, aisée et rapide qui avait été son plus grand délassement et qui lui manquait. Un jour, comme il venait de citer Virgile, le prince de Ligne en profita pour dire :

— Ce fut un grand poète, Sire, mais quel mauvais jardinier !

— A qui le dites-vous ? répondit le roi. N'ai-je pas voulu planter, semer, labourer, piocher, les *Géorgiques* à la main ? Mais, Sire, me disait mon jardinier, vous êtes fou et votre livre aussi. Ce n'est pas ainsi qu'on travaille. Mais, mon Dieu quel climat est celui-ci ? Croiriez-vous qu'il me refuse tout ? Voyez mes pauvres orangers, mes oliviers, mes citronniers, tout cela meurt de froid.

— Ainsi donc, Sire, répliqua le prince, il n'y a que les lauriers qui poussent chez vous. Puis, comme le roi lui faisait une petite mine gracieuse, il ajouta bien vite, pour effacer la fadeur du compliment : Et puis, il y a trop de grenadiers dans ce pays-ci ; cela mange tout !

Le roi se mit à rire, parce que, dit le narrateur, il n'y a que les bêtises qui fassent rire. En 1769, Frédéric reçut Grimm, à qui il trouva « la tête philosophique et la mémoire ornée de belles connaissances ». Ils s'écrivirent ; souvent invité à Pétersbourg par la tsarine, Grimm fit plusieurs séjours à Berlin et le roi s'abonna à la correspondance littéraire que son hôte envoyait à des princes allemands. Mais les gens d'esprit sont rares. De plus en plus, Frédéric vivait parmi les ombres. Une ou deux fois par an, il allait à Magdebourg, « en ancien ami », demander au vieux Fouqué une soupe et un plat d'épinards. « Je viens seul ; cela n'exige ni festin, ni dépense. Le pot-au-feu est suffisant. » C'était le dernier compagnon de sa jeunesse qui fût en Prusse. Avec lui il pouvait évoquer Rheinsberg et l'aurore du règne. Il tenait à son affection, il lui envoyait des souvenirs, des fruits de Sans-Souci, des truffes qui venaient de France, du café de Turquie. Une fois, il lui donna un grand verre qui avait appartenu à Frédéric-Guillaume, une autre, du vin de Hongrie qui avait soixante ans de bouteille. « Bonjour et bon an, mon cher ami, je vous envoie un présent de vieillard à vieillard : une chaise commode que vous pouvez trousser et baisser selon votre fantaisie, du vrai baume de la Mecque pour restaurer vos forces et des breloques de la manufacture de porcelaine pour vous amuser. » Mais Fouqué n'était plus qu'une ruine. Il était sourd, paralysé des jambes et comme il ne pouvait plus prononcer certains sons, il se servait d'une machine pour former par écrit les syllabes qu'il ne disait pas. Il mourut en 1774 suivi de près par Guichard et par Pœllnitz qui friponna jusqu'à son dernier soupir et que ses créanciers regrettèrent. Morts aussi Seydlitz le cavalier, Valori, Bielfed, Mitchell, Quantz le maître de flûte. A la paix, réconcilié avec la dynastie hanovrienne, Mylord Maréchal avait fait un séjour en Ecosse, mais depuis la chute des Stuarts, tout était changé. Il ne reconnaissait ni les hommes, ni les choses. Il revint à Potsdam et le roi lui donna une maison près du château. Chaque jour ils se promenaient ensemble dans les allées du parc, Frédéric voûté s'appuyant sur une longue canne au pommeau orné de diamants, Keith droit et vert. A quatre-vingt-six ans, il lisait pour s'amuser l'ouvrage du Père Suarez *De Matrimonio* et il se plaignait que l'auteur réveillât en lui des idées qui parfois le tracassaient. Quand il était en voyage, le roi lui envoyait des nouvelles du jardin : « Mon chèvrefeuille est sorti, mon sureau va débourgeonner et les oies sauvages sont déjà de retour. » Mais le vieil Ecossais fut frappé de paralysie et condamné à ne plus sortir de sa chambre. Le roi allait le voir et il demeurait de longs moments auprès de lui, tisonnant un feu qui ne les réchauffait pas. Mylord Maréchal mourut en 1778, âgé de quatre-vingt-douze ans.

Pendant trois semestres, Frédéric avait eu encore un extraordinaire personnage, le comte Hoditz, qu'il avait connu en Moravie et qui était un peu son parent, ayant épousé dans sa prime jeunesse la landgrave douairière de Bayreuth. Le comte Hoditz était un très bel homme avec un visage long et une sorte de folie des plus agréables. Il avait machiné sa terre et son château de Roswald comme un théâtre perpétuel dont ses serfs étaient les acteurs, les danseurs, les musiciens, les peintres, les décorateurs et les fontainiers. Il y avait dans le parc une pagode, des ruines romaines, des cavernes druidiques avec des autels, des grottes mystérieuses taillées en plein roc, des ermitages chrétiens, le mausolée d'Arminius, un hameau de Lilliputiens, la vallée de Tempé, des mines artificielles, un labyrinthe souterrain où se voyait la passion du Christ, des canaux, une flottille et six mille jets d'eau. Grâce à un prodigieux magasin de costumes, une troupe de quatre-vingt-dix personnes, dirigée par un Français, le comte Duhamel, animait, au gré du maître, l'une où l'autre partie de cette demeure féerique. Il donnait des pastorales, des illuminations, des ballets indiens, des dîners chinois, des sacrifices druidiques, des processions, des fêtes nautiques où apparaissaient des naïades et des dieux marins. Frédéric s'était pris de curiosité pour cet homme étonnant. A plusieurs reprises, il l'invita à passer quelques semaines à Potsdam et, quand à force de fusées et de musique le magicien se trouva complètement ruiné, il le recueillit et le pensionna. Hoditz que l'âge accablait d'infirmités mourut de la pierre en 1778.

La même année mourut aussi Voltaire. Le roi et le patriarche se haïssaient, mais ils se considéraient toujours comme les plus grands hommes de leur temps, et ils ne pouvaient se passer l'un de l'autre. Dans l'intimité, Voltaire appelait Frédéric *Luc* qui était le nom d'un très vilain singe, mais qui pouvait être aussi un anagramme. Il le disait ami perfide, détestable poète, cœur ingrat, mauvais parent, allié infidèle, né pour le malheur du genre humain. Lui souhaitant « une profonde humiliation », il ne pardonnait pas à Soubise de s'être laissé battre à Rossbach et de lui avoir ôté par sa défaite la divine vengeance de consoler Luc en d'irréparables malheurs. De son côté, Frédéric traitait Voltaire de méchant homme, d'avare, de vil fripon, de lâche et de menteur. Mais ils s'écrivaient plusieurs fois par mois. Dans leurs moments d'aigreur, ils ressassaient les anciens reproches. « Vous m'avez fait assez de mal, disait Voltaire ; vous m'avez brouillé pour jamais avec le roi de France ; vous m'avez fait perdre mes emplois et mes pensions ; vous m'avez maltraité à Francfort, moi et une femme innocente, une femme considérée qui a été traînée dans la boue et mise en prison... » Vous vous êtes conduit « en perturbateur, répliquait Frédéric... Vous avez eu tous les torts du monde vis-à-vis de moi... Je vous ai tout pardonné et même je veux tout oublier. Mais si vous n'aviez pas eu affaire à un fou amoureux de votre beau génie, vous ne vous en seriez pas tiré aussi bien chez tout autre. Tenez-vous le pour dit et que je n'entende plus parler de cette nièce qui m'ennuie... C'est un hors-d'œuvre. » Mais Voltaire, ne se taisant pas, reprochait au roi une âme pleine de fiel, corrompue par « le malheureux plaisir... de vouloir humilier tous les autres hommes ». Frédéric répondait par des leçons de politesse : « Apprenez à votre âge de quel style il convient de m'écrire. Comprenez qu'il y a des libertés permises et des impertinences intolérables aux gens de lettres et aux beaux esprits. » Puis on se réconciliait : « Je vous aurais aimé avec vos défauts », écrivait Frédéric. « Vous manquez à mon bonheur, accordait Voltaire. Je n'ai pas pu vivre sans vous ni avec vous... Vous êtes la créature la plus séduisante que je connaisse... » Et l'on revenait à la métaphysique, aux lettres, aux confidences, aux plaisanteries sur la religion. « Je me console d'avoir vécu dans le siècle de Voltaire : cela me suffit », écrivait le roi avant de signer. « Je baise de loin les mains victorieuses, qui ont écrit des choses si ingénieuses et si utiles », répliquait Voltaire.

L'Académie de Berlin brillait dans le monde par ses astronomes et par ses mathématiciens. Mais Frédéric ne s'intéressait pas aux sciences. Les classes des belles-lettres et de philosophie s'étaient assoupies. Elles n'avaient plus de disputes bruyantes avec les corps étrangers ; elles n'avaient plus La Mettrie ou d'Argens pour exciter les clameurs des philosophes chrétiens ; les disputes intestines avaient pris fin. Les places vacantes allaient à des professeurs suisses, à des grammairiens, à d'honnêtes pasteurs, à des littérateurs féconds et sans génie, dont les noms ne disent plus rien à personne, Prévost, Formey, Thiébault, Toussaint, Wéguelin, Mérian, Bitaubé. Il vint aussi un bénédictin français, Dom Pernety, qui fut conservateur de la bibliothèque publique et un prêtre italien, Carlo Denina, qui débuta en abbé sémillant et qui devint aussi ennuyeux que les autres. Plusieurs enseignaient à une école militaire que le roi avait fondée en 1766 pour l'éducation des jeunes nobles sans fortune. Casanova y fut employé quelques semaines en qualité de surveillant. De temps à autre, Frédéric faisait venir un de ses académiciens. Il monologuait devant lui et il lui confiait quelque mémoire à recopier ou à polir. Il ne se donnait même plus la peine de les persifler, car depuis longtemps il avait usé sur eux la matière de ses bons mots.

Par moments, il avait le sentiment de se survivre. « C'est prudence de quitter le monde, disait-il, avant que le monde vous quitte. L'espèce humaine s'ennuie trop aisément avec la même physionomie... Il est bon de prévenir le public et de ne pas lui donner le temps de s'ennuyer. » Il signait ses lettres *L'ermite de Sans-Souci* comme si par ses goûts et par ses amitiés, il était devenu un homme de l'ancien temps. Au vrai, il était demeuré ce qu'il avait été dans sa jeunesse, un disciple de Bayle, un « libertin » du XVIIe siècle. A cette grande époque, il rattachait Voltaire, mais derrière Voltaire, il n'y avait que décadence et corruption. « Dans quelques siècles d'ici, on traduira les bons auteurs du temps de Louis XIV, comme on traduit ceux du temps de Périclès et d'Auguste. » Et encore : « Notre pauvre siècle est d'une stérilité affreuse en grands hommes comme en bons ouvrages. Du siècle de Louis XIV qui fait honneur à l'esprit humain, il ne nous est resté que la lie. Dans peu, il n'y aura plus rien du tout. » Il prévoyait un âge de barbarie où tout serait subordonné aux recherches de la physique et de l'analyse.

La génération de 1760 lui déplaisait par ses idées, par son style, par son débraillé, par ses audaces et surtout par sa façon impérieuse de raisonner et de trancher dans l'abstrait. Il n'y voyait que « des avortons du Parnasse, de faux beaux esprits, des philosophes à paradoxes et à sophismes ». Il avait offert à Rousseau un asile dans la principauté de Neuchatel, parce qu'il le tenait pour un malade et pour un malheureux, mais il n'arriva pas à terminer la lecture de l'*Emile* : « C'est un rabâchage de choses qu'on sait depuis longtemps... Rien d'original, peu de raisonnement solide, beaucoup d'impudence. Cette hardiesse qui tient de l'effronterie indispose le lecteur, de façon que le livre lui devient insupportable et qu'il le jette par dégoût. » Une autre fois à propos du *Discours* sur les arts, il traite Jean-Jacques d'énergumène. Diderot le révolte « par son ton suffisant et son arrogance » ; Raynal par son intrépidité à maintenir à tout prix ce qu'il a décidé être vrai : « On risque le bannissement à oser avancer que le commerce d'une puissance est de quelques millions plus lucratif qu'il l'annonce. » Voltaire lui avait recommandé pour la place de bibliothécaire un M. Delisle, auteur d'une *Philosophie de la nature*. Il feuilleta l'ouvrage et n'y trouva qu'une « rapsodie informe d'idées chimériques » qu'on pourrait pardonner « à un homme qui écrit dans l'ivresse » mais pas à un écrivain qui se donne pour un penseur. Il conseilla à Delisle de se faire cocher de fiacre, car à tout perdre « il vaut mieux être le premier cocher de l'Europe que le dernier des auteurs ». Quant à d'Holbach, il l'irrita tellement qu'il prit la peine de réfuter l'*Essai sur les préjugés* et le *Système de la Nature*, ces ramassis de balivernes, d'impertinences et de sottises. « Qu'ai-je appris par cette lecture ? Quelle vérité l'auteur m'a-t-il enseignée ? Que tous les ecclésiastiques sont des monstres à lapider, que le roi de France est un tyran barbare, ses ministres des archicoquins, ses courtisans des fripons lâches et rampants, les grands du royaume des ignorants pétris d'arrogance, les juges d'infâmes prévaricateurs, les financiers des Cartouches et des Mandrins... et qu'il n'y a de sage, de louable, de digne d'estime dans tout le royaume, que l'auteur et ses amis qui se sont revêtus du titre de philosophe. » Il concluait en haussant les épaules : « Si notre auteur avait été six mois syndic dans la petite ville de Pau en Béarn, il apprécierait mieux les hommes qu'il n'apprendra jamais à les connaître par ses vaines spéculations. » Dans une lettre, il a comparé d'Holbach à un chien enragé qui attaque tout le monde et se rue sur les passants, également satisfait pourvu qu'il morde.

Il était excédé qu'on le prît pour le patron de tous les folliculaires à prétentions et à systèmes, bannis de leur patrie à cause de leurs mœurs ou de leurs démêlés avec l'Eglise. « Vous ne sauriez croire, écrivait-il à d'Alembert, quelles caravanes arrivent ici d'insectes littéraires dont à peine on peut se débarrasser. » Il rougissait des mesquineries ridicules dans lesquelles ses amis essayaient de l'entraîner. Il avait volontiers recueilli et placé dans son armée le jeune d'Etalonde condamné à mort par contumace en même temps que le chevalier de la Barre, mais quand d'Alembert lui demanda de supprimer le *Courrier du Bas-Rhin* qui avait commis le crime atroce de mettre en doute la noblesse de Loyseau de Mauléon, avocat des Calas, et le talent de d'Alembert lui-même, il lui répliqua avec ironie qu'ayant réclamé la liberté pour eux-mêmes, les philosophes devaient avoir la pudeur de la reconnaître aussi à leurs adversaires. Il conseilla aux Loyseau de prendre des poudres calmantes et de fréquentes émulsions. Cependant, ajoutait-il, « s'il s'agit de contenter cette famille éplorée, nous trouverons ici en Allemagne des érudits qui feront descendre défunt l'avocat en droite ligne des anciens rois de Léon et de Castille et j'ose assurer que le *Courrier du Bas-Rhin* insérera cette belle découverte. Voilà tout ce que je puis opérer pour la réconciliation de ces deux illustres parties ; j'en tirerai vanité et je mettrai dans mes mémoires qu'ayant contribué à pacifier les troubles de la Pologne et de la Turquie, j'avais été encore assez favorisé de la fortune pour réussir à rétablir la paix entre les Mauléon et le *Courrier du Bas-Rhin*. Tenez, mon cher Anaxagoras, après ceci j'espère que votre philosophie sera contente de la mienne. »

Hélas ! d'Alembert était infatigable. Il aurait voulu que Frédéric plaçât un buste de Voltaire dans l'église catholique de Berlin afin de la profaner un petit peu : Frédéric répondit que le patriarche s'y ennuierait et qu'il serait beaucoup mieux à l'Académie, au milieu de ses admirateurs. Toute une saison encore et avec le plus grand sérieux, le philosophe harcela le roi pour qu'il mît dans le traité de médiation entre la Porte et la Russie que le sultan serait contraint de relever le temple de Jérusalem, joyeuse facétie qui ferait mentir les Saintes Ecritures et qui causerait à la Sorbonne un grand embarras. Frédéric, à bout de patience, lui demanda si le sultan devrait aussi r bâtir la tour de Babel, mais, ce jour-là, il trouva qu'Anaxagoras était une bête. Ils se chamaillèrent encore à propos des Jésuites. Quand la compagnie fut expulsée de France et supprimée par Rome, Frédéric s'empressa d'ouvrir ses Etats aux Pères qui étaient d'excellents éducateurs et qui, pour obéir au pape, n'eurent qu'à changer d'habit. Comme d'Alembert lui écrivait sur un ton piqué en lui rappelant qu'il avait lui-même qualifié les Jésuites de vermine et de chenilles, Frédéric, une fois encore, lui donna une leçon : « Je traite les hommes avec bonté et j'exerce l'humanité indifféremment sur tous ceux de mon espèce... Croyez-moi, pratiquons la philosophie et métaphysiquons moins. Les bonnes actions sont plus avantageuses au public que les systèmes les plus subtils... »

Frédéric avait, en Allemagne, une immense popularité : sa lutte à mort contre la maison d'Autriche et contre les Bourbons avait fait de lui l'idole du protestantisme. Sept années de victoires, de malheurs, d'épreuves, de fatigues, avaient donné à la guerre un caractère fabuleux d'héroïsme qui enflammait les imaginations. Les jeunes gens brûlaient pour lui. Au spectacle de sa vie, l'orgueil allemand s'éveillait. Un poète avait publié les *Chants de guerre d'un grenadier prussien*, Lessing faisait jouer *Minna von Barnhelm* qui met en scène un officier de la guerre de Sept Ans et qui est la glorification du roi. Mais de cette littérature Frédéric ne voulait rien savoir. En 1780, il fit lire à l'Académie un mémoire qui est une exécution méprisante de tout ce qui s'écrit en Allemagne. La langue allemande est un jargon à demi barbare ; elle est diffuse, difficile à manier, peu sonore avec trop de syllabes sourdes et désagréables. « Il est physiquement impossible qu'un auteur, doué du plus beau génie puisse... manier cette langue brute. » Aussi la littérature germanique en est-elle restée aux premiers balbutiements : quelques petits bouts de fable, une comédie, un livre d'histoire, quelques minces poésies, un ou deux sermons. Le reste n'est que verbiage pesant. Comme à vingt ans, Frédéric est fermé à tout ce qui sévit ou commence à sévir chez ses compatriotes : la phraséologie piétiste, la sentimentalité vaporeuse, le lyrisme individuel, le déchaînement du « moi », les tumultes du désespoir et de la passion. « Pour vous rendre compte du peu de goût qui règne en Allemagne, vous n'avez qu'à vous rendre aux spectacles publics. Vous y verrez représenter les abominables pièces de Shakespeare, traduites en notre langue et tout l'auditoire se pâmer en entendant ces farces ridicules et dignes des sauvages du Canada... » Où sont les règles ? Où est la vraisemblance ? « Voilà des crocheteurs et des fossoyeurs qui paraissent et qui tiennent des propos dignes d'eux ; ensuite viennent des princes et des reines.

Comment ce mélange bizarre de bassesse et de grandeur, de bouffonnerie et de tragique peut-il toucher et plaire ? » Encore peut-on pardonner à Shakespeare qui vivait dans une époque de barbarie. Mais il vient de paraître un certain Gœthe, auteur de *Werther* et de *Götz von Berlichingen* (1774), qui ose renouveler « ces dégoûtantes platitudes ! » Un siècle après Racine ! Ce serait à désespérer. Mais peut-être se trouvera-t-il encore quelques Allemands pour se mettre à l'école de Malherbe, de Boileau, de Bossuet, de Montesquieu et des grands auteurs de l'Antiquité. En attendant ces jours lointains, le plus simple est de parler français : « Cette langue est devenue un passe-partout qui vous introduit dans toutes les maisons et dans toutes les villes. Voyagez de Lisbonne à Pétersbourg et de Stockholm à Naples en parlant français, vous vous faites entendre partout. Par ce seul idiome vous vous épargnez quantité de langues qu'il vous faudrait savoir, qui surchageraient votre mémoire de mots à la place desquels vous pouvez la remplir de choses, ce qui est bien préférable. »

Muré dans la solitude, le roi s'enferme à Sans-Souci avec ses chiens. Il ne soupe plus et se couche tôt. Le matin pendant une heure ou deux, il joue de la flûte en marchant d'une pièce à l'autre, mais, depuis la mort de Quantz, il n'a plus personne pour l'accompagner. Il joue d'anciens airs qu'il sait par cœur, des airs qui ont endormi ses douleurs ou accompagné ses victoires. Il dit souvent que le goût du chant noble se perd, que la musique de Glück et de Haydn est un charivari qui écorche les oreilles. Il a fermé les chambres d'amis. Les quatre ou cinq pièces qu'il habite sont très délabrées, les ors ternis, la soie des fauteuils usée par grandes places, les rideaux salis et déchirés par les chiens, mais il ne veut aucune réparation. Des tas de papiers, des cartes, des livres traînent sur toutes les tables, avec des piles de *frédérics*, des rouleaux d'or qui lui donnent la jouissance physique de la richesse. Son grand luxe, ce sont les tabatières, au nombre de cent trente, dit-on, en jaspe, en agate, en chrysolithe, en or surtout, véritables bijoux couverts de pierres précieuses, qui valent des millions. Il en a toujours quatre ou cinq dans ses poches ou à portée de la main. Quand il se rend dans sa capitale à l'entrée de l'hiver, on charge le coffre aux tabatières sur un chameau dont le tsar Pierre lui a fait présent et la bête cheminant d'un pas lent dans les sables du Brandebourg rapporte le trésor à Berlin.

Vers une heure, Frédéric dîne avec ses aides de camp et il se plaît à table. Chaque jour, on lui apporte le billet de cuisine et il modifie lui-même les menus, en y ajoutant des plats très indigestes et très échauffants, des pâtés d'anguille, des foies gras, des potages trop épicés qui lui causent de terribles douleurs d'estomac. Il se compose des breuvages, auxquels il attribue des vertus curatives. Certaine année, il ne voulut plus boire que du café froid mélangé avec du champagne. Quand quelqu'un lui donne la réplique, il s'abandonne facilement à la gaieté. Il répète de petites histoires qui l'ont fait rire autrefois, il parle de sa jeunesse et de ses campagnes, il monologue sur Dieu, sur Voltaire, sur les arts, sur les souverains de l'Europe. Un jour, il s'amusa à refaire les armes des grandes puissances. Il donna à l'Autriche pour orner son blason un Jupiter tonnant, à la France l'étoile de Vénus, à l'Angleterre Mercure, capitaine-pirate, dieu des marchands et des voleurs, et pour nous-mêmes, dit-il, un singe, car nous singeons les grandes puissances sans en être une.

Trois fois par semaine encore, il exerçait lui-même son régiment. Les autres jours, il faisait à pied une promenade qui le menait souvent à un jardin d'essai, où l'on expérimentait les nouveautés agricoles importées d'Angleterre, les betteraves, les choux-raves, le trèfle, la luzerne, la rhubarbe. Parfois, il s'en allait à cheval à Berlin, suivi d'un page et d'un officier. Les polissons touchaient ses bottes et les vétérans lui disaient bonjour, en l'appelant *Père* ou *Père Fritz.* Il inspectait la manufacture de porcelaine qu'il avait fondée à l'imitation de Meissen, où il avait amené de force un certain nombre d'ouvriers saxons et dont la marque était un sceptre. Il passait quelques heures avec la princesse Amélie qui était défigurée, presque aveugle, les yeux à moitié sortis de leur orbite, la tête branlante, les jambes paralysées et qui ne parlait plus que d'un son rauque, sifflant, comme une personne qui étouffe. Le carnaval de Berlin avait lieu chaque année à son retour, comme à l'ordinaire. A l'issue des revues de Potsdam, il donnait au Palais Neuf, dans la grotte du rez-de-chaussée, un grand banquet où tous les officiers étaient priés.

Son métier le soutenait. « Il est très vrai, disait-il, qu'en examinant ce que c'est que la gloire, elle se réduit à peu de chose. Etre jugé par des ignorants et estimé par des imbéciles, entendre prononcer son nom par une populace qui approuve, rejette, aime ou hait sans raison, ce n'est pas de quoi s'enorgueillir. Cependant que deviendraient les actions vertueuses et louables si nous ne chérissions pas la gloire ? Tous ceux qui ont bien mérité de leur patrie ont été encouragés dans leurs travaux par le préjugé de la réputation. » Il n'a rien changé à la mécanique de sa vie laborieuse. Mais, plus il vieillit, plus il a horreur du vague, de la « crème fouettée ». En 1780, on lui présenta un jeune noble italien, de bonne famille, le marquis Lucchesini qui courait l'Europe pour son plaisir. Il le retint auprès de lui en qualité de chambellan. Chaque soir, pendant deux années, Lucchesini a transcrit dans son journal sous une forme brève les propos que le roi avait tenus à table ou en conversation privée. Population, impôts, monnaie, banque, commerce, récoltes, on est frappé par le caractère précis, aride même de ses monologues habituels. Il cite beaucoup de chiffres et il les discute. Bien plus rarement qu'autrefois, il s'abandonne à un bavardage sans sujet qui court d'une plaisanterie à l'autre. Il ne retrouve sa verve mordante que pour satiriser les princes de l'Europe ou se moquer de l'esprit géométrique.

A chaque printemps, un peu plus maigre, un peu plus voûté, s'appuyant désormais sur une canne d'infirme en forme de béquille, il recommence la tournée des provinces. L'antique voiture délabrée roule à nouveau sur les routes de la Silésie et de la Prusse. Les baillis, chapeau bas, s'alignent à l'entrée des villages et, d'une main déformée par la goutte, le vieux Fritz note sur ses carnets : « Sur les propriétés du comte Wallis, ils vendent leur lin en Bohême. Pourquoi ne le file-t-on pas dans le comté de Glatz ? — La ville de Striegau se plaint qu'elle n'a pas de manufactures, ni rien qui puisse l'enrichir. Je ne vois pas comment l'aider, ni si on peut y fonder une fabrique, quelque préparation de vitriol ou de choses semblables. — Aux villes de Schweidnitz et de Neisse, il manque encore des toits de tuiles. N. B. Il faudra y penser. — Le bailli du comte de Wallis m'a dit qu'ils pouvaient fonder une colonie de trente familles. Vérifier si cela va. — On pourrait avoir plus de moutons dans le pays de Glatz, si on les faisait paître dans les forêts qui se trouvent sur les montagnes. La question est de savoir si leur laine serait bonne ou pas. Au moins ce serait un secours pour le pauvre paysan qui pourrait se nourrir du lait des brebis. — Je donne mille thalers à chacun des deux nobles, Arnold et l'autre dont j'ai oublié le nom, qui entre Crossen et Glogau ont souffert de l'inondation par l'Oder. — Le nouveau chemin pour la terre à porcelaine ; Pfaer a le dessin... »

Et Frédéric sentait qu'il avait beaucoup vécu.

★

Isolé à Potsdam, il était en Europe même réduit à la seule alliance de Catherine qu'il n'aimait pas. L'accord avec l'Autriche n'était que provisoire ; les relations diplomatiques avaient bien été reprises avec la France, mais sans chaleur. Après quelques mois de présence, les deux ambassadeurs avaient même rejoint leurs cours. Pendant deux ans, les ambassades furent gérées par de simples chargés d'affaires. En 1772, profitant de la mort du roi Adolphe-Frédéric et de l'anarchie constitutionnelle Frédéric aurait volontiers recommencé aux dépens de la Suède la manœuvre qui avait si bien réussi contre la Pologne. Mais soutenu par Louis XV, le nouveau souverain Gustave III, fils d'Ulrique de Prusse, prévint les projets d'intervention par un coup d'Etat militaire qui rétablit l'ordre et restaura la monarchie dans ses privilèges traditionnels. Frédéric grogna, essaya d'intimider sa sœur et se résigna. En 1776, il éconduisit courtoisement les ambassadeurs des colonies d'Amérique soulevées contre l'Angleterre. A ses amis, il disait qu'il gardait sa place au théâtre, mais qu'il ne voulait plus monter sur la scène. A tout bout de champ il leur citait des vers de Chaulieu :

> Ainsi, sans chagrins, sans noirceurs,
> De la fin de mes jours poison lent et funeste,
> Je sème encore de quelques fleurs
> Le peu de chemin qui me reste.

Mais il ne fallut pas grand-chose pour transformer l'ermite en guerrier. Le 30 décembre 1777, l'électeur de Bavière, Maximilien-Joseph, mourut sans enfant. L'héritier légitime était le plus proche cousin du défunt, le Palatin Charles-Théodore de Sulzbach, dont les titres étaient confirmés par plusieurs actes solennels, pacte de famille, testament, pacte de co-possession. Mais, comme à la mort de l'empereur Charles VI, des contestations s'étaient déjà élevées, les unes venant de l'électrice douairière de Saxe, sœur de Maximilien, qui conservait en effet certains droits sur les biens mobiliers, les autres de Joseph II qui évoquait des arrangements compliqués et fallacieux, datant des empereurs Sigismond et Mathias. Pour commencer, à l'effroi de la prudente Marie-Thérèse, Joseph II réussit l'exploit extraordinaire de faire admettre le bien-fondé de ses prétentions, par celui qui avait le plus d'intérêt, à les contester, l'héritier Charles-Théodore. Armé de cette reconnaissance, il ordonna à l'armée autrichienne de prendre possession du territoire qui lui était remis, ce que l'on appelait la Basse-Bavière, les régences de Landshut et de Straubing, entre l'Inn, l'Isar et le Danube.

Voilà Frédéric, rajeuni de trente ans, prêt à en découdre avec « dame Thérèse » et avec « le César Joseph ». Aux premières nouvelles, il annule les crédits réservés aux bâtiments et ordonne aux officiers supérieurs de se tenir prêts. Il expédie à son ambassadeur à Paris, le baron de Goltz, des lettres où passe la fièvre d'un jeune roi qui débute dans le monde : « Vous tâcherez de mettre en activité toutes vos mouches... Vous emploierez tous vos ressorts... Comme c'est la première et la plus importante affaire où vous pouvez montrer votre sagacité et votre pénétration dans tout leur jour, le succès de vos soins me fera voir si vous avez assez de nerf pour me satisfaire sur tout ce que je désire de savoir. » Et Goltz de courir les salons pour entendre « le ramage » de quelques dames bien informées. Et Frédéric d'insister : « Allons, voici le moment de vous évertuer ; peut-être cela mènera-t-il à une liaison plus étroite ; il faut prendre ces gens par la gloire et la honte qu'il y aurait de sacrifier la garantie de Münster à la cupidité autrichienne. Etalez toute votre éloquence. Il y aurait même à gagner pour la France. Je signerais tout. »

Mais Louis XVI, occupé à préparer sur les Anglais la revanche de la guerre de Sept Ans, n'avait nul désir de compliquer la guerre maritime par un différend continental. L'alliance avec l'Autriche n'était que défensive : rien n'obligeait la France à assister l'empereur dans ses plans de conquête. Quant à appuyer la Prusse pour qu'elle pût arrêter à coup sûr sa rivale, il y songeait encore moins. Frédéric était donc contraint de marcher le premier, mais une bonne politique lui conseillait de dissimuler son intérêt personnel pour se poser en défenseur des libertés germaniques, en protecteur des petits Etats, quitte à grappiller un morceau le moment venu. Conseillé par lui, le duc de Deux-Ponts, héritier du Palatin, refusa de ratifier pour son compte la cession des régences ; la Saxe protesta à son tour ; la Prusse enfin demanda à la Diète d'intervenir auprès de leurs Majestés impériales pour que la succession fût réglée par les voies juridiques et qu'en attendant la Basse-Bavière fût évacuée.

Frédéric était d'humeur souriante. Il se faisait servir des repas légers, se couchait à heure fixe et mangeait des choses très saines ; sa conversation roulait sur les agréments qu'il avait eus dans les dernières campagnes et qu'il se promettait de la prochaine. Le 5 avril 1778, il réunit ses généraux et ses officiers. Il leur dit qu'il était vieux et infirme, qu'il se servirait d'une chaise de poste pendant les marches, mais que les jours de combat, il serait à cheval au milieu d'eux, comme autrefois. Le lendemain, il partit pour la Silésie. Les négociations traînèrent encore quelques semaines. En échange de la Basse-Bavière, Joseph offrit au roi de lui reconnaître par avance la possession des deux margraviats d'Ansbach et de Bayreuth qui, déjà réunis en une seule principauté, devaient lui revenir par arrangement de famille, leur commun souverain n'ayant pas d'héritier. Frédéric n'accepta pas de lier les deux questions. Une démarche personnelle de Marie-Thérèse n'eut pas plus de succès. Les Prussiens entrèrent en Bohême le 5 juillet, Frédéric en tête de l'avant-garde.

Son plan comportait une marche rapide sur Vienne par Olmütz et la Moravie, avec une « bonne bataille » qui lui livrerait la capitale. L'opération serait exécutée par sa propre armée forte de 80 000 hommes tandis que le prince Henri, avec 60 000 Prussiens et les Saxons, entrerait en Bohême par une des deux rives de l'Elbe. Mais contrairement à son attente, les Autrichiens se cramponnèrent à leurs positions dans la région de Prague. Le prince Henri réussit bien à franchir par surprise les monts des Géants, mais le roi n'osa pas pousser son offensive sur Vienne et resta collé aux frontières de la Silésie.

Joseph II n'avait aucune des qualités d'un chef, ni le sang-froid, ni la persévérance, ni la fermeté d'âme, mais il était assisté par les vétérans de la guerre de Sept Ans Laudon et Lascy qui étaient passés maîtres dans l'art de la défensive. Ils couvrirent les hauteurs de l'Elbe et de l'Isar de retranchements « formidables » et transformèrent le centre de la province en un gigantesque camp fortifié, en ayant soin de ne pas se laisser prendre aux manœuvres de Frédéric pour les attirer dans une bataille rangée. L'automne fut très pluvieux. A partir de septembre, les chemins devinrent impraticables. Dans les sentiers de montagne, on tirait les canons à bras ; les convois n'arrivaient plus ; les chevaux mouraient par centaines ; chaque jour, il fallait abandonner, enlisés dans quelque bourbier, des fours de campagne, des voitures de foin, des chariots de munitions. Le roi essaya un mouvement tournant ; en cours de marche il revit le champ de bataille de Soor, mais après quelques étapes, il dut s'arrêter vaincu par la fatigue et par la boue. Il se vengea en « mangeant » les cercles occupés par ses troupes. Dès octobre, elles prirent leurs quartiers d'hiver, très démoralisées.

Frédéric regardait tomber la pluie et trouvait la vie insipide ; son frère Ferdinand n'avait pas voulu prendre part à la campagne ; Henri, qui avait désapprouvé la guerre, était en proie à une mélancolie profonde ; il se plaignait sans cesse d'insomnies, de vertiges, de douleurs aux yeux, de dépression nerveuse. Le roi n'avait autour de lui que des automates, des généraux fatigués et de jeunes officiers raisonneurs qui critiquaient ses dispositions et qui riaient sous cape quand il arrivait malheur à un convoi arrangé et ordonné par lui-même. L'armée se comportait comme une mécanique grinçante et sans âme. « Nous sommes tombés bien bas », gémissait Henri et il incriminait le despotisme de son frère qui avait remplacé l'honneur par la servitude. Il disait aussi qu'il se méfiait plus de la fausseté du roi que des entreprises de l'ennemi. Dressés à coups de canne, bâtonnés par les sous-officiers, soumis à d'horribles supplices comme celui des verges, les soldats n'étaient tenus que par le ventre et par la peur. Dans ce pays montueux, coupé de bois, noyé de brouillards et de bourrasques, les régiments mal nourris et mal surveillés fondaient par la maladie et par la désertion. Dès le 8 septembre, sur l'ordre de Frédéric, les ministres Finckenstein et Hertzberg déclarèrent à l'envoyé de France, le marquis de Pons, que si le roi Louis XVI pouvait amener les Autrichiens « à des propositions moins insidieuses », la Prusse accepterait « volontiers » sa médiation. Appuyée par une démarche menaçante de la Russie, l'offre de Frédéric fut agréée à Vienne. Le roi passa l'hiver à Breslau, « vivant en rat de cave » et barbouillant du papier.

Le Congrès se réunit, en mars, à Teschen, un gros village de la Silésie autrichienne. Il était difficile de choisir un endroit plus affreux et plus incommode. « Tout y manque pour les choses les plus ordinaires de la vie, écrivait à Vergennes le baron de Breteuil, délégué de la France... Nous y sommes indignement logés... Cette ville est l'égout des montagnes ; on ne peut qu'avec peine y aller en carrosse et tout aussi difficilement y marcher à pied sec... La neige nous entoure en force et le froid y est vif. Nous manquons de denrées pour vivre, ou, du moins, elles sont rares et mauvaises. » Les puissances s'étaient à peu près mises d'accord pour accepter le plan du médiateur français. Néanmoins, on disputa deux mois sur les indemnités à accorder à l'électrice de Saxe, sur les revenus du duc de Deux-Ponts et sur son admission à la signature comme « partie contractante » ou comme « partie accédante ». Enfin tout s'arrangea. Frédéric enchanté de la France, reçut le marquis de Pons avec toutes sortes de « grâces », lui débita mille drôleries, puis, pour finir : « Vous n'avez jamais vu M. le Prince de Kaunitz, lui dit-il, eh bien, je m'en vais vous le faire voir. » Et de singer le chancelier impérial, en imitant son emphase et sa solennité. La paix fut signée le 13 mai, jour anniversaire de Marie-Thérèse. L'Autriche annexait un petit morceau de Bavière, ce que l'on appelait le quartier de l'Inn, c'est-à-dire la portion de territoire comprise entre le Danube, l'Inn et la Salzach avec la ville de Brunau. Par contre, l'empereur s'engageait à n'élever aucun obstacle à la réunion au Brandebourg des margraviats d'Ansbach et de Bayreuth, à l'extinction de la branche régnante. La conclusion du traité fut connue à Berlin le 22 et publiée à son de trompe. Les autorités voulaient faire à Frédéric une entrée solennelle : il répondit par un refus, ne se considérant pas comme un soldat libéré, mais comme un plaideur qui vient de suivre un procès.

Les négociations terminées, Frédéric écrivait à un de ses agents : « Toute l'obligation de la situation présente est due à la France. » Passant en revue l'action respective des deux puissances médiatrices, il opposait « la sagacité française » à « l'ineptie russe », il déclarait que le succès obtenu par la diplomatie de Vergennes faisait un honneur infini à Louis XVI et il se prenait à rêver d'une nouvelle amitié française, son alliance de prédilection. Il sentait bien, en effet, que l'alliance russe ne pourrait pas tenir parce que l'Autriche et la Russie devraient, bon gré mal gré, se mettre un jour d'accord pour se partager les dépouilles de l'empire ottoman. La mort de Marie-Thérèse (1780) précipita l'événement :

Joseph II et Catherine ouvrirent aussitôt les pourparlers. Cependant, par complaisance pour la Russie et pour donner à la France une preuve manifeste de son bon vouloir, Frédéric adhéra à la Ligue de neutralité armée formée par la tsarine durant la guerre d'Amérique pour contraindre les flottes de S. M. Britannique à respecter le commerce des neutres. Mais comme le rapprochement russo-autrichien devenait plus étroit, il fit des offres à Londres, d'autres à Paris, partout écouté respectueusement, mais partout éconduit. En 1784, Henri fit un voyage à Paris. Sa réputation, son amabilité, son intelligence, sa coquetterie pour la nation française, le souvenir de la façon généreuse dont il en avait usé avec les officiers prisonniers lui valurent une réception enthousiaste. Il partit en disant : « J'ai passé la moitié de ma vie à désirer voir la France, je vais passer l'autre moitié à la regretter. » Mais il ne rapporta pas le traité espéré. Il ne restait à Frédéric qu'à chercher ses alliés à l'intérieur même de l'empire et, comme à Teschen, à prendre le rôle de défenseur des petits Etats contre le « despotisme autrichien ».

Alors, en face de l'Empereur, appuyé par la mystérieuse Russie, il fait appel à l'indépendance des princes, au particularisme des pays, à toutes les forces de division qui retardent l'unification de l'Allemagne et qui perpétuent son impuissance. Il forme une Ligue des Princes (*Fürstenbund*) dont les membres s'engagent à se soutenir les uns les autres pour maintenir contre le César de Vienne l'intégrité de leurs possessions et de leurs droits. A la Ligue adhérèrent l'électeur de Saxe, l'électeur de Hanovre, les ducs de Saxe-Weimar, de Saxe-Gotha, de Deux-Ponts (héritier présomptif de Charles-Théodore), de Mecklembourg, les princes d'Anhalt, le margrave de Bade, le duc de Hesse, l'évêque d'Osnabruck (1785). Mais ce n'était qu'un pis-aller et Frédéric considérait l'avenir avec inquiétude. La grande coalition Bourbons-Habsbourg-Russie qui avait failli l'écraser était, en fait, presque reconstituée. « La physionomie de l'Europe, écrivait le chancelier russe Ostermann, à l'ambassadeur Roumiantsev, est complètement changée. Pour atteindre leur but, la Russie et l'Autriche doivent se conformer au nouvel ordre de choses. Le problème est clair : il faut, par tous les moyens, rabaisser l'esprit inquiet et jaloux du roi de Prusse, qui ne pense qu'à faire échouer les plans des cours impériales... Le succès des alliés est assuré s'ils s'entendent bien entre eux. Deux monarchies telles que la Russie et l'Autriche dont les forces s'accroissent chaque jour, sont forcées d'avoir le dessus sur une puissance factice comme la Prusse. Les ressources de cette dernière sont trop épuisées, d'autant plus qu'elle ne se soutient que grâce au génie de son souverain, déjà en décadence. » Une alliance formelle avec l'Angleterre, battue aux Etats-Unis par la France, n'eût même pas suffi à rétablir l'équilibre. Du moins, la Ligue des Princes valait à Frédéric un regain de popularité parmi les Allemagnes : pour sa légende, il eut été dommage qu'il mourût sans avoir été pendant quelques mois l'idole de l'anarchie germanique. Au vrai, la Ligue des Princes a été pour lui un expédient rendu nécessaire par la situation précaire de l'Etat. Politiquement, il n'a été, il n'a jamais voulu être que roi de Prusse.

★

Chaque été, Frédéric prenait les eaux de Landeck ou d'Eger et pendant quelques années, il en éprouva un grand bien. Mais pendant l'hiver de 1775-1776, il eut aux pieds, aux genoux, aux mains et aux coudes, dix-huit accès de goutte qui le laissèrent « cassé, affaibli et tordu ». Il apprenait à écrire de la main gauche et se plaignait de perdre la mémoire des noms. Il pouvait à peine monter quelques marches d'escalier et il mettait du rouge pour cacher la pâleur de ses joues. Les années suivantes, la goutte lui fut un peu plus clémente, mais il souffrit d'érésipèle, d'hémorroïdes coulantes, de coliques, d'abcès à l'oreille et au genou, avec une grosse fièvre qui ne le quittait pas. En dépit des incommodités et de la douleur, il se levait à cinq heures du matin et faisait le roi à son ordinaire. Pendant la guerre de la succession de Bavière, il lui arriva de rester à cheval dix heures de suite et de recommencer le lendemain. « Il n'est pas nécessaire que je vive, disait-il, mais que j'agisse. » Dans ses lettres, il parle de sa « vieille carcasse », de ses « membres cadavéreux », de sa « tête à demi chenue », de son « sang qui se glace ». Il se plaint de perdre ses forces et la vue, de travailler avec peine, d'avoir des chagrins « tout comme un autre », mais, ajoutait-il, « cette kyrielle d'infirmités ne m'empêche pas d'être gai et je conserverai un visage riant lorsqu'on m'enterrera ».

Il attendait la mort sans rien changer à sa vie. Il regardait ses tableaux ; il relisait les cahiers usés où depuis un demi-siècle, il accumulait ses notes de lecture ; il reprenait les livres qu'il avait aimés ; pendant des heures, il peinait sur des poèmes qu'il avait corrigés vingt fois, mais il ne se faisait plus d'illusions sur son talent « borné ». Il eut encore le plaisir d'écouter *Mithridate, Œdipe* et *Zaïre,* joués au théâtre du château neuf par Aufresne et par Lekain. Il crut entendre déclamer Voltaire et il pleura. « On aime, dit-il, à retrouver son cœur. » En 1784, il reçut la visite d'un revenant, Chasot, qui, septuagénaire, marié et père d'officiers, finissait ses jours comme gouverneur de Lubeck en cultivant des melons et en inventant des recettes de cuisine. Ce bon soudard réjoui qui parlait de mangeaille, c'était Chasot, le petit Français, au sang vif qui copiait les lettres à Voltaire et qui jouait de la flûte ? Comme il riait autrefois ! Il revint en 1785. Une fois encore, le roi put prononcer tout haut ce mot de Rheinsberg qui était pour lui le talisman du bonheur et de l'amitié.

Hélas ! ces souvenirs étaient trop lointains. « Quand on a tout vu, quand on a tâté de tout dans le monde, on peut se préparer à le quitter sans regret. On y perd en vérité peu de chose. C'est la jeunesse qui peut être attachée à la vie, parce que tout lui rit, parce que son inexpérience lui peint tout en beau et qu'elle croit être portée sur les ailes de la fortune, au comble de ses désirs. » Mais la vérité découvre bien vite « le néant des vanités humaines. Alors viennent les réflexions ».

Les siennes étaient en ordre. Pendant deux années, de courrier en courrier, il avait avec d'Alembert passé en revue les systèmes de métaphysique. Il n'attendait de

Dieu ni récompense, ni punition, car la divinité n'est que l'ordre des choses, l'intelligence qui préside à l'univers, le principe de la vie et du mouvement. Elle ne peut ni changer les lois du monde, ni juger les créatures que les nécessités de leur sphère condamnent à l'imperfection. Pauvres hommes ! Méprisables hommes ! Troupe aveugle, sotte et méchante. Ils ne méritent même pas d'être instruits ; c'est peine perdue de leur prêcher une vérité dont ils sont indignes. On les amuse par des illusions, on les conduit par des mensonges. Pourtant ils se croient libres, mais la liberté, c'est le privilège des forts, de ceux qui ont la puissance de faire ou de ne pas faire.

Lui, il a possédé la puissance, il a tenu dans sa main la guerre et la paix, il a commandé à la vie et à la mort, il a rempli le siècle de son nom, il a agrandi la Prusse et il l'a rendue redoutable. Le trésor est rempli ; les peuples dressés à l'obéissance, la succession au trône assurée. Mais, de tous ces neveux, petits-neveux et parents, il n'en a aimé qu'un, le second fils de son frère Guillaume, Henri, qui est mort à dix-neuf ans, et qu'il n'a cessé de regretter comme son propre enfant. L'autre, l'héritier n'est bon à rien. Il a songé à lui donner le prince Henri comme conseiller et comme tuteur. Mais que valent les volontés d'un roi mort ? Certes, depuis longtemps, rien ne marche dans le royaume que par la volonté et par le travail du souverain ; il a tout pris, tout dévoré. Le successeur pourra-t-il se plier à cette existence inhumaine ? Tant pis ! A chacun sa tâche ! « Si monsieur mon neveu s'endort dans la mollesse », s'il vit « dans l'incurie », si « prodigue comme il est, il dissipe les fonds de l'Etat et ne ranime pas toutes les facultés de son âme, je prévois que monsieur Joseph le jouera sous jambe et que dans trente ans d'ici, il ne sera plus question de Prusse, ni de maison de Brandebourg ». Puisse la fortune épargner ce fléau au royaume !

Les revues de printemps, en mai 1785, furent brillantes. Elles avaient attiré à Berlin deux princes de la maison de Lorraine, parents de l'Empereur, une bonne douzaine de généraux et de colonels français. Chaque jour, le roi donnait l'ordre pour le lendemain. Il faisait manœuvrer les régiments de façon à se rendre compte si les principes d'instruction et de tactique étaient exactement conservés dans les troupes. Il exigeait la rectitude la plus scrupuleuse dans les mouvements. Parfois, il tendait des pièges aux officiers en criant les commandements de travers et il chargeait d'invectives ceux qui n'osaient pas rectifier.

Frédéric se fit présenter les Français à Charlottenbourg. Il posa des questions à tout le monde, puis alla droit sur M. de Biencourt qui était venu en bas de soie et non en bottes :

— Pour vous monsieur, je n'ai pas besoin de vous demander l'arme dans laquelle vous servez. Sans doute, vous êtes dans la cavalerie ?

— Non, Sire, j'ai l'honneur d'être colonel d'infanterie.

— Eh ? De quel régiment, monsieur ?

— Du régiment d'Austrasie.

— Le régiment d'Austrasie ? Je n'en connaissais pas de ce nom.

— Sire, c'est le doublement de celui de Champagne.

— J'espère au moins, monsieur, que votre régiment aura soigneusement conservé le proverbe du régiment de Champagne : je me f... de l'ordre. Et où est le régiment d'Austrasie, monsieur ?

— Sire, il est à l'île de France (Maurice).

— A l'île de France ? Le régiment est bien loin de son colonel.

Frédéric se mit alors à parler des nouvelles expériences d'aérostation qu'on venait de faire. Il avait peu d'enthousiasme. Biencourt défendit la cause des ballons. Frédéric lui coupa la parole :

— Restons chacun dans notre opinion, monsieur ; pour moi la mienne sera toujours que le plus grand parti que tireront les aéronautes de leur ballon, sera le seul plaisir de nous regarder du haut en bas.

Le futur duc des Cars, colonel des dragons d'Artois, eut la permission de le suivre à Custrin. Durant la revue, le roi l'appelait de temps à autre : « Monsieur des Cars, c'est à vous que je veux parler » et il lui lâchait quelque sarcasme contre ses invités de Charlottenbourg.

Une fois, il lui dit « que les maréchaux de Turenne, de Luxembourg et de Créqui avaient été les vrais fondateurs de la grande tactique, que l'art de la guerre était donc dû aux Français, de qui les autres nations l'avaient apprise, mais que nous la négligions et que les autres s'y entretenaient.

— Votre monsieur de Guibert, continua-t-il, n'est pas toujours juste dans les jugements qu'il porte : il ne place votre grand-père le maréchal de Berwick, qu'au second rang de vos généraux et moi, s'il m'est permis de dire mon avis, je regarde la bataille d'Almanza comme la plus savante de ce siècle.

A ce trait, le colonel des dragons d'Artois comprit que Guibert n'avait pas très bien réussi à Berlin.

Au retour, il s'arrêta à Rheinsberg chez le prince Henri, qui le garda dix ou douze jours. Le prince lui montra des lettres de Marie-Thérèse et de Frédéric. Il lui fit sur les cartes le récit de la guerre de 1778, insistant sur les fautes que son frère avait commises par entêtement et par présomption. Il dit aussi que ses revues étaient des fanfaronnades pour jeter de la poudre aux yeux des étrangers et faire gagner un peu d'argent aux aubergistes de Berlin.

En août 1785, selon son habitude, Frédéric partit pour la Silésie. Il apparut aux troupes, squelettique, décharné, comme le spectre des vieilles guerres. Le 24, il fit manœuvrer un régiment par une pluie battante qu'il reçut sur le corps pendant plusieurs heures sans vouloir se couvrir d'un manteau. Le lendemain, il fut pris de fièvre, mais il ne consentit pas à y prêter attention. A Breslau, il eut une discussion avec le professeur Garve. La masse des hommes, lui disait-il, n'est que de la canaille.

— Mais, objecta Garve, quand Votre Majesté est arrivée hier dans la ville et que tout le peuple est accouru pour voir son grand roi, ce n'était pas de la canaille !

— Mon cher, répondit le roi, mettez un vieux singe sur un cheval, faites-le galoper dans les rues et le peuple accourra de la même manière !

En arrivant à Potsdam, il dut s'aliter ; le 18 septembre,

comme il avait repris toutes ses occupations, il eut une attaque. Ses premiers mots, lorsqu'il revint à lui, furent « N'en parlez pas ! » prononcés d'un ton impérieux. Mais il ne put assister aux manœuvres d'automne. Il passa l'hiver au château de Potsdam, moins fiévreux et toussant beaucoup. Pour la nouvelle année, il reçut la visite d'Henri, mais il oublia la reine à Berlin. Le 17 avril 1786, il se fit conduire à Sans-Souci, par un chemin détourné et donna audience à un Français du nom de Mirabeau qui ne lui plut pas. Ses jambes étaient enflées et suppuraient. Il avait appelé en consultation le docteur Selle, le plus célèbre médecin de Berlin, mais il était difficile à soigner, parce qu'il prétendait s'y connaître en médecine, discutait tous les remèdes et les arrangeait à sa façon.

La toux ne lui laissait pas de répit. Dans ses meilleures nuits, il ne dormait que trois ou quatre heures. Après midi, il se faisait hisser sur son cheval blanc, Condé, mais après quelques pas, il s'affaissait sur la selle et on était obligé de l'asseoir sur un banc. Il se traînait d'un fauteuil à l'autre, sans trouver de repos, et respirait avec peine. Contre argent, les gardes le montraient aux étrangers, lorsqu'il prenait l'air sur la terrasse. Caché dans un bosquet, le marquis de Toulongeon le vit s'avancer soutenu par deux hussards. Il avait une robe de chambre en velours cramoisi, un vieux chapeau à plumet, une jambe bottée et l'autre enveloppée de linge humide. Il s'assit « abattu, terrassé par la maladie, le visage blanchi et altéré par la souffrance », avec des accès de toux qui, écrit le narrateur, « retentissaient jusque dans ma poitrine ». Il demeura quelques minutes au soleil puis, ayant sans doute entendu un bruit, il se fit ramener dans le château.

Il commençait à travailler à quatre heures du matin, dictait des lettres jusqu'à sept, recevait le général de Rohdich, gouverneur de Potsdam, et ses aides de camp, donnait des ordres pour l'armée, appelait Lucchesini, le comte Pinto, Hertzberg, leur parlait ou les faisait parler. Le soir, on lui lisait le *Précis du siècle de Louis XV* de Voltaire. Il croyait s'y entendre en médecine, donnait des consultations à ses amis et leur prédisait volontiers la mort de leurs proches. Cependant, en juin, il appela un médecin de Hanovre, le docteur Zimmermann, qu'il avait vu plusieurs années auparavant et dont la conversation lui avait plu.

Zimmermann arriva le 23 et il fut introduit auprès du roi, le lendemain matin à neuf heures. Frédéric n'avait auprès de lui que ses hussards et quelques domestiques. Il était vêtu d'un casaquin de satin bleu très sale et il était en bottes, la jambe gonflée reposant sur un tabouret. Il portait deux bagues à la main gauche, deux très gros brillants, et une à la main droite, un chrysopas vert de Silésie.

— Vous me voyez bien malade, dit-il au médecin.

— L'œil de Votre Majesté est aussi bon que lorsque j'ai eu l'honneur de La voir, il y a quinze ans. Je ne remarque pas la moindre diminution du feu et de la vigueur dont étaient animés les yeux de Votre Majesté.

— Oh ! j'ai bien vieilli et je suis bien malade.

— L'Allemagne et l'Europe ne s'aperçoivent point de l'âge, ni de la maladie de Votre Majesté.

— Mes occupations vont leur train ordinaire.

— Votre Majesté se lève à quatre heures du matin, et, par là, prolonge et double sa vie.

— Je ne me lève point, car je ne me couche plus. Je passe toutes mes nuits dans le fauteuil où vous me voyez.

— Votre Majesté m'a écrit que depuis sept mois Sa respiration devenait très pénible.

— Je suis asthmatique, mais je ne suis pas hydropique. Voyez cependant comme mes jambes sont enflées.

Zimmermann examina le malade. Il avait le teint cireux, les mains décolorées et sèches, les jambes enflées jusqu'aux cuisses et pleines d'eau, le ventre dur, beaucoup de fièvre, et, plusieurs fois par jour, il crachait du sang.

— On ne peut pas me guérir ?

— On peut du moins soulager Votre Majesté.

Zimmermann ordonna des calmants qui firent merveille. A la visite du lendemain, le roi le laissa à peine placer un mot de médecine ; il lui parla de Locke, de Newton, de Hume et l'interrogea sur Gibbon, auteur d'une histoire de l'empire romain qu'il n'avait pas lue. Le 4 juillet, il se sentit assez bien pour faire une promenade à cheval dans le parc. Mais à mesure que son état s'améliorait, son appétit augmentait. A un dîner, il se fit servir un potage assaisonné de muscade et de gingembre, du bœuf à la russe, c'est-à-dire bouilli dans l'eau-de-vie, une polenta avec beaucoup d'ail et une grande assiette de pâté d'anguille, si épicé qu'il avait l'air d'avoir été préparé en enfer.

— Je goûte seulement aux mets, disait-il, je ne mange que pour me fortifier.

Mais il était pris de spasmes et de vomissements. Quelques jours plus tard, il eut une indigestion de meringues et une autre de harengs frais. Comme Zimmermann le suppliait de se modérer, il se mit à lui parler de la Ligue des Princes : « L'Allemagne est une espèce de république. Elle était en danger de perdre cette forme républicaine : je l'ai vu rétablir avec le plaisir le plus sincère. » Le 10 juillet, Zimmermann prit congé. Frédéric s'excusa de l'avoir éloigné de ses malades, le remercia de ses soins, puis ôtant son chapeau : « Adieu, mon cher monsieur Zimmermann, n'oubliez pas le bon vieillard que vous avez vu ici. »

Les jours suivants il se fit promener dans une petite voiture. Le 4 août, la jambe gauche se mit à suppurer très abondamment et le roi, soulagé, retrouva le sommeil. Il dormait dans un fauteuil, sans souffrances, tourné sur le côté droit. Il dicta le plan des manœuvres de Silésie et il arrangea avec le conseiller Schultz le programme des défrichements pour 1787. Il s'inquiétait des inondations de l'Oder. A plusieurs reprises, il demanda si les trois cents brebis qu'il avait achetées en Espagne étaient arrivées. Le 15 août, il travailla comme à l'ordinaire, mais sa signature était presque illisible. Le 16, il tomba dans une sorte d'hébétude. Dans un moment de lucidité, il appela le général Rohdich, voulut lui donner le mot, mais ne put parler. Le soir, il marcha quelques pas, soutenu par ses hussards, puis il s'assoupit. Les extrémités commençaient à se refroidir. Il fit arranger la couverture de la levrette qui tremblait auprès de lui, demanda l'heure et commença à râler. Deux valets le maintenaient à tour de rôle, le buste droit, pour l'aider à respirer. Après une crise de toux, il murmura : « La montagne est passée, nous irons mieux... » Dans une chambre voisine, se tenaient Hertzberg, Selle et deux aides de camp. A deux heures vingt, Frédéric mourut doucement, sans convulsion, dans les bras des hussards. Hertzberg lui ferma les yeux. Le nouveau roi arriva presque aussitôt et la garnison de Berlin prêta serment dans la journée.

« Tout est morne, écrivait Mirabeau, rien n'est triste ; tout est occupé, rien n'est affligé. Pas un visage qui n'annonce le délassement et l'espoir, pas un regret, pas un soupir, pas un éloge. C'est donc à cela qu'aboutissent tant de batailles gagnées, tant de gloire, un règne de près d'un demi-siècle, rempli de tant de hauts faits ? Tout le monde en désirait la fin. Tout le monde s'en félicite. »

★

Frédéric avait demandé à être enterré sur la terrasse de Sans-Souci, au milieu de ses chiens. Son corps fut porté au temple de la garnison, où déjà reposait son père.

C'était une grande salle rectangulaire, grise et blanche, ornée de lustres et de drapeaux soutenus par des aigles, avec deux étages de galeries. On accédait à la crypte par une porte située derrière l'autel, sous une chaire contournée, surmontée elle-même d'un triangle entouré de rayons. Le visiteur s'étonnait de la trouver si petite, si glaciale. Le 21 mars 1933, le maréchal Paul von Hindenburg déposa sur la tombe de Frédéric une couronne de lauriers d'or après que le chancelier Hitler eut proclamé en ces lieux la naissance du troisième Reich.

A l'approche des armées russes, les cercueils de Frédéric-Guillaume et de Frédéric furent enlevés, cachés dans une mine, puis entreposés dans l'église luthérienne de Marbourg-sur-Lahn, vieille petite ville pittoresque de vingt-cinq mille habitants, à mi-chemin entre Cassel et Francfort-sur-le-Mein. Ils y demeurèrent les premières années de l'occupation étrangère. Marbourg, quoique située en zone américaine, avait une garnison française. En septembre 1952, on les transporta au château Hohenzollern, berceau de la dynastie. Il se dresse à 866 mètres d'altitude, au nord du Danube supérieur, sur une butte à pentes raides détachée du Jura souabe. Par l'ampleur et la majesté des horizons, le site fait penser à Sion en Lorraine. Mais la colline allemande escarpée, couverte de bois, est plus austère. Le château fait illusion de loin. Il a été rebâti de 1850 à 1867. A l'intérieur de l'enceinte bastionnée, on trouve deux chapelles, une catholique et une protestante, un jardin, une caserne et un restaurant. Dans les appartements de parade, une salle est réservée à l'arbre généalogique de la famillc. Le corps de Frédéric a été déposé dans la chapelle luthérienne. C'est l'asile d'un proscrit qui attend.

BIBLIOGRAPHIE

La littérature frédéricienne est presque aussi abondante que la littérature napoléonienne. Comme beaucoup d'ouvrages utilisés au cours de ce livre sont en langue allemande ou peu familiers au public français, j'ai cru utile de donner ici une bibliographie sommaire de la question.

Pour la compléter, on se reportera au répertoire de Dahlmann-Waitz : *Quellenkunde der deutschen Geschichte.* La dixième édition (1 vol. in-4°), sous la direction de Hermann Heimpel et Herbert Geuss est en cours de publication. Le premier volume, paru en 1969 n'enregistre encore que des ouvrages généraux. Pour le surplus, on se servira de la neuvième édition (2 vol. in-8°), parue en 1931, sous la direction de Hermann Haering.

Le *Handbuch der deutschen Geschichte* de Bruno Gebhardt comporte un exposé sommaire des événements, des bibliographies et des notes critiques. La huitième édition (4 vol. in-8°) sous la direction de H. Grundmann, date de 1954-1959.

En français, M. Albert Waddington a publié dans la *Revue de synthèse historique* (t. XVIII, année 1909), sous le titre général *l'Allemagne de 1648 à 1806,* deux articles critiques qui englobent les sources relatives au règne de Frédéric II et auxquels, en dépit de leur date, il est toujours bon de se reporter pour prendre une première connaissance de la littérature historique allemande et des grandes collections. Enfin, dans ses numéros 65 (nov. 1930), 85 (nov. 1935), 89 (nov. 1936) et 90 (janv. 1937), le *Bulletin de la Société des professeurs d'histoire et de géographie* a publié sur la Prusse du dix-huitième siècle, quatre articles bibliographiques dus à MM. Pagès et Lhéritier.

LES ŒUVRES DE FRÉDÉRIC

Les écrits de Frédéric lui-même restent la source la plus importante. Une bibliographie des œuvres littéraires, avec les traductions et les apocryphes, se trouve dans les *Miscellaneen zur Geschichte Kœnig F. d. G.* publiées à l'instigation et avec le concours de l'administration des archives royales de Prusse. (1 vol. in-8°, Berlin, 1878.)

Le recueil fondamental est :

Œuvres de Frédéric le Grand. Imprimerie royale (R. Decker), trente volumes et un atlas parus de 1846 à 1857 sous la direction de J. E. D. Preuss. Il existe une édition de luxe in-4° dont le roi de Prusse s'était réservé la distribution ; l'édition courante est in-8° (Voir : Sainte-Beuve, *Lundis,* t. III et t. VII).

Mais l'édition de Preuss ne répond qu'imparfaitement au dessein que l'éditeur se proposait. Non seulement Preuss a exclu de sa composition les correspondances politiques et militaires, mais il a pratiqué de nombreuses coupures et il n'a pas traité le texte avec une critique assez sûre. C'est pourquoi les *Œuvres* doivent être complétées par un grand nombre de publications. De toutes, la plus importante est la *Politische Korrespondenz* qui a commencé à paraître en 1879 (Berlin, in-8°), sous la direction de H. Droysen et qui est arrivée à son quarante-sixième volume (année 1782) sous la direction de G.-B. Volz. En supplément à la correspondance, ont été publiés en 1920 par les soins du même éditeur les *Testaments Politiques* qui, sous la monarchie, n'avaient pu être connus que partiellement. (*Die politischen Testamente F. d. G.* 1 vol. in-8°).

Une autre source très importante est la correspondance de la margrave Wilhelmine de Bayreuth avec son frère. L'édition de Preuss comportait 347 numéros ; celle de G. B. Volz et F. von Oppeln-Bronikowski en comporte 528 (*Friedrich der Grosse und Wilhelmine von Bayreuth,* 2 vol. in 8°, Leipzig, 1924). La correspondance a été traduite par les éditeurs de l'original français en allemand. Feu M. le Professeur Volz avait bien voulu me communiquer le texte original des lettres que j'ai citées. Je lui en conserve une grande reconnaissance.

A quoi s'ajoute la correspondance de Frédéric avec ses amis Borcke (*Briefe F. d. G... an die Gebrüder Friedrich Wilhelm und Friedrich Ludwig Felix von Borcke,* 1 brochure in-8°, Potsdam, 1881), avec Grumbkow et Maupertuis (*Briefwechsel F. d. G. mit Grumbkow und Maupertuis* 1731-1759. Publié par R. Koser dans les *Publikationen aus den kœniglichen preussischen Staatsarchiven,* t. 72, 1 vol. in-8°, Leipzig, 1898), avec le roi Stanislas de Pologne (*Correspondance inédite de Stanislas Lesczynski... avec les rois de Prusse Frédéric-Guillaume I et Frédéric II.* Publiée par Pierre Boyé, 1 vol. in-8°, 1906) avec Voltaire (*Briefwechsel F. d. G. mit Voltaire* publié par R. Koser et H. Droysen dans les Publications des archives de Prusse, tomes 81, 82, 86 en 1908, 1909 et 1911, avec un supplément relatif à la querelle Voltaire-Maupertuis qui forme le tome 90 et qui a paru en 1917), avec les princes d'Anhalt-Dessau (publiée par O. Krauske dans les *Forschungen zur brandenburgischen und preussischen*

Geschichte, t. 7, 1894), avec son valet de chambre Fredersdorff (*Die Briefe F. d. G. an seinen vormaligen Kammerdiener F.*, publiées par J. Richter, 1 vol. in-8°, Berlin, 1926), avec ses médecins (*F. de G. Korrespondenz mit Ærzten,* publiée par G. L. Mamlock, 1 vol. in-8°, Stuttgart, 1907).

Le journal tenu par le prince royal Frédéric, pendant la campagne de 1734, a été publié par R. Koser dans les *Forschungen zur b. u. p. Geschichte* (t. 4, 1891), la rédaction de 1746 de l'*Histoire de mon temps* par Max Posner dans les Publications des archives de Prusse (t. 4, 1879).

Comme il n'est pas toujours facile de se procurer l'édition Preuss, signalons que sous le titre *Mémoires de Frédéric II roi de Prusse* (2 vol. in-8°, Paris, 1866) Boutaric et Campardon ont publié à la suite l'Histoire de mon temps, l'Histoire de la guerre de sept ans, les mémoires depuis la paix d'Hubertsbourg jusqu'à la fin de la guerre de 1778.

ITINÉRAIRE. — Rien n'est plus utile pour la biographie de Frédéric que la connaissance de ses déplacements et actes publics. On se reportera à H. Droysen : *Tageskalender F. d. G.* (1re partie 1732-1740, dans les *Forschungen zur brandenburgischen und preussischen Geschichte,* t. 25, 1913. Deuxième partie, 1740-1763 même publication, t. 29, 1916).

MÉMOIRES ET SOUVENIRS

La figure originale de Frédéric domine son époque et hypnotise les contemporains. Tous ceux qui l'approchent éprouvent le besoin de le dépeindre, de décrire sa vie et d'étudier sa politique.

Ce sont d'abord les mémoires de ses frères, sœurs, belle-sœur, nièce et neveu qui soulèvent des problèmes délicats et qui ne sont pas encore entièrement connus : les *Mémoires* de la margrave Wilhelmine de Bayreuth qui s'arrêtent en 1742 (la première édition en 1810, à Brunswick, en 2 vol., souvent réédités depuis lors) ; ceux d'Ulrique, reine de Suède (écrits en français et publiés en suédois par Klinkowstrœm, comme appendice au recueil des discours et écrits historiques du feld-maréchal Alex de Fersen, 7 tomes, en 4 vol. in-8°, Stockholm, 1867-72. Un millier de lettres de la reine à ses parents de Prusse ont été publiées par Fritz Arnheim, *Luise Ulrike, die schwedische Schwester F. d. G.* 2 vol. in-8°, Gotha, 1909 et 1910. Nombreuses citations des textes originaux français, dans O.G. de Heidenstam, *Une sœur du grand Frédéric* (1 vol. in-8°, Paris, 1897) ; le journal en français de la princesse Henri (publié par E. Berner et G.B. Volz, au neuvième volume de l'éphémère publication *Quellen und Untersuchungen zur Geschichte des Hauses Hohenzollern,* sous le titre général *Aus der Zeit des siebenjæhrigen Krieges,* 1 vol. in-8°, 1908, avec des lettres du prince Auguste-Guillaume à sa belle-sœur et des lettres de la reine Elisabeth à son frère, le duc de Brunswick), les brefs souvenirs de la princesse Wilhelmine d'Orange (*Erinnerungen der Prinzessin W. v. O. an den Hof F. d. G.* 1751-1767 par G. B. Volz au tome 7 de la même collection, 1903) ; les carnets du duc Ferdinand de Brunswick (*Tagebücher des Herzogs Ferdinand von Braunschweig,* 1756-1766, dont de courts extraits ont été publiés par H. Bornowski, dans les *Forschungen z. b. u. p. G.*, t. 12, 1899).

On se reportera aussi à l'article d'Albert Naudé, *Aus ungedruckten Memoiren der Brüder F. d. G.* (dans les *Forschungen z. b. u. p. G.*, t. I, 1888), à celui d'Otto Hermann, *F. d. G. im Spiegel seines Bruders Heinrich* (dans l'*Historische Vierteljarhrsschrift,* t. 26, 1931-32) et enfin à celui de R. Tabournel, *Considérations sur la guerre de sept ans,* manuscrit inédit du prince Henri de Prusse (dans la *Revue Historique,* 1902).

Parmi les serviteurs du roi et dignitaires de sa cour, le second chambellan de la reine, le comte Henri de Lehndorff, a tenu en français un journal qui a été traduit en allemand et publié par Charles-Edouard Schmidt-Lœtzen sous le titre : *Dreissig Jahre am Hof F. d. G.*, 1750-1775 (1 vol. in-8°, Gotha, 1907), mais le texte en avait été écourté et expurgé. Les parties manquantes ont fait l'objet de deux volumes de suppléments qui vont jusqu'en 1784 (1910 et 1921). Le lecteur Henri de Catt a tenu son journal et noté ses entretiens avec le roi pendant la guerre de Sept ans. (*Mes entretiens avec Frédéric le Grand.* Publiés par Reinhold Koser dans les Publications des archives de Prusse, t. 22, 1885). De même, le lecteur Dantal pour les années 1784-86. (*Les délassements littéraires ou heures de lecture de Frédéric,* Elbing, 1791). A un degré inférieur, le sincère Schœning, hussard de la chambre (*Friedrich der zweite, über seine Person und sein Privatleben,* Berlin, 1808). Chasot avait écrit des mémoires qui ont disparu, mais qui, l'année même de sa mort, en 1797, auraient été utilisés dans des conférences par le professeur Krœger, de Lübeck. Ces conférences ont été publiées en 1893 par le bibliothécaire berlinois Gaedertz, mais âprement critiquées par un de ses collègues (E. Jeep, *Chasot,* Berlin, 1895).

Parmi les amis littéraires et les académiciens de Berlin, c'est Voltaire, prêt à flatter et à mordre tour à tour, non seulement dans sa *Vie privée du roi de Prusse* (1759) (ou bien *Mémoires pour servir à la vie de M. de Voltaire,* au tome I de l'édition Moland des Œuvres complètes), mais au hasard des jours, dans toute sa correspondance dont Theodore Besterman a donné une édition monumentale à Genève, *Voltaire's Correspondence* (107 vol. in-8°, 1953-65) ; c'est Bielfeld (*Lettres familières et autres,* 2 volumes in-12, La Haye, 1763), Pœllnitz (*Mémoires pour servir à l'histoire des quatre derniers souverains de la maison de Brandebourg,* Berlin, 2 vol. in-12, 1791), Formey (*Souvenirs d'un citoyen,* 2 vol. in-12, Berlin, 1789), Dieudonné Thiébault (*Mes souvenirs de Vingt ans de séjour à Berlin,* la première édition à Paris en 5 volumes, 1804. Réédités un grand nombre de fois, avec des additions plus ou moins suspectes), l'abbé Denina (*Essai sur la vie et le règne de Frédéric II*, 1 vol. in-8°, Berlin, 1788, auquel s'ajoute la *Prusse littéraire sous Frédéric II*, 3 vol. in-8°, 1790, répertoire très commode), le marquis Lucchesini, dont Mirabeau disait qu'il n'était pas l'ami, mais l'écouteur de Frédéric (*Das Tagebuch des Marchese Lucchesini*, 1780-1782, en italien, publié par F. von Oppeln-Bronikowski et G. B. Volz, dans la *Romanische Bücherei*, 1 vol. in-12, 1926).

Le médecin Zimmermann qui a soigné le roi durant sa dernière maladie a laissé des souvenirs, *Uber F. d. G. und meine Unterredungen mit ihm kurz vor seinem Tode* (in-8°, Carlsruhe, 1788), avec une traduction en français (Paris, in-8°, 1790).

Parmi les fonctionnaires : E. F. von Hertzberg, *Mémoire historique sur la dernière année de la vie privée du roi de Prusse* (in-8°, Berlin, sans date, et Neuchâtel, 1787) ; les souvenirs du président C. W. von Dohm, *Denkwürdigkeiten meiner Zeit* (5 vol. in-8°, Lemgo, 1814-1819) où les souvenirs personnels sont noyés dans un exposé général.

Parmi les ambassadeurs accrédités à Berlin : *Mémoires des négociations du marquis de Valori*, publiés par son descendant Cte H. de Valori (2 vol. in-8°, Paris 1820) et *Memoirs and Papers of Sir Andrew Mitchell* publiés par Andrew Bisset (2 vol. in-8°, Londres, 1850).

Parmi les visiteurs accourus après la guerre de Sept ans pour contempler le vieux Fritz dans sa gloire : d'Alembert (*Frédéric le Grand d'après des lettres inédites de d'Alembert à Mlle de Lespinasse, Revue Historique*, t. 26, 1884, et G. Maugras. *Trois mois à la cour de Frédéric. Lettres inédites de d'Alembert*, 1 vol. in-8°, Paris, 1886) ; Guibert (*Journal d'un voyage en Allemagne en 1773*, publié en 1803 à Paris, 2 vol. in-8°) et *Eloge du roi de Prusse* (1 vol. in-8°, Londres, 1787) ; le prince de Ligne (*Mémoire sur le roi de Prusse*, 1 brochure in-8°, Berlin, 1789 et les tomes 6 et 7 des *Mélanges* in-12, publiés à Dresde en 1796) ; le comte de Ségur (*Mémoires*, 3 vol. in-8°, Paris, 1826) ; le marquis de Bouillé (*Mémoires sur la révolution française*. Nouvelle édition in-8°, Paris, 1821) ; le marquis de Toulongeon (*Une mission militaire en Prusse en 1786*, publiée par Finot et Galmiche-Bouvier, 1 vol. in-18, Paris, 1881) ; le duc des Cars (*Mémoires*, 2 vol. in-8°, Paris, 1890) ; le duc de Lewis (Lettres inédites publiées par la *Revue de France*, 15 juillet 1929). Gœthe visite Sans-Souci en l'absence du roi (voir les lettres à Merk du 5 août 1778 et du 14 novembre 1781).

Les anecdotes sur Frédéric sont en nombre infini. Pour le choix se reporter au tome IV de la biographie de Koser (voir plus loin). Ce tome donne une classification des témoignages contemporains et des premiers historiens. Les anecdotes les plus certaines sont rapportées soit par le géographe

A. F. Büsching (*Charakter F. d. zweiten*, 2ᵉ édition, in-8°, à Halle, 1788) avec, la même année, une traduction française à Berne (2 t. en 1 vol. in-8°) et *Zuverlæssige Beitræge zu der Regierungsgeschichte Kœnig F. d. G.* Hambourg, 1790), soit par le libraire-auteur Christophe-Frédéric Nicolaï (*Anekdoten von Kœnig F. II*, 6 cahiers, Berlin, 1789), soit par La Veaux au tome IV et dernier de sa *Vie de Frédéric II, roi de Prusse* (compilation publiée sans nom d'auteur, 4 vol. in-16, Strasbourg, 1787), soit par Bourdais (*Portrait de Frédéric le Grand*, in-16, Lausanne et Paris, 1788).

G. B. Volz a réuni et traduit en allemand les descriptions, portraits et jugements concernant le roi sous le titre *F. d. G. im Spiegel seiner Zeit* (3 vol. in-8°, 1926-27).

LES BIOGRAPHIES

Dès la mort du roi, on s'est mis à raconter sa vie et son règne. Le plus connu de ces écrits est celui de Mirabeau, *De la monarchie prussienne sous Frédéric le Grand*, qui parut en 1788. C'est l'ouvrage d'un physiocrate qui admirant le roi critique âprement sa politique économique. Depuis lors, « l'interprétation » de Frédéric a beaucoup varié. Les vicissitudes de sa gloire se modèlent sur les vicissitudes de la dynastie Hohenzollern, de la Prusse et de l'Allemagne. On en trouvera la courbe dans : Veit Valentin, *Some interpretations of Frederick the Great* (*History*, sept. 1934).

Sans parler du portrait brossé par Macaulay, dans les *Critical and historical Essays* (traduits en français par Guizot. Le portrait de Frédéric est au tome deuxième de la traduction française), ni des six volumes de Carlyle, il est intéressant de feuilleter l'œuvre populaire de Franz Kugler, *Friedrich der Grosse* (in-8°, 1842) moins pour elle-même que pour les célèbres bois de Menzel qui ont fixé la légende frédéricienne, à la façon dont Charlet et Raffet ont popularisé l'épopée napoléonienne. Le livre de Kugler avec les illustrations a été réédité à l'occasion du cent cinquantième anniversaire de la mort de Frédéric (in-8°, Leipzig).

La biographie de Preuss (*Friedrich der Grosse, eine Lebensgeschichte*, 6 volumes in-12, Berlin, 1832-34) conserve toujours une grande valeur à cause de l'abondance de la documentation.

L'ouvrage le plus important est celui de Reinhold Koser (*Geschichte Friedrichs des Grossen*, 4 volumes in-8° pour la dernière édition, Berlin, 1921). A la vérité, l'œuvre de Koser déborde même le cadre d'une biographie et c'est plus encore l'histoire de la Prusse sous Frédéric que celle de Frédéric lui-même.

Au contraire, L. Paul-Dubois, *Frédéric le Grand d'après sa correspondance politique* (deux articles de la *Revue des Deux*

Mondes, 15 juillet, 1er août 1902, en vol. in-12, l'année suivante) a fait un portrait psychologique très fouillé.

Arnold Bernay. *Friedrich der Grosse. Entwicklungsgeschichte eines Staatsmannes* (1 vol. in-8°, 1934) conduit Frédéric jusqu'à la guerre de Sept Ans.

A l'occasion du cent-cinquantième anniversaire de la mort du roi, M. Gerhard Ritter a publié le cours qu'il a professé à l'Université de Fribourg (*Friedrich der Grosse, Ein historisches Profil,* 1 vol. petit in-8°, Leipzig, 1936 et 1954) et M. Walter Elze, professeur à l'Université de Berlin a donné un *Friedrich der Grosse* avec les sous-titres *Geistige Welt. Schicksal. Taten* (1 vol. in-8°, Berlin, 1936) qui développe surtout l'histoire militaire, et qui comporte des plans d'une grande clarté.

Sous le titre *Fridericus,* M. Hegemann avait publié à Berlin en 1924 (1 vol. in-12 de 781 pages) des conversations supposées sur Frédéric et sa place dans l'histoire d'Allemagne. Emigré en France, M. Hegemann a publié à Paris la substance de cette discussion : *Le Grand Frédéric* (1 vol. in-12, 1934).

L'Europe des princes éclairés de Leo Gershoy a paru en anglais en 1944 et en traduction française sous ce titre, par les soins de Denis Richet et José Fleury (1 vol. petit in-8°, Paris, 1966). En anglais G. P. Gooch, *Frederick the Greath,* avec les sous-titres *the ruler, the writer, the man* (in-8° 1947 et 1951).

Parmi les œuvres de vulgarisation, je me contenterai de signaler le livre de W. Wiegand, *Friedrich der Grosse* dans la collection des *Monographien zur Weltgeschichte* (1 vol. in-8°, Leipzig, dernière édition 1922) qui est très abondamment et très joliment illustré.

VIE PRIVÉE

JEUNESSE. — Sources. — Le dossier du procès a été publié pour la première fois en 1936, par Carl Hinrichs : *Der Kronprinzenprozess, Friedrich und Katte* (1 vol. in-8°, Hambourg). — Les lettres de la reine Sophie-Dorothée citées dans le présent livre ont été publiées par H. Droysen : *Aus den Briefen der Kœnigin Sophie-Dorothea,* au tome 17, année 1913, du *Hollenzollern Jahrbuch.* La correspondance de Frédéric-Guillaume avec le vieux Dessau a été publiée par O. Krauske, en supplément de la collection des *Acta borussica* (1 vol. in-8°, 1905). Le *Journal secret* du baron de Seckendorff a été publié en appendice aux *Mémoires* de la margrave de Bayreuth (édition de Tubingen, 1811). Ajoutons les souvenirs des deux pasteurs : *Sieben Tage am Hofe F-WI. Tagebuch des Professors Freylinghausen,* p. par Krieger (1 vol. in-8°, Berlin, 1900) et ceux de Francke dans : Kramer, *Neue Beitræge zur Geschichte A.-H. Franckes* (1 vol. in-8°, Halle, 1861). Les renseignements tirés des correspondances saxonnes se trouvent dans : von Weber, *Aus Vier Jahrhunderten, Mitteilungen aus dem Haupt-*

Staats-Archive zu Dresden. Neue Folge (2 vol. in-8°, Leipzig, 1861). Le vieil ouvrage de F. Fœrster, seule biographie existante du roi sergent, contient en appendice un très grand nombre de pièces justificatives (*F. W. Kœnig von Preussen,* en 5 vol. in-8°, Potsdam, 1834-35).

TRAVAUX. — Il faut mettre hors de pair les deux volumes d'Ernest Lavisse. — *La jeunesse du grand Frédéric* (in-8°, Paris, 1891) et *Le grand Frédéric avant l'avènement* (in-8°, Paris, 1893) qui nous dispensent de citer les ouvrages antérieurs. Nous y ajouterons seulement l'article très copieux de Krauske sur la cour de Frédéric-Guillaume Ier dans le tome V de l'*Hohenzollern Jahrbuch* (année 1901) ; celui de Koser *Aus den letzen Tagen Kœnig F. W. I.* (*Hohenzollern Jahrbuch,* n° 8, 1904) ; celui de G. B. Volz, *Die Krisis in der Jugend F. d. G.* (*Historische Zeitschrift,* t. 118, 1917) ; de H. Droysen, *Graf Seckendorff und Kronprinz Friedrich* (*Forschungen z. b. u. p. G.*, t. 28, 1915) ; celui de F. Meinecke *Des Kronpr. Friedr. Considérations sur l'état présent du corps politique de l'Europe* (*Historische Zeitschrift,* t. 117, 1917). Enfin le livre de F. Arnheim, *Der Hof F. d. G.*, t. I, *Der Hof des Kronprinzen* (1 vol. in-8°, 1912).

IDÉES PHILOSOPHIQUES ET GOUTS LITTÉRAIRES. — Aux œuvres de Frédéric déjà indiquées, on peut ajouter ses notes marginales aux *Considérations* de Montesquieu. L'exemplaire de Frédéric avait été pris par Napoléon à Potsdam, en 1806, et prêté à Mollien qui copia les annotations. C'est sur son exemplaire que fut faite l'édition Charvet (in-12, Paris, 1879).

Le catalogue de la première bibliothèque de Frédéric est donné par Bratuschek, *Die Erziehung F. d. G.* (in-8°, Berlin, 1885), le catalogue des autres se trouve aux premier et au second des trois articles de Krieger, parus dans le *Hohenzollern Jahrbuch* (n° 15, année 1911. — N° 16, année 1912). Le troisième, paru en 1913, concerne ses lecteurs et ses correspondants littéraires. Ces articles ont été réunis en volume in-8° (Berlin et Leipzig, 1914) sous le titre *Friedrich d. G. und seine Bücher.*

La thèse de A. G. Pariset, *l'Etat et les Églises en Prusse sous Frédéric-Guillaume Ier* (1 vol. in-8°, 1896) est indispensable pour la connaissance du milieu religieux et philosophique dans lequel Frédéric s'est formé. Le petit volume de Lévy-Bruhl, *l'Allemagne depuis Leibniz* (in-12, Paris, 1907), garde toute sa valeur. L'étude la plus importante en langue allemande est : W. Dilthey, *F. d. G. und die deutsche Aufklærung* dans ses *Studien zur Geschichte des deutschen Geistes* (3 vol. in-8°, Berlin, 1907), que l'on peut compléter par le vieux livre de Zeller, *F. d. G. als Philosoph* (in-8°, Berlin, 1886), l'article de H. Droysen sur ses rapports avec Wolff, *Friedrich-Wilhelm, F. d. G. und der Philosoph Ch. Wolff* (dans les *Forschungen z. b. u. p. G.*, t. 23, 1910), celui de W. von Sommerfeld, *Die philosophische Entwicklung des Kronprinzen F.* (même publication, t. 31, 1919), celui d'Arnold Berney, *Ueber das geschichtliche Denken F. d. G.*

(*Historische Zeitschrift*, t. 150, 1934), enfin l'important mémoire de W. Langer, *F. d. G. und die geistige Welt Frankreichs* (dans les publications du *Seminar für romanische Sprachen und Kultur* de Hambourg, t. 22, 1932).

Les rapports de Frédéric avec Voltaire occupent naturellement une grande place dans toutes les biographies de Voltaire, en particulier dans celle d'André Bellessort (Paris, 1926). Après le livre ancien de Desnoiresterres, *Voltaire et Frédéric* (1870), Emile Henriot a raconté à nouveau toute l'histoire, *Voltaire et Frédéric II* (in-12, 1927). Ajouter : F. Baldensperger : *Les prémices d'une douteuse amitié, Voltaire et Frédéric de 1740 à 1742* (*Revue de Littérature comparée*, 1930), Henri Bellugou, *Voltaire et Frédéric II au temps de la marquise du Châtelet* (1 vol. in-8°, 1962), R. Koser, *Voltaire als Kritiker der Œuvres du Philosophe de Sans-Souci* (*Hohenzollern Jahrbuch*, 1906).

ICONOGRAPHIE ET BEAUX-ARTS. — Sur l'aspect extérieur et les portraits de Frédéric, deux articles parus dans le *Hohenzollern Jahrbuch* (t. I, 1897) donnent l'essentiel ; l'un est de R. Koser, *Die aüssere Erscheinung F. d. G.*, l'autre de P. Seidel, *Die Bildnisse F. d. G.* La plupart des souvenirs de Frédéric, vêtements, chemises, flûtes, tabatières, etc., étaient conservés au Musée Hohenzollern, château de Monbijou.

Les châteaux et appartements de Frédéric ont subi de nombreuses tranformations. Beaucoup de pièces ont été détruites ou refaites ; la chambre mortuaire à Sans-Souci n'a pas été épargnée. Quant à Rheinsberg, il était habité par le prince Henri. Les plus précieuses descriptions contemporaines sont : Hennert, *Beschreibung des Lustschlosses und Gartens zu Rheinsberg* (Berlin, 1773), C.F. Nicolaï, *Beschreibung der kœniglichen Residenzstædte Berlin und Potsdam* (in-8°, trois éditions 1769, 1779, 1786, la seconde en 2 vol., la dernière en 4), abrégée dans le petit *Guide de Berlin et de Potsdam* (in-12, Berlin, 1793), Œsterreich, *Description de tout l'intérieur des deux palais de Sans-Souci* (in-4°, 1773), *Beschreibung der kœniglichen Bildergallerie und des Kabinetts im Sans-Souci* (2ᵉ édition, in-8°, 1770). L'administration allemande des musées mettait en vente des guides français, avec de bonnes photographies, celui de *Potsdam, ses châteaux et ses parcs*, par B. Meier, celui du *Palais de Sans-Souci*, par G. Hübner.

Une partie des collections de Frédéric a figuré à l'exposition de 1900 (*Die Kunstsammlung F. d. G auf der pariser Weltausstellung*, in-12, 1900), à l'exposition d'art français de 1937, à l'exposition des chefs-d'œuvre du musée de Berlin après la dernière guerre, au petit palais.

Paul Seidel, conservateur des musées royaux, avait consacré sa vie à l'étude de l'art frédéricien. Ses articles font autorité. Beaucoup ont paru avec de splendides illustrations dans le *Hohenzollern Jahrbuch*, qu'il dirigeait. On se servira plus commodément du livre fondamental du même auteur *F. d. G.*

und die bildende Kunst (1 vol. in-8°, dernière édition, Berlin et Leipzig, 1922).

Sur Pesne, l'étude et le catalogue de Pierre du Colombier, dans L. Dimier, *Les peintres français du dix-huitième siècle*, t. 2 (in-4°, 1930), complétés par le catalogue de l'exposition organisée au palais royal de Berlin en 1933, pour son 250° anniversaire. (Antoine Pesne, *Ausstellung...* avec une notice du directeur Gall).

Sur Frédéric musicien, Georg Thouret, *F. d. G. als Musikfreund und Musiker* (1 vol. in-16, Leipzig, 1898) et l'article excellent de H. Becker, *Friedrich II* dans l'encyclopédie *Die Musik in Geschichte und Gegenwart.*

LE CERCLE DE FRÉDÉRIC. — Le livre ancien mais très nourri de *Preuss, F. d. G. mit seinen Verwandten und Freunden* (1 vol. in-8°, Berlin, 1838), est le seul qui embrasse la vie entière du roi. Tous ceux qui l'ont approché ont fait l'objet d'études minutieuses, parmi lesquelles je citerai seulement la série de G.-B. Volz, *F. d. G. und seine Leute* dans le *Hohenzollern Jahrbuch* (1907-08 et 1910-11), consacrée à Winterfeldt, aux Schwerin, à Jordan, Mme de Wreech, etc. et Elise Johnston, *Le marquis d'Argens* (1 vol. in-8°, Paris, s. d. thèse d'université).

Sur Barberina : J.-J. Olivier et Willy-Norbert, *La Barberina Campanini* (1721-1799, 1 vol. in-8°, Paris, 1910), et G.-B. Volz, *Die Barbarina Legende* dans *Aus der Welt F. d. G.* (Dresde, 1922).

Sur la reine, E. Seillière, *Le ménage du grand Frédéric,* où sont utilisées les sources allemandes (*Revue hebdomadaire,* déc. 1909).

Pour tous les personnages, on peut se reporter à la célèbre *Allgemeine deutsche Biographie,* publiée par l'Académie des Sciences de Munich de 1875 à 1912, dont les notices sont très sûres et qui compte 56 volumes in-8°.

FRÉDÉRIC ROI

La place qu'a tenue Frédéric nous obligerait à citer une bonne moitié des livres d'histoire politique relatifs à l'Europe du dix-huitième siècle. Nous nous restreignons donc à des indications sommaires, à des têtes de chapitres et aux travaux que nous avons particulièrement utilisés.

Sans parler des histoires classiques de la Prusse et de l'Allemagne (Ranke, Droysen, Lamprecht), ni des histoires générales plus ou moins récentes (Lavisse et Rambaud, Oncken, *The Cambridge modern History, Delbrück* (t. III de sa *Weltgeschichte*), *Propylæen-Weltgeschichte,* etc.), le public français dispose aujourd'hui dans la collection *Peuples et Civilisations* d'Halphen et Sagnac du volume de P. Muret, *La prépondérance anglaise* (in-8°, Paris, 1937) qui couvre l'époque 1715-1763, dans la collection *Histoire générale des civilisations* de Maurice Crouzet, du *XVIIIe siècle,* de R. Mousnier et

E. Labrousse (1 vol. in-4°, Paris, 1955), enfin dans la collection *Les Grandes Civilisations*, de *La Civilisation de l'Europe des lumières*, par P. Chaunu (1 vol. grand in-8°. Paris, 1971).

L'Histoire de Prusse d'Albert Waddington (2 vol. parus, in-8°, 1911 et 1922) s'arrête à l'avènement de Frédéric. L'ouvrage d'A. Himly, *Histoire de la formation territoriale des Etats de l'Europe Centrale* est un bon précis (2 vol. in-8°, Paris, 1876).

GOUVERNEMENT ET ADMINISTRATION. — Sources. — Les documents essentiels se trouvent dans les deux grandes collections in-8° des *Acta Borussica, Denkmæler der preussischen Verwaltung, im XVIII Jahrhundert* et des *Publikationen aus den kœniglichen preussischen Staatsarchiven.*

Les *Acta Borussica* comportent une section générale : *Die Behœrdenorganisation und allgemeine Staatsverwaltung* en quinze volumes de 1701 à 1772 édités successivement par G. Schmoller, O. Kauske, O. Hintze et divers collaborateurs (1894-1902). Au tome sixième se trouve un monumental exposé d'Otto Hintze consacré à l'État frédéricien. Au même volume commence la publication des actes du règne.

Une autre section est consacrée à différentes branches de l'administration : l'industrie de la soie par G. Schmoller et O. Hintze (3 volumes, 1892) ; le commerce des grains et les magasins de guerre, deux volumes avec introduction, statistiques et documents pour la période 1740-1806 par W. Naudé, G. Schmoller, A. Skalweit (1906 et 1910) ; le système monétaire (deux volumes, avec un exposé de F. von Schrœtter, 1904-1910).

Dans les publications des archives de Prusse : M. Lehmann, *Preussen und die katholische Kirche seit 1640* (t. 10, 13, 18 et 24 de la collection, pour le règne de Frédéric) ; R. Stadelmann, *Preussens Kœnige in ihrer Tætigkeit für die Landeskultur* (Le t. II de la collection concerne le règne de Frédéric) ; M. Bær, *Westpreussen unter F. d. G.* (t. 83 et 84 de la collection). Les volumes comprennent à la fois des documents originaux cités intégralement, des résumés et des notices parfois très copieuses, deux-cent-quarante pages pour R. Stadelmann, par exemple, un volume entier pour M. Bær.

La Haye de Launay a pris lui-même contre Mirabeau la défense de la régie française, *Justification du système d'économie politique et financière de Frédéric II* (in-8°, s. l. n. d.).

Travaux. — Sur la question du despotisme éclairé, on se reportera à deux articles parus sous le même titre : *Die Epochen der absoluten Monarchie in der neueren Geschichte,* dans l'*Historische Zeitschrift*, le premier de R. Koser, en 1889, t. 61, le second de Fritz Hartung, en 1931, t. 145 et plus encore à l'enquête du Comité international des Sciences historiques, parue entre 1930 et 1937 dans les numéros 9, 20, 34 et 35 de son bulletin. Le rapport allemand dû à Fritz Hartung se trouve dans le numéro 34 (mars 1937), le rapport général dû à Michel Lhéritier, dans le numéro 35 (juin 1937). On complètera le rapport de Fritz Hartung par son article *Aufgeklärter Absolutismus* (*Historische Zeitschrift*, t. 180, 1955). A lire, en raison de l'importance de l'auteur : F. Meinecke, *Die Idée der Staatsraison in der neueren Geschichte* (1 vol. in-8° de 542 pages, Berlin et Oldenburg, 1925). Le chapitre sur Frédéric, le plus fouillé appartient à la seconde partie de l'ouvrage.

On attachera du prix aux communications faites par F. Hartung et R. Mousnier au congrès de Rome et publiées sous le titre de : *Quelques problèmes concernant la monarchie absolue*, dans *Relazioni del X[e] congresso internationale di science storiche, Storia moderna* (in-8°, Florence, 1955, pp. 1-55). Enfin, on ne négligera pas l'article de Ch. Morazé, *Finance et despotisme. Essai sur les despotes éclairés.* (*Annales, économies - sociétés - civilisations*, 1948, pp. 279-296), ni les communications assez sommaires qui ont été faites à des réunions organisées par P. Francastel en 1963 et publiées ensuite sous le titre *Utopie et institutions au dix-huitième siècle* (R. Derathé, *Les philosophes et le despotisme*, A. Jobert, *Les Lumières et le problème du servage*, G. Livet, *Introduction à une sociologie des Lumières*, dans la collection Congrès et Colloques, t. IV, in-8°, Paris, La Haye, 1963). Ouvrage récent et important : P. Bluche, *Le despotisme éclairé* (1 vol. petit in-8°, 1968).

La thèse de Pariset, déjà citée, contient un exposé très clair de l'organisation politique et administrative de l'état prussien à l'avènement de Frédéric. L. Dorn, *The prussian bureaucraty in the eighteenth century* (*Political Science Quarterly*, t. 46 et 47, années 1931 et 1932) étudie moins les institutions que le fonctionnement des divers rouages administratifs. On complètera avec Lehmann, *Der Ursprung des preussischen Kabinetts* (*Historische Zeitschrift*, t. 63, 1889), Hass, *F. d. G. und seine Kammerpræsidenten* (dans *Schmollersfestschrift*, 1908) et sur la manière dont Frédéric était parfois trompé, E. Pfeiffer, *Die Revuereisen F. d. G. und der Zustand Schlesiens* (*Historische Studien*, publiées par E. Ebering, liv. 44, 1904). Enfin C. Hinrichs, *Der allgegenwärtige König Friedrich d. G. im Kabinett und auf Inspektionsreisen* (1 vol. in-8°, 1940).

Pour l'ensemble de la politique économique de Frédéric il existe, écrit par un juriste, un excellent précis : Anton Zottmann, *Die Wirtschaftspolitik F. d. G.* dans les *Gesellschaftswissenschaftliche Abhandlungen*, t. VIII (1 vol. in-8° de 182 pages, Leipzig et Vienne, 1907). Pour plus de détails, on se reportera aux études ci-dessous.

Sur la Silésie, C. Grünhagen, *Schlesien unter F. d. G.* (2 vol. in-8°, Breslau, 1890-2) et l'immense et accablant travail de Hermann Fechner, *Wirtschaftsgeschichte der preuss. Provinz Schlesien in der Zeit ihrer provinziellen Selbststændigkeit*, 1741-1806 (in-8°, Breslau, 1907). L'auteur soutient contre Schmoller et ses disciples que la politique mercantiliste de Frédéric a fait à la Silésie plus de mal que de bien.

Sur la régie, Walther Schultze : *Geschichte der preussischen*

Regieverwaltung (le t. I, seul paru, s'arrête en 1770) dans les *Staats = und sozialwissenschaftliche Forschungen* (1 vol. in-8°, Leipzig, 1884), G. Schmoller, *Die Einführung der franzœsischen Regie durch F. d. G.* (*Preussische Akademie der Wissenschaften, Sitzungsberichte*, 1888, 4° partie et *Deutsche Rundschau*, avril 1888), E. P. Reimann, *Das Tabaksmonopol F. d. G.* (1 vol. in-8°, Munich, 1913).

Sur les finances, G. Schmoller, *Die Epochen der preuss. Finanzpolitik* (*Jahrbuch für Gesetzgebung, Verwaltung*, etc., 1877) et les deux articles de R. Koser sur les finances pendant et après la guerre de Sept Ans (*Forschungen z. b. u. p. G.*, t. 13, et t. 16, 1900 et 1903).

Sur la réforme judiciaire, O. Hintze, *Preussens Entwicklung zum Rechtsstaat* (dans les *Forschungen z. b. u. p. G.*, t. 32, 1920), M. Springer, *Die Coccejische Justizreform*, Munich, 1914, R. Koser, *Die Abschaffung der Tortur durch F. d. G.* (*Forschungen z. b. u. p. G.*, t. 6, 1892). Sur les procès du meunier Arnold, K. Dickel, *F. d. G. und die Prozesse des Müllers Arnold* (Marburg, 1891), avec les articles de Holtze et de Graner dans les *Forschungen...* (t. 17, 1904 et t. 38, 1926).

Sur les paysans, Henri See, *Esquisse du régime agraire en Europe aux dix-huitième et dix-neuvième siècles* (1 vol. in-8°, Paris, 1921), G. Cavaignac, *L'état social en Prusse jusqu'à l'avènement de F. Guillaume III. Les popul tions rurales et le servage* (*Revue historique*, t. 42, 1890), O. Hintze, *Zur Agrarpolitik F. d. G.* (*Forschungen z. b. u. p. G.*, t. 10, 1898), A. Skalweit, *Agrarpolitik F. d. G.* (même publication, t. 21, 1908).

Pour les statistiques de population, nous avons adopté les chiffres de R. Koser, *Zur Bevœlkerungsstatistik des preussischen Staats* (*Forschungen z. b. u. p. G.*, t. 7, 1894, et t. 16, 1903).

Au début de sa *Geschichte des preussischen Staatswesens vom Tode F. d. G. bis zu den Freiheitskriegen* (2 vol. in-8°, Leipzig, 1880-82), Martin Philippson a tracé un tableau assez sombre de l'état de la Prusse à la mort de Frédéric. Cet ouvrage déchaîna une polémique à la suite de laquelle l'auteur quitta l'Allemagne. Sur le même sujet, le livre plus récent de H. Brunschwig, *La crise de l'Etat prussien à la fin du XVIII° siècle et la genèse de la mentalité romantique* (1 vol. in-8°, Paris, 1947).

POLITIQUE ÉTRANGÈRE. — Sources. — Aux sources déjà citées (*Politische Korrespondenz*, Valori, Mitchell), on ajoutera les recueils des écrits de propagande, manifestes, déclarations émanés du cabinet prussien : *Preussische Staatsschriften aus der Regierungszeit Kœnig F. II.* (3 vol. in-8° Berlin, 1877-1892), publiés par R. Koser et O. Krauske, auxquels fait suite le *Recueil des déductions, manifestes, déclarations, traités et autres actes et écrits publics qui ont été rédigés et publiés par le ministre d'Etat, comte de Hertzberg depuis l'année 1756 jusqu'à l'année 1790* (3 vol. in-8°, Berlin, 1789-1795).

Pour la France et pour l'Angleterre, il sera parfois utile de recourir à quelqu'un des vingt-huit tomes (avec des *bis*) du *Recueil des Instructions données aux ambassadeurs* de 1648 à 1789 (*Prusse*, par A. Waddington, 1901), pour l'Angleterre à l'un des sept volumes des *British diplomatic Instructions*, publiés à partir de 1922.

Travaux. — Pour toute cette période, le public allemand dispose, dans le *Handbuch der mittelalterlichen und neueren Geschichte* de Below et Meinecke, du gros précis de M. Immich, *Geschichte des europæischen Staatensystems von 1660 bis 1789* (1 vol. in-8°, Munich et Berlin, 1905), le pub'ic français dispose du classique *Manuel historique de politique étrangère* d'Emile Bourgeois (t. I, in-12, dernière édition en 1926). Il y a un demi-siècle, dans sa *Geschichte der preuss. Politik*, J.G. Droyssen a interprété au point de vue politique la fameuse théorie de la mission allemande de la Prusse. Malgré ses idées préconçues, ses partis pris, sa composition difficile et indigeste, l'ouvrage est un de ceux qu'il n'est pas permis de négliger.

Mais il n'est pas douteux (voir l'article critique de P. Muret, dans le numéro de janvier-février 1932 de la *Revue d'histoire moderne*), que l'histoire du XVIIIe siècle a été trop souvent écrite en fonction unique de la rivalité de Frédéric et de Marie-Thérèse, dont les péripéties obscurcissaient les autres problèmes. Les travaux de Richard Lodge ont aidé à rétablir les perspectives : *Great Britain and Prussia in the eighteenth century* (1 vol. in-8°, Londres, 1923), *Studies in the eighteenth century diplomacy*, 1740-1748 (1 vol. in-8°, Londres, 1930). *Continental policy of Great Britain*, 1740-1760, dans la revue *History* (t. 16, 1931-32).

Il va de soi néanmoins que pour tout le règne de Frédéric, il est nécessaire de confronter l'histoire de Prusse avec celle de l'Autriche. L'ouvrage capital reste celui du chevalier d'Arneth, *Geschichte Maria Theresias* (10 vol. in-8°, Vienne, 1863-1879).

LES DEUX GUERRES DE SILÉSIE. — *Sources.* — Ajouter : *Das Tagebuch Kaiser Karls VII aus der Zeit des œsterreichischen Erbfolgekriegs* publié par Th. Heigel (1 vol. in-8°, Munich, 1883) et *Correspondance de Louis XV et du maréchal de Noailles*, publiée par C. Rousset (2 vol. in-8°, Paris, 1865).

Travaux. — H. Tuttle, *History of Prussia*, 1740-1756 (2 vol. in-8°, Boston et New York, 1888). C. Grünhagen, archiviste de Breslau, *Geschichte des ersten schlesischen Krieges* (2 vol. in-8°, Gotha, 1881). — Duc A. de Broglie, *Frédéric II et Marie-Thérèse* (2 vol, in-8°, Paris, 1883), *Frédéric II et Louis XV* (2 vol. in-8°, 1885), *Marie-Thérèse impératrice* (2 vol. in-8°, 1888). — Sautai, *Les préliminaires de la guerre de succession d'Autriche* (1 vol. in-8°, Paris, 1907) et *Les débuts de la guerre de succession d'Autriche* (1909), G. B. Volz, *Das Rheinsberger Protokoll* (dans les *Forschungen z. b. u. p. G.*, t. 29, 1916) et *Die Politik F. d. G. vor und nach seiner Thronbesteigung* (*Historische Zeitschrift*, t. 151, 1935). R. Koser, *Der Zerfall der Koalition von 1741 gegen Maria-Theresia* (dans les *Forschungen z. b. u. p. G.*, t. 27, 1914).

Sur les opérations militaires, la grande publication de l'Etat-major général prussien, *Die Kriege F. d. G.* (six volumes in-8° pour les deux guerres de Silésie, 1890-1896). L'ouvrage très détaillé du Major Z (C[t] Weil), *La guerre de succession d'Autriche,* écrite surtout d'après les publications de l'Etat-major autrichien s'arrête à 1745 (6 vol. in-8°, 1896-1914). Pour les opérations françaises, voir encore le général Pajol, *Les guerres sous Louis XV* (7 vol. in-8°, 1881-1891) à partir du tome second. (Les volumes 4 et 5 se rapportent à la guerre de Sept Ans). Pour les débuts militaires de Frédéric : A. Chuquet, *Episodes et portraits,* troisième série (1 vol. in-12, Paris, 1911), R. Koser, *Zur Schlacht bei Mollwitz* (*Forschungen z. b. u. p. G.*, t. 3, 1890) et O. Hermann, *Von Mollwitz bis Chotusitz* (idem, t. 7, 1894).

GUERRE DE SEPT ANS. — *Sources.* — Les origines de la guerre de Sept Ans ont provoqué entre les historiens allemands Lehmann, Delbrück, Daniels et Wagner d'un côté, Naudé, Wiegand, Bailleul, Ullmann, von Buttlar, Koser, de l'autre une polémique qui s'est étendue sur plusieurs années : Lehmann et Delbrück soutenaient que Frédéric avait prémédité la guerre et pris antérieurement à l'Autriche des mesures militaires ; leurs adversaires contestaient les faits de mobilisation et rétorquaient que la situation était de nature à décourager le joueur le plus intrépide. (Les pièces de cette polémique sont énumérées au N° 11 966 de Dahlmann-Waitz.) La discussion a eu l'heureuse conséquence de provoquer de la part de G.-B. Volz et G. Küntzel, la publication des documents officiels, *Preussische und œsterreichische Akten zur Vorgeschichte des Siebenjæhrigen Krieges* (t. 74 des publications des archives de Prusse, 1899).

Pour la diplomatie française, la *Correspondance secrète inédite de Louis XV,* publiée par E. Boutaric (2 vol. in-8°, Paris, 1866), les *Mémoires et Lettres* du cardinal de Bernis, publiés par F. Masson (2 vol. in-8°, Paris, 1878), les dépêches de l'ambassade de France à Berlin de 1746 à 1756, publiées par R. Koser dans les *Forschungen z. b. u. p. G.* (tomes 6 et 7, 1893 et 1894), et sur la mission de Kaunitz la *Correspondance secrète entre le comte A. W. Kaunitz... et le baron Ignaz de Koch,* secrétaire de Marie-Thérèse (publ. par Schlitter, in-8°, Paris, 1899).

Travaux. — L'histoire du renversement des alliances a été faite dans un esprit opposé par le duc A. de Broglie, *L'alliance autrichienne* (1 vol. in-8°, Paris, 1895) et R. Waddington, *Louis XV et le renversement des alliances* (1 vol. in-8°, Paris, 1896). — Sur le duc de Nivernais, L. Perez, *Un petit neveu de Mazarin, le duc de Nivernais* (in-8° Paris, 1890), G. Küntzel, *Entsendung des Herzogs von Nivernais an den preussischen Hof. 1755* (*Forschungen z. b. u. p. G.*, t. 12, 1899) et du même, dans une série *Zur Geschichte F. d. G.*, l'article sur les relations franco-prussiennes à la veille de la guerre de Sept Ans (id., t. 15,

1902). Sur les négociations par l'intermédiaire de Voltaire, Pierre Calmettes, *Choiseul et Voltaire, d'après les lettres inédites de Choiseul à Voltaire* (1 vol. in-12, Paris, 1912).

Sur l'offensive prussienne et les dernières négociations avec l'Autriche, G.-B. Volz, *Politik und Kriegführung Kœnigs F. d. G. in dem ersten Jahre des siebenjæhrigen Krieges* (1 vol. in-8°, Berlin, 1896).

Pour l'histoire de la guerre, l'ouvrage capital est R. Waddington, *La guerre de Sept Ans* (cinq vol. in-8°, Paris, 1899-1914. S'arrête en 1762). Voir aussi A. Schaefer, *Geschichte des Siebenjæhrigen Krieges* (2 vol. in-8°, Berlin, 1867-74) et A. Rambaud, *Russes et Prussiens* (in-8°, Paris, 1895). L'état-major allemand, *Die Kriege F. d. G.*, a consacré treize volumes au détail des opérations jusqu'en 1761 (*Der Siebenjæhrige Krieg,* 13 vol. in-8°, 1901-1914).

Sur la reprise des relations diplomatiques avec la France, R. Hammond, *Le rétablissement des relations diplomatiques entre la France et la Prusse* (*Revue Historique,* t. 25, 1884) et la *Mission du comte de Guines* (id., t. 37, 1888). G.-B. Volz, *Die Wiederherstellung der preussisch-franzœsischen Beziehungen* (*Forschungen z. b. u. p. G.*, t. 17, 1904).

LES DERNIÈRES ANNÉES. — Pour le partage de la Pologne, Didier Ozanan et Michel Antoine, *Correspondance secrète du comte de Broglie avec Louis XV* (2 vol. in-8°, Soc. de l'Histoire de France, 1956 et 1961), A. Sorel, *La question d'Orient au XVIIIe siècle* (in-12, Paris, deuxième édition, 1889), A. Beer, *Die erste Teilung Polens* (3 vol., Vienne, 1873), avec les trois articles de G.-B. Volz (*Forschungen z. b. u. p. G.*, t. 18, 1905, t. 23, 1910 et t. 35, 1923) et J.-P. Garnier, *La tragédie de Dantzig* (1 vol. in-8, Paris, 1935).

Sur la succession de Bavière, P. Oursel, *La diplomatie de la France sous Louis XVI* (1 vol. in-12, Paris, 1921). Tous les travaux allemands sont antérieurs à la biographie de Koser, sauf G.-B. Volz, *F. d. G. und der bayrische Erbfolgekrieg.* (*Forschungen z. b. u. p. G.*, t. 44, 1932), et Werner Hühne, *F. d. G., die europæischen Mæchte und das Reich am Vorabend, des bayrischen Erbfolgekriegs* (Dissertation de Gœttingen, Velzen, 1935).

Ajouter à Koser pour les rapports avec les Turcs, G.-B. Volz, *F. d. G. und die Osmanen* (*Hohenzollern Jahrbuch,* N° 19, 1915) et pour les rapports avec la France, avant la Ligue des Princes, F. Braun, *Preussisch-franzœsische Bündnisplæne in den Jahren* 1778-1784 (Emsdetten, 1936).

ART MILITAIRE. — On ne saurait négliger les plus importantes des innombrables études sur la stratégie et les principes militaires de Frédéric : *Précis des guerres de Frédéric par Napoléon* (réédité au tome 3 des Œuvres historiques de Frédéric, Bibliothèque de l'armée française, in-12, Paris, 1872) ; Jomini, *Traité des grandes opérations militaires* (3 vol. in-8°,

4e édition, Paris, 1851 et un atlas) ; Clausewitz, *Friedrich der Grosse* (*Œuvres*, t. 10, 1837-1863). Th. von Bernhardi, *F. d. G. als Feldherr* (in-8°, Berlin, 1881) met Frédéric bien au-dessus de Napoléon, assertion qui provoque toute une série de mises au point et de discussions, de la part du lieutenant-colonel Taysen, de Delbrück, du général Bonnal, du lieutenant-colonel Rousset, de Schlieffen (*Friedrich der Grosse*, 1912). L'exposé le plus clair de la bataille frédéricienne se trouve dans A.G. (lieutenant-colonel A. Grouard), *Maximes de guerre de Napoléon Ier* (in-8°, Paris, 1898). Sur les réflexions de Frédéric entre 1745 et 1756, l'état-major allemand a publié au tome 27 des *Kriegsgeschichtliche Einzelschriften* (in-4°, 1899) une savante étude, *F. d. G. Anschauungen vom Kriege in ihrer Entwicklung von 1745 bis 1756.*

Toutefois, il est utile de lire l'Instruction de Frédéric à ses généraux, publiée en français, avec traduction allemande : *Die Instruktion F. d. G. fur seine Generæle,* par W. Francke (1 vol. in-8°, Berlin, 1936). C'est l'instruction de 1747, alors que Frédéric vient de s'éprouver.

Sur le développement de l'armée prussienne, avant Frédéric, il n'a rien été écrit de plus clair que G. Schmoller, *Die Entstehung des preussischen Heeres,* 1640-1740 (*Deutsche Rundschau,* 1877). En 1901, sous le titre *Urkundliche Beitræge und Forschungen zur Gesch. des preussischen Heeres,* le grand Etat-Major allemand a publié cinq fascicules contenant des témoignages, des lettres de soldats, des *Réflexions vraies et hardies* du prince Ferdinand de Brunswick, un article du colonel Jany, sur la pétrification de l'armée prussienne avant Iéna.

Table des matières

Chapitre Premier. — Le père et le fils 1
Chapitre II. — Le déserteur 38
Chapitre III. — Années d'apprentissage 80
Chapitre IV. — La république de Rheinsberg 118
Chapitre V. — Le triomphe de la volonté 153
Chapitre VI. — L'appel de la guerre et de la gloire 190
Chapitre VII. — Les deux guerres de Silésie 215
Chapitre VIII. — Sans-Souci 248
Chapitre IX. — Fredericus Rex 284
Chapitre X. — « Toute la boutique s'en va au diable. » 329
Chapitre XI. — Frédéric épicier et conquérant .. 373
Chapitre XII. — Le vieux Fritz 402

Bibliographie 437

DANS LA MÊME COLLECTION

DERNIÈRES PARUTIONS

Stéphane AUDOIN-ROUZEAU, *Cinq deuils de guerre*
Anne BERNET, *Les Chrétiens dans l'empire romain*
Olivier BLANC, *La Dernière lettre*
Michel CARMONA, *Richelieu*
Pierre CHAUNU & Michèle ESCAMILLA, *Charles Quint*
Winston CHURCHILL, *Mémoires de guerre. Tome 1. 1919-1941*
Winston CHURCHILL, *Mémoires de guerre. Tome 2. 1941-1945*
Ivan CLOULAS, *César Borgia*
Pascal DAYEZ-BURGEON, *Les Coréens*
Michel DUCHEIN, *Histoire de l'Écosse*
John K. FAIRBANK & Merle GOLDMAN, *Histoire de la Chine*
Jean FAVIER, *Charlemagne*
Jean FAVIER, *Philippe le Bel*
Marc FERRO, *La vérité sur la tragédie des Romanov*
Isabelle FRANCO, *Dictionnaire de la mythologie égyptienne*
Régine FRYDMAN, *J'avais huit ans dans le ghetto de Varsovie*
Pierre GAXOTTE, *Le Siècle de Louis XV*
Sylvain GOUGUENHEIM, *Les Chevaliers teutoniques*
Jesse Glenn GRAY, *Au combat*
Peter GREEN, *Les Guerres médiques*
Pierre GRIMAL, *Cicéron*
Mogens Herman HANSEN, *La Démocratie athénienne*
Victor HANSON, *Le Modèle occidental de la guerre*
Arnaud de LA CROIX, *L'Érotisme au Moyen Âge*
André KASPI & Hélène HARTER, *Les Présidents américains*
G. LENOTRE, *Vieilles maisons, vieux papiers. Tome 1*
G. LENOTRE, *Vieilles maisons, vieux papiers. Tome 2*
G. LENOTRE, *Vieilles maisons, vieux papiers. Tome 3*
G. LENOTRE, *Vieilles maisons, vieux papiers. Tome 4*
G. LENOTRE, *Vieilles maisons, vieux papiers. Tome 5*
Collectif LA RECHERCHE, *Histoire des nombres*
Pierre MIQUEL, *Les Oubliés de la Somme*
Joseph PÉREZ, *Brève histoire de l'Inquisition en Espagne*
Michel PERNOT, *La Fronde*
Régine PERNOUD, *Les Hommes de la Croisade*
Claude QUÉTEL, *L'Histoire véritable de la Bastille*
Steven RUNCIMAN, *Histoire des croisades, 1095-1188*
Steven RUNCIMAN, *Histoire des croisades, 1188-1464*
Frédéric SALAT-BAROUX, *De Gaulle-Pétain. Le destin, la blessure, la leçon*
Gitta SERENY, *Au fond des ténèbres*
H.-R. TREVOR-ROPER, *Les Derniers Jours de Hitler*
Alexander WERTH, *Leningrad, 1943*

Achevé d'imprimer en octobre 2013
par Normandie Roto Impression s.a.s., 61250 Lonrai
N° d'édition : 3631 - N° d'impression :134011
Dépôt légal : novembre 2013
ISBN : 979-10-210-0376-7
Imprimé en France